« RÉPONSES »

Collection créée par Joëlle de Gravelaine,
dirigée par Nathalie Le Breton

DU MÊME AUTEUR

Psy, sex and fun, Tornade, 2007

Prévenir alzheimer, cancers, infarctus et vivre en forme plus longtemps, avec Philippe Presles, Robert Laffont, 2006

Sexo-ados, Marabout, 2004

Savoir aimer, les secrets du plaisir, avec Albert Barbaro, Flammarion, 2003

La Sexualité au masculin, Marabout, 2000

Site internet : www.les3cerveauxsexuels.com
Blog : www.pannes-sexuelles.com

DR CATHERINE SOLANO

LES TROIS CERVEAUX SEXUELS

Entre pulsion, émotion et réflexion : comment vivre sa sexualité

ROBERT LAFFONT

ISBN 978-2-221-11328-8

Je dédie ce livre à mes patients qui ont tous, sans exception, une place dans mon cœur. Je les remercie de m'avoir fait confiance. Je suis heureuse quand je les vois plus heureux, et triste quand je les vois dans la peine.

À Aurélie, Sabine, Cécile, Mathilde, Magali, Catherine, Anne-Cécile, Chantal, Clarisse, Jean, Jacques, Lionel, Paul, Gaétan, Gérard, Antoine, et tous les autres…

Introduction

La sexualité est source de nos plus grands plaisirs. Elle nous apporte des bonheurs personnels, le sentiment d'exister, de vivre pleinement, et bien sûr la joie de la rencontre avec l'autre. Nous sommes ainsi tous concernés et intéressés par cette composante essentielle de notre vie. Pourtant, la sexualité reste un lieu de mystères. Nous ne nous comprenons souvent pas bien nous-mêmes. On peut se faire du mal – ou faire du mal à l'autre – sans le vouloir. On peut tout autant se faire du bien sans le faire exprès.

Ce besoin d'en comprendre la complexité amène souvent des personnes en consultation. « Suis-je normal ? » est peut-être la question que j'entends le plus régulièrement. Je constate que nous souhaitons tous, sans exception, vivre en complète harmonie notre sexualité… et que, malgré cela, elle nous pose à tous des problèmes ou au moins des interrogations. Nous nous débattons entre nos désirs, nos aspirations profondes, nos rêves, la réalité, nos élans spirituels, nos limites physiques, nos freins psychologiques et les difficultés de toute relation humaine…

Autant de pôles ou de directions qui nous écartèlent. Certains éprouvent des désirs puissants, des pulsions qu'ils refrènent car ils ne s'y reconnaissent pas. D'autres à l'inverse aimeraient avoir plus d'énergie sexuelle. Bien des hommes

– et parfois des femmes – se moquent de l'amour sentimental. Peut-être est-ce parce qu'ils en ont tellement envie que ça leur fait mal rien que d'y penser. Alors ils font semblant de ne s'intéresser qu'au sexe pour le sexe. D'autres vivent dans le sentimental à cent pour cent et se bouchent les oreilles pour ne pas entendre leur corps qui désespère de ne pas jouir des plaisirs auxquels il aspire.

Nous avons connu des déceptions, des ruptures, des souffrances sans parfois en comprendre le sens. Nous avons aussi connu des bonheurs, des moments de félicité, de magie sans parfois mieux les comprendre. Comme nous naviguons souvent à vue, il nous est tous arrivé de tomber dans des pièges tendus par nos pulsions, nos émotions ou nos pensées. Il est donc rare qu'une personne donnée puisse vivre sa vie entière sans jamais s'interroger sur sa sexualité.

Ma conviction est que nous pourrions être beaucoup plus nombreux à être pleinement satisfaits de notre vie amoureuse et de notre sexualité si nous apprenions à mieux nous connaître. À nous de devenir nettement plus acteurs, au lieu de subir nos désirs, nos pulsions et nos émotions.

Je vais par conséquent vous présenter ici comment selon moi se construit notre sexualité. Ce travail résulte de mon expérience de sexologue, d'échanges avec mes patients, avec mes collègues, de lectures qui m'ont permis d'aller plus loin pour comprendre la structuration de notre sexualité. Et je souhaite que le temps que vous passerez à lire ce livre vous aide à développer votre beau potentiel de bonheur amoureux.

Présentation

Je conçois la sexualité comme une recherche d'harmonie entre des entités à la fois différentes et complémentaires, et qui vont mal les unes sans les autres.

La première entité est notre cerveau pulsionnel[1]. Il est le lieu des pulsions, des désirs de notre corps et de notre imaginaire. C'est lui qui nous donne le sentiment d'un besoin à assouvir. C'est lui qui nous fait réagir parfois au quart de tour avec un désir fulgurant. Pourquoi sommes-nous attirés par telle personne plutôt que par telle autre ? Mystère. Ce cerveau pulsionnel dépend de notre cerveau primitif, dit reptilien, et il a tendance à être rigide et compulsif... Sa force provient de notre instinct de reproduction, puissante énergie de survie inscrite dans nos gènes et très dépendante de nos hormones. Nul ne peut s'y soustraire.

Ce cerveau sexuel pulsionnel est aussi modelé par des empreintes, souvenirs émotionnels gravés en nous sous forme de zones sensibles et réactives. Il dépend donc de notre histoire et constitue la source à partir de laquelle se déploient nos fantasmes.

1. Lorsque je parle de « cerveau » cela ne signifie pas que je vais vous décrire les structures anatomophysiologiques qui correspondent à chacun des « cerveaux ». Il s'agit pour moi d'une entité fonctionnelle, pas d'un amas de cellules localisées.

La deuxième entité est notre cerveau émotionnel. La sexualité n'est pas seulement un élan physique, une course à l'orgasme. Elle est aussi un besoin émotionnel à combler. Le cerveau émotionnel insère en nous le désir d'être aimé, désiré, préféré, l'envie d'être unique, indispensable, et aussi de protéger, de materner (même quand on est un homme)… C'est lui qui nous pousse à écrire des poèmes, à parler d'amour. Mac Lean [1] parle de cerveau « limbique », centre des émotions et de l'affectivité. Dans notre société, cet aspect de la sexualité est minimisé. On s'en moque même souvent alors qu'il est formidablement puissant et que vouloir l'oublier serait une immense erreur.

L'existence de notre cerveau sexuel émotionnel est liée à notre besoin de liens affectifs présent dès notre naissance. Ce besoin se modèle ensuite de manière individualisée, selon notre histoire et nos expériences de vie.

La troisième entité est notre cerveau cognitif. La sexualité n'est pas seulement animale et instinctive, puisque nous sommes des humains, conscients et complexes. Elle passe aussi (et surtout, pensent certains) par notre cerveau logique, réfléchi, le néocortex. Cela paraît moins glamour ou moins attractif ? Peut-être. Pourtant, cette facette de l'amour présente une valeur essentielle parce qu'elle permet de gérer les difficultés, de les dépasser, de les analyser, et aussi de nous envoler volontairement vers le plaisir, sans attendre le bon vouloir de nos pulsions ou de nos sentiments. Grâce au cerveau sexuel cognitif, notre sexualité s'ouvre à la sensualité, à l'art amoureux. C'est lui qui transforme, par son alchimie érotique, le plomb brut des pulsions en or de la volupté.

1. Mac Lean a décrit, en 1970, un cerveau « triunique », composé d'un cerveau reptilien, le plus primitif assurant nos fonctions vitales, notre survie par des réflexes ; le cerveau limbique, siège des émotions ; et le néocortex, siège des pensées abstraites, de l'imaginaire… Actuellement, même si l'on utilise toujours cette classification très éclairante, elle ne correspond pas autant que Mac Lean le pensait à l'époque à des structures cérébrales précises. En effet, il existe tellement de connexions entre les différentes zones de notre cerveau qu'il est impossible d'attribuer toutes nos émotions à une zone cérébrale précise.

De ces trois cerveaux, aucun n'est à mon sens supérieur à l'autre. C'est justement cela qui n'est pas simple. Si l'un d'entre eux était supérieur, on pourrait se dire : « Je m'en occupe et le reste va suivre. » Mais ce n'est pas possible car tous trois se révèlent également nécessaires.

Si je les numérote dans cet ordre, c'est que le premier – le cerveau pulsionnel – s'installe naturellement de par notre condition humaine et très tôt dans la vie, avant notre naissance. Toutefois, il possède une capacité à évoluer bien plus et bien plus longtemps que nous ne le pensons.

Le deuxième – le cerveau émotionnel – apparaît dès la naissance lors de la découverte et de la rencontre avec l'autre, de la possibilité de relation, d'échange dans le plaisir.

Le troisième – le cerveau cognitif – a au contraire besoin pour fonctionner d'une certaine capacité de conscience, d'introspection, de réflexion qui se construit au fil des années.

Si je les classe en plaçant le cerveau pulsionnel en premier, c'est aussi parce que je pense que ce cerveau pulsionnel représente une base. Et quand vous possédez une bonne base, vous pouvez continuer à construire, à vous élever. Si votre base est bancale, il est difficile d'y appuyer des projets.

I

Le cerveau sexuel pulsionnel

« Existe-t-il plaisir plus grand ou plus vif
que l'amour physique ?
Non, pas plus qu'il n'existe plaisir
plus déraisonnable. »

PLATON

La sexualité, pulsion de vie

Notre cerveau pulsionnel est donc le cerveau sexuel originel.

Et tout commence très tôt dans la vie. Dans le ventre de sa mère, un petit garçon vit des érections fréquentes. Son corps s'entraîne et se prépare pour l'amour. Chez la petite fille baignant encore dans le liquide amniotique, un gonflement de l'intérieur du vagin se produit régulièrement de la même manière mais moins visible à l'échographie. Le corps de cette toute petite fille, lui aussi, se prépare pour l'amour. Ils n'en ont pas conscience évidemment, et leurs parents n'y pensent pas, mais le dessein de la vie est en route, ce projet de la vie de se perpétuer, de se reproduire. En cela, la sexualité est une force extrêmement puissante. C'est quelque chose qui *doit* avoir lieu sous peine de disparition de l'espèce humaine.

Je ne sais pas si vous avez déjà ressenti cette force de la vie. Cela survient par exemple si vous avalez une miette de pain de travers. Vous allez tousser avec une force incroyable. C'est votre corps qui se dit : « Je risque de mourir si je ne peux plus respirer, alors je mets toute mon énergie pour survivre. » C'est la même force qu'une femme peut ressentir en accouchant quand tout son corps est tendu, toute sa force mobilisée pour expulser le bébé.

Cette force de la vie est encore là dans la sensation de faim et le besoin de manger. Si la faim est si terrible, si insupportable pour ceux qui la connaissent, c'est qu'elle est là pour vous éviter de mourir. Quand vous avez vraiment très faim, rien d'autre ne compte, vous ne pensez qu'à manger pour survivre, manger pour ne pas mourir.

La force de la sexualité, celle du désir sexuel a la même origine, la lutte contre la mort, d'où son extraordinaire puissance. Il ne s'agit plus de la vie à un niveau individuel, mais de la vie à l'échelle de notre espèce, de la vie à l'échelle de l'humanité. Car sans sexualité, notre espèce disparaîtrait. On oublie parfois cette dimension de survie dans un monde où l'on présente l'amour comme un jeu dénué d'enjeu : pas d'engagement grâce à notre société qui a libéralisé la sexualité, pas de grossesse grâce à la contraception, pas d'infection sexuellement transmissible grâce au préservatif.

Cependant, l'érection ou la lubrification sont uniquement des moyens pour faire fonctionner la sexualité. Ce ne sont pas des moteurs. Comparons à l'alimentation. Manger est un besoin vital. Chez le bébé, la succion est un moyen indispensable pour pouvoir manger. Cette succion est présente dès la naissance (et même auparavant) pour permettre à l'enfant de vivre. Mais elle ne suffit évidemment pas. Il faut aussi que l'enfant ressente la faim, le besoin de manger, le désir de manger, le plaisir de manger.

Le parallèle avec la sexualité, c'est que les moyens sont présents de manière partielle très tôt, alors que le désir viendra plus tard. Possédant tous les moyens de faire l'amour, nous pourrions ne pas le faire, ce qui ne satisferait pas notre besoin de reproduction. Si les moyens sont présents de manière partielle, c'est que le corps du tout-petit n'est pas fini. Il a beau avoir des érections ou une lubrification, il aura encore besoin de passer par la puberté pour parvenir à sa maturité et son accomplissement. C'est à ce moment que le désir se déploiera.

Après la vie intra-utérine, après la naissance, la vie sexuelle continue, en pratique, toujours par des érections chez le petit garçon et par des « érections intérieures » accompagnées de lubrification chez la petite fille.

Et puis, s'y ajoute l'intérêt pour la sexualité qui survient dès 4 ou 5 ans au moins, c'est-à-dire aussi loin que remontent nos souvenirs. À quoi est dû cet intérêt ? Sans doute à ce que les enfants sentent qu'il y a en ce domaine quelque chose de passionnant. Et ils le perçoivent à travers ce que disent les adultes de la sexualité, à travers leur manière d'en parler… ou de ne pas en parler. Et les adultes, ce ne sont pas seulement les parents, mais aussi les voisins, les enseignants, les oncles et tantes et bien évidemment la télévision ou Internet. Cet intérêt est aussi dû, de toute évidence, au plaisir ressenti au contact des zones sexuelles. Car déjà, le corps expérimente toutes sortes de contacts sources de plaisir. Quand on change les couches d'un bébé pour le nettoyer, quand on lui donne son bain…

Ainsi, l'intérêt sexuel est-il déjà là et se manifeste de plusieurs manières : dès 2 ans, les parents observent souvent leur enfant toucher son sexe, qu'il s'agisse d'un petit garçon ou d'une petite fille. Cette exploration du sexe permet de découvrir ou de développer des sensations de plaisir. L'enfant commence à poser des questions sur la sexualité à ses parents, pas toujours à l'aise pour y répondre.

Cet intérêt sexuel contient déjà un embryon de désir sexuel. Il ne s'agit pas d'un désir superposable à celui de l'adulte, mais d'un désir chrysalide, déjà présent. Je pense à une amie qui me racontait que son fils de 5 ans était déjà extrêmement attiré par les femmes. Sur la plage, il se plantait devant de belles femmes et les regardait avec un intérêt, et ce que l'on pourrait appeler un « pré-désir » non dissimulé. Il ne s'agit pas d'un désir mature, mais elle estimait y déceler déjà le même comportement que celui de son beau-père « qui était un sacré coureur et qui ne savait pas résister à une femme ». Projection, interprétation ou réalité ? Mystère… Mais on ne peut nier que certains petits garçons ou petites filles puissent déjà être attirés d'une manière « pré-sexuelle » par l'autre.

Dans le cerveau pulsionnel, il existe donc une force présente dès la conception, qui continue à se manifester tout

au long de l'enfance et de la vie tout entière. Toutefois, il s'agit d'une force brute. Telle une source qui jaillit et cherche un lit pour couler, elle ne sait pas bien quelle direction prendre. Elle va prendre les chemins qui vont s'offrir à elle.

Les empreintes : comment naissent nos pulsions

L'influence des empreintes sur la nature de nos pulsions sexuelles

Les réactions physiques, la curiosité et la découverte des sensations voluptueuses ne font pas tout. Notre sexualité ne vient pas seulement de l'intérieur de nous comme une pulsion centrifuge qui sortirait pour se déverser et s'assouvir dans notre environnement. Elle a besoin de trouver un écho dans le monde extérieur. Nous avons en nous une force qui va envoyer des « têtes chercheuses » dans le monde pour trouver les stimulants susceptibles de lui faire écho pour l'alimenter, la faire fonctionner. Nos neurones sont, dès le départ, avides de trouver, de choisir le ou les stimulants qui vont résonner en eux. Nous possédons à la naissance un « prêt à désirer », « prêt à s'exciter », un « prêt à jouir » qui n'attendent qu'un signe pour se mettre en route. Notre cerveau est un amas de cellules en continuel remaniement en attente de sources de stimulations efficaces. Et un beau jour, il va trouver chaussure à son pied, ou plutôt des chaussures à son pied.

Nul ne sait exactement pourquoi il choisit telle chaussure plutôt que telle autre. Disons que l'on peut comprendre certains choix et d'autres non.

Il va trouver un stimulant qui lui correspond au fil de ses

expériences de vie. Un stimulant peut être visuel, par exemple, un homme pourra dire : « Quand je regarde les seins d'une femme, c'est très excitant. » Les seins sont pour lui un stimulant qui passe par la vue. Un autre affirme par exemple : « Rien n'est plus excitant que de toucher des seins, car c'est moelleux et d'une texture extraordinaire. C'est pourquoi je déteste l'idée des prothèses. » Pour lui, l'excitation passe par le sens du toucher, sa stimulation est tactile. Un autre homme explique : « J'ai l'odorat très développé, et je sens, à l'odeur, si une femme éprouve ou non du désir, et c'est cela qui est pour moi extrêmement excitant. » Un quatrième dira : « C'est une voix un peu rauque ou voilée ou cristalline qui me trouble, m'émeut et qui va être pour moi un puissant stimulant. »

Comme nos neurones cherchent en permanence des stimulants, de temps à autre, un stimulant provoque une réaction de plaisir liée à la sexualité, qui est alors mise en mémoire.

L'empreinte provoquée des stimulations répétées

Voici un exemple très classique de la mise en place d'une empreinte.

Un petit garçon vit avec ses parents. Son père est ouvrier et sa mère est couturière. Elle travaille à la maison où elle coud et reçoit ses clientes. Ce petit garçon voit, durant toute son enfance et avec grand plaisir, des femmes se déshabiller et se rhabiller devant lui, sans aucune gêne ou retenue. Comme il est tout petit, les adultes pensent, à tort ou à raison, que cela ne peut pas être choquant pour lui. Effectivement, cela ne l'a pas spécialement choqué et il apprécie beaucoup cette sensation de se trouver dans l'intimité féminine. Aujourd'hui, ce petit garçon est un adulte et il me dit : « Ce qui fait fonctionner mon désir au quart de tour, c'est de voir une femme se déshabiller. Pour moi, il n'y a pas de spectacle plus excitant. »

Un autre homme que je connais – et dont la maman était elle aussi couturière – tient exactement le même discours. De là à penser que tous les hommes qui fréquentent les boîtes de striptease ont eu une maman couturière, il y a un pas que je ne franchirai pas !

Il paraît ici facile de lier l'événement d'origine (la vision de femmes essayant des vêtements) au fonctionnement pulsionnel sexuel à l'âge adulte (l'excitation ressentie devant une femme qui se déshabille) tant ils se ressemblent. Pourtant, la plupart du temps, nous ne faisons guère la relation entre nos pulsions, nos excitations et notre histoire, simplement parce que nous ne nous sommes jamais posé cette question : « Pourquoi sexuellement, je fonctionne ainsi ? » Se poser la question peut pourtant appeler des réponses évidentes qui nous apprennent beaucoup sur nous.

On pourrait donner mille exemples de ce phénomène. Il est simple : **la répétition d'une stimulation agréable met en place, tôt dans l'enfance, un processus qui crée une empreinte dans le domaine de la sexualité**. Les neurones qui mettent en route le désir et l'excitation se connectent, forment un réseau fonctionnel et le développent. Et ensuite, c'est comme le vélo, ça ne s'oublie pas. Toute votre vie, l'image qui a pour vous été stimulante restera une « zone gâchette » de votre excitation, c'est-à-dire que si l'on vous présente cette image, vous êtes comme le taureau devant une cape rouge [1] : vous réagissez au quart de tour, votre désir, votre excitation surgissent.

La vision n'est pas le seul canal d'excitation possible. Le contact, le sens du toucher va lui aussi mettre en place des circuits potentiellement érogènes pour toute votre vie. C'est un bagage que vous vous préparez.

Le cou par exemple est une zone érogène extrêmement commune chez les adultes. Les baisers dans le cou sont pour un grand nombre de personnes quelque chose d'extrêmement excitant, éventuellement encore plus s'ils sont associés à des chuchotements. Cette hyperréactivité est peut-être due au fait

1. Il s'agit d'une métaphore. En réalité, on sait aujourd'hui que les taureaux ne réagissent pas plus à la couleur rouge qu'au bleu, au vert ou à une autre… En effet, ils ne distinguent pas les couleurs.

que lorsque vous avez un bébé, vous aimez lui faire des bisous dans le cou. Vous lui donnez du plaisir (il rit, il est content) et, sans le savoir, vous préparez sa future volupté sexuelle. C'est une des raisons pour lesquelles masser un enfant est certainement un merveilleux cadeau à lui faire. Vous préparez son corps à être réceptif aux caresses. Vous éveillez les capteurs de sensation à envoyer un message à son cerveau, message qui dit « attention, plaisir… ». Et cette connexion persistera.

Cela reste un sujet délicat à aborder car penser à la sexualité d'un tout-petit, même à sa sexualité future, peut entraîner une sorte de malaise comme si on le regardait avec des pensées légèrement pédophiles. Bien évidemment, les parents ne pensent pas à cela quand ils font des bisous, quand ils serrent leurs enfants dans les bras, quand ils leur chuchotent des mots tendres. Il vaut mieux sans doute, parce que ce serait dommage de priver ces tout-petits des câlins qui sont pour eux aussi importants que le boire et le manger.

Personne ne mettant en place les mêmes connexions, on peut ne pas comprendre pourquoi l'autre trouve excitant un geste, une image, une parole qui nous paraît parfaitement banale. C'est que ses circuits ne sont pas les mêmes que les nôtres. Ce qui produit de l'effet, c'est la manière dont notre cerveau décode une stimulation.

Une fois adultes, nous allons être attirés ou rebutés par des personnes en fonction de notre grille de lecture de séduction. Nous avons instauré des systèmes d'évaluation de l'attraction sexuelle en fonction de nos rencontres, de nos échanges et du plaisir ou du déplaisir que nous avons éprouvé. C'est ainsi qu'heureusement personne n'a les mêmes goûts.

Pour certains, un petit détail physique immédiatement noté chez une personne à peine rencontrée va provoquer une attirance, voire un désir immédiat. Je me souviens d'un patient, Jean-Claude, qui se lamentait de la mode des lèvres boursouflées par les injections et qui me disait : « Moi, ce que je trouve extrêmement attirant chez une femme, ce sont les lèvres très fines… C'est quelque chose que je trouve émouvant et excitant. » En cherchant bien, tout petit, il se rappelait d'une amie de sa mère qu'il trouvait très sexy et qui avait une bouche toute fine.

Ce qui nous semble parfois difficile à admettre, c'est le manque de choix que nous avons lorsque le processus est établi. Il existe certaine rigidité dans les moteurs de l'excitation sexuelle. C'est une réalité avec laquelle il faut composer. À force d'expérimenter une chose plaisante, on a envie qu'elle se reproduise. Et le moteur qui met en place les empreintes et permet d'exercer suffisamment de force pour les imprimer en nous, c'est l'émotion de plaisir [1].

L'empreinte par une expérience unique et puissante

La répétition de la stimulation n'est pas toujours nécessaire pour installer durablement cette expérience dans nos neurones. Un seul événement ponctuel lié à une forte émotion peut aussi former une empreinte qui fonctionne ensuite automatiquement sans aucun investissement de la volonté.

« Quand j'étais en sixième, ou peut-être même un peu plus tôt, explique Hervé, un homme de 38 ans, j'ai vu à la télé une scène qui m'a vraiment marqué. Je la revois encore très précisément, même si le contexte est flou. Je crois que c'était dans un film, sans doute une scène de *French Cancan*. On voyait des danseuses qui montraient leurs jambes et le plan était uniquement sur les jambes. J'ai éprouvé une incroyable émotion, et j'ai toujours gardé cette image dans la tête. Et aujourd'hui, on peut dire que je suis quasiment fétichiste des jambes… Je garde une immense sensibilité à la vision de jambes féminines. »

Un autre patient d'une trentaine d'années m'explique qu'enfant il a un jour ressenti un énorme plaisir à se trouver nu

1. Ce sont toujours les émotions qui fixent nos souvenirs. Ici, l'émotion de plaisir fixe un souvenir à connotation sexuelle. C'est tout aussi vrai pour d'autres émotions et dans d'autres domaines que la sexualité. Émotion de joie, de peur, de colère…

devant des femmes alors qu'il était à la piscine. Elles l'ont regardé, d'après lui, avec intérêt et amusement. Aujourd'hui, bien des années plus tard, il évite d'aller à la piscine, car me dit-il : « J'ai peur de ne pas pouvoir me retenir de m'exhiber. La dernière fois où j'y suis allé, je me suis changé dans une cabine en laissant la porte très ouverte pour que quelqu'un puisse me voir. Cela s'est produit, et c'était très excitant, mais je sens que je franchis la ligne jaune. » Et puis, il me dit encore : « Mon plus grand plaisir sexuel, c'est de me déshabiller et que ma partenaire me regarde. C'est pour moi plus fort que de faire l'amour. »

Si je reprends la comparaison entre une pulsion et la force d'une rivière, il se produit ici un orage qui transforme brusquement le paysage. Tout à coup, un bloc de rochers se détache et l'eau s'engouffre dans une issue qu'elle ne soupçonnait pas auparavant. Ce paysage est transformé à jamais.

Un événement unique, fortement excitant, se produisant à un âge antérieur à la puberté, peut longtemps après influencer notre manière de fonctionner sexuellement.

En cherchant dans votre mémoire, vous en trouverez peut-être dont vous ressentez encore aujourd'hui l'écho sous forme d'empreinte.

Les empreintes négatives, contre-pulsions ou ré-pulsions

Si des stimulations excitantes peuvent former une empreinte, il existe aussi des stimulations désagréables qui, elles, vont induire des empreintes négatives.

Ici aussi il existe les deux mêmes types d'empreintes : certaines agissent par la répétition d'une stimulation négative qui finit par faire empreinte. D'autres sont des événements uniques, marquant instantanément notre cerveau sexuel d'une trace indélébile.

De nombreux blocages sexuels s'expliquent de cette manière.

Ginette, à l'époque une toute petite fille de 4 ou 5 ans, se voit prendre la température. Le problème c'est que le thermomètre à mercure est introduit par erreur dans le vagin par sa grande sœur. Elle saigne parce que, à ce moment-là, son hymen se déchire. Par la suite, elle développera un vaginisme, une impossibilité d'être pénétrée. La pulsion sexuelle naturelle qui donne à une femme ce désir de pénétration est contrecarrée par cette empreinte de douleur.

Pour Michel, c'est la visite médicale au collège qui l'a choqué : « Le médecin scolaire, une femme, nous faisait baisser notre culotte et tripotait notre sexe. Elle m'a fait mal et je pense qu'elle voulait voir si je décalottais. Mais, sur le coup, je n'ai rien compris. Et les autres garçons non plus. On s'est tous dit que ce médecin était une vraie salope. Aujourd'hui, quand une femme me touche le pénis pour la première fois, je ressens automatiquement une appréhension, comme si un mécanisme s'enclenchait. Je n'ai pas d'érection, mon pénis se ratatine et il lui faut du temps pour se trouver en confiance… »

Le corps porteur d'une empreinte se souvient de sa douleur. Et le souvenir de la douleur est encore de la douleur. Il possède une mémoire qui lui dit : « Attention, méfie-toi. Je sais que ça peut faire mal, alors évite cette situation… » Et le corps se rétracte au moindre contact pour éviter de retrouver cette douleur qui l'a fait souffrir auparavant.

Je reçois souvent en consultation des jeunes femmes excisées qui souffrent de vaginisme. Même si, mécaniquement, la pénétration est possible, l'empreinte de l'excision[1] dans l'enfance reste si présente que leur vagin se rétracte au moindre contact. Il refuse l'approche du pénis, se ferme très puissamment et l'acte sexuel est impossible. S'il existe actuellement une intervention chirurgicale de réparation du clitoris, elle ne supprime pas cette empreinte. Même si elle rend confiance à ces jeunes femmes, même si elle leur restaure une anatomie

1. L'excision consiste à couper le clitoris et le plus souvent les petites lèvres. Cette mutilation est réalisée dans l'enfance sans anesthésie. Elle est bien sûr interdite en France et punie par la loi.

acceptable, certaines restent bloquées dans leur sexualité. De plus, l'intervention de réparation provoque une autre empreinte désagréable : si l'anesthésie est générale, le réveil, lui, reste douloureux. Pierre Foldès [1], le premier chirurgien urologue à avoir pratiqué cette intervention, m'a raconté qu'il espérait mettre au point une technique opératoire plus simple, de manière à l'exporter en Afrique. Il souhaitait opérer sous anesthésie locale. Cela n'a pas été possible. Théoriquement, l'intervention est réalisable ainsi mais aucune femme qui vient le consulter ne l'a jamais acceptée. Quand vous êtes excisée, que l'on vous a agressée, violentée, mutilée sans anesthésie, envisager une injection de produit anesthésique dans la région sexuelle pour laisser un chirurgien y user de son bistouri, cela vous paraît inenvisageable. Ce serait comme une deuxième agression : insupportable.

Dans d'autres cas, il n'existe aucune violence physique directe sur la zone sexuelle, mais un environnement négatif liant émotionnellement certains éléments à la sexualité.

Oriane était vierge et voulait faire l'amour pour enfin se sentir femme. Elle rencontre un jeune homme dans la rue, et le suit chez lui dans le but de perdre sa virginité. « Quand il a ôté ses chaussettes, c'était une infection atroce. Une odeur insupportable. Je n'ai pas osé faire machine arrière et je suis allée jusqu'au bout. J'ai fait l'amour pour la première fois avec lui. J'en garde un sentiment écœurant. Depuis, je ne supporte pas les odeurs corporelles. Je ne peux pas faire l'amour avec mon mari s'il ne vient pas de prendre une douche. » Oriane a une empreinte négative qui passe ici par l'odeur. (Il existe bien sûr des empreintes positives par l'odeur corporelle…)

Raymond, lui, a vécu sa première fois avec une prostituée, comme beaucoup d'hommes à cette époque. « Comme j'étais timide et que ça ne démarrait pas au quart de tour, cette femme

1. Hubert Prolongeau a écrit un livre sur le Dr Pierre Foldès : *Victoire sur l'excision : Pierre Foldès, le chirurgien qui redonne espoir aux femmes mutilées*, préfacé par Bernard Kouchner, Albin Michel, 2006.

m'a dit : “Mais, tu bandes pas ?” Depuis, toute ma vie, quand je fais l'amour, j'ai l'angoisse d'entendre ma partenaire prononcer ces mots, je les entends presque dans ma tête par anticipation. Et j'ai l'angoisse de ne pas avoir d'érection. Ce moment m'a conditionné à craindre pour mon érection, à m'angoisser pour elle, même quand cela fonctionnait tout à fait normalement. Je peux dire que ces quelques secondes où elle a dit ces mots ont gâché toute ma vie sexuelle. »

Au-delà des expériences pénibles mais relativement banales, il existe aussi des personnes ayant subi des agressions sexuelles. Celui qui traverse une telle expérience peut garder des empreintes profondes affectant durablement et négativement la sexualité.

Il existe aussi des expériences négatives répétées qui, même moins violentes, peuvent mettre en place des empreintes négatives.

Hélène est incapable d'accepter l'entrée du pénis de son ami dans son vagin : il se resserre tellement fort que faire l'amour leur est impossible. Hélène a vécu dans son enfance des infections urinaires récidivantes. Pendant la consultation, elle pose sa main à plat entre ses jambes et dit : « Pendant des années, j'avais toujours mal là, continuellement. » Ce lieu naturellement dédié au plaisir a été pour elle, et jusqu'à 18 ans, un lieu de souffrance. Il n'accepte plus le contact et se rétracte à toute tentative d'approche, comme s'il disait : « J'ai assez souffert, laissez-moi tranquille… » À 18 ans, après un bilan, les parents d'Hélène apprennent qu'elle a une malformation urinaire, et après une opération chirurgicale, elle n'aura plus jamais d'infection. Le problème est réglé. Oui, mais pas la mémoire de son corps, qui n'oublie pas. À cause de sa malformation, Hélène souffrait d'incontinence urinaire. Ignorant son handicap, les parents de la petite fille ont tenté (sur conseil des médecins) de lui faire honte. Ils ont été jusqu'à lui demander de porter sa culotte mouillée sur la tête dans la maison pour l'inciter à ne plus recommencer ! Les émotions négatives ancrées par ces expériences ont été catastrophiques pour sa sexualité. Heureusement, aujourd'hui, après un travail de sexothérapie,

Hélène n'a plus aucun blocage et elle est enfin épanouie sexuellement…

Quant à Léonia, dès l'âge de 7 ou 8 ans, si elle parlait à un garçon, sa grand-mère qui l'a élevée la traitait de « pute ». Ce jugement répété régulièrement a eu des conséquences terribles. Elle a une peur panique des hommes, se culpabilise du plaisir qu'elle pourrait prendre. Après un travail de psychothérapie, elle fait enfin confiance à un homme. Mais, avec son amoureux, elle se sent encore terrorisée à l'idée de ressentir du plaisir sexuel…

Les expériences traumatisantes pour la sexualité peuvent être très diverses. Il peut s'agir d'agressions de la zone sexuelle, même de nature non sexuelle (infection urinaire, mais aussi accident mécanique ou problème de santé génitale), de choses vues ou entendues, d'agressions sexuelles, même lorsque les gestes paraissent relativement anodins… Les personnes qui en sont victimes ont systématiquement tendance à sous-estimer les conséquences de ces traumatismes. Certaines personnes disent : « Mais c'est du passé, je n'y pense plus… » Peut-être, mais leur corps et leur mémoire émotionnelle n'oublient pas si facilement. Leur pulsion modelée par ces expériences reste blessée. Et heureusement la pulsion est vivante et, tel un arbre qui a perdu une branche, peut repousser différemment.

Cela explique pourquoi bien des hommes et des femmes sont heureux et épanouis dans leur vie amoureuse malgré des expériences parfois très négatives. C'est ce que je nomme la résilience sexuelle.

Le cerveau pulsionnel va se construire à la fois autour des stimulations positives et des stimulations négatives formant un cerveau sexuel pulsionnel unique qui ne ressemble à celui de personne d'autre.

Les chemins de l'orgasme ou l'influence des empreintes sur les modalités d'accès au plaisir

Comment accédons-nous au plaisir ?

Les stimulations qui déclenchent notre désir contribuent aussi à faire monter notre excitation. Toutefois, elles ne suffisent pas, le plus souvent, à nous amener à l'orgasme. Nous avons besoin également de stimulations corporelles susceptibles de nous mener à ce plaisir orgasmique. Certaines empreintes s'installent pour cela dans notre corps.

L'orgasme peut physiquement commencer très tôt à fonctionner. Dès la toute jeune enfance chez les petites filles. Certaines femmes adultes me racontent qu'aussi loin que remontent leurs souvenirs, elles ont pratiqué la masturbation jusqu'à l'orgasme. Et cette pratique influence la sexualité par la suite.

Jeanne est une jeune femme en couple, bien dans sa peau. Elle se trouve anormale : « J'ai pris de mauvaises habitudes quand j'étais petite, et maintenant, je n'arrive plus à m'en détacher. » Elle a du mal à s'expliquer. « J'ai une façon très bizarre d'atteindre l'orgasme que j'ai découvert quand j'avais 4 ou 5 ans. Et depuis, ça ne fonctionne pas autrement. » Quelle manière ? « Je serre mes deux cuisses l'une contre l'autre et je les frotte, ce qui stimule mon clitoris. Le problème, c'est que pendant les rapports sexuels, ça ne fonctionne que de cette manière. Mon orgasme survient seulement si j'ai les jambes serrées, jamais si elles sont écartées… »

Malgré ce qu'elle pense, Jeanne est normale. Un certain nombre de femmes fonctionnent de cette manière, et l'on appelle cela un orgasme par sciage, ce qui correspond à un serrement rythmique ou prolongé des deux cuisses l'une contre l'autre. Shere Hite l'a décrit, il y a plus de quarante ans, dans son livre *Le Rapport Hite sur les femmes* [1] et l'avait à l'époque évalué à 3 % des femmes. Il s'agit certes d'une minorité, mais c'est loin d'être très rare.

---

1. *Le Rapport Hite sur les femmes* a été publié en France en 1977 (Robert Laffont). Il est encore disponible dans une version plus récente, datant de 2002, *Le Nouveau Rapport Hite sur les femmes*.

Ainsi, une toute petite fille peut-elle déjà ouvrir les chemins de l'orgasme dans son corps. Et ce chemin, une fois en place, reste présent des années plus tard. Jeanne a un peu moins de 30 ans et ses orgasmes pendant la relation de couple se font toujours sur ce modèle installé dans la petite enfance.

Chez les garçons, la possibilité d'avoir des orgasmes existe aussi avant la puberté bien que la capacité à éjaculer ne soit pas là. « Chez les garçons, dans la préadolescence et dans la première enfance, l'érection et l'orgasme se produisent aisément », affirmait déjà Kinsey [1] en 1948. Un patient me raconte ainsi que le premier orgasme dont il se souvient, il l'a expérimenté vers 10 ans en grimpant à la corde, suite au frottement. Ensuite, il a régulièrement continué à reproduire ce frottement contre ses vêtements pour retrouver la même sensation.

De nombreuses manières d'atteindre l'orgasme paraissant parfois étranges pour le sujet lui-même se comprennent en analysant les anciennes habitudes auto-érotiques. Certaines femmes estimées à 4 % de la population féminine ont découvert l'orgasme par le frottement d'un objet doux contre leur clitoris. Comme Albane qui se rappelle avoir frotté son nounours contre son sexe, pour son plus grand plaisir. Depuis elle obtient ses orgasmes si son partenaire se frotte contre elle, ou la frotte avec sa main, elle-même restant immobile.

Le corps fabrique donc des connexions entre ces mouvements, ces sensations et le ressenti du plaisir qui remonte vers le cerveau. Ce dernier met en place un circuit qui va s'imposer longtemps, parfois toute la vie. Certaines femmes comme celles que je viens de décrire ont conscience du fait d'avoir appris quelque chose de sexuel à leur corps au cours de leur enfance. C'est pour cela que je peux le raconter. Mais les origines de nos chemins de plaisir ne sont pas toutes limpides. Même quand ils ne nous ont encore jamais permis d'atteindre l'orgasme, ces circuits sont là mais il leur manque une toute petite connexion pour fonctionner. Quand on les découvre, c'est parfois surprenant.

---

1. *Le Comportement sexuel de l'homme*, Éditions du Pavois, Paris, 1948.

Hillary est une jeune fille très sensible au niveau des seins. « J'ai très facilement un orgasme par les caresses à ce niveau. Et j'aime beaucoup cela. Il paraît que ce n'est pas si fréquent, mais pour moi, c'est très simple. Je crois que c'est dû au fait que, toute petite, je jouais avec un petit garçon dans notre bain (on était gardés par la même nourrice) et on jouait aux devinettes. Celui qui ne trouvait pas la réponse, l'autre lui pinçait les mamelons. Je trouvais ça agréable, rigolo, et ça ne me faisait absolument pas mal. C'était plutôt un petit plaisir qu'une punition pour moi. Et je crois d'ailleurs que pour lui aussi. » Ces stimulations reçues très tôt par le corps et ressenties comme agréables ont fait le lit d'orgasmes que Hillary a expérimentés bien plus tard.

Michèle, elle, est une jeune femme qui, avec son compagnon, décide un jour de tester la sodomie. Ils ne l'ont jamais fait, y pensent par curiosité, à titre d'expérience, sans que cela soit pour eux très important. Or, explique Michèle, « à peine avait-il posé son sexe sur moi au niveau de l'anus, à peine ce contact réalisé, j'ai eu un orgasme. Cela m'a énormément surprise car je n'avais jamais ressenti cela. Du coup, nous avons immédiatement arrêté. Et j'ai réfléchi par la suite. Je me suis souvenue d'une expérience de plaisir. Quand j'étais petite, j'ai eu un petit problème au niveau de l'anus. Le médecin avait demandé à ma mère de faire des soins. Et moi, je trouvais ça très drôle, cela me chatouillait énormément et je riais beaucoup. Il ne s'agissait pourtant pas d'une excitation sexuelle. Mais je pense que j'ai érotisé [1] cette région ». Michèle a suivi une longue psychothérapie, ce qui explique sans doute sa capacité d'introspection et d'analyse.

Cette capacité du corps à avoir en réserve des zones potentiellement érogènes est extrêmement intéressante à connaître. Les caresses, les contacts inhabituels vous permettent de découvrir la géographie érotique de votre corps, géographie

1. On peut aussi « anti-érotiser » une région du corps. Par exemple, la douleur des suppositoires mis par force chez l'enfant peut par la suite rendre la zone anale complètement anérotique.

mise en place au fil des années par vos expériences depuis la naissance. Cela concerne autant les stimulations excitatoires (vous pouvez découvrir quelque chose qui déclenche chez vous une attirance, une excitation), la montée du plaisir ou l'orgasme lui-même, ces trois niveaux étant bien sûr liés les uns aux autres. Une stimulation qui déclenche une excitation est aussi souvent susceptible de la faire monter, et parfois d'amener jusqu'à l'orgasme.

Un de mes patients à qui j'avais conseillé des massages de couple revient ainsi en consultation avec son épouse et me dit en souriant : « J'ai découvert que j'avais une zone érogène extraordinaire dans le creux des genoux. Et ça, je ne le savais pas… » Pourquoi une telle zone érogène ? Il ne le saura peut-être jamais, mais ses genoux ont sans doute une histoire [1].

J'ai coutume d'expliquer à mes patients que les zones chatouilleuses sont potentiellement des zones érogènes en devenir. Alors, ne vous privez pas de chatouiller vos enfants, vous les aidez peut-être à acquérir plus tard une sensualité souriante et épanouie.

« Moi, explique Johanna, ce qui me donne le plus facilement un orgasme, ce sont les mouvements de va-et-vient extrêmement lents, mais vraiment très très très lents. Je sais que cela vient de ma première fois. Le garçon avec qui j'étais avait tellement peur d'éjaculer qu'il m'a pénétrée avec une lenteur magnifique. Millimètre par millimètre, et peut-être encore plus lentement. C'était magique, comme si le temps était suspendu, et j'étais dans une excitation d'attente immense et merveilleuse. Tout le rapport sexuel a été d'une lenteur délicieuse et, depuis, c'est ce que je préfère en amour. Malheureusement, ce n'est pas si courant de rencontrer un homme qui sache jouer ainsi dans l'amour… »

1. Certains psychanalystes vous diraient que le mot « genoux » est très connoté couple car il pourrait aussi s'écrire je-nous…

Les différences hommes-femmes dans la découverte du plaisir orgasmique

L'installation d'empreintes dans le domaine du plaisir explique de nombreuses différences entre les fonctionnements sexuels féminins et masculins.

Le petit garçon possède un pénis, organe externe. Ce pénis vit toutes sortes d'aventures avant l'âge de 17 ans, âge moyen des premiers rapports sexuels. Déjà dans le ventre de sa mère, il est bercé, ballotté par le liquide amniotique. Par la suite, une fois l'enfant venu au monde, son pénis est baigné, nettoyé. Il connaît le contact avec une couche, avec les vêtements. Les mains de l'enfant l'explorent, apprennent à le laver, à le tenir pour uriner, à le titiller pour en retirer d'agréables sensations. Puis vient, pour la très grande majorité des garçons, la découverte de la masturbation. Résultat, lors du premier rapport sexuel, ce pénis a une histoire, il a connu toutes sortes d'empreintes. Il est éveillé à la volupté, et ses chemins de plaisir sont déjà balisés. Pendant ces expériences de l'enfance puis de l'adolescence, les garçons créent des modalités de stimulation qui perdureront sous forme d'empreintes. Ces modalités seront les plus efficaces pour leur permettre de parvenir à l'orgasme. Cela explique en partie l'éjaculation rapide de certains hommes : lors du rapport sexuel, la stimulation de leur verge ressemble, en plus puissante, à celle à laquelle ils sont habitués lors de la masturbation ou d'autres expériences au niveau de leur zone sexuelle. Cela explique pour d'autres une éjaculation difficile, lente ou très tardive : la stimulation lors de la relation sexuelle peut se trouver très différente de celles qu'ils ont déjà expérimentées dans leur vie, au cours de la masturbation ou d'autres expériences. Ils ont besoin d'ouvrir une nouvelle modalité d'accès au plaisir.

La technique de masturbation masculine la plus répandue consiste à utiliser sa main pour mimer le va-et-vient du coït, faire coulisser la peau du pénis et éventuellement le prépuce.

Cette méthode procure des sensations relativement voisines de celles d'une pénétration sexuelle.

D'autres hommes (estimés à 15 % dans *Le Rapport Hite sur les hommes*[1]) mettent en place, lors de leur enfance, une empreinte au niveau de leur pénis en s'allongeant sur le ventre et en le frottant contre quelque chose, un drap, un coussin... Cette manière de procéder procure des sensations beaucoup moins superposables à la pénétration vaginale que la méthode manuelle. Un peu moins fréquente encore (7 % des hommes), la pratique qui consiste à appliquer un jet d'eau contre la zone sexuelle pour la stimuler s'éloigne un peu plus des stimulations classiques d'un rapport sexuel de couple. Et puis, 1 % des hommes coincent leur pénis vers le bas entre leurs deux jambes. C'est le mouvement des cuisses et du bassin qui impulse la stimulation. Il est évident que d'autres hommes ont découvert un plaisir au niveau de leur pénis d'une autre manière encore plus personnelle qui n'est en rien anormale. Quand l'empreinte passe par un chemin très différent de celui de la situation d'un rapport sexuel à deux, vous pouvez avoir des difficultés à atteindre l'orgasme. C'est parfois une explication aux anéjaculations ou éjaculations retardées.

Au total, la plupart des hommes jeunes qui, aux alentours de 17 ans, commencent leur vie sexuelle relationnelle possèdent déjà un pénis ayant vécu beaucoup d'expériences sexuelles. Il connaît le plaisir, la montée de l'excitation, les modalités de stimulation qui lui conviennent...

Chez une jeune fille qui débute sa vie sexuelle, rien de tel... en tout cas au niveau du vagin. Le vagin étant un organe interne, il n'est pas soumis aux mêmes expériences. Pendant la toute petite enfance, il reste un sanctuaire, à moins d'une agression. Puis il peut éventuellement être exploré par un doigt dès que la petite fille peut coordonner ses mouvements. Mais cela s'arrête là. À la puberté, l'utilisation de tampons peut présenter pour lui une expérience. Et la masturbation? Seules 5 % des femmes qui pratiquent la masturbation ont

1. *Le Rapport Hite sur les hommes*, de Shere Hite, Robert Laffont, 1981.

recours à une pénétration intravaginale. Sachant qu'à 18 ans 45 % des femmes reconnaissent avoir expérimenté au moins une fois la masturbation, on peut affirmer que le vagin n'a quasiment pas d'expérience de caresses intérieures avant le premier rapport sexuel. Il arrive donc à sa première expérience quasiment vierge, face à un pénis qui, lui, a 17 ans et demi d'expérience, d'où un décalage important entre homme et femme. On entend souvent dire : « La maturité sexuelle de la femme se situe aux alentours de 35 ans. » Ce n'est pas un hasard que cela corresponde à 17 ans et demi de virginité vaginale + 17 ans et demi d'expériences sexuelles vaginales.

Pour se trouver avec autant d'expériences qu'un pénis de 17 ans, le vagin d'une femme doit attendre. La méconnaissance de ce phénomène explique la surprise quasi systématique des jeunes filles, lors de leurs premières expériences, de ne pas ressentir grand-chose d'agréable au niveau de leur vagin. Elles imaginaient un plaisir vaginal automatique. Or sans empreinte, sans expérience de contact, de plaisir, les réactions voluptueuses ne peuvent arriver. Et les jeunes filles d'aujourd'hui ne sont pas patientes ! Après quelques rapports, elles s'étonnent de ne toujours rien ressentir… Le partenaire s'en inquiète aussi. Il ne comprend pas que ce qui est si évident pour lui semble si difficile pour elle. Cela lui paraît anormal, et il ne se prive pas de le lui dire. Ce phénomène s'observe tant pour la sensation de plaisir que pour l'orgasme lui-même. Un certain temps, variable selon la femme, sera nécessaire pour érotiser le vagin, lui faire connaître des expériences de plaisir. On voit bien ici à quel point les premières expériences sont pour elle importantes. Si les premiers rapports sont douloureux parce qu'elle n'a pas vraiment de désir et qu'elle n'éprouve pas d'excitation, si elle se force pour plaire à son partenaire, les empreintes ne seront pas favorables à l'accès au plaisir.

Toutefois, le vagin n'est pas le seul organe sexuel féminin. La vulve et le clitoris en particulier ont, eux, connu des empreintes. C'est à ce niveau que le plaisir sera le plus facile à rencontrer… à condition que le partenaire puisse l'imaginer, ce qui n'est pas toujours le cas, car lui aussi est le plus souvent jeune et sans expérience. La vulve et le clitoris ont pu connaître des expériences de contact similaires à celles du pénis. On comprend que Freud ait jugé le plaisir clitoridien infantile et le plaisir vaginal plus adulte [1]. En réalité, le clitoris étant éveillé plus tôt, il est naturel qu'il intègre plus tôt le plaisir. Cela ne signifie nullement que le clitoris soit le siège d'un plaisir infantile à oublier par la suite. Sinon on pourrait superposer et estimer que le plaisir de la verge est aussi un plaisir infantile ! Il est absurde de vouloir classer les plaisirs sexuels humains entre « infantile » et « adulte ». Pourquoi se masturber, se chatouiller ou se donner des petits bisous dans le cou seraient-ils des comportements plus « infantiles » que la pénétration, les relations bucco-génitales ou les baisers profonds ? Au contraire, il est parfaitement sain pour notre épanouissement sexuel d'intégrer tous les plaisirs que nous avons expérimentés depuis notre enfance.

Il existe donc une dissymétrie très importante entre les empreintes de plaisir sexuel pénien chez l'homme qui se mettent en place dès la naissance et les empreintes de plaisir sexuel vaginal chez la femme qui ne commencent à s'activer qu'au moment des premières relations sexuelles.

Après l'enfance, la puberté et les fantasmes…

La strate de la sexualité installée avant la puberté concerne déjà les chemins de l'excitation, le plaisir et l'orgasme. Mais ce fonctionnement n'a rien de figé, et la sexualité continue à évoluer. Elle se façonne encore au gré de l'histoire de chacun. À la puberté, la montée hormonale transforme les empreintes préexistantes de l'enfance, les ancrant encore plus,

1. On comprend moins qu'il ait considéré un plaisir féminin supérieur à un autre, au point de qualifier d'« hystériques » les femmes préférant le plaisir clitoridien.

peut-être parfois les allégeant[1]. Elle finalise ces empreintes et leur donne la coloration qu'elles conserveront par la suite à l'âge adulte.

À cette étape de la vie, les émotions sexuelles sont d'autant plus puissantes et actives qu'elles ont lieu pour la première fois. L'émotion qu'un adolescent éprouve n'est plus seulement du plaisir, de l'amusement, c'est du désir et de l'excitation vraiment sexuelle, au sens quasi adulte du terme.

La grande différence entre les expériences de l'enfance et celles de la puberté réside aussi dans le fantasme, l'imaginaire érotique. Avant la puberté, si le plaisir sexuel existe déjà, si l'intérêt sexuel existe, l'excitation sexuelle, au sens adulte du terme, n'est pas encore présente. Il y a seulement un embryon de sexualité : la présexualité de l'enfance porte en elle tout le potentiel sexuel futur, mais elle n'est pas encore aboutie. On constate d'ailleurs une certaine confusion dans l'utilisation du terme « sexualité » chez l'enfant. La masturbation à six ans n'a rien à voir avec la masturbation adulte. Dire à une petite copine de classe : « Je t'aime », n'est pas la même chose qu'une déclaration d'amour entre grandes personnes. Les adultes font parfois de l'« adultomorphisme » vis-à-vis de la sexualité infantile.

La puberté, un espace créateur de nouvelles empreintes et de fantasmes sous l'effet d'hormones

À la puberté survient la découverte du désir, de l'élan sexuel. Beaucoup d'adolescents, pourtant informés de son arrivée,

1. Une empreinte de l'enfance peut certainement s'effacer ou se décolorer. Si ces empreintes inscrites dans l'enfance s'allègent ou s'évanouissent à la puberté, ce pourrait être parce qu'elles ne sont plus en phase avec la continuité de l'évolution de la personne qui mûrit, ou parce qu'il s'agissait d'empreintes légères, ou encore parce qu'elles sont recouvertes par d'autres plus puissantes, très différentes. Dans ce cas, il est difficile de les repérer, car lorsque la personne deviendra adulte, ces empreintes se seront évanouies, et nul ne pourra plus en parler. D'ailleurs si cela se passe ainsi, on ne peut plus guère parler d'empreintes, mais de potentiels d'empreintes de l'enfance qui vont ou non se finaliser. Certaines sont sans doute si fortes qu'elles persistent quand d'autres passent à la trappe.

sont cependant très surpris par leurs propres pulsions. Quelques années avant, en sixième par exemple, ils vous diront : « Bien sûr qu'il faut mettre des préservatifs pour se protéger du sida, c'est évident, et c'est incompréhensible que certains ne le fassent pas, c'est même un scandale... » Puis, plus tard, ils s'aperçoivent qu'emporté par la vague du désir, du stress, de l'élan sexuel, on peut avoir du mal à penser au préservatif. Si les adultes les préviennent que leurs poils vont pousser, leurs règles venir, ils sont peu préparés à affronter le tsunami du désir. À mon avis, c'est sans doute une carence dans l'éducation, même si elle est facile à critiquer. Il est difficile d'en parler car cela fait partie de l'intimité très profonde de chacun.

Donc l'adolescent découvre le désir. « Je me souviens, m'explique une jeune femme, la première fois où j'ai ressenti du désir. C'était mon oncle, il était sur un bateau où je faisais de la voile en famille. Et j'ai ressenti une bouffée de désir. Il était torse nu, et je me suis sentie très gênée de le trouver si beau et désirable... » Et, depuis ce temps, voir un homme torse nu reste pour cette jeune femme une vision très excitante sexuellement.

Les premiers élans, les premiers émois, les premières expériences de la puberté vont laisser des traces. Cherchez dans votre mémoire la première fois où vous vous rappelez avoir ressenti du désir. Vous vous en souviendrez certainement car c'est un moment à la fois délicieux et troublant. On se demande ce qui nous arrive.

Voici ce qu'a vécu Damien : « Je jouais au tennis dans un club l'été. C'était la première fois, et quand je suis entré dans le vestiaire, je me suis trompé. C'était le vestiaire des femmes. J'ai eu le temps de voir deux femmes torse nu. C'était la première fois que je voyais de vrais seins en chair et en os (si l'on peut dire !). J'ai eu un choc et j'ai ressenti mon sang bouillir dans mes veines. Je garde le fantasme de surprendre une femme qui se déshabille. Même aujourd'hui encore, quand je passe près d'une cabine d'essayage, je suis excité comme une puce, et si j'osais je jetterais un œil. Et j'utilise encore aujourd'hui ce fantasme quand je me masturbe. »

À la puberté, l'événement ne reste plus, comme dans l'enfance, à l'état d'émotion de plaisir. En plus d'être un plaisir de nature différente, plus sexuelle, cette émotion, combinée à cet événement, entraîne la construction d'un fantasme, une création imaginaire à laquelle on pourra ensuite faire appel volontairement. Damien peut, s'il a envie de ressentir une excitation sexuelle, se repasser mentalement le film de cette expérience et retrouver ainsi la même émotion. L'excitation sexuelle se lie à l'imaginaire érotique.

Là encore, c'est un phénomène d'empreinte émotionnelle. Contrairement aux tables de multiplication qu'il faut répéter et répéter pour les imprimer dans la mémoire (l'ennui n'est pas un fixateur efficace), l'émotion, elle, fixe les souvenirs. D'ailleurs, même sans parler de sexualité, pensez à des souvenirs anciens et vous observerez que tous, sans exception, sont liés à une émotion particulièrement intense.

L'émotion fixe le souvenir de manière indélébile. L'émotion ne vieillit pas, car elle est revécue en direct au moment où nous la ressentons. Une personne de 80 ans a une moins bonne mémoire qu'un individu de 25 ans. Elle peut oublier les détails de ses expériences sexuelles. Toutefois, elle peut revivre avec la même intensité l'émotion liée à un très vieux souvenir sexuel. Nous sommes toujours jeunes face à nos émotions. Et c'est une des raisons pour laquelle elles nous sont si précieuses.

Chez Éliane, le « sexuellement excitant » s'est inscrit par le canal auditif et non par le canal visuel : « Pendant mon adolescence, j'ai passé mon été dans un village de vacances où un couple visiblement très actif sexuellement partageait la chambre voisine de la mienne. J'entendais leurs ébats, et cela m'excitait beaucoup. Maintenant encore, le son des gémissements de plaisir est très excitant pour moi. D'ailleurs, pousser moi-même de petits cris m'aide beaucoup à atteindre l'orgasme. »

Parmi les expériences sexuelles, certaines, à la puberté, correspondent à un contact sexuel plus concret. Laetitia explique :

« Je dansais un slow avec lui. Il me tenait tout contre son torse, et se frottait doucement à moi. Je sentais mes mamelons se durcir, et j'avais envie de beaucoup plus, sans trop savoir de quoi encore. En fait, je réalise en y pensant que je ressentais un désir très fort pour lui. Et pour moi, mes seins sont une zone particulièrement érogène, qui peut m'emmener jusqu'à l'orgasme. »

À cet âge, l'adolescent comprend les émotions ressenties. L'émotion sexuelle prend du sens. D'une sexualité purement pulsionnelle et émotive, elle passe à une sexualité « sémantique ».

Antoine : « Un jour, dans un bar, j'ai caressé ma petite copine jusqu'à l'orgasme. Elle était assise près de moi sur une banquette, son manteau sur les genoux, et j'ai commencé à passer ma main sous sa jupe, puis de plus en plus précisément, jusqu'à caresser son sexe. C'est pour moi un fantasme auquel je pense encore régulièrement. J'ai ressenti énormément d'excitation, une sorte de fierté, et aussi une peur plutôt stimulante d'être surpris. Et cette peur d'être surpris est encore aujourd'hui pour moi une source d'excitation essentielle. »

Il s'agit de choses vues, entendues, comprises, ressenties qui déclenchent des émotions sexuelles et qui vont faire une empreinte consciente à activer ou inhiber volontairement.

Olga me raconte qu'elle a connu sa première émotion sexuelle à 13 ans et demi avec son cousin. « Nous étions tous les deux pubères. Je pense que j'étais précoce et lui aussi. Je n'ai rien fait et lui m'a caressé gentiment partout, sur tout le corps et le sexe, et j'en garde un souvenir ébloui. Nous n'avons pas été plus loin que ces caresses. Mon plus grand plaisir est aujourd'hui encore de me laisser caresser. » Et son cousin lui a fait un beau cadeau, puisqu'il s'agit d'une femme de 60 ans qui, depuis toujours, adore faire l'amour et trouve que c'est quelque chose de magique. Même si elle était très jeune, sa première expérience lui a laissé une empreinte très précieuse.

Par la suite, à l'adolescence, nous construisons des fantasmes, des scénarios imaginaires, des rêveries érotiques à partir de ces empreintes. Nous ancrons encore plus profondément nos fantasmes en pratiquant dans la sexualité ce qui nous procure le plus d'excitation et aussi en fantasmant lors des pratiques de masturbation. Si une personne ressent une forte excitation grâce aux caresses sur les seins, il est probable qu'elle en demande encore et encore. Du coup, son histoire associée à ses fantasmes et à sa pratique sexuelle va encore intensifier son fonctionnement excitatoire dans cette veine.

Quel est l'intérêt de comprendre ce fonctionnement ?

Il permet de mieux se connaître. On peut comprendre pourquoi telle image plutôt banale est très excitante pour nous, alors que d'autres ne le sont absolument pas. On sait aussi que l'on ne choisit pas ses chemins d'excitation. Ils sont dus à des rencontres fortuites qui se sont produites à un moment où nous y avons été particulièrement sensible, et une empreinte s'est formée. **Si l'on ne choisit pas son patrimoine génétique, on ne choisit pas non plus son patrimoine excitatoire, c'est-à-dire la direction qu'a prise notre pulsion sexuelle au fil de notre enfance et de notre adolescence.**

L'adolescent va se forger son répertoire pulsionnel : « J'aime les blondes à forte poitrine » ou « Je suis attirée par les garçons souriants aux cheveux longs »…

Il interprète ce qui se passe en lui à la lumière de ce qu'il connaît. Il se forge alors une personnalité sexuelle pulsionnelle qui n'est pas une simple observation, mais aussi un décodage de ce qu'il vit. Il peut alors être enthousiasmé par ce qu'il découvre, effrayé ou encore honteux… Le plus souvent, il oscille entre ces différentes émotions. Il se fabrique un jugement personnel sur ses propres pulsions qui le mènera à une éthique sexuelle personnelle.

À l'adolescence, nous intégrons nos pulsions sexuelles naissantes dans notre fonctionnement psychique plus global. Nous leur donnons une place et une signification.

Et après l'adolescence ?

Après avoir vécu notre adolescence, il nous reste encore beaucoup d'années devant nous durant lesquelles nous allons continuer à vivre avec les empreintes qui se sont formées. Chacun d'entre nous peut à la fois posséder des empreintes très précieuses et d'autres dont on se passerait volontiers parce qu'elles ne correspondent pas à ce que l'on souhaite vivre et ressentir aujourd'hui.

Mais tout n'est pas fini après l'adolescence. D'autres empreintes peuvent encore et toujours apparaître, à n'importe quel moment de la vie. Nous ne sommes pas définitivement marqués par un processus qui serait désormais immuable. Certaines de nos anciennes empreintes peuvent perdre de leur intensité, voire disparaître. Tandis que de nouvelles vont naître. Elles sont cependant moins fréquentes à s'installer. N'étant plus vierges de toute expérience, nous sommes moins sensibles aux événements. En outre l'être humain est naturellement conservateur et généralement peu enclin à modifier radicalement ses habitudes.

Élisa a lu un roman érotique pour la première fois à 34 ans. « J'ai été étonnée de l'effet qu'il produisait sur moi. Je me suis sentie très excitée et, pendant la semaine où je l'ai lu, j'ai beaucoup sollicité mon ami pour faire l'amour. Mais ce qui m'a étonnée, c'est que deux scènes de ce livre se sont gravées en moi. Plus d'un an après, si j'y pense, elles peuvent contribuer à m'exciter. D'ailleurs, il m'arrive d'utiliser ces images quand je fais l'amour pour parvenir à l'orgasme. J'ai trouvé ça intéressant de vivre cette expérience car cela me donne l'impression d'être encore jeune sexuellement parlant. J'ai encore des choses à découvrir sur ma manière de fonctionner. Mais ce qui peut paraître bizarre, c'est que je n'ai pas spécialement envie de lire d'autres ouvrages érotiques. Ce que j'ai lu me suffit. Je ne rêve pas d'avoir des dizaines de fantasmes dans ma tête ! »

Autant il peut être agréable et riche d'élargir son répertoire érotique, autant certains comme Élisa ont envie de garder le contrôle. Ce qu'Élisa ressent confusément, c'est peut-être que ce phénomène d'empreinte pourrait lui échapper. Les images qui se fixent en vous, vous ne les choisissez pas, du moins pas consciemment. Si elles vous conviennent, si elles vous plaisent, tant mieux, sinon, tant pis, vous devrez vivre avec une empreinte dont vous vous seriez bien passé.

Hector, 49 ans, est tombé un jour sur Internet sur un film mettant en scène un travesti. Il l'a regardé plus par curiosité qu'autre chose. Et une empreinte s'est installée, et Hector n'en est pas ravi. « J'ai l'impression que cette image fait intrusion dans ma tête. De temps en temps, tout à coup, dans les mois qui ont suivi le visionnage de ce film, cette image s'imposait à moi, alors que j'étais au travail par exemple. Cela m'a passé, mais quand je fais l'amour, elle peut encore survenir et me parasiter, alors que je n'ai absolument pas envie d'y penser. Pourtant, il s'agit d'une image qui m'excite, mais franchement, je n'ai pas la moindre envie de cultiver ce type d'excitation. Le pire, c'est que j'aurais envie d'aller revoir des films de travesti, mais je me l'interdis. »

Les empreintes sont comme des couches qui se recouvrent les unes les autres. Les plus actives restent généralement les plus anciennes ou les plus fortes émotionnellement. C'est pourquoi il est « risqué » de se laisser tenter par une curiosité morbide vis-à-vis de films pornographiques « trash », de pratiques sexuelles bizarres ou d'expériences érotiques extrêmes. Car on peut très bien découvrir en soi une excitation forte pour une activité sexuelle illégale, inappropriée ou aussi angoissante qu'elle est excitante. L'idéal serait de se fabriquer de belles expériences amoureuses et érotiques, de lire de beaux livres, de voir de belles images, afin d'avoir plus de chances de se fabriquer de belles empreintes.

L'intensité des pulsions sexuelles

La pulsion ne se décrit donc pas uniquement par sa nature, mais aussi par sa puissance. Marie n'éprouve quasiment jamais de désir sexuel ni d'orgasme, et très rarement une forme de plaisir fugace. Alexandre, lui, au contraire ressent des pulsions sexuelles très puissantes qui ont tendance à le dépasser par leur intensité.

Certaines pulsions sexuelles semblent anémiques quand d'autres sont flamboyantes, voire débordantes. Tout dépend aussi des moments de vie où nous nous trouvons. Chacun d'entre nous peut passer par des périodes de désir sexuel en berne et plus tard par des moments de pulsion intense.

Alors qu'est-ce qui détermine l'intensité de cette pulsion sexuelle ?

L'imprégnation hormonale

Nous dépendons en grande partie de nos hormones. Si vous êtes une femme, vous le savez certainement, vous le vivez tous les mois. Mireille le constate : « Cela m'a toujours énervée d'observer combien je dépendais de mes cycles. Avant mes règles, j'étais toujours d'une humeur massacrante, et pendant ma période d'ovulation, je ressentais quelques jours un désir très intense. Depuis le début de ma ménopause, j'ai encore du désir, mais il est plus constant, à un niveau plus bas. Je regrette énormément ces pics de désir qui étaient une joie dans notre couple… »

Si vous êtes un homme, cela vous semble peut-être moins évident, tel Albert qui ne s'est plus reconnu lorsqu'à la suite d'un cancer de la prostate, il a été contraint de prendre un traitement antihormones : il n'a plus éprouvé aucun désir, ou quasiment pas.

Les hormones modèlent nos humeurs, notre poids, la solidité de nos os, l'hydratation de notre peau, et aussi notre pulsion sexuelle.

La première hormone en cause est la prolactine. Il s'agit d'une hormone présente en permanence dans le sang chez l'homme et chez la femme et fabriquée par l'hypophyse. À un taux trop élevé, elle inhibe la pulsion sexuelle. Or, elle s'élève naturellement à certains moments de la vie. C'est l'hormone de la lactation. Aussi, après l'accouchement, devient-elle très active. Une femme qui allaite peut pendant trois mois ne plus éprouver de désir sexuel. C'est un phénomène naturel qui vise sans doute à ce que toute l'énergie de cette nouvelle maman s'investisse dans son enfant qui en a besoin. Après trois mois, même en continuant à allaiter, la prolactine diminue et le désir peut réapparaître.

Mais la prolactine peut aussi s'élever pour des raisons anormales comme la prise de médicaments susceptibles de la faire monter (pilule contraceptive, neuroleptiques, antidépresseurs, antihistaminiques…), des maladies (problème de thyroïde, insuffisance rénale ou hépatique sévère, problèmes d'ovaires…) ou encore parce que la zone de l'hypophyse qui la fabrique contient un adénome, ensemble de cellules qui s'emballent et déversent dans le sang beaucoup trop de prolactine.

Quand la prolactine augmente, un des signes parfois observables est l'écoulement de liquide au niveau des mamelons quand on les presse, chez l'homme comme chez la femme.

Chez les femmes, une prolactine élevée entraîne des règles très espacées ou complètement bloquées.

En cas de baisse de désir, il est utile de faire une prise de sang pour détecter une augmentation anormale de prolactine et bien sûr la traiter si nécessaire.

Un de mes patients, un homme entre 40 et 50 ans, a vu ses seins gonfler et a dû se faire opérer… et arrêter le médicament qui faisait monter sa prolactine. Non seulement il ne ressentait plus de désir, mais son érection était en panne, ce qui paraît logique. Quand le désir n'est pas là, l'érection est difficile !

Des études ont même montré que chez des personnes se plaignant de désir sexuel très faible on observait une amélioration avec un traitement antiprolactine. Et cela même si leur taux de prolactine était considéré comme normal. Il semblerait que plus le taux de prolactine est élevé, plus la pulsion sexuelle est amoindrie.

La seconde hormone en cause est la testostérone. Elle a une action directe sur la pulsion sexuelle. Que nous soyons hommes ou femmes, notre cerveau doit se trouver imprégné de testostérone pour fonctionner d'une manière optimale sur le plan sexuel. Cette hormone permet le développement de pensées et de fantasmes sexuels. Elle est aussi indispensable à notre excitabilité sexuelle et aux réponses sexuelles nocturnes de notre sensitivité génitale. Autrement dit, sans testostérone, pas d'érections nocturnes pour les hommes et pas de lubrification sexuelle nocturne pour les femmes. Même pas dans vos rêves !

Cela explique les difficultés sexuelles des femmes qui vivent une ménopause chirurgicale. Si le chirurgien enlève leurs ovaires en même temps que leur utérus, ces ovaires ne peuvent plus fabriquer de testostérone. Même dans la ménopause naturelle, certaines femmes voient leur testostérone s'abaisser. Chez les hommes, quand le taux de testostérone diminue, on parle d'andropause.

Il existe donc actuellement, pour les hommes comme pour les femmes, des médicaments à base de testostérone pour compenser les baisses observées. Ils ont un effet très nettement stimulant sur le désir sexuel. Néanmoins la testostérone n'est pas anodine et peut présenter des effets indésirables. Il existe des moyens plus naturels de la faire monter, c'est ce qu'a décrit le Pr Droupy aux assises de sexologie 2009.

On sait par exemple que les relations sexuelles font monter le niveau de testostérone [1]. C'est intéressant à savoir, car quand on ressent peu de désir (testostérone basse), on ne fait pas beaucoup l'amour. Moins de désir entraîne moins de relations sexuelles, donc moins de testostérone, donc moins de désir. Et la boucle est bouclée…

À défaut, ou en outre, sachez encore que fantasmer sexuellement fait également monter le taux de testostérone [2].

Dans un autre registre, il a aussi été démontré chez l'homme que la psychothérapie ou encore les traitements mécaniques de l'érection (vacuum, prothèse pénienne, chirurgie vasculaire) faisaient augmenter le niveau de testostérone [3] dès lors qu'ils contribuaient à améliorer l'érection. Il est probable qu'il en soit de même pour la femme chez qui une psychothérapie efficace fait sans doute augmenter la lubrification sexuelle.

L'excès de testostérone peut, lui, provoquer des pulsions sexuelles démesurées. Un de mes collègues m'a un jour parlé d'une patiente de 70 ans qui avait tenté de se suicider. Elle a fini par lui donner les raisons de cet acte. « Alors que je suis veuve depuis plusieurs années, je ressens depuis quelques mois des pulsions sexuelles très fortes. J'ai l'impression que je deviens folle… » Elle était tellement perturbée par ces pul-

1. Carosa et col., « Type V phosphodiesterase inhibitor treatments for erectile dysfunction increase testosterone levels », *Clin Endocrinol*, 2004; 61 : 382-386. Signoret et Balthazart, « Le comportement sexuel », in Thibault et Levasseur, *La Reproduction chez les mammifères et l'homme*, INRA-Ellipse, 1991.

2. Stoléru et col., « LH pulsatile secretion and testosterone blood levels are influenced by sexual arousal in human males », *Psychoneuroendocrinology*, 1993; 18 : 205-218.

3. Jannini et col., « Lack of sexual activity from erectile dysfunction is associated with a reversible reduction in serum testosterone », *Int J Androl*, 1999; 22 : 385-392.

sions qu'elle avait voulu mourir. Après un bilan médical, on a découvert à cette femme une tumeur bénigne qui secrétait une grande quantité de testostérone. Une fois opérée, elle a retrouvé son équilibre.

Ce que l'on qualifie de castration chimique correspond à un traitement antitestostérone. Quand on ne sait pas bien aider quelqu'un à faire changer d'axe à une pulsion pathologique ou gênante (pédophile, agresseur sexuel…), l'amoindrir par un médicament est parfois une solution. Un de mes patients m'a demandé de lui-même un traitement antiandrogénique, car il se sentait gêné par ses pulsions (de voyeurisme). Et le traitement lui a été bénéfique. Il lui a permis de retrouver une vie de couple qui lui convenait.

Quand on souffre d'une difficulté sexuelle, il me semble important de se demander s'il existe une anomalie hormonale. Il serait dommage d'investir de l'énergie à chercher dans notre histoire de vie ou notre psychisme des blocages alors que l'explication est plutôt chimique.

Les traumatismes qui affectent la pulsion sexuelle

La pulsion sexuelle est une pulsion de vie dirigée vers la procréation. Aussi n'est-il pas étonnant de constater que des traumatismes importants qui nous confrontent à la mort puissent avoir une influence négative sur elle.

C'est le cas chez Simon qui a vécu un événement terrible. Son fils de 5 ans est mort, il y a quatre ans, renversé par une voiture : « Depuis que mon fils n'est plus là, je ne peux plus faire l'amour à ma femme. Quand je me couche le soir, si je m'approche d'elle dans l'idée de lui faire un câlin, immédiatement, l'image de mon petit garçon apparaît, et je n'ai plus envie de rien. Je me mets souvent à pleurer. »

Il y a près de dix ans, Alexandra, 24 ans, a perdu son petit frère de 12 ans d'une leucémie. Elle pleure encore en en parlant. Elle est en couple depuis six ans et n'a jamais pu faire l'amour avec son compagnon. Elle est totalement bloquée sur le plan sexuel.

Selif consulte pour impuissance. Il n'a aucune érection et cela le mine. En parlant un peu avec lui, j'apprends qu'il est depuis seulement un an en France. Auparavant, il était dans son pays, en Afrique, dans une cellule de prison où il a été torturé pendant des mois. Il se demandait chaque jour si on allait le tuer, si sa femme et son fils étaient encore vivants et s'ils parviendraient à s'en sortir tous les deux.

Ces personnes souffrent du syndrome de stress post-traumatique (PTSD), pathologie qui entraîne chez 80 % des personnes des dysfonctions sexuelles durables car laissant des cicatrices importantes dans leur cerveau sexuel pulsionnel.

Mais qu'est-ce que c'est exactement que le PTSD ? On l'appelait autrefois la névrose de guerre ou encore la névrose traumatique. Sa définition est très précise : « Le sujet a vécu, a été témoin ou a été confronté à un événement durant lequel des individus ont pu soit trouver la mort, soit être très gravement blessés, soit encore avoir été menacés de mort ou de blessures graves ; ou bien le sujet a vu durant cet événement son intégrité physique ou celle d'autrui menacée. Dans ce contexte, la réaction du sujet à l'événement s'est traduite par une peur intense, un sentiment d'impuissance ou d'horreur. »

Cet état peut paraître relever d'événements extrêmes, et c'est bien le cas. Mais ces événements extrêmes sont plus fréquents qu'on ne l'imagine. Car ce n'est pas seulement la nature de l'événement qui compte, mais la réaction que l'on a face à celui-ci. Aussi certaines personnes vivent-elles une situation grave sans pour autant souffrir par la suite de PTSD quand d'autres vivent un événement qui vous paraît plus banal, mais qui, pour elles, est atrocement marquant.

Jérôme a appris un jour que son père était séropositif. À l'époque aucun médicament n'était disponible et il a pris comme une sentence de mort cette annonce. En quelques secondes, sa vie venait de basculer. Il avait 14 ans. Le sentiment d'horreur qu'il a ressenti est toujours présent en lui. Sa vie sexuelle est désertique et il porte encore la douleur de cet événement.

Valérie a été abusée par son père quand elle avait 12 ans. « Une seule fois », précise-t-elle. Son enfance s'est déchirée d'un coup, et pour elle plus rien, jamais, n'a été comme avant. Actuellement, Valérie est incapable d'éprouver du désir sexuel, elle n'aime pas faire l'amour et consulte pour de graves difficultés de couple…

Quand votre monde s'écroule parce que vous voyez quelqu'un mourir ou être gravement blessé, cet événement fait que le monde ne sera plus jamais comme avant. Quelque chose en vous réagit, qui semble dire : « Dans le monde tel qu'il est, qui me fait vivre ce genre de traumatisme, pourquoi donner la vie ? Pourquoi faire l'amour ? Il vaut mieux ne pas transmettre la vie si c'est pour donner à un autre être humain la possibilité de vivre des horreurs pareilles… »

Bien sûr, personne ne se formule les choses ainsi. Il me semble que c'est plutôt une sorte de mécanisme de réaction instinctive qui bloque la sexualité.

Aux États-Unis, où l'on dépiste activement l'état de stress post-traumatique, on estime que 5 à 12 % de la population générale en souffre. En Europe, où l'on y est moins attentif, on l'estime à 1 % de notre population. La réalité est sans doute entre ces deux chiffres.

Comme j'y prête une attention particulière, je détecte de très nombreux cas de traumatismes profonds chez mes patients.

Alain a vu toute son enfance sa mère menacer de se suicider : elle mettait le tuyau du gaz dans sa bouche devant son fils de 6 ans en hurlant qu'elle voulait mourir…

Isabelle a perdu son fils dans un accident de voiture. Mort sur le coup.

Jacques se faisait battre par une mère, visiblement malade mentale, qui l'attachait à un radiateur pendant des heures. Sa mère est décédée, mais Jacques garde des cicatrices psychiques.

Juliette s'est fait violer par deux garçons de sa classe qui étaient venus chez elle un après-midi pour faire des devoirs.

Ses parents ont quasiment nié les faits et exprimé le désir de ne pas faire de vagues.

Est-ce étonnant que toutes ces personnes profondément blessées souffrent de difficultés sexuelles ? Leur pulsion sexuelle, pas complètement éteinte, est amoindrie, hésitante, fragile…

Cela dit, on entend souvent l'idée que « l'on ne peut pas s'en remettre », ou encore qu'elles (ou ils) deviendront soit des « coincées » soit des « obsédées » ou des agresseurs. Or, c'est faux. De nombreuses victimes parviennent à surmonter le traumatisme pour mener une vie amoureuse et sexuelle épanouissante. C'est ce que l'on nomme la résilience.

La résilience

Certaines personnes surmontent seules un traumatisme sexuel grâce à leur capacité de résilience. Il s'agit de l'aptitude à survivre, à pouvoir vivre en harmonie par la suite malgré un ou plusieurs traumatismes. Cette capacité à rebondir se structure sur la personnalité de chacun, son histoire, et sur des tuteurs de résilience, personnes qui servent d'appui psychologique. Ainsi, on peut faire preuve de résilience seul, parce que l'on est bien entouré, ou parce que l'on trouve un psychothérapeute qui joue ce rôle de tuteur.

Penser que toutes les victimes d'abus sexuels auront obligatoirement par la suite une vie sexuelle catastrophique est un préjugé. Grâce à notre capacité de résilience, des hommes et des femmes surmontent leur traumatisme et mènent une vie amoureuse et sexuelle épanouie. Boris Cyrulnik est le psychiatre qui a fait connaître le concept de résilience grâce à ses nombreux livres.

On pourrait penser que, si l'événement traumatisant est de nature sexuelle (un viol par exemple), les difficultés sexuelles sont plus fréquentes. En réalité, il n'en est rien, quelle que soit la nature d'un traumatisme, l'incidence sur la sexualité peut se révéler importante. C'est la pulsion de vie en totalité qui est atteinte à sa racine par le traumatisme.

Comment détecter le PTSD ? L'événement de départ est bien sûr un élément central. Mais parfois, une personne peut ne pas mesurer à quel point un événement l'a traumatisée. Il existe donc des signes associés importants à rechercher systématiquement quand on a un doute :

Le traumatisme reste présent à l'esprit très longtemps après. Des rêves ou des cauchemars peuvent exister et rejouer pendant la nuit le traumatisme initial. Dans la journée, des souvenirs de l'événement s'imposent brutalement à l'esprit de manière intrusive. Un petit détail de la vie de tous les jours fait revenir à la surface l'instant du traumatisme et peut provoquer une détresse profonde, réactivant les angoisses liées à l'événement de départ.

La personne victime de ce traumatisme évite ce qui lui rappelle cet événement, des personnes, des situations… Si elle est obligée d'y être confrontée, il s'ensuit une angoisse importante. Simone a appris par téléphone que sa fille était morte. Elle s'était jetée par la fenêtre. Depuis, Simone ne supporte plus le téléphone. Dès qu'il sonne, et depuis plus de vingt ans, sa première pensée est : « C'est mon fils qui est mort, cette fois… » Simone évite de donner son numéro pour qu'on ne l'appelle pas. Du coup, sa vie sociale s'est considérablement dégradée.

La victime peut s'anesthésier. Parfois, la souffrance est si insupportable au long terme que le psychisme ne réussit à survivre qu'en se coupant de ses émotions. La personne vit une sorte de dissociation émotionnelle. Elle se sent détachée des autres, différente, étrangère. Elle ne ressent plus de douleur, mais plus non plus de plaisir, joie, désir, plus d'émotions positives. Et, même si ces réactions sont des réactions de survie, en amour, c'est très toxique.

Bertrand a pensé que sa vie s'écroulait quand sa compagne l'a quitté. Il a caché cette rupture à toute sa famille, à tous ses amis… pendant plus de deux ans. Il a montré un visage « normal » alors qu'il se sentait détruit intérieurement. Depuis, il est coupé de ses émotions. Il est en couple avec une femme qu'il « aime bien », mais pour qui il ne ressent aucun sentiment. Il n'éprouve jamais non plus de désir sexuel, ni de plaisir, même si son corps peut mécaniquement faire l'amour. Il consulte parce qu'il a honte de cette situation vis-à-vis de sa compagne qui, dit-il, « ne peut pas ne pas en souffrir ».

L'état de stress post-traumatique a été très étudié, en particulier chez des soldats revenant de guerre, ou après les catastrophes naturelles (tremblements de terre, incendies, inondations...) C'est pourquoi, quand une catastrophe survient, des psychiatres et psychologues interviennent aujourd'hui. L'armée elle-même forme des experts pour soigner ces troubles.

Pour traiter ces difficultés, j'utilise l'EMDR [1], thérapie qui permet un retraitement de l'information dysfonctionnelle. Elle est considérée comme la plus efficace dans le domaine des états de stress post-traumatiques. Quand le cerveau a mis en mémoire un souvenir surchargé d'émotions négatives, il peut ne pas parvenir à le digérer, même avec le temps. Alors, ce souvenir traumatique continue à agir en permanence, à ronger l'élan de la pulsion de vie et souvent la sexualité. L'EMDR permet de relancer la métabolisation de ce souvenir pour qu'il s'intègre à nos expériences de vie sans continuer à fonctionner en boucle toxique. Les résultats sont souvent remarquables sur les difficultés du désir sexuel, même si les traumatismes ne sont pas directement de nature sexuelle. C'est pourquoi je m'en sers de plus en plus dans le cadre de mes consultations.

Sophie consulte pour troubles du désir sexuel. Elle n'éprouve quasiment jamais de désir. Elle est un peu en surpoids et ne se trouve pas belle. Elle raconte qu'au début de son adolescence, elle a été envoyée en pension, et que, de retour six mois après dans sa famille, la première phrase que son père lui a dite, c'est : « Mais qu'est-ce que tu es grosse, ma pauvre fille ! » Cette phrase reste marquée au fer rouge dans sa tête et constitue encore un profond traumatisme. Sophie avait bien pris des kilos en pension, mais cette remarque a provoqué un choc. Sophie est devenue boulimique, persuadée qu'elle

1. Eye Movement Desensitization and Reprocessing, ou Mouvement des yeux, désensibilisation et retraitement (de l'information).

n'était pas digne d'être aimée, désirée. Ses relations amoureuses et sexuelles sont désastreuses. On ne peut pas parler de stress post-traumatique au sens où l'entend la psychiatrie, mais les répercussions d'un événement si choquant, pour une personne donnée, relèvent des mêmes traitements.

L'EMDR relève à la fois des thérapies comportementales, de la psychanalyse, des thérapies émotionnelles, et aussi d'une forme d'hypnose. Elle utilise des stimulations bilatérales alternées, des mouvements oculaires rapides de gauche à droite, ou des tapotements sur le corps. Le thérapeute demande à la personne de penser au moment le pire de son expérience traumatisante et l'on procède à ces stimulations…

Simone peut maintenant entendre le téléphone sans angoisse. Émilie, qui pensait tous les jours depuis vingt ans au décès de son père, traumatisant pour elle, me dit avec le sourire : « Ce qui me perturbe, c'est que je n'y pense plus ! J'y étais tellement habituée. » Marc, choqué par sa première panne sexuelle il y a trois ans, m'explique : « C'est étrange, quand j'y repense, maintenant, je me dis, c'est la vie. Je n'ai plus cette angoisse qui accompagnait ce souvenir. En fait, j'ai même du mal à retrouver ce moment dans mes souvenirs tellement il est devenu flou. » Valérie, abusée « une seule fois » par son père, me rapporte, après une séance : « Cela va tellement mieux avec mon mari (sexuellement s'entend), que j'ai failli ne pas revenir vous voir… »

Finalement, quand la pulsion sexuelle est altérée par un traumatisme, il est intéressant de travailler à « digérer » ce traumatisme par l'EMDR (ou des thérapies comportementales ou d'exposition) pour retrouver bien vivante cette pulsion sexuelle. Parce qu'elle est toujours là, elle s'exprimera à nouveau si son couvercle peut sauter…

L'excès d'empreintes négatives

Après des expériences, vous pouvez vous trouver dégoûté par une caresse et excité par une autre ; et cela peut être exactement le contraire pour une autre personne.

Quand les empreintes négatives et les dégoûts qui en résultent sont excessivement nombreux, ils peuvent finir par étouffer notre pulsion qui ne trouve plus d'issue.

Carine n'a pas eu d'expérience sexuelle avant l'âge de 26 ans et encore s'est-elle révélée désastreuse. Il faut dire que sa mère était quasiment obsédée sexuelle… mais en négatif. Elle parlait beaucoup de sexualité, de manière très angoissante, culpabilisante, en dissertant sur les maladies vénériennes, sur les prostituées, sur les agressions sexuelles, sur les douleurs des femmes, sur les hommes qui ne respectent plus rien, qui sont infidèles…

Diego a grandi dans une famille positive vis-à-vis de la sexualité. Il n'a pas le souvenir de parents trop pudibonds ou trop démonstratifs sur le plan sexuel. D'ailleurs, son frère et sa sœur n'ont pas de problèmes sexuels alors que lui est complètement bloqué. Il est terrorisé à l'idée de faire l'amour à une femme. Diego a eu une première expérience sexuelle désastreuse, et cette relation a duré cahin-caha plusieurs années. Depuis, il s'est mis en tête qu'échouer sexuellement avec une femme était la pire des humiliations, et il rumine cette idée en permanence. Du coup, chaque fois qu'une occasion se présente, il fait tout pour l'éviter. À 32 ans, il n'a pas eu de relation sexuelle depuis plus de dix ans. Et plus il recule l'échéance, plus la peur grandit.

Quand le négatif l'emporte sur le positif, la pulsion sexuelle peut se mettre en « *stand-by* », se faisant toute petite, essayant de ne pas exister pour ne pas déranger. Quand elle se manifeste, elle provoque plus d'angoisses que de plaisirs, puisqu'elle réactive tout le négatif qui lui est associé. La plupart des personnes disposent pour contrebalancer des éléments négatifs des expériences positives, amusantes, excitantes, qui permettent à la pulsion de trouver son chemin. Mais tout le monde n'a pas cette chance. Pourtant, même quand elle se fait toute petite, quand elle cherche à se faire oublier, la pulsion sexuelle est là, bien vivante, attendant une éclaircie dans le ciel pour se manifester. Elle est chevillée à notre corps, à notre vie. Elle peut donc être réveillée si l'on travaille à alléger les empreintes négatives et à en activer des positives…

L'effet du stress sur notre cerveau sexuel pulsionnel

Le facteur stress rigidifie les empreintes, les rendant plus puissantes. Je pense par exemple à Joël, un de mes patients qui a toujours aimé voir une femme vêtue de cuir. Il aime déshabiller sa femme lorsqu'elle porte une jupe en cuir par exemple. Il consulte parce que, me dit-il : « J'ai toujours aimé le cuir, et ça ne m'a jamais gêné. Je considère cela comme un petit plaisir en plus. Mais, ces temps-ci, je sens que je dérape. En effet, je n'ai plus envie de faire l'amour que si le cuir est présent. Cela me devient indispensable, et je me sens très mal avec ça. » Son sentiment de malaise est important. Cet homme a très certainement vécu une ou plusieurs émotions à travers lesquelles le cuir a posé une empreinte. Rien de choquant ou de gênant à cela. Mais quand pour lui le cuir devient indispensable, il se sent entrer dans l'anomalie. C'est bien le principe de la paraphilie [1].

Ce qui est gênant, ce n'est pas la présence indispensable du cuir ; c'est de ne plus se trouver dans la relation à l'autre, mais dans une scène où l'objet cuir l'emporte en importance sur cette relation. Et quand on fait l'amour en dehors d'une relation humaine, on se sent très mal. Certains le nient, cherchent à l'oublier, à ne penser qu'au plaisir excitatoire ou orgasmique, mais cet homme qui vit une belle relation de couple ne peut se contenter de cette sorte de plaisir mécanique.

Pourquoi Joël a-t-il changé ? Il vit en ce moment d'énormes difficultés dans son travail. Le stress peut nous faire perdre de

1. Ce que l'on qualifie aujourd'hui de paraphilie s'est appelé « déviance » ou perversion sexuelle. Il s'agit d'un comportement sexuel rare destiné à obtenir un plaisir sexuel. Ce comportement est considéré comme déviant s'il gêne la personne (il devient envahissant par exemple), s'il tend à devenir le seul chemin capable d'entraîner un plaisir sexuel, ou encore s'il met en danger l'intégrité physique ou psychique de la personne ou celles d'autres personnes en danger.

la liberté pulsionnelle. Une empreinte acceptée et naturelle devient tout à coup tyrannique.

Lucien a vu sa femme hospitalisée pour dépression très grave pendant des mois. Il se retrouve seul avec trois enfants et sans aucune vie sexuelle sinon masturbatoire au cours de cette période. Il consulte pour des pratiques d'exhibition. « Je me suis exhibé devant plusieurs femmes, et je ne comprends pas. Je n'ai jamais fait ça de ma vie et, pour moi, une femme, c'est ce qu'il y a de plus beau au monde. En aucun cas je ne voudrais leur faire de mal… » Cet homme consulte de son propre fait et n'a pas été inquiété par la justice. L'hospitalisation de sa femme, l'inconnu quant à sa guérison, la charge de ses trois enfants, ont déclenché de fortes angoisses.

Le facteur stress réveille ici une empreinte au niveau de l'exhibitionnisme, empreinte qui existait certainement, mais qui ne lui avait jamais posé aucun problème.

Albert est menacé de licenciement pour une faute grave qu'il n'a pas commise au moment où ses parents âgés divorcent, et où sa femme refuse de faire l'amour. Dans ce climat de stress, il se retrouve un jour client d'un prostitué travesti. Il se sent très mal et avoue que ce fantasme existait depuis longtemps sans le déranger, mais qu'être passé à la réalisation est un vrai traumatisme pour lui.

Je pourrais encore citer d'autres cas où une montée très importante de stress, d'anxiété, ou l'impossibilité d'une vie sexuelle de couple vont inciter un homme à aller vers une facette de lui-même qu'il n'a pas envie de cultiver, vers un fonctionnement pulsionnel rigidifié et angoissant. Rien de dramatique pourtant, à part l'angoisse que cette situation peut entraîner. Lorsque le stress diminue, cet homme retrouve son fonctionnement habituel. Mais quand on ne connaît pas ce phénomène et que l'on est en train de le vivre, on se sent extrêmement mal.

Hubert n'a plus de relations sexuelles avec son épouse depuis trois ans, depuis qu'elle a eu un cancer de l'utérus. Elle ressent trop de douleur pour faire l'amour. Hubert qui a un peu plus de 50 ans se sent très mal sans vie sexuelle, d'autant plus que son épouse est dépressive et peu affectueuse envers lui. Il se tourne vers la pornographie et la masturbation pour trouver un équilibre. Il m'explique : « J'ai trouvé un équilibre, je me masturbe devant des films. Ce qui m'embête quand même, c'est que je regarde des films de plus en plus trash, uniquement avec des travestis. C'est toujours un phénomène qui m'a interpellé, mais là, je sens une escalade. Néanmoins, je sens aussi que je trouve ainsi un équilibre. » Environ six mois plus tard, Hubert me raconte : « J'ai une maîtresse. Elle aussi est mariée, mais elle a d'énormes problèmes de couple. Du coup, nous sommes sur la même longueur d'onde, mariés tous les deux, sans désir de divorce, mais avec un besoin d'affection. Je ne regarde plus de pornographie et j'en suis heureux. Je peux vous dire qu'il y a six mois je prétendais avoir trouvé mon équilibre, mais en réalité, c'était un mensonge. Je me sentais mal de regarder ces travestis. Cela me donnait une image horrible de moi. Faire l'amour, c'est quand même autre chose que de regarder des films glauques. Je n'en ai plus du tout envie, et je crois que je ne retomberai jamais là-dedans. »

Pourquoi notre cerveau sexuel pulsionnel réagit-il de manière étrange en cas de stress important ? Il me semble que c'est très simple : la pulsion sexuelle assouvie nous détend. Faire l'amour quand vous êtes stressé vous apaise. Grâce aux hormones de détente (endorphines, ocytocine…), vous vous sentez mieux. Quand il n'est pas possible de vivre sexuellement en harmonie, vous ressentez un manque. Et quand cela se produit dans une période de stress, vous êtes débordé par ce stress. Quand vous étiez petit, vous aviez besoin des bras de votre maman pour vous apaiser. Devenu grand, vous avez encore besoin d'amour et la sexualité permet cette rencontre avec l'autre. Quand elle est impossible, votre pulsion crie de plus en plus fort, et vous incite à la satisfaire en mettant en relief ses empreintes.

Et quand on est débordé par le stress, tous les moyens d'apaisement sont les bienvenus. Votre pulsion crie famine et devient tyrannique. D'autres moyens existent pour diminuer nos tensions intérieures, le sport, la relaxation, le yoga, la sophrologie, la lecture, le sommeil, la créativité, la poésie, la peinture, la musique… mais ce sont des moyens où vous êtes seul ; ils n'ont donc pas la même fonction.

Les hommes qui ont choisi une voie religieuse où l'abstinence sexuelle est la règle n'ont pas la vie facile. Il n'est pas étonnant que l'on décrive parfois des comportements sexuels pathologiques chez certains prêtres. Pas étonnant non plus peut-être que le culte de Marie tienne une grande place dans la religion catholique. Quand on n'a plus sa mère, et quand on n'a pas de femme pour être consolé, il faut bien que cette place soit occupée…

Ainsi, quand nous passons d'un équilibre pulsionnel sexuel harmonieux à un déséquilibre qui nous gêne, il est bon de se poser une question : « Suis-je en état de stress important ? » Si c'est le cas, l'idéal est de trouver des moyens de faire baisser ce stress et pas de culpabiliser en imaginant que l'on devient anormal. C'est facile à dire, mais pas si simple dans la vraie vie. Nous ne pouvons pas toujours agir comme nous le voudrions sur les facteurs de stress qui nous perturbent. Comprendre ce fonctionnement permet au moins de prendre une certaine distance.

À côté de ces exemples particuliers, il existe aussi des hommes qui ressentent un besoin très fort de rapports sexuels très fréquents.

Olivier dit qu'il a besoin de faire l'amour tous les jours, sinon il se sent stressé. Sa femme ressent un ras-le-bol, car elle aimerait ne faire l'amour que deux ou trois fois par semaine. Cela lui suffirait. Olivier est quelqu'un de très tendu, et il a besoin de cette décharge sexuelle pour se trouver détendu. C'est humain mais, dans le couple cela pose des problèmes. Olivier ne sait pas se détendre autrement. C'est cela le vrai problème. S'il avait à sa disposition une palette de possibles, la pêche, le foot, la collection de timbres, le footing, la soirée entre copains… peut-être qu'il se sentirait plus équilibré.

Car ressentir un besoin pressant de sexualité pour se sentir bien signifie généralement que l'on n'a pas suffisamment exploré d'autres voies de bien-être !

Les femmes ne vivent que rarement ce type de réaction parce que la sexualité ne tient pas exactement la même place dans leur économie intérieure. Il semble que, chez les femmes, la pulsion sexuelle ne se fasse pas aussi souvent tyrannique. Il est difficile d'analyser pourquoi ces différences existent. Il se peut que la pulsion féminine soit assez souvent inhibée par la pression sociale. Cela dit, même si c'est relativement rare, il existe aussi des femmes nymphomanes qui se sentent tyrannisées par leurs pulsions.

Le rôle de l'interdit sur l'intensité de la pulsion sexuelle

L'interdit est plein de saveur. Il brille et nous attire. Il a aussi tendance à ancrer la pulsion sexuelle. Vous avez un fantasme dont vous n'osez pas parler, dont vous vous interdisez de parler ? Gageons qu'il gardera sa force. À l'inverse, la perte de ce sentiment d'interdit, la confrontation avec la réalité lui ôtent souvent une grande partie de sa saveur. Un secret est donc plutôt excitant sexuellement. Une liaison secrète peut procurer beaucoup d'émotions, émotions qui cessent brutalement le jour où cette liaison est révélée au grand jour.

Cet effet de l'interdit permet de comprendre que toute vérité n'est pas bonne à dire à l'autre. Non seulement elle peut être mal reçue, mais elle peut perdre tout son intérêt quand elle est dévoilée. Aussi, garder secret un jardin fantasmatique ne lui donne que plus d'éclat.

Dans le cadre de la sexualité, les pulsions que nous reconnaissons en nous peuvent nous rendre honteux. Honte d'être attiré vers des personnes de trente ans de moins, honte de ressentir une pulsion paraphile (fétichisme, sadomasochisme...), honte d'avoir un fantasme estimé inavouable... Cette honte est souvent à l'origine d'un interdit : je m'interdis d'y penser, je m'interdis de l'évoquer, d'en parler, ou je m'interdis de le réaliser. Seulement, ces interdits renforcent la pulsion. Alors, plus vous vous interdisez de penser à un fantasme, plus vous lui donnez de force, plus vous l'alimentez.

« Quand j'étais à l'école primaire, j'écrivais des lettres d'amour à un copain. Vous savez, à cet âge, on est souvent amoureux d'un garçon… » Yvon, fou amoureux de sa compagne qu'il a peur de perdre pour cause d'éjaculation rapide, me raconte sa vie sexuelle. Je note qu'il me parle d'une attirance homosexuelle pendant son enfance. Pourtant, non, à cet âge, on n'est pas spécialement amoureux d'autres garçons quand on est un garçon. Je me fais la remarque, devant son évidente hétérosexualité, qu'il semble n'avoir, dans son enfance, ressenti aucun interdit vis-à-vis de son amour pour son copain. C'est peut-être cette absence d'interdit qui a empêché cette pulsion de s'ancrer en profondeur. Il ne s'est jamais senti honteux ou coupable d'être amoureux d'un garçon.

La plupart du temps, vous entendrez plutôt des témoignages d'hommes adultes homosexuels vous disant : « Déjà tout petit, j'étais attiré par les garçons… et je me suis aperçu que ce n'était pas normal… » Quelle est la place de l'interdit dans l'élaboration de cette pulsion ? Elle est difficile à déterminer, mais elle joue un rôle évident.

J'ai déjà parlé des hommes qui, une fois après m'avoir raconté leurs pratiques sexuelles « bizarres », les voient soudain présenter beaucoup moins de force. Ils ressentent plus de liberté vis-à-vis de ces pulsions qui étaient parfois tyranniques. Le fait de parler, d'ouvrir son jardin secret, de se sentir compris, apprécié, de ne pas se sentir jugé ni reconnu coupable d'avoir franchi un interdit peut affaiblir considérablement une pulsion. C'est pourquoi aller consulter quand on se sent tyrannisé par ses pulsions peut contribuer à les alléger et à augmenter votre liberté.

L'influence de notre entourage sur nos pulsions sexuelles

De l'influence des parents sur les empreintes de leurs enfants, puis de leurs adolescents

L'enfance

Présents en permanence au côté de leur enfant, les parents vont être la première source de stimulations associées au plaisir. Ils câlinent leur enfant, le lavent, le changent, l'habillent, le prennent dans les bras, lui chuchotent des mots d'amour, le font rire, le chatouillent, lui donnent à manger… Toutes sortes d'interactions agréables pour l'enfant passent ainsi par eux. Le tout-petit met en mémoire des empreintes liées à ses parents. D'autant plus que ces stimulations sont répétées quotidiennement. Quoi d'étonnant alors de voir plus tard un garçon dont la maman était petite et brune se trouver attiré par les femmes petites et brunes ? Cette femme qui lui a donné du plaisir a laissé son empreinte. Pour lui, ça fait tilt quand il croise une femme qui lui ressemble, qu'il s'agisse d'une ressemblance physique ou psychologique. Une fille dont le père est très autoritaire et aimant sera peut-être attirée par des hommes au même type de caractère. Dans l'enfance, elle a partagé avec ce père de petits plaisirs du quotidien progressivement sources d'empreintes. Quand elle rencontre un homme qui lui ressemble, instinctivement elle suppose, sans en avoir conscience, que cet homme pourrait mettre du plaisir dans sa vie [1].

Si la plupart des parents ont la joie de partager des plaisirs simples avec leurs enfants, d'autres les maltraitent physiquement ou moralement. Ils participent alors à la mise en place d'empreintes négatives influençant la sexualité future.

Certains adultes choisissent par la suite de former un couple avec une personne à l'opposé de leurs parents, physiquement ou psychiquement. L'empreinte mise en place par le parent a été négative. « Ma mère était horriblement instable de caractère, relate Olivier, elle se mettait en colère pour un rien, nous faisant vivre dans l'angoisse permanente. Elle me semblait dure et sèche. Et j'ai trouvé mon bonheur auprès d'une femme douce et tranquille, plutôt enrobée, et qui me fait fondre. C'est tout le contraire de ma mère, et je trouve une merveilleuse sérénité auprès d'elle. »

La puberté

À la puberté, les empreintes de l'enfance, déjà en place, prennent une autre dimension et intègrent l'excitation sexuelle. Les adolescents peuvent se sentir très gênés par des pulsions qui pourraient les porter vers leurs parents. Ils réagissent en prenant de la distance physique et psychique. C'est une bonne chose, car il serait très compliqué pour un adolescent de se trouver piégé dans une attirance pathologique vers un de ses parents.

Quand des parents n'acceptent pas cette distance indispensable, se créent des situations souvent graves pouvant entraîner des blocages sexuels chez leurs enfants devenus adultes.

Christian a vécu seul avec sa mère. Elle l'a fait dormir avec elle dans son lit jusqu'à l'âge de 18 ans. Christian m'explique

1. Toutefois, les empreintes qui guident nos attractions amoureuses et sexuelles ne se limitent pas à nos parents. On peut être attiré par les femmes blondes parce qu'une gentille institutrice de maternelle était blonde. On peut aimer les hommes avec une voix grave parce que l'on a été subjuguée par un héros de série télévisée à la voix de basse, etc. Nos sources d'attirances sexuelles et d'empreintes dépassent le strict cadre de notre famille proche.

qu'à l'adolescence, il se sentait très mal à l'aise, car il avait des érections dans son lit. Il s'était entraîné à bloquer son érection en se concentrant. Plusieurs décennies ont passé, et Christian est toujours vierge. L'empreinte de sa mère est tellement forte qu'il est incapable de sortir de ce piège, même après dix-huit ans de psychanalyse. Il est enseignant en formation pour adultes. Quand quelqu'un lui dit qu'il pourrait avoir une relation avec une élève (ses élèves ont à peu près le même âge que lui), il explique que « cela ne serait pas éthique ». Il transpose l'interdit de l'inceste aux rencontres potentielles. Son empreinte a mis en place une protection féroce contre une sexualité qui lui est apparue comme dangereuse.

Claudia, l'aînée de six enfants, a toujours perçu son père comme incestueux. S'il n'a jamais eu de gestes déplacés, elle avait l'impression de jouer souvent le rôle de sa mère dans des circonstances où elle se sentait mal à l'aise, quand elle se promenait avec lui par exemple. D'ailleurs, quand sa mère est décédée, son père a épousé une femme du même âge que Claudia, et qui porte le même prénom qu'elle. Claudia est restée célibataire et, un jour, elle prend conscience que son père est toujours là dans sa vie, même si elle a coupé les ponts avec lui. Au pied de son lit, elle a accroché au mur une marionnette de Charlie Chaplin. Son père, un homme brun et de petite taille, porte la même moustache… Elle découvre que l'empreinte de son père plane quelque part, et elle détruit et jette les débris de cette marionnette afin de ne plus voir l'image de son père dans sa chambre.

Sans aller jusque-là, certaines attitudes éducatives ne respectent pas l'espace d'intimité sexuelle dont ont besoin les adolescents pour canaliser une pulsion sexuelle et leur permettre de grandir harmonieusement. Les parents de Noé étaient tout excités par la surprise qu'ils avaient prévu de lui offrir pour l'anniversaire de ses 16 ans. Leur fils est resté stupéfait et surtout extrêmement gêné. Cette surprise, c'était une stripteaseuse ! Elle a officié devant tous ses copains… Et, très fiers de cette idée, ils en parlaient à tous leurs amis, laissant leur fils de plus en plus mal à l'aise. Ce « cadeau » a choqué Noé, qui a très mal supporté cette intrusion dans son espace intime.

Plus courante peut-être, la situation de Flore que sa mère a voulu amener chez un gynécologue. Flore avait 16 ans et demi et, connaissant l'âge moyen du premier rapport sexuel pour les filles (17 ans et demi), sa mère a estimé qu'il était temps de lui faire prendre la pilule. Mais « faire prendre », décider pour l'autre, est-ce bien respectueux ? Flore n'avait aucun petit copain, aucune envie de commencer sa vie sexuelle et encore moins de prendre une pilule ou d'aller voir un gynécologue. Elle a envoyé sa mère sur les roses et a vu rouge quand elle s'est vu demander où elle en était avec les garçons.

Quand on est parent, derrière la logique que l'on se construit pour expliquer sa manière d'agir envers ses enfants adolescents, se cachent parfois des curiosités très malvenues, des postures incestuelles comme si l'on voulait superviser la sexualité de ses enfants. Ces attitudes peuvent être très préjudiciables. Et il ne faut pas s'étonner, quand on est intrusif, de dire quelque temps plus tard : « Je ne comprends pas. Il (ou elle) ne me dit jamais rien. » Si vous êtes intrusif, la réaction de l'autre est de s'éloigner de vous. C'est instinctif, naturel et protecteur !

En consultation de sexologie, ce type de blessure portée par les parents se retrouve parfois chez des personnes souffrant de difficultés sexuelles. Alors, respecter l'intimité des autres, c'est vraiment très important.

L'origine des bizarreries sexuelles

Notre manière de fantasmer, de nous exciter, nous n'en sommes pas responsables. Nous ne l'avons pas choisie. Pourtant, nombreuses sont les personnes se culpabilisant, se jugeant parfois très mal. C'est souvent le cas chez les personnes qui vivent dans un système excitatoire qui les gêne ou qui est dangereux pour leur entourage. Les empreintes qu'ils ont mises en place sont étranges, et eux-mêmes ne se comprennent pas bien.

Albert est un homme de 44 ans avec une famille classique, une femme et deux enfants, un métier où tout va bien pour lui. Et pourtant, une fois par mois environ, Albert va voir une femme pour assouvir un fantasme. Il s'agit d'une « nurse » qui lui met une couche et qui le berce, qui le laisse faire ses besoins dans sa couche… et il ressent une forte excitation sexuelle dans ce contexte. Cette perversion ridicule, comme il l'appelle, était déjà présente dans ses pensées quand il était en classe de sixième.

Cet homme est extrêmement déprimé de se sentir anormal, pervers, bizarre et d'avoir une vie secrète lamentable à ses yeux. Le fait d'en parler lui fait beaucoup de bien. Je fais mon possible pour lui faire sentir qu'une personne ne se réduit jamais à une facette de ce qu'elle fait.

Avoir un fonctionnement sexuel au ressort étrange ne fait pas de vous un fou ni un être abominable. Votre valeur humaine reste la même, vous êtes simplement passé par un événement qui a façonné un de vos chemins d'excitation.

Le problème lorsque l'on ressent une forte honte est que l'on cache ce qui fait honte. Et plus on le cache et plus on a honte, plus on est attiré par cette pratique. Car la honte et la dissimulation rendent de plus en plus obsédante l'idée de ce que l'on voudrait s'interdire. Parler, échanger sans se sentir jugé permet de mettre cette facette de soi en perspective et de ne pas l'isoler dans une sorte de kyste dont elle devient prisonnière et encombrante. Je pourrais raconter quasiment la même histoire pour un autre homme qui lui aussi avait un rendez-vous régulièrement avec une prostituée, cette fois pour se faire fouetter. Après quelques entretiens, il me dit : « Finalement, j'arrête. Je n'en ai plus envie, et d'ailleurs, ça me coûte trop cher ! »

Je ne prétends pas pour autant que parler de cet aspect de nous-même, et ne plus en avoir honte, va faire disparaître ces pulsions. Cela peut tout simplement les remettre à une place plus confortable, celle d'un chemin d'excitation comme chacun d'entre nous en possède, même quand nous jugeons nos manières de fonctionner inhabituelles.

Il me semble que si la plupart des personnes qui culpabilisent savaient ce que les autres ont dans la tête, elles seraient plus détendues !

Une femme m'a aussi raconté avoir des fantasmes sadomasochistes dont elle avait besoin pour atteindre l'orgasme. Elle ne pratiquait aucunement le sadomasochisme, mais, pendant l'amour, avait besoin de penser dans cet axe pour que son excitation monte jusqu'à l'orgasme. Cela la gênait considérablement. « J'ai l'impression que ce n'est pas moi, j'ai horreur de la violence, et j'ai l'impression que cela m'éloigne de mon ami au lieu de m'en rapprocher. Alors, je préfère souvent faire l'amour sans orgasme, mais aussi sans ces fantasmes dérangeants. »

La plupart du temps, quelques questions aident à assainir la situation. À qui faites-vous du mal en fantasmant, ou en agissant ainsi ? Si la réponse est « à personne », alors c'est déjà moins lourd. Et puis, les fantasmes, c'est imaginaire. Ce n'est pas parce qu'un enfant joue au shérif avec un pistolet en plastique et qu'il tue quelqu'un dans son jeu qu'il est violent et condamnable. Il faut bien faire la différence entre ce qui reste dans notre imaginaire et ce que l'on met en pratique.

Allons plus loin : qu'imaginer d'un homme dont l'excitation est déclenchée par des enfants ? C'est un pédophile en fantasme… ou bien un pédophile dans la vie réelle s'il met en œuvre ses fantasmes.

Ce qui est évident, et que vous avez compris, c'est que ses fantasmes, on ne les choisit pas. Un homme qui avait fait de la prison pour pédophilie et consultait sans obligation de soin m'a dit lors d'un entretien : « On a parfois l'impression que les gens s'imaginent qu'un beau jour on s'est dit : “Tiens, et si je devenais pédophile ?” Pourtant, on ne choisit pas ça. Moi, j'aimerais fonctionner autrement, et c'est pour cela que je consulte. J'ai envie d'une vie normale… [1] »

1. Il existe des pédophiles sadiques qui aiment faire souffrir les enfants. On parle alors de psychopathes. Il existe également des pédophiles qui sont sincèrement malheureux de leur attirance envers les enfants et qui voudraient

Je ne veux pas minimiser la gravité des actes qu'un être humain peut commettre (pédophilie ou autre) mais constater qu'un acte de nature sexuelle condamnable ou incompréhensible a toujours des racines très lointaines, dans l'enfance ou l'adolescence.

Après avoir travaillé avec des hommes qui vivent cette problématique, il en ressort que souvent leur attirance pour des enfants était installée dès leur propre enfance. Un phénomène d'empreinte s'est produit. Pourquoi s'est-il révélé différent de celui des autres enfants ? Beaucoup d'enfants de maternelle sont attirés par des filles ou des garçons de leur âge. Ils se montrent allègrement « le zizi » ou « la zézette », se déclarent amoureux, jouent au docteur… Des empreintes peuvent s'inscrire. Si l'expérience entraîne des conséquences différentes chez les personnes à tendance pédophile, c'est peut-être que l'empreinte installée dans l'enfance est beaucoup plus puissante que celle des autres enfants, ou qu'elle est d'une nature différente, pour une raison que nous ignorons. Elle fixe l'autre en tant qu'enfant comme support d'excitation. Comme cette empreinte est puissante, elle pourrait donc persister de manière très stable. Observez que l'empreinte conserve la plupart du temps une grande souplesse. Les enfants qui ont joué à des jeux sexuels excitants ne vont pas tous les fixer de la même manière. Pour la plupart d'entre eux, il reste une empreinte parfaitement métabolisée inscrite dans leur sexualité adulte, et plus rares sont ceux pour qui se forme une empreinte source de pédophilie potentielle.

Mon hypothèse est que certains enfants, naturellement attirés par d'autres enfants, vont voir leur pulsion se figer. Elle va rester fixée sur une attirance envers les enfants au lieu d'évoluer progressivement au fil de son âge vers des individus de la même classe d'âge. Ils se trouvent donc avec une pulsion enfantine dans un corps d'enfant. Au moment de

---

changer. Ce sont avec ces derniers qu'il m'arrive de travailler puisque leur envie de changer peut les amener à consulter, ce qui n'est pas le cas des psychopathes.

l'adolescence, cette pulsion va gagner en puissance, comme chez tous les adolescents… tout en restant dirigée vers les enfants.

Un homme qui avait des pulsions pédophiles me disait : « Vous savez, je sais que mes pulsions pour les enfants remontent à l'enfance. Mais je m'en suis rendu compte assez tard. À l'école primaire, j'étais attiré par des petites filles de mon âge. Au collège, j'étais encore attiré par des petites filles de primaire et, comme j'étais timide, ça ne paraissait pas spécialement anormal. C'est seulement au lycée que j'ai commencé à comprendre que je n'étais pas comme les autres. C'est comme s'ils étaient tous montés dans un train et que moi, j'étais resté sur le quai. Je continuais à être attiré par de toutes petites filles, et cette fois, beaucoup plus sexuellement. » Que s'est-il passé à l'adolescence pour que de nouvelles empreintes ne puissent pas se mettre en place et emmener les pulsions de cet homme vers une sexualité adulte ? Qu'est-ce qui a pu paralyser cette pulsion de l'enfance et l'empêcher de mûrir ? Peut-être y a-t-il une anomalie, peut-être une sorte d'enfermement sur soi qui, au lieu d'inciter son cerveau pulsionnel à aller rechercher de nouvelles sources d'excitation, va se refermer sur lui et ses fantasmes et les réactiver en boucle. Peut-être existe-t-il une expérience précise à l'adolescence, qui ancre encore plus fortement cette pulsion d'attirance pour les enfants. Peut-être existe-t-il une énorme peur pour les adultes ? Ou une envie de domination ? Ou bien d'autres éléments peut-être très différents selon la personne en cause ?

Si la pédophilie est à juste titre réprimée par la loi, il existe d'autres situations bien acceptées socialement où l'on observe aussi un blocage de la pulsion sexuelle à un âge donné. Ainsi, certains hommes âgés ne sont attirés que par des filles de 20 ans. À 20 ans, c'est logique, à 30 ans, c'est naturel, à 40 ans, cela se remarque, et à 60, votre entourage peut devenir réprobateur. Il en est de même pour les femmes. Certaines vous diront, même à 75 ans : j'ai toujours été attirée par les hommes de 30 ans.

Pour moi, la différence est cependant très claire. Si une personne majeure décide d'avoir des relations amoureuses et sexuelles avec quelqu'un de beaucoup plus âgé, c'est son choix. Un enfant, lui, n'est pas capable de poser un acte librement consenti [1]. Le pédophile se trouve donc toujours dans une situation de pouvoir sur l'enfant. Son plaisir égocentrique ne se préoccupe pas du bien-être de l'enfant.

La présence de pulsions bizarres, étranges, doit être reconnue, acceptée, afin de vivre avec si elles sont acceptables, ou de travailler sur elles si elles sont inacceptables. Les refuser, leur tourner le dos, les mépriser, les cacher ne sont pas des solutions pour bien cohabiter avec elles. Il faut les affronter en face, faire un travail d'intégration pour pouvoir vivre en harmonie dans notre vie sexuelle.

Par ailleurs précisons que nous avons tous, évidemment, une ou plusieurs composantes de cet ordre dans notre fonctionnement sexuel sans que cela soit aucunement pathologique. D'ailleurs, le fait d'avoir plusieurs de ces composantes est plutôt synonyme de bonne santé sexuelle car cela signifie que nos chemins d'excitation sont larges et variés, et que nous sommes loin de l'étroitesse du fonctionnement d'une paraphilie [2].

L'effet de la première fois sur la pulsion sexuelle…

Après l'enfance, après les premières émotions sexuelles, se produit la première expérience sexuelle totale, le premier rapport sexuel.

Ce premier rapport sexuel peut laisser des empreintes positives ou négatives car il est une première fois, et source de fortes émotions.

---

1. En France, la loi estime qu'à un âge inférieur à 15 ans, il n'existe pas de consentement possible à une relation sexuelle.

2. Une paraphilie n'est pas toujours un fonctionnement pulsionnel très focalisé sur une seule pratique. Elle peut aussi correspondre à un comportement socialement inadapté que l'on ne parvient pas à s'empêcher de réaliser. Un homme qui a une relation de couple harmonieuse, mais qui, en dehors de ce cadre, ne peut s'empêcher de s'exhiber, entre aussi dans la définition de la paraphilie.

Sébastien l'a vécu dans une chambre séparée par une fine cloison de celle où dormait son père. Il s'est senti très angoissé. Il avait peur que son père ne l'entende. Cela fait quinze ans et il sent toujours et chaque fois cette angoisse quand il fait l'amour. Du coup, il a peur des pannes. J'ai déjà rapporté l'histoire d'Oriane qui ne supporte plus les odeurs corporelles ; celle de Raymond qui, depuis sa première fois où une prostituée lui a dit « Mais tu ne bandes pas ? » entend cette phrase dans sa tête dès qu'il fait l'amour…

Aussi me semble-t-il important de conseiller aux adolescents de tout mettre en œuvre pour vivre une belle première fois, afin d'installer des empreintes positives et bien commencer sa vie sexuelle… Cela paraît évident, mais ce n'est pas assez souvent dit !

Il se produit une empreinte négative durable quand l'émotion de la première fois est fortement négative. Se sentir terrorisé, humilié n'a rien à voir avec une première fois « pas géniale » qui fait partie des aléas classiques de la vie. Ainsi, il existe heureusement de nombreux adolescents pour qui une première fois un peu ratée n'a pas créé d'empreinte profonde. Si des expériences sexuelles positives ont suivi, ils se sont épanouis.

Ce premier rapport sexuel ne se passe généralement pas de la même manière pour les garçons et pour les filles, même si, aujourd'hui, l'âge moyen de la première fois se produit à peu près au même moment : 17,2 ans pour les garçons et 17,6 pour les filles [1].

J'ai déjà parlé des différences dans le sentiment de plaisir lors de la première fois. Ces différences énormes sont dues au fait que les empreintes des sexes féminins et masculins sont différentes. La plupart des femmes décrivent leurs empreintes de plaisir maximal dans les moments qui ont précédé la première pénétration… quand elles ont la chance d'avoir vécu des moments de sensualité.

---

1. Enquête CSF, sur le comportement sexuel des Français, exposée dans le livre *Enquête sur la sexualité en France : pratiques, genre et santé*, dirigée par Nathalie Bajos et Michel Bozon, La Découverte, 2008.

« Mes plus grands plaisirs sexuels, raconte Cécile, je les ai ressentis avant mes premiers rapports sexuels. Nous ne pouvions faire l'amour par peur d'une grossesse, et, à la place, nous passions des moments magiques ensemble. Nous nous caressions pendant des heures… Je n'ai jamais retrouvé ce plaisir. Et je suis sûre que lui aussi a beaucoup aimé ces moments. »

Pour les hommes, c'est différent. Pour un grand nombre d'entre eux, le premier rapport sexuel pénétratif est une découverte extraordinaire.

Joël fait son service militaire. Parmi ses camarades, Samuel, 21 ans, n'a jamais encore fait l'amour. Ses copains trouvent ça incroyable, et l'un d'entre eux propose de se cotiser pour lui payer « un coup » avec une prostituée. Et les trois copains attendent Samuel pendant son expérience. Elle dure à peine trois minutes et Samuel ressort, complètement transformé. « Il avait l'air de planer, sur un nuage, transporté, comme s'il venait de vivre un moment merveilleux. » La découverte de la sensation de faire l'amour avec une femme est un passage important, pas seulement socialement, mais aussi sur le plan de la découverte des sensations de plaisir sexuel [1].

Un autre homme, Fabrice, raconte son expérience passée : « J'avais 18 ans à peu près et je sortais avec mon amie dont j'étais vraiment très amoureux. Nous nous embrassions souvent et longtemps, je caressais un peu ses seins, puis de plus en plus, et petit à petit nous allions plus loin dans la découverte de l'autre. Et puis, un beau jour, elle m'a dit qu'elle était prête, qu'elle prenait la pilule. Cela m'a pris de court, car je n'étais pas spécialement pressé. Je ne l'avais jamais harcelée pour passer à l'acte parce que j'étais heureux comme ça et je n'en ressentais pas un besoin pressant. Disons plutôt que ça venait progressivement sans doute, mais sans que je fasse de plans

1. On peut, à juste titre, penser que le sexe avec une prostituée n'est pas l'idéal, surtout pour une première fois, à cause du côté sordide, mercantile, de l'absence d'affectivité et de la possible situation d'esclavage de la femme. Je ne cherche donc certainement pas à faire l'apologie de ce type d'expériences, mais bien à montrer que, malgré son côté sordide, le merveilleux de la sexualité peut être rencontré.

sur la comète. Comme elle m'a dit qu'elle était prête à faire l'amour avec moi, je n'ai pas eu l'idée de dire non. D'ailleurs, cela ne me déplaisait pas, je ne dirais pas ça, mais je ne m'y attendais pas si tôt. Nous avons donc organisé notre première fois. Et là, pour moi, ça a été éblouissant. J'ai trouvé ça beaucoup mieux que je l'imaginais, beaucoup plus fort, plus magnifique. Du coup, j'ai changé : j'ai soudain eu beaucoup plus envie de sexualité. Auparavant, nous allions doucement à notre rythme et nous nous accordions bien, mais là, chaque fois que je la voyais, je voulais faire l'amour. Et recommencer. Je ne pensais plus qu'à ça. Elle voulait sortir, aller se promener, voir des amis, mais moi, je n'en avais plus envie. Tout ce que je voulais, c'était faire l'amour et recommencer et encore… Le problème, c'est que, même si elle avait proposé de faire l'amour la première, elle n'était pas accro comme moi. Au bout d'un moment, elle en a eu marre. Elle se sentait vraiment utilisée. On ne discutait plus autant, on avait moins de choses à se dire. Elle s'est éloignée de moi. Pourtant, elle m'en avait parlé, mais je n'entendais rien, immergé que j'étais dans cette découverte du sexe. Et elle m'a laissé tomber. Je me suis trouvé hébété, car je l'aimais profondément, même si mon appétence pour le sexe l'avait peut-être caché. Je me suis senti couler moralement. Parce que je l'aimais et qu'elle me quittait, mais aussi parce que je n'envisageais plus de vivre sans sexe. Après cette rupture, je me suis senti très mal. Je suis sorti avec des tas de filles juste pour tirer un coup. Je me sentais lamentable, mais je ne pouvais pas rester sans faire l'amour, même d'une manière non sentimentale. Et cela a duré quasiment trois ans. Pendant ce temps, je pensais toujours à elle qui m'avait laissé. J'ai fini par entamer une relation qui a duré trois ans et demi, mais je savais pertinemment au fond de moi que c'était plus pour avoir une partenaire sexuelle régulière que pour être en couple. Un beau jour, je me suis réveillé et je me suis dit que j'étais en train de gâcher ma vie. Que j'étais prêt à me mettre avec n'importe qui ou presque pour pouvoir faire l'amour régulièrement et que c'était pitoyable. J'ai donc rompu et décidé de faire une cure sans sexe. La cure n'a pas duré tellement, mais ça m'a fait du bien de voir que je pouvais vivre normalement. Avant j'avais l'impression d'être dépendant. J'ai enfin rencontré une fille vraiment très sympa avec qui je suis ravi de faire l'amour, mais il n'y a pas que ça entre nous. J'avoue que je pense encore par moments à ma première petite amie et que je regretterai toujours d'avoir gâché cette relation par mon immaturité et mon manque de respect pour elle. Mais il fallait peut-être que j'en passe par là pour apprendre des choses de la vie. Heureusement que j'ai eu un sursaut de conscience, sinon, le pire à mon avis, c'est que j'aurais été capable de me mettre en couple et de faire des enfants avec n'importe qui, juste pour avoir une partenaire sexuelle sous la main. C'est une manière de gâcher sa vie, et je pense qu'il doit y avoir plus d'hommes qu'on ne l'imagine dans ce cas… »

La première rencontre avec la sexualité à deux fait découvrir des sensations très différentes de celles de la masturbation. Pour certains hommes, c'est une porte qui s'ouvre vers un monde extraordinaire, porte qu'ils ne sont plus toujours capables d'ouvrir ou de fermer à leur gré. Même si la pulsion sexuelle est parfaitement naturelle, elle n'est pas naturellement parfaite. Elle possède une force propre, une énergie qu'elle développe sans spécialement tenir compte de vos autres aspirations. **Ainsi, pour certains hommes se met en place, dès la découverte du rapport sexuel de pénétration, une sorte d'addiction au sexe. Dans ce cas, c'est comme si le premier rapport sexuel représentait le premier shoot d'une substance addictive** et qu'ensuite la personne concernée cherchait sans cesse à retrouver ces sensations. L'addiction au sexe est reconnue comme une pathologie, et elle l'est lorsqu'elle fait souffrir la personne atteinte. Mais dans ce cas précis, il est difficile de faire la différence entre ce qui est « normal » et ce qui relève de la pathologie. Quand un enfant naît, il découvre la sensation de manger, le plaisir de téter, et il veut téter sans cesse. Personne ne peut dire qu'il souffre d'addiction. Il a simplement besoin de manger pour vivre. La force qui pousse les jeunes à faire l'amour quand ils l'ont découvert est aussi une force de vie, nécessaire pour la survie de notre espèce. Bien sûr, notre espèce est actuellement très loin d'être en danger d'extinction, mais la pulsion, elle, s'en moque.

Pour être plus précis, on peut observer un continuum entre l'addiction vraie et une attitude non addictive qui vous fait vivre facilement en harmonie avec votre sexualité. Il n'y a pas d'un côté l'addiction et de l'autre les personnes totalement libres dans leur sexualité. Nous nous situons, pour la plupart, entre ces deux extrêmes.

Néanmoins, je pose une hypothèse très simple : **plus on commence sa vie sexuelle tôt, plus on risque d'être du côté de l'addiction sexuelle**. La pulsion sexuelle est façonnée par les empreintes de la première expérience sexuelle, le premier rapport pénétratif[1].

C'est un fait connu pour toutes les substances addictives : plus on commence jeune et plus l'addiction est profonde. Il en est ainsi pour l'alcool, le tabac, le cannabis… La rencontre d'un jeune cerveau et d'un effet psychoactif puissant ancre plus facilement l'addiction que si le cerveau était mature[2]. Peut-être est-ce le fait de produire plus de récepteurs, peut-être y a-t-il plusieurs explications. On peut d'ailleurs penser que cet effet addictogène possède une parenté avec l'effet « empreinte ». Créer des émotions façonne le cerveau…

Cette hypothèse repose aussi sur des faits. Quand une personne commence sa vie sexuelle très jeune, elle a une trajectoire différente de celles qui commencent leur vie sexuelle plus tardivement. Elle a plus de partenaires dans sa vie et en change plus souvent.

L'enquête CSF montre aussi que le nombre de partenaires sexuels varie beaucoup entre ces deux populations. Chez les hommes entre 18 et 34 ans, 52,4 % des débutants sexuels

---

1. Terme vraiment peu poétique, mais clair et utilisé dans la dernière enquête de l'INSERM, « Le Contexte de la sexualité en France ».
2. On sait aujourd'hui que le cerveau est mature à 25 ans environ, c'est vérifié au niveau de la prise de risque par exemple.

précoces (débuts sexuels à 16 ans ou moins) ont eu plus de dix partenaires sexuels dans leur vie alors qu'ils ne sont que 11,4 % à avoir connu plus de dix partenaires parmi ceux qui ont vécu leurs premières relations sexuelles à 20 ans ou plus.

On retrouve le même phénomène chez les femmes où, dans la même tranche d'âge, les débutantes sexuelles précoces sont 18,7 % à avoir connu plus de dix partenaires sexuels pour 3,3 % chez les femmes plus tardives dans leurs débuts sexuels.

On peut opposer à cette observation qu'il est logique d'avoir eu plus de partenaires quand on commence plus tôt. Certes, mais cette différence entre « précoces » et « tardifs » persiste chez les hommes et les femmes jusqu'à 69 ans. D'autre part, le nombre de partenaires dans l'année qui vient de s'écouler diffère aussi dans les deux populations.

Parmi les hommes qui ont connu des rapports sexuels précoces, 34,4 % ont eu plus d'un partenaire dans les douze mois qui viennent de s'écouler, alors que les hommes qui ont débuté leur sexualité plus tardivement ne sont plus que 15 % à avoir eu plus d'un partenaire dans les douze mois précédents. C'est la même situation pour les femmes où les précoces sont 20,7 % à avoir eu plus d'un partenaire dans les douze mois précédents pour 8,7 % pour les femmes tardives dans leurs débuts sexuels.

Je présente les chiffres pour les 18-34 ans, mais ce phénomène concerne toutes les classes d'âge jusqu'à 69 ans, puisque pour tous les âges, les personnes qui ont débuté précocement leur vie sexuelle sont toujours nettement plus nombreuses à avoir eu plus d'un partenaire sexuel au cours de l'année qui s'est écoulée[1]. Il en est de même pour le nombre de parte-

1. Pour les 35-49 ans, qui a connu plus d'un partenaire dans les douze mois ? Pour les hommes précoces, 12,5 % et pour les hommes tardifs, 5,9 %. Pour les femmes précoces, 9,7 % pour 2,5 % chez les femmes tardives. Dans la classe des 50 à 69 ans, les hommes précoces sont 7,4 % à avoir connu plus d'un partenaire dans les douze mois écoulés pour 3,1 % chez les hommes tardifs. Et les femmes précoces de cet âge sont 14 % à avoir connu plus d'un

naires dans la vie, ces différences entre la population aux débuts sexuels précoces et celle aux débuts sexuels tardifs restent entières à tous les âges.

Il est difficile de faire la part des choses entre ce qui relève d'un tempérament dû à la personnalité, à l'histoire de chacun, et ce qui relève de l'effet de l'empreinte de la première fois. Un homme ou une femme peut connaître des premiers rapports sexuels précoces parce qu'il ressent une appétence particulière pour la sexualité, puis continuer par la suite à garder ce trait de caractère. Cela pourrait très bien expliquer la place différente donnée à la sexualité dans chaque vie.

Mais il se peut aussi que le fait de faire l'amour très tôt change quelque chose dans le comportement et que cela soit ensuite ancré en vous. Ces deux possibilités ne s'excluent nullement.

Un élément penche en la faveur de mon hypothèse : la différence entre hommes et femmes de 18 à 34 ans est flagrante : 52,4 % des hommes sexuellement précoces ont eu plus de dix partenaires sexuels dans leur vie pour 18,7 % des femmes. Or, la première expérience sexuelle est beaucoup plus souvent une découverte de sensations et d'émotions extraordinaires chez l'homme que chez la femme. La majorité des femmes ne découvre pas quelque chose de si merveilleux la première fois : Les jeunes filles nous disent souvent après leur première fois : « C'est seulement de ça dont on fait si grand cas ? », ou « J'ai été très déçue, je pensais que ça durait plus longtemps et que c'était bien plus agréable… ».

Le fait que les femmes ne ressentent pas tant de plaisir que cela la première fois est mis en évidence dans le résultat d'une enquête réalisée auprès de 27 000 femmes paru dans *Réalités en gynécologie obstétrique* en 2005. À la question : « Lors de votre premier rapport sexuel, qu'avez-vous éprouvé ? », les réponses sont claires. Seules 5 % répondent « un ou plusieurs orgasmes » ; 33 % affirment que c'était plutôt une expérience

---

partenaire dans l'année qui vient de s'écouler pour 10 % chez les femmes tardives.

mécanique, 18 % ont ressenti seulement du déplaisir et de la douleur. Et, heureusement, 36 % des femmes répondent « du plaisir sans aller jusqu'à l'orgasme [1] ». Il est donc possible que le shoot de plaisir nécessaire à la mise en place d'une addiction ait bien moins souvent lieu pour les jeunes filles que pour les garçons. La plupart des hommes ressentent plus de plaisir la première fois et atteignent pour la plupart l'orgasme dès leur premier rapport pénétratif. Je n'ai malheureusement pas de chiffres, mais l'on observe que le problème le plus fréquent lors du premier rapport, c'est la douleur et l'absence de plaisir chez la femme et l'éjaculation trop rapide chez l'homme.

Il apparaît donc que le fait d'attendre un peu pour faire l'amour la première fois permet d'intégrer la sexualité d'une manière plus équilibrée, plus tranquille, et de ne pas subir la tyrannie du sexe comme si c'était une drogue. Quand on est prêt à faire l'amour la première fois, cette expérience ne fait pas effraction dans notre imaginaire, dans nos fantasmes, dans la mémoire de notre corps. Elle prend une place harmonieuse où pulsion, affectivité et intellect savent vivre ensemble.

Notez que l'enquête dont je parle estime précoces ceux qui vivent leur première expérience sexuelle « pénétrative » avant 16 ans. Faire l'amour à 17, 18 ou 19 ans, ce n'est pas spécialement tardif !

Un élément reste à prendre en compte, qui vous étonnera peut-être comme il m'a étonnée. Ce sont de plus en plus souvent les filles qui incitent les garçons à commencer leur vie sexuelle. On imagine pourtant plutôt la situation inverse, un garçon poussant sa petite copine à faire l'amour, voire pratiquant le chantage avec le fameux : « Si tu m'aimes, prouve-le-moi… »

D'après l'enquête CSF, 31 % des hommes disent qu'au moment du premier rapport, ils n'y pensaient pas beaucoup, pour seulement 19 % des femmes. Les jeunes filles proposent

1. Il y a 8 % des femmes qui n'ont pu répondre, étant encore vierges au moment de l'enquête.

de plus en plus souvent aux garçons de faire l'amour les premières. Actuellement, chez les 18-24 ans, 62 % des filles disent qu'elles souhaitaient que le rapport sexuel ait lieu à ce moment-là, pour 59 % des garçons. Il s'est produit un changement, puisqu'il y a quarante ans (chez les 60-69 ans), les chiffres étaient inversés : 54 % des femmes disaient qu'elles avaient souhaité que leur premier rapport se produise à ce moment, pour 63 % des hommes.

Comment se fait-il que les filles semblent de plus en plus intéressées par la sexualité, de plus en plus initiatrices ? À mon sens, il y a plusieurs raisons à cela. Les filles vivent leur puberté deux ans en moyenne avant les garçons. Et, comme elles côtoient des garçons de leur âge (au lycée), une fille va souvent avoir un petit copain du même âge qu'elle alors qu'elle est plus mature sexuellement. Ainsi, il est de plus en plus fréquent que le premier rapport sexuel se produise entre deux personnes vierges, ce qui n'était pas le cas il y a quelques années [1]. Les femmes plus âgées vivaient plus souvent leur première fois avec un partenaire expérimenté, et les hommes, beaucoup plus souvent aussi (importance des prostituées). Résultat, les filles, surtout très jeunes, poussent les garçons à avoir des relations sexuelles sans qu'ils soient forcément demandeurs. Voici par exemple deux questions aperçues sur des sites Internet.

« Cela fait deux mois que je suis avec mon mec. On a 16 ans et on n'a jamais fait l'amour. Je lui montre, par sous-entendus, et aussi très franchement par SMS, que j'ai envie de lui. Mais

1. Les hommes de 60-69 ans étaient 48,7 % à avoir leur premier rapport avec une fille vierge. Les 18-19 ans sont aujourd'hui 55,5 % et l'augmentation est régulière entre ces deux tranches d'âge. Notons que l'enquête CSF ne dit rien des moins de 18 ans en ce domaine, qui sont pourtant nombreux à avoir commencé leur vie sexuelle « pénétrative ». Les femmes de 60 à 69 ans étaient 25,2 % à avoir commencé leur vie sexuelle avec un partenaire vierge pour 35,8 % chez les 18 à 19 ans. Notons que l'enquête signale que les hommes ont tendance à mentir et à affirmer qu'ils ont de l'expérience à leur partenaire même quand c'est faux : 30 % des hommes ne déclarent pas à leur partenaire qu'ils n'ont pas d'expérience sexuelle, ce qui peut amener ces dernières à penser qu'ils sont déjà initiés. La dissimulation de l'inexpérience ne concerne que 8 % des femmes.

quand on se voit il a toujours des excuses ("il y a mes parents, on est chez un pote...") mais il m'a dit qu'il avait très peur de me décevoir. Et puis il attache beaucoup d'importance à sa "première fois". »

« Il y a un mec dans ma classe que je trouve très sympa et très chou. La semaine dernière, on était assis l'un à côté de l'autre et il a commencé à me toucher (c'était plutôt pour rigoler mais aussi un peu sérieux) et moi, depuis, je veux faire l'amour avec lui, mais je ne sais pas comment lui demander. » Alors, en réaction, de plus en plus de garçons nous demandent : « Je sens que ma copine veut faire l'amour, mais je ne me sens pas prêt, comment lui dire ? »

Les hommes ne pensent-ils qu'à ça ?

« — *Mais alors, à quoi pensent les hommes ? s'enquit Mme Makutsi. S'ils ne pensent pas aux chaussures, à quoi peuvent-ils penser ?* »

Mma Ramotswe haussa les sourcils.

« — *Les hommes consacrent une grande partie de leur temps à penser aux femmes, expliqua-t-elle. Ils y pensent d'une façon irrespectueuse. Ils sont ainsi faits et l'on ne peut pas les changer. Quand ils ne pensent pas aux femmes, ils pensent au bétail et aux voitures. Et certains pensent aussi au football. Voilà à quoi pensent les hommes*[1]. »

L'influence de la société me semble perturbante pour les adolescents. Elle incite à croire que les hommes pensent énormément au sexe, voire ne pensent qu'à cela. C'est faux, évidemment (ils pensent aussi au foot, à l'argent et aux jeux vidéo !). Les femmes le savent, mais les toutes jeunes filles sont persuadées savoir ce que veulent les garçons. Aussi, pour être aimées, pour le garder, lui proposer du sexe leur semble adapté. Il faut leur donner ce qu'ils veulent et chacun sait que ce que veulent les hommes... Elles sont très étonnées de voir que tous les garçons ne réagissent pas en sautant sur l'occa-

1. Alexander McCall Smith, *Mma Ramotswe*, 10-18, 2004.

sion ! Si vous avez l'impression que j'exagère, sachez que je réponds à des questions d'adolescents pour le magazine *Girls* et pour le site www.tasante.com et que je reçois constamment des questions sur ce sujet… avec souvent une orthographe terrifiante de type SMS.

« Bonjour ! Mon copain n'est pas du tout sexuel & pour un mec de 15 ans ça me chooooque un peu. x) Bref. » Ou encore : « J'ai envie de faire l'amour avec lui, mais il n'en parle pas. Comment l'inciter à aller plus loin ? »

Les garçons eux-mêmes n'ont d'ailleurs pas envie de se montrer sous un jour d'« obsédé sexuel » : « Moi (je suis un mec) et ma copine avons 16 ans et sommes ensemble depuis 4 mois. Nous avons déjà fait l'amour ensemble mais à chaque fois que je suis avec elle j'en ai envie… Je l'aime bcp et c'est réciproque mais elle m'attire bcp aussi, et j'ai peur qu'elle finisse par penser que je sors avec elle que pour le cul. Qu'est-ce qui m'arrive ? »

Harmoniser sexualité, amour, attirance, pulsion, désir, excitation, etc., n'est simple pour personne.

On insiste beaucoup sur le respect dû aux filles par les garçons, mais beaucoup moins au respect dû aux garçons par les filles. Elles trouvent naturel d'insister, puisqu'ils ne pensent qu'à ça. Est-on si loin de la pornographie qui fait croire que quand une femme dit non, dans le fond, elle pense oui et qu'elle est contente d'être forcée. Les filles estiment que oui, il est naturel, et légitime, de chercher à convaincre son copain de faire l'amour. Les garçons n'auraient-ils pas eux aussi le droit au respect ?

Éric a vécu sa première fois poussé par son amie. Il en avait envie, mais se sentait très angoissé. Il n'a pas réussi à la pénétrer. À cause de son stress, son érection n'était pas suffisante. Et, vingt ans après, il en est toujours au même point. Il prend du Vardenafil (ou Levitra, un médicament de la famille du Viagra et du Cialis) à chaque rapport sexuel. Entre 20 et 40 ans, il a été seul la plupart du temps, a eu de très rares relations sexuelles et s'est marié à 39 ans. Il vient d'avoir son premier enfant. Sa vie a été gâchée par cette empreinte négative et le sentiment terrible d'impuissance qu'il en a retiré est marqué en lui au fer rouge.

Finalement la première fois gagne à se passer dans de bonnes conditions pour une mise en place d'empreintes positives et mieux vaut, pour les deux partenaires, qu'elle se produise d'un commun accord, en phase avec les convictions et les désirs de chacun.

L'influence de l'environnement, de la société sur nos pulsions

La pulsion sexuelle, même profondément individuelle et unique, s'inscrit dans un environnement. Dans la société d'il y a cinquante ans, 50 % des hommes connaissaient leur premier rapport sexuel avec une prostituée. Ils ne se forgeaient pas les mêmes expériences ni les mêmes empreintes que les garçons d'aujourd'hui. Une société dans laquelle la contraception n'existe pas intègre la sexualité d'une manière très différente de celle où nous vivons aujourd'hui. Un groupe social où les jeunes doivent rester vierges jusqu'au mariage ne vit pas dans le même monde qu'un autre où les adolescents doivent faire des expériences sexuelles pour être acceptés par le groupe... Les forces en présence dans notre société contribuent à façonner notre cerveau sexuel pulsionnel en lui imposant un cadre externe.

Notre société, si elle a de bons côtés (plus aucun garçon n'affirme avoir eu son premier rapport sexuel avec une prostituée, ce qui constitue, à mes yeux, un progrès immense), est aussi beaucoup moins réjouissante par certains aspects. Il existe actuellement des facteurs inquiétants dans l'installation du fonctionnement sexuel pulsionnel. Certains de ces facteurs concernent les filles et d'autres les garçons à l'âge de la puberté.

L'effet de la contraception hormonale sur le cerveau pulsionnel des jeunes filles

Pour les jeunes filles, j'observe fréquemment un écueil au moment de l'épanouissement de leur pulsion adolescente. Pour certaines en effet, la prise d'hormones liée à la pilule contraceptive anesthésie la pulsion sexuelle. Les émotions sexuelles de la puberté se trouvent alors décapitées et l'installation de circuits érogènes bloquée. Le réservoir d'énergie sexuelle ne se remplit pas, les émotions érotiques étant trop amoindries. C'est très grave à mon sens, car si cette entité ne s'installe pas à la puberté, il n'est pas certain qu'elle soit capable de se former d'une manière aussi adaptée par la suite.

J'observe ce phénomène d'une manière régulière en consultation : 20 à 40 % des femmes sous pilule rapportent des effets négatifs sur le désir sexuel [1]. Cet effet expliqué et compris est dû à l'action des hormones. La pilule contraceptive diminue la fabrication de testostérone par les ovaires, diminution qui atteint 50 %. Or la testostérone est un des principaux carburants biologiques du désir sexuel féminin (masculin aussi d'ailleurs). La preuve, c'est que l'on prescrit aujourd'hui de la testostérone aux femmes ménopausées chirurgicalement (on leur a ôté les ovaires) et ressentant une baisse importante de libido. La pilule augmente aussi considérablement le taux de SHBG (Sex Hormone-Binding Globulin) circulant dans le sang, protéine qui capte la testostérone et la rend inactive.

La pilule abaisse le taux de testostérone active dans le plasma parce qu'elle se trouve produite en quantité deux fois moindre par les ovaires. Et une partie importante de cette testostérone se trouve inactivée.

La testostérone a plusieurs effets sur l'organisme. Lorsqu'elle imprègne le cerveau, il devient très réceptif au

1. « Pilule et Libido », de Rik HW Van Lunsen MD, PhD. Dept Sexology & Psychosomatic Gynecology Division Ob/Gyn, Academic Medical Centre, University of Amsterdam, *Gynécologie pratique*, 2007.

désir et à l'excitation. Elle donne aussi de l'énergie, la peau grasse avec une tendance aux boutons, elle fait pousser les pilosités pubiennes et axillaires, elle entraîne une mue de la voix à l'adolescence (mue présente chez les filles en moins audible que chez les garçons)... Résultat, nos adolescentes en manque de testostérone ont moins d'acné, la peau moins grasse, mais elles éprouvent aussi moins d'élan sexuel. Et nul ne s'en aperçoit ni ne s'en inquiète. Les très jeunes filles pas encore habituées à ressentir un désir sexuel adulte ne peuvent comparer ce qu'elles éprouvent avec ce qu'elles pourraient éprouver sans pilule. Les parents ne peuvent pas se préoccuper d'un sujet dont on ne parle pas. Les médecins posent très peu de questions sur le désir sexuel, questions auxquelles ces jeunes filles seraient bien en peine de répondre. Le petit copain peut se poser des questions, mais il n'a guère de possibilités de comparaison, et s'il en a, ce sera peut-être avec une autre jeune fille qui elle aussi prend la pilule. La jeune fille peut se dire que le sexe ne l'intéresse pas autant que son ami, mais c'est bien connu : « les garçons ne pensent qu'à ça ». Personne ne réalise ainsi l'ampleur de cette difficulté qui se révèle généralement après des années de pilule, quand le manque de désir féminin pose problème dans le couple.

Le plus gênant, à mes yeux, est que ces jeunes filles ne vont pas mettre en place des circuits érotiques, des fantasmes personnels. Les expériences liées aux émotions sexuelles sont atténuées et leur empreinte légère, voire quasi inexistante pour certaines. Je reçois de nombreuses jeunes femmes en consultation se plaignant de n'avoir jamais ressenti vraiment de désir sexuel, ou alors si peu. Elles ont environ 30 ans et les hormones contraceptives leur ont volé ces expériences souvent merveilleuses sur le plan du ressenti, de la découverte du plaisir. Et elles ne remplaceront peut-être jamais ce qu'elles n'ont pas vécu. Même si elles arrêtent la pilule, leur libido ne sera plus celle d'une adolescente. Et même si leur libido réapparaît dans toute sa force, ayant déjà vécu des expériences sexuelles, l'empreinte ne sera plus la même. Je pense que nous sommes donc en train de sacrifier l'élan sexuel de toute une génération, d'autant plus que des jeunes filles prennent la pilule de plus en plus tôt, parfois dès 14 ou 15 ans.

Ajoutons encore que la pilule a aussi une action négative sur le plaisir et sur l'orgasme, l'accès à ce dernier pouvant se trouver perturbé. J'ai reçu dernièrement en consultation une femme de 31 ans qui, depuis qu'elle prend la pilule, ne parvient plus jamais à l'orgasme.

Quels sont les symptômes connus d'une baisse de testostérone ? Une perte de la réceptivité sexuelle, une diminution des fantasmes sexuels et de l'imagerie mentale, une diminution des réponses sexuelles nocturnes [1]...

Je force volontairement le trait pour expliquer ce phénomène. Disons plutôt que j'espère sincèrement que j'exagère. En effet, 20 à 40 % des femmes qui observent une baisse de désir, ce n'est pas 100 %. Mais que vaut ce chiffre ? Les femmes conservant leur désir sous pilule ne ressentiraient-elles pas un désir plus fort sans cette pilule ? Et les jeunes femmes qui commencent la pilule à 14 ou 15 ans, avant de connaître ce qu'est le désir, peuvent-elles juger si leur désir est normal ou non ? S'il est atténué, anesthésié ? Quand on sait qu'un préadolescent n'imagine pas ce qu'est ce désir avant de l'avoir expérimenté, on peut en douter.

Notons toutefois que la pilule contraceptive peut présenter un effet bénéfique sur la sexualité féminine chez les femmes qui ne ressentent pas cette diminution de libido. En effet, libérant de la peur de la grossesse, elle peut diminuer l'anxiété et laisser plus de place au désir et au plaisir si, chimiquement, ils fonctionnent...

Quelle contraception proposer aux jeunes filles pour éviter les difficultés sexuelles liées aux hormones ? Peut-être le stérilet ? De plus en plus de jeunes femmes choisissent le stérilet au cuivre comme contraception, soit pour éviter les oublis de pilule, soit pour éviter de prendre des hormones quotidiennement. Elles sont très minoritaires, mais c'est la seule contraception non hormonale aussi efficace que la pilule, et

1. « Pilule et Libido », de Rik HW Van Lunsen MD, *op. cit.*

adaptée aux jeunes filles même si elle n'est pas encore entrée dans les habitudes. Il est dommage que des croyances erronées persistent. Le stérilet préserve parfaitement la fertilité de la jeune fille et il n'augmente pas plus le risque d'infections sexuelles que la pilule. L'autre alternative non hormonale à la pilule est la contraception locale – le préservatif, le diaphragme, les spermicides. Mais ce choix est nettement moins efficace. Une possibilité pour augmenter la sécurité contraceptive serait d'associer préservatif et spermicides.

Un élément important serait que les médecins prescripteurs de pilule pensent à la sexualité de leurs jeunes patientes (leur sexualité présente et future), pas seulement à leur satisfaction immédiate, celle de voir leur peau devenir moins grasse en quelques semaines. Car toutes les pilules ne sont pas aussi fortement anti-androgéniques (anti-testostérone). Il en existe avec des effets moins marqués sur la testostérone donc moins négatives pour le désir.

Il est désolant d'observer que de nombreuses jeunes femmes sous pilule contraceptive n'ont pas réellement besoin de contraception… car elles n'ont pas de vie sexuelle. Certaines prennent la pilule parce qu'elles ont des règles irrégulières, parce qu'elles ont des règles douloureuses, parce qu'elles ont des règles abondantes, parce qu'elles trouvent que cela fait « adulte » de prendre la pilule même quand on n'a pas de vie sexuelle, parce que leur mère veut qu'elles prennent la pilule pour être tranquille, parce qu'elles ont eu un copain il y a un an et que, même célibataires, elles continuent à la prendre, parce qu'elles ont de l'acné, parce qu'elles ont entendu dire que cela faisait grossir les seins, parce que cela empêche d'avoir mal aux seins, parce que cela fait grossir (quand on se trouve trop maigre), parce que toutes leurs copines la prennent… Je connais même des jeunes filles qui racontent à leur gynécologue qu'elles ont une vie sexuelle uniquement dans le but de se faire prescrire la pilule, alors qu'elles n'ont aucun rapport sexuel.

Il me semble que prescrire une contraception hormonale sans véritable nécessité mérite une réflexion. Car le jeu n'en vaut peut-être pas la chandelle.

Cela dit, je comprends aussi la position des médecins qui prescrivent très facilement la pilule. Ils espèrent lutter contre les IVG qui continuent à augmenter chez les jeunes filles en France. Or, entre deux copains, une fille qui arrête sa contraception peut courir un risque de grossesse non désirée si elle ne reprend pas sa pilule à temps. On estime donc souvent que proposer une couverture contraceptive maximale diminuera les risques de grossesses non désirées et d'IVG chez les adolescentes. Cette position implique de payer un prix important en termes d'épanouissement sexuel féminin.

Il existe un autre type de médicament souvent catastrophique sur le plan sexuel. Je le rencontre fréquemment, quasiment une fois par journée de consultation : c'est la prise d'un traitement à base d'acétate de cyprotérone, un puissant antiandrogène, comme Androcur® ou Diane 35 [1]. Il ne s'agit pas officiellement d'un contraceptif, bien qu'il soit souvent présenté comme tel, mais d'un traitement de l'acné. Il est efficace contre l'acné certes (et contre l'hirsutisme, pilosité excessive, pour l'Androcur®), mais ses nombreux effets indésirables (et pas seulement sur le désir ou le plaisir sexuel) devraient en limiter la prise dans la durée. Aucune jeune femme ne devrait prendre ce médicament au long cours. Pourtant, je rencontre couramment des femmes qui se le font prescrire depuis dix ans, voire beaucoup plus. Ces femmes consultent pour une absence de désir, des difficultés de couple…

L'effet secondaire de ces médicaments est enregistré pudiquement avec la mention : « modification de la libido »… Il s'agit bien d'une baisse de la libido, même si certains médecins persistent à affirmer contre toute évidence que ces médicaments n'ont pas d'action sur le désir sexuel. J'explique régulièrement à une

1. Commercialisé aussi comme générique sous d'autres noms : Holgyème®, Lumalia®, Evepar®, Cyprotérone/Ethinylestradiol, Daphne®, Dianette®… Pour en savoir plus, vous pouvez consulter le site de Martin Winkler : http://martinwinkler.com/article.php3 ?id_article=35=diane+35. Et le programme de pharmacovigilance (suivi des médicaments après leur commercialisation) au Canada. (http://www.whp-apsf.ca/fr/documents/adrBackgroundFR.html#7).

patiente sous Androcur® que ce médicament est utilisé dans la « réduction des pulsions sexuelles dans les paraphilies en association à une prise en charge psychothérapeutique », ce qui est l'exacte citation de l'indication de l'Androcur® 100 mg. L'Androcur® est donc utilisé pour castrer chimiquement les personnes sexuellement si perturbées qu'elles représentent un danger. Leur élan sexuel devenant quasi nul, ce danger s'estompe. Pour l'Androcur, l'effet secondaire « impuissance » est signalé pour l'homme, mais, bizarrement, aucun effet indésirable sexuel n'est signalé chez la femme !

Béatrice, qui prenait de l'Androcur depuis trois années, signale : « Depuis trois ans, j'ai pris 9 kg, je me sens très déprimée, je suis vraiment fatiguée tout le temps, sans énergie, ma libido est à moins que zéro (alors que je ressentais beaucoup de désir pour mon mari auparavant). J'ai une sécheresse vaginale très gênante, et je suis très irritable. » Et je ne cite que les symptômes liés à la sexualité, pas les jambes lourdes, les troubles des règles...

Notons que c'est l'Androcur® 50 mg et non le 100 mg qui est prescrit chez les femmes, raison pour laquelle certains médecins prétendent qu'une dose plus basse n'induirait pas de troubles de la libido. C'est faux, la preuve en est que pour faire diminuer les pulsions sexuelles dans les paraphilies, « la recherche de la dose minimale efficace, qui peut être de 50 mg par jour, sera effectuée... ». Ceci est une citation de l'AFSSAPS (Agence française de sécurité sanitaire des produits de santé), qui montre bien qu'à cette dose les pulsions sexuelles sont déjà atteintes.

Ces médicaments sont nécessaires. Certaines femmes ont des problèmes de santé plus graves qu'une baisse de leur libido. L'indication de l'Androcur® chez la femme est celle des « hirsutismes [1] féminins majeurs d'origine non tumorale (idiopathique, syndrome des ovaires polykystiques), lorsqu'ils retentissent gravement sur la vie psycho-affective et sociale ».

1. L'hirsutisme est un développement anormal du système pileux qui augmente en intensité et prend une distribution masculine.

Dans ces cas, il est évident qu'un traitement est indiqué. Mais un léger duvet et une peau à tendance grasse ne sont pas des raisons valables pour prescrire un tel médicament…

L'idéal serait, sur le plan de la maturation sexuelle pulsionnelle, de laisser les jeunes filles passer leur puberté sans commencer trop tôt leur vie sexuelle, de manière qu'elles aient le temps de mettre en place une dynamique du désir.

Ce serait peut-être ensuite de choisir une contraception non hormonale locale (préservatif + spermicides par exemple) pour le tout début de la vie sexuelle. Puis passer au stérilet au cuivre, ou, en cas de difficulté avec ces contraceptions, de choisir la pilule pour les relations sexuelles sans désir de maternité, et pas à tort et à travers.

La pornographie et la pulsion sexuelle masculine

Quasiment tout le monde est confronté à la pornographie et plus encore les garçons que les filles. Ainsi, à 15,7 ans, la moitié des garçons ont déjà vu un film pornographique [1]. (Cela survient plus jeune si l'on parle simplement d'images pornographiques sur lesquelles on peut tomber par hasard et zapper.) L'une de ces raisons est sociale avec la mise à disposition en libre-service de la pornographie sur Internet, les chaînes câblées, satellites ou ADSL, les téléphones portables, etc. D'autres raisons relèvent davantage de la dynamique interne des garçons.

Un jeune homme ressent une curiosité naturelle pour le corps féminin. Il est attiré, il a envie d'en savoir plus.

1. Enquête CST, in *Enquête sur la sexualité en France (op. cit.)*. Même si ce livre est paru en 2008, les chiffres ont été constatés en 2006. Il y a donc quatre ans. Il me semble que la consommation de pornographie par les plus jeunes n'a pu qu'augmenter, car de plus en plus de foyers sont abonnés à Internet par l'ADSL, et de plus en plus de jeunes possèdent leur propre ordinateur ou leur téléphone portable relié à Internet. En 2002, une étude du Collectif inter-associatif Enfance Médias (CIEM) montrait déjà que 11 % des 4 à 12 ans dont les parents sont abonnés à Canal + ont été exposés à un film X, au moins pendant une minute.

Autrefois, les garçons échangeaient des images, des photos érotiques.

Aujourd'hui, ce garçon craint de ne pas trop savoir s'y prendre la première fois. Il imagine que le X va lui donner une idée de ce qu'est un rapport sexuel. Dans un monde de performance, il a envie d'être à la hauteur.

L'intérêt pour la pornographie réside aussi évidemment dans l'excitation et le plaisir ressentis à cette vision. Et c'est ici que se situe le piège. Ce garçon va découvrir des images de sexes en gros plans, de pénétrations diverses et variées en mouvement et il se sent excité. Quand ces événements virtuels ont lieu avant les premières émotions sexuelles avec contact réel, ces images vont entraîner une empreinte d'autant plus profonde que l'émotion est intense. Ces empreintes vont remplacer celles qui auraient dû apparaître naturellement s'il était sorti avec une jeune fille. Il aurait découvert son corps progressivement. Cela se serait fait petit à petit, il aurait imaginé un sein, il l'aurait deviné, vu, touché, caressé, embrassé… et il serait progressivement allé de plus en plus loin.

Les images X vont court-circuiter la découverte sensuelle et faire effraction dans son développement sexuel pulsionnel. Une fois les empreintes installées, le X va constituer sa source pulsionnelle à la place d'empreintes classiques doucement progressives.

Quand bien même il saurait que c'est du cinéma, cela n'y changerait rien. Certains affirment qu'une image regardée et une action vécue sont très différentes. Pas si sûr quand on sait que les images en mouvement produisent un effet miroir entraînant une activation des neurones en miroir. Autrement dit, quand vous regardez un film, votre cerveau fonctionne comme s'il réalisait lui-même les actes que vous regardez. C'est vrai pour le X, tout autant que pour la violence, les films romantiques ou de sport extrême. Un phénomène de projection vous fait vivre neurologiquement ce que vous êtes en train de regarder. Un garçon qui regarde du X avant ses premières relations sexuelles vit donc sa première expérience dans le X.

Il me semble vraiment dommage que ces images pornographiques volent à ces jeunes la saveur merveilleuse des premières expériences. Mélanie Claude, une jeune chercheuse à l'université d'Ottawa, a mené une enquête sur le sujet, et voici ce qu'elle en dit[1] : « Les jeunes qui ont entendu parler de la pornographie avant d'avoir eu leurs cours d'éducation à la sexualité sont plus susceptibles d'investir la pornographie comme un mode d'éducation à la sexualité. Ils vont tenter de comprendre comment se passe un rapport sexuel, quels comportements sont attendus d'eux dans ces rapports sexuels. Cette précocité de la consommation de la pornographie n'est pas sans conséquences. Ce que l'enquête révèle est que les jeunes qui consomment à un âge plus précoce, sont plus susceptibles de connaître des effets tangibles sur leur sexualité, sur leur désir, leurs fantasmes. Leurs pratiques sexuelles sont plus susceptibles d'être influencées par ces représentations pornographiques qu'ils ont vues. »

Si les premières expériences pornographiques laissent une empreinte, les suivantes l'amplifient. Un garçon consommateur de pornographie devient sujet d'une sur-stimulation sexuelle. Pour déclencher une excitation, les images X surstimulent les zones érogènes du cerveau, les réveillent, les façonnent, et créent des connexions qui n'auraient pas existé autrement. Ces zones cérébrales réflexes vont devenir habituées à de fortes stimulations et moins sensibles aux stimulations douces et subtiles, à la finesse de l'érotisme. Après avoir été habitué à regarder des images violemment intrusives, voir sa copine se déshabiller, ce qui autrefois aurait été inespéré et extraordinaire, peut produire moins d'effet. Il en a vu d'autres. Entrer dans l'intimité d'un autre être humain ne lui paraît plus quelque chose d'aussi précieux, merveilleux, mais comme quelque chose de banal. Et quand il va faire l'amour, il lui faut des stimulations. « L'amour à la papa-maman, en missionnaire, cela ne me suffit pas », comme m'expliquait un jeune homme accro au X qui n'imaginait pas l'amour sans ustensiles et qui changeait de partenaire plus souvent que de chemise.

1. Un reportage 2008 de Téléquébec, dans l'émission « Kilomètre zéro ».

Ces garçons risquent de devenir anesthésiés sexuellement. Ils ressentent le besoin de stimulations beaucoup plus « hards » que celles que va leur apporter leur copine non virtuelle. Ils ont tendance à proposer l'utilisation d'objets, certains à faire de l'échangisme, et se jugent souvent « libérés » alors qu'ils sont seulement prisonniers des empreintes qui ont été mises en place. Leur sensibilité sexuelle peut en arriver à ne plus réagir aux stimulations naturellement efficaces, celles de la rencontre amoureuse naturelle et réelle.

Ce phénomène prépare peut-être de terribles problèmes d'érection. En effet, nombreux sont les hommes qui n'ont plus envie de faire l'amour avec leur partenaire ou qui ne parviennent pas à l'érection car ils sont parasités par toutes les images pornographiques qu'ils ont regardées.

Je noircis le tableau ? Oui, heureusement, tous les garçons n'en sont pas à ce degré d'imprégnation par le X. Cependant ils sont de plus en plus nombreux. **Et la sur-stimulation par le X entraîne une sous-sensibilité érotique.**

Un autre aspect des films X, c'est que la plus grande partie de l'excitation passe par les yeux (et une petite partie par l'ouïe). Les consommateurs de X installent des empreintes visuelles pulsionnelles sexuelles profondes, des empreintes auditives aussi, mais ils peuvent se trouver quasiment vierges sur le plan du contact (ou des odeurs). Quand ils ont des relations sexuelles non virtuelles par la suite, cela produit une sexualité étrange. Il ne faut pas s'étonner si beaucoup d'hommes aujourd'hui ne comprennent pas l'intérêt des caresses préliminaires pour eux ou leurs partenaires. Ils ont été calibrés pour ne pas s'y intéresser. Leurs sens ont été débordés par autre chose et se sont atrophiés à ce niveau.

Lors d'interventions sur la sexualité en classe de troisième, nous entendons des questions telles que : « Pourquoi les filles ne veulent pas tout de suite qu'on les pénètre par les trois trous ? » Que signifie ce type de question ? Elle est le signe que l'autre n'est pas un sujet de relation, mais un sujet d'expérience. L'expression « les filles » signifie bien que l'on ne parle pas d'une relation, mais d'un troupeau dont chaque élément est interchangeable. Le visionnage du X vous donne envie de faire des expériences, vous éloignant de la sexualité relationnelle. Dans la pornographie, la relation à l'autre n'existe que parce que l'autre est un objet, un support d'excitation. Même sous cet angle, l'autre n'existe pas vraiment, car ce sont *les* autres. Dans le X, le sexe est multiple au niveau des partenaires qui se ressemblent toutes, en tout cas sur le plan de l'usage que l'on en fait.

Aussi, pour certains garçons, sexuellement, « les filles » sont un groupe indifférencié, un terrain d'expérience. Ces garçons ne posent pas la question en disant : « ma copine » réagit de telle manière, qu'en pensez-vous ?, mais « les filles » ne veulent pas ceci ou cela... On ne parle pas d'une fille avec laquelle on aurait une relation, mais des filles parmi tant d'autres, toutes étant égales quand il s'agit des « trois trous ».

On voit ici que l'on développe une appétence pour les expériences techniques (il y a plusieurs trous à explorer), mais que l'on atrophie l'idée de la relation sexuelle personnalisée à l'autre. Or chacun a envie d'être unique pour l'autre. Personne n'a envie d'être un sujet d'expérience interchangeable, pas plus les garçons que les filles, pas plus les hommes que les femmes. C'est bien la raison pour laquelle les filles sont choquées, blessées par ces demandes, peut-être pas tant par leur réalité physique que parce qu'elles perçoivent très bien la pauvreté relationnelle qui les sous-tend, voire l'absence d'intérêt profond pour leur personne que cachent certaines demandes.

Je sais que, même chez les gros consommateurs de X, l'envie de la relation à l'autre persiste, et heureusement, mais souvent, elle ne s'exprime plus dans un cadre sexuel. C'est comme si l'on clivait complètement les deux territoires, le sexe et l'amour, la tendresse, l'intérêt pour l'autre. Ce sont deux planètes sur des orbites différentes. Les hommes adultes ont parfois du mal à concilier dans leur vie de couple l'image de la mère et de la putain. Il se pourrait que l'on soit en train d'accentuer la difficulté de former un couple où l'on puisse à la fois devenir parents et rester amants. Je rencontre régulièrement une femme qui m'explique : « Mon compagnon m'a demandé de faire de l'échangisme et j'ai accepté. Puis il m'a dit : “Ma pauvre fille, si je t'avais aimée, jamais je ne t'aurais demandé cela.” » Ou « Il voulait des relations où il s'habillait en femme et me demandait des choses bizarres, ce qui fait que j'ai rompu. Il sort avec une autre femme et je lui ai demandé si elle acceptait ces pratiques dont il ne pouvait soi-disant pas se passer. Il m'a répondu qu'avec elle il n'en avait pas besoin parce qu'il l'aimait. »

On observe souvent ce clivage entre la femme que l'on aime et celle que l'on chosifie. Cette dernière, on ne la respecte pas, puisqu'on lui fait du chantage (si tu ne fais pas d'échangisme, je te quitte) et qu'en plus on lui jette à la figure qu'elle, on ne l'aime pas donc c'est normal que l'on agisse ainsi.

Dans la rue, une fille de 11 ans fait une fellation à un garçon de 15 ans. Ils sont conduits au commissariat car un témoin, choqué, a signalé ce fait à la police. « Elle, c'est une fille des rues, avec ma copine, je ne fais pas ce genre de choses… » C'est ce que nous sommes nombreux à avoir entendu lors d'un reportage à la télévision. J'ai beaucoup aimé la réaction du policier qui s'est mis en colère. Il avait, sur le vif, un peu de mal à s'expliquer, mais c'était une belle réaction humaine. Il expliquait au garçon que c'était horrible de se sentir supérieur à cette petite fille. Ce policier percevait très bien l'horreur d'une classification des êtres humains : ceux que l'on aime et respecte… et les autres. C'est la porte ouverte à la barbarie, à l'esclavage, au racisme, au nazisme, à la prostitution (il y a des femmes pour ça)…

Le respect de l'autre, me semble-t-il, doit s'exercer envers tous et toutes, y compris ceux que l'on n'aime pas d'amour, y compris ceux avec qui l'on n'est pas d'accord, et même avec les personnes que l'on n'aime pas. Traiter les autres comme on voudrait être traité soi-même, c'est cela l'humanité. J'ai donc le sentiment que la pornographie éloigne de l'humanité, accentuant des pulsions déliées de relationnel, chosifiant l'autre et le faisant souffrir, lui passant le message qu'il n'est rien. Ce message est abominablement destructeur. Je n'affirme pas que seules sont belles les relations sexuelles et amoureuses durables dans le cadre d'un couple stable. Ce n'est pas le sens de mon propos. Je pense que ce respect mutuel que je trouve normal de réclamer s'applique également aux relations des personnes qui ont une aventure d'une nuit.

Le sexe est l'un des trois marchés qui brassent le plus d'argent dans le monde aux côtés des armes et de la drogue. Le sexe en images mobiles crée une addiction comme une drogue. On estime qu'un homme sur trois qui visionne de la pornographie tombe dans cette addiction. Il augmente son temps de consommation, se sent dépendant, ressent le besoin de regarder ces images. Pourquoi cette escalade ? Le sexe sans sentiments produisant une sensation de vide, il faut, pour ressentir la même excitation, augmenter la stimulation. Au début, une image simple provoque une forte excitation, puis, revue et répétée, elle ne fait plus d'effet. Il faut pour atteindre une même excitation, une même érection, trouver une image plus forte. Et cela peut mener à l'escalade vers des images de violence, d'humiliation, de paraphilies... Il existe même des hommes de 19 ou 20 ans, vierges d'expérience sexuelle réelle, qui ressentent des difficultés à obtenir une érection en regardant des films. Ils ont une accoutumance tellement forte qu'ils finissent par avoir du mal à trouver sur Internet l'image de plus en plus « hard » qui pourrait parvenir à leur donner une érection (image extrême la plupart du temps). Et ils passent des heures à la chercher. L'escalade ne va pas forcément jusque-là, mais elle produit parfois des dégâts terribles sur les relations amoureuses réelles.

Les images de sexualité virtuelle violente contribuent à engendrer la violence. Le Conseil du statut de la femme, organisme canadien, a publié un rapport intitulé « Le sexe dans les médias, obstacle aux rapports égalitaires ». Il en ressort que l'exposition à du contenu sexuel par les médias a des effets sur le comportement des jeunes [1], en particulier sur la violence dans les relations amoureuses. Ce que j'observe personnelle-

1. Et aussi sur les relations sexuelles précoces, la hausse des infections sexuellement transmissibles, l'adhésion aux stéréotypes sexuels, l'obsession de l'image corporelle et la modifications des attentes en matière sexuelle.

ment sur Internet (dans les sites www.tasante.com ou www. Girls.fr par exemple), à travers les questions des adolescents, c'est une montée de la violence envers les filles. Je lis de plus en plus souvent des témoignages que je n'observais pas auparavant comme par exemple : « Mon copain me tape et me viole... »

Notre pulsion sexuelle possède un lien étroit avec notre agressivité. D'après l'OMS, il semblerait « qu'une femme sur quatre soit exposée, à un moment ou à un autre de sa vie, à la violence sexuelle de son partenaire ». Dans certains pays, jusqu'à un tiers des adolescentes affirment avoir subi une initiation sexuelle forcée. En France, de nombreux hommes et femmes ont subi des abus sexuels allant de paroles agressives à des viols, en passant par tous les attouchements imaginables. Marie Choquet de l'INSERM a observé que 12 % des filles et 3 % des garçons consultant à l'infirmerie de leur établissement scolaire avaient été victimes de violences sexuelles [1].

Toujours en France, les prisons sont pleines d'hommes agresseurs sexuels. Une enquête de *L'Express* précise : « À partir des années 80, le nombre d'agresseurs sexuels s'est emballé : à peine 5 % de la population pénale en 1973, 12,5 % en 1994 [2]. » Cela a continué à s'aggraver : au 1er juillet 2005, 20,8 % des détenus étaient emprisonnés pour délits ou crimes sexuels [3]. C'est d'autant plus inquiétant qu'en vingt ans le nombre de détenus a augmenté de 70 % [4]. On peut penser que ces données sont à nuancer car aujourd'hui les femmes et

1. Marie Choquet, « Les élèves à l'infirmerie scolaire : identification et orientation des jeunes à haut risque suicidaire », INSERM, 2001.
2. *L'Express*, Jacqueline Remy, publié le 11 juillet 1996.
3. Chiffres de Pierre Tournier, chercheur au CNRS, cités par Nathalie Guibert, *Le Monde* du 14 octobre 2005.
4. Statistique sur le site http://prisons.free.fr/statistiques.htm qui signale que « les statistiques fournies par l'Administration pénitentiaire sont bien souvent partielles, certaines sont véhiculées en circuit fermé. Celles que vous allez lire ont été obtenues par le biais de divers recoupements, à l'aide de documents sérieux (dont ceux du ministère de la Justice), elles sont donc très fiables. Leur mise à jour dans le temps sera progressive et ne pourra être effectuée qu'en fonction des nouvelles données que l'Administration ***voudra bien*** communiquer ».

les jeunes filles osent peut-être plus souvent porter plainte et engager des poursuites pour les délits ou crimes sexuels, et le système judiciaire réprime davantage les agressions sexuelles. Pourtant, la question de la violence et de la pornographie reste entière. En 1984, une commission américaine soulignait déjà que les États américains ayant légalisé la pornographie avaient connu la plus grande augmentation du nombre de viols…

Notez encore qu'en 2007 seuls 3,7 % des détenus dans les prisons françaises étaient des femmes. La violence est sexuée, même quand elle n'est pas sexuelle.

Les personnes emprisonnées ne sont qu'une partie visible de l'iceberg. « En France, de 1985 à 1990, le nombre de plaintes pour viol a augmenté de 62 %, soit presque 10 % par an, une progression impossible à réduire à la tendance accrue des victimes à porter plainte [1]. » Et les plaintes ne représentent qu'une fraction des viols, car nombreuses sont les victimes qui, encore aujourd'hui, préfèrent se taire…

On peut poser l'hypothèse qu'il existe un lien entre la violence sexuelle et la pornographie. Le grand changement dans notre société sur le plan de la violence et de la sexualité a été, ces vingt dernières années, l'entrée de la pornographie dans la vie de tous les jours par le développement d'Internet. La pulsion sexuelle, façonnée par toutes les expériences, l'est aussi par la pornographie. Certains comme le Dr Michel Dubec, expert près la cour d'appel de Paris, l'affirment : « Il ne fait aucun doute que la pornographie est, d'une manière générale, un facteur incitatif en matière de criminalité sexuelle [2]. »

Sexualité et violence sont naturellement liées. Peut-être est-ce dû à la force de nécessité de l'acte sexuel, indispensable pour la survie de notre espèce et ancrée d'une manière plus violente en nous qu'on ne l'imagine. Quand une brèche s'ouvre entre notre pulsion sexuelle et la violence, elles se

1. D'après Laurent Guyénot, auteur du *Livre noir de l'industrie rose*, Imago, 2000.
2. Cité par Laurent Guyénot, *ibid.*

reconnaissent et se répondent immédiatement. Lors des guerres, des hommes « tout à fait normaux » se découvrent violents sexuellement. Les viols font même partie « naturellement » de la guerre. Dans les agressions sexuelles de groupe, les journalistes sont souvent étonnés quand il s'agit de garçons « de bonnes familles ». Nous imaginons que l'éducation, la civilisation vont nous protéger de la violence (et elles le font en partie !), mais le vernis est parfois plus fragile qu'il n'y paraît.

Ce germe de violence présent en nous, il appartient à notre humanité de le contenir, ou de n'en garder que la saine agressivité de la pulsion de vie. Or, la pornographie va chercher en profondeur cette violence, l'alimente par des fantasmes agressifs, par un irrespect des femmes et des hommes… Des études ont d'ailleurs montré que des personnes qui regardent du X sont ensuite beaucoup moins choquées par des films montrant des images de viols. Ainsi, avec la pornographie, même si l'on ne devient pas agressif soi-même, on devient beaucoup plus tolérant à la violence des autres [1].

Regarder du X n'est donc pas la meilleure initiation pour un jeune homme, d'autant moins que cela le prépare plutôt à être un mauvais amant.

Je me souviens d'un couple adorable qui s'aimait beaucoup.

« Pendant des années, m'explique cette jeune femme, j'ai eu l'impression de me faire violer quand on faisait l'amour. »

Je demande à son conjoint :

« Et vous qu'en pensez-vous ?

— C'est vrai. Je consommais beaucoup de films X et j'avais une sexualité complètement à côté de la plaque. Je l'ai enfin compris… »

Et je demande à cette jeune femme :

« Comment avez-vous fait pour supporter cela pendant plus de dix ans ?

---

1. Les images X sont violentes aussi de manière plus discrète et insidieuse. Les codes pornographiques sont aujourd'hui omniprésents dans les clips, les chansons, la publicité, à la télévision dans les remarques des animateurs. Ils agressent régulièrement les non-consommateurs d'images pornographiques.

— Je savais qu'il était une tout autre personne au fond de lui. Et c'est cette personne que j'aimais. Et je sais maintenant que j'avais raison… »

Comme une consommation régulière implique une escalade pour trouver la même excitation, on arrive très vite à se découvrir des facettes assez angoissantes. Je vois en consultation des hommes qui me disent : « J'en suis arrivé à regarder des films X avec des travestis », ou bien : « Je regarde même des films scatologiques ou des choses atroces avec des viols à répétition » ; « Je ne me comprends pas moi-même, je trouve cela atroce et, pourtant, je recherche ça malgré tout. »

Ces hommes qui me parlent de leurs angoisses face à un aspect d'eux-mêmes qui les révulse ont souvent un certain âge, et n'ont donc pas consommé de pornographie dans leur adolescence puisque cela n'était quasiment pas disponible. Si cette consommation fait des dégâts à 50 ans passés, imaginez ce que cela peut donner chez un adolescent encore vierge d'empreintes et pulsionnellement immature.

Voici quelques exemples concrets de l'incidence du X sur le comportement des garçons. À voir en gros plan des sexes féminins, la vision d'un sexe devient un puissant stimulant. Cela n'est pas naturel. Un jeune homme qui a une copine et vit ses premières relations sexuelles réelles ne va pas voir en gros plan son sexe à elle. En faisant l'amour, on n'a habituellement pas les yeux centrés sur le sexe de l'autre. On commence la plupart du temps en missionnaire, les yeux dans les yeux. Ce garçon va sentir le besoin, pour trouver un niveau d'excitation correct, de regarder le sexe de sa partenaire, de le voir, d'observer le va-et-vient de son sexe dans le sien. Parce que c'est cela qui s'est imprimé dans son cerveau. On est loin de la relation d'échange et de la joie de regarder l'être aimé.

Ce jeune homme à la pulsion façonnée par le X va aussi utiliser un langage pornographique. C'est ce qu'il a entendu, ce qui l'a déjà excité, et il ne se rend souvent pas compte de l'effet négatif parfois produit sur sa partenaire.

Une jeune femme témoigne : « Je vois immédiatement si mon partenaire consomme du X. Dans ce cas, il change sans cesse de position, ne sait pas rester longtemps emboîté pour profiter du contact sensuel. C'est normal, car dans les films, les acteurs changent très vite de position pour ne pas lasser le spectateur. Et en plus, il choisit une position où l'on voit tout (où une caméra verrait tout), pas spécialement des postures naturelles. En plus, il a tendance à vouloir éjaculer à l'extérieur. Il croit que c'est comme ça que l'on fait normalement ! Et puis, le plus souvent, les accros du X n'aiment pas les poils… »

Les garçons consommateurs de pornographie vont subir plusieurs difficultés dans leur vie sexuelle. La sur-stimulation par ces images provoque une habituation à des visuels qui ont tendance à les désensibiliser au vécu sensuel naturel. Ils peuvent subir un rétrécissement de leur champ pulsionnel qui se porte presque exclusivement sur des images et des sons calibrés pour convenir au plus grand nombre. Leur individualité pulsionnelle sexuelle unique et personnelle se trouve enterrée sous des couches de pornographie banalisée. Plus grave peut-être, ils peuvent vivre un appauvrissement relationnel et un glissement vers la violence dans la sexualité.

Quand on rapproche cette difficulté pour la jeune femme de laisser son désir s'épanouir (pour cause de pilule) et la difficulté pour le jeune homme de découvrir la subtilité délicieuse de la sexualité, au lieu de réconcilier les hommes et les femmes, nous sommes peut-être en train de les éloigner. Autant dire que la rencontre peut être difficile !

Les jeunes garçons de notre époque risquent donc, avec le X, de subir un rétrécissement de leur champ pulsionnel quand les jeunes filles risquent, avec la pilule, de subir une extinction de ce même champ pulsionnel.

Devant l'invasion du X chez les hommes, les femmes ont deux manières de réagir. Soit elles se disent que les hommes sont ainsi, qu'ils veulent du sexe et qu'il faut leur donner ce qu'ils attendent si l'on veut une relation. Soit elles refusent de se plier à ce type d'échange basé uniquement sur une sexualité conditionnée où ni la femme ni la relation humaine ne trouvent une place enviable. Aucune de ces deux positions ne paraît satisfaisante. À mon sens, l'idéal pour une femme serait de rencontrer un homme qui ne serait pas pollué par la pornographie, et de découvrir et d'explorer la sexualité ensemble.

Comment cela se passe-t-il sans pornographie ? L'espèce humaine étant la seule à faire l'amour dans l'intimité, sans spectateurs, il existe une curiosité très importante à ce niveau. Le petit humain est obligé d'imaginer la sexualité, l'acte sexuel. Ce travail de l'imaginaire donne à la sexualité de chacun sa tonalité personnelle, individuelle. La force du désir pousse notre cerveau pulsionnel à trouver des voies, à inventer des idées, des projets sexuels uniques. La sexualité imaginaire a de la liberté et un espace immense devant elle. Elle est bien sûr conditionnée par les empreintes des expériences de la vie, par les rencontres… Cela est très différent des empreintes calibrées commercialement par la pornographie pour entraîner une addiction.

Cela concerne aussi la masturbation. Dans un contexte de découverte personnelle se met en place un apprentissage progressif du geste, de la montée de l'excitation, et des chemins de l'imaginaire érotique personnel. Tout cela se forme petit à petit, explore, s'élargit, s'approfondit, se découvre. C'est la différence du « prêt à jouir » proposé par la pornographie, sorte de *fast sex* superficiel, et l'apprentissage de la sensualité sexuelle intime, intérieure et profondément individuelle.

La plupart des jeunes couples commençaient généralement leur vie sexuelle par la position du missionnaire, l'émotion de la découverte suffisant à leur bonheur. Ils ne pensaient pas, au début, à pratiquer d'autres postures. Cette découverte venait plus tard, progressivement, dans un désir d'explorer ensemble. Quand vous avez vu des dizaines de postures dans des films avant de commencer votre vie sexuelle, vous n'envisagez plus de ne pratiquer qu'une seule position. Vous n'avez pas le plaisir de vous dire vous-même : « Et si l'on faisait autrement ? » On vous a implanté un programme qui vous dicte ce que vous devez faire. Vous ne vous en rendez pas compte, mais il s'agit d'un programme incomplet puisque vous ne connaissez que les postures visuellement intéressantes pour la caméra. On est ainsi souvent interloqué de voir la pauvreté de la sexualité des personnes qui consomment du X, sexualité qu'ils estiment pourtant eux-mêmes très riche. Idem pour la fellation, pratique qui, naturellement, venait pour certains couples après un temps relativement long de vie sexuelle commune. Aujourd'hui, on ne compte plus les très jeunes filles (13 ou 14 ans, voire moins) qui rapportent, même plus étonnées, que leur copain leur dit : « Tu ne veux pas coucher, rends-moi au moins un petit service, fais-moi une pipe. » Sans films X, personne n'aurait l'idée de commencer sa vie sexuelle de cette manière. Et c'est extrêmement agressif pour des jeunes filles qui peuvent penser que c'est la vie et qu'il faut bien se plier à ce qu'on leur demande, et cela d'autant plus qu'elles sont jeunes et peu affirmées. C'est agressif aussi pour les garçons. Dans une classe de cinquième, deux filles ont ainsi proposé à des garçons de leur classe de leur faire une fellation. Plutôt étonnés, ils n'ont pas osé dire non. Le soir même, un de ces garçons, perturbé par cette expérience, s'est mis à pleurer devant ses parents…

Pour reprendre une image que j'ai déjà utilisée, le développement sexuel pulsionnel naturel se produit comme l'eau d'une petite source attirée par la force de l'attraction terrestre. Ce ruisseau trace son lit suivant le relief qui l'environne, s'y adapte, joue avec les creux et les bosses qu'il rencontre, toujours conduit par cette force qui le mène à l'océan. Tels des affluents, des torrents, des pulsions viennent s'y jeter, se mêlant à la source de départ. Cette eau grossit progressivement, formant un fleuve puissant et majestueux, celui d'un désir et d'une excitation pulsionnelle adulte et mature. Quand la pornographie s'en mêle au début de l'adolescence, nul petit ruisseau ou torrent n'a le temps de se former. C'est comme si une inondation se produisait brutalement. Pour certains, recouvrant tout, elle noie toute vie, débordant les sens, envahissant tout l'espace de l'imaginaire érotique. Et si elle se retire un jour, elle laisse un paysage désolé derrière elle. Il faut du temps pour que la vie reparte et que le paysage cicatrise.

La dynamique de la pulsion

La généralisation de la pulsion sexuelle

Notre cerveau pulsionnel n'est pas très intelligent. Du moins au sens où nous l'entendons habituellement. Il réagit instinctivement. Si j'aperçois un serpent sous un rocher tout près de moi, j'ai peur. Cette peur est, paraît-il, ancestrale, son but étant de me protéger. Je peux m'apercevoir ensuite que ce n'était qu'une vieille corde... Mon cerveau instinctif n'a pas pris la peine d'analyser, il cherche à provoquer une réaction de survie de ma part. Le cerveau sexuel pulsionnel fonctionne de la même manière : non de manière analytique, mais analogique.

Jean-Claude est attiré par les femmes aux lèvres fines. Son cerveau a en mémoire cette image qui est pour lui une zone gâchette de l'attirance. À peine voit-il une bouche aux lèvres sensuelles qu'il ressent une attirance. Est-ce intelligent ? Certainement pas. Cette femme n'est peut-être pas aussi belle, aussi merveilleuse que le souvenir de la femme à l'origine de cette empreinte. Ce phénomène d'attirance réflexe peut le piéger. Le cerveau pulsionnel a généralisé, simplifié. Lèvres fines = femme attirante.

Cela explique des situations où l'on peut se demander : « Mais qu'est-ce qu'il lui trouve ? » Quelque chose que vous, vous ne savez pas analyser. Et les femmes fonctionnent de la même manière.

Être attiré par des hommes à moustache, par des femmes à lèvres fines, ou par des femmes enrobées, ou encore par le son d'une voix ou par un trait de caractère, et se faire prendre au jeu amoureux à cause d'une ressemblance très précise, cette recherche d'un trait précis fonctionne comme un rétrécissement des possibles et permet sans doute à chacun de trouver un partenaire sexuel.

La généralisation s'installe pour des phénomènes positifs d'attirance, tout comme des empreintes négatives. Une personne ayant subi une agression sexuelle dans un bois peut ne plus oser retourner en forêt. Elle peut aussi craindre les hommes à moustache si l'agresseur avait une moustache. Yvonne Dolan [1] raconte l'histoire d'une femme violée qui ne supportait pas la couleur jaune-orangé de certaines enveloppes qui rappelaient à sa patiente la couleur du gland de son agresseur. C'est parfois la sexualité tout entière qui devient un pôle négatif de la vie avec des blocages sexuels complets ou un désintérêt total.

Une femme ayant été agressée sexuellement par un homme peut ressentir ensuite un recul envers *tous* les hommes, si son esprit a généralisé son agression. Elle a mis en place un phénomène de méfiance instinctive, souvent inconscient. Cela se produit également pour un homme ayant subi des agressions de la part d'une femme (sa mère par exemple). Même si ces agressions ne sont pas sexuelles de manière évidente, elles peuvent avoir un retentissement sexuel très fort. On peut agresser quelqu'un sexuellement sans le toucher, par exemple en ayant une attitude incestueuse. On peut aussi agresser quelqu'un en le touchant avec des gestes qui ne sont pas considérés par l'agresseur comme une agression alors qu'ils sont perçus comme tels par la victime.

Ghislain vit avec sa mère. Son père, conducteur de travaux, était toujours sur de gros chantiers à l'autre bout de la planète. Dans son enfance, sa mère le lavait dans un baquet en bois. Le problème, c'est que cette toilette se pratiquait dans la pièce

1. *Guérir de l'abus sexuel et revivre*, Éditions Satas, 1991.

unique de la maison, au milieu de la salle et devant de vieilles tantes, cousines, et copines de la maman. Tout le monde discutait joyeusement en faisant la toilette du petit garçon. Et ces femmes touchaient régulièrement le sexe de ce petit garçon pour le secouer comme une clochette en riant et en le complimentant. Lui, ça ne le faisait pas rire, et il ressentait cela comme une agression, considérant ces femmes comme des sortes d'« ogresses ». Ce petit garçon est devenu homme adulte et homosexuel. Il ne ressent aucune attirance pour les femmes et n'a jamais envisagé de sa vie une relation féminine. Je ne veux pas faire une interprétation facile et affirmer que cet événement soit la seule cause de son orientation sexuelle. Mais il est très probable qu'il y ait participé. D'autant plus que la scène a été ressentie comme une véritable agression et s'est répétée à maintes reprises. Comment ensuite considérer les femmes comme des êtres respectueux de vous et de votre intimité ?

Ce phénomène de généralisation existe aussi chez les femmes, et j'ai très souvent vu des femmes qui vivent uniquement des liaisons homosexuelles par rejet des hommes. Comme Coraline, dont le père très violent la terrorisait. Elle est partie de chez elle dès qu'elle l'a pu… avec un homme qui s'est révélé aussi violent que son père. Elle a fui et vit en couple avec une femme pour qui elle n'éprouve malheureusement jamais de désir.

L'homosexualité ne s'installe pas toujours dans cette dynamique. Chaque personne est unique et chaque chemin particulier. Certaines homosexualités correspondent parfois plus à des hétérophobies (peur de l'autre sexe) qu'à des homophilies (attirance pour le même sexe). Dans le cas d'une hétérophobie, il est essentiel de soigner cette pulsion négative, car une fois dépassée, elle permet de se positionner de manière plus pertinente sur le plan de l'orientation sexuelle, quelle qu'elle soit. L'essentiel est de ne pas opérer de choix de manière négative. Il serait dommage de se sentir attiré par un sexe uniquement parce que l'on a peur de l'autre ou qu'on lui est hostile.

Dans le cas où l'on a subi une agression sexuelle, ou des agressions graves, même de nature non sexuelle, et où l'on en souffre encore à distance, il semble pertinent de faire un travail sur soi pour cicatriser au maximum les blessures et les empreintes dues à cette agression. Nos pulsions sexuelles ne seront plus alors guidées par la peur, par le rejet, mais par un désir, un élan positif qui revient à la surface [1].

On pourra rétorquer qu'il n'y a pas de rapport : un homme qui a peur des femmes, ça existe, bien sûr. Mais en quoi cela peut-il induire qu'il soit attiré par les hommes ? C'est que la pulsion sexuelle a besoin de s'exprimer. Elle cherche une voie. Et s'il y a un barrage du côté vers lequel elle irait spontanément, elle va se tourner vers ce qui se présente.

Cela signifie qu'un homme qui a peur des femmes (une peur terrible et paralysante s'entend, pas une simple timidité) peut aussi utiliser sa pulsion sexuelle autrement qu'en la transformant en attirance vers les hommes. Et ce n'est d'ailleurs pas toujours si simple. Donatien est homosexuel et n'a jamais été attiré par une femme. Il a essayé une fois de faire l'amour avec une copine pour voir. « J'étais terrorisé, roulé en boule dans un coin du lit et je disais : "Ne me touche pas..." J'avais envie de hurler. » Je lui demande : « Avec les hommes, c'est très différent, n'est-ce pas ? » Il me regarde, un peu étonné, et avoue : « Pas tant que ça. Avec un homme, il faut que j'aie bu avant, sinon, je ne peux pas. Je crois que je réagirais exactement pareil avec un homme si je n'avais pas bu... » Donatien a vécu des traumatismes terribles et il a peur de l'autre, homme ou femme. Visiblement, il ne peut vivre une sexualité sereine pour l'instant. Il a réellement besoin d'un travail en profondeur pour trouver un équilibre.

Parfois, la peur est plus insidieuse. Certains homosexuels masculins se sentent à l'aise avec les femmes et ne ressentent

1. Il existe des personnes qui font preuve de résilience sexuelle, trouvant en elles les capacités à surmonter le traumatisme et à développer malgré tout une sexualité harmonieuse. Le travail de thérapie a pour but de stimuler cette résilience qui existe chez chacun de nous.

pas de peur. Mais, si une expérience sexuelle se produit avec une femme, ils en éprouvent un malaise ou un dégoût qui peuvent souvent s'expliquer par une forme d'hétérophobie.

Enfin quand on ressent une peur terrorisante de la sexualité, on peut aussi détourner sa pulsion sexuelle vers un but non sexuel et s'engager dans des activités très diverses, qu'il s'agisse du travail, d'une passion, d'une addiction... Chaque cas étant particulier, il existe autant de manières d'organiser instinctivement ses pulsions que d'êtres humains.

La pulsion paradoxale due aux agressions sexuelles

De nombreuses personnes ayant vécu une agression sexuelle conservent une empreinte négative avec comme conséquences des blocages sexuels dans le désir ou le plaisir, voire un évitement, un rejet pour la sexualité. D'autres victimes d'agressions sexuelles réussissent à métaboliser psychiquement l'expérience négative grâce à leur capacité de résilience sexuelle. D'autres encore réagissent autrement, d'une manière plus complexe et moins facile à appréhender.

C'est le cas des personnes agressées qui cherchent à reproduire le scénario de leur agression, ou en tout cas, quelque chose qui y ressemble. Cela se produit plus souvent quand quelqu'un de très jeune est agressé sexuellement. L'empreinte s'imprime profondément.

Samuel est juif, d'une famille très pratiquante, et, préadolescent, il s'est fait violer par « deux Arabes », des personnes qu'il décrit comme très glauques, sales... Des années plus tard, Samuel n'a vécu comme relations sexuelles que des rapports homosexuels avec des Arabes « des bas-fonds » (c'est ainsi qu'il s'exprime) comme s'il cherchait à reproduire sa première expérience sexuelle, pourtant épouvantable. C'est ce qu'il explique lui-même, et qu'il a du mal à comprendre.

Ce mécanisme se rapproche de l'histoire, banale hélas, de ces jeunes femmes qui se prostituent ou tournent dans des films X. Pour beaucoup, elles ont été agressées sexuellement très jeunes ou violées. (Rappelons que l'âge moyen d'entrée dans la prostitution serait de 14 ans [1].) Aller volontairement à la rencontre de ce qui a fait du mal peut donner le sentiment de prendre le contrôle de cet événement plutôt que de l'avoir subi. C'est un mécanisme de défense qui permet de supporter ce qu'on a vécu.

Les personnes victimes d'abus sexuels peuvent aussi chercher à enterrer ce traumatisme en passant des couches d'autres expériences volontaires pour recouvrir ce souvenir douloureux. Enfoui profondément sous des dizaines ou des centaines d'expériences similaires, il semble finir par se faire oublier. Il s'agit d'une réaction instinctive et non d'une stratégie consciente. Le problème, c'est que ces personnes, au lieu d'oublier leur traumatisme, en réactivent chaque fois le souvenir et se blessent de plus en plus, en imaginant se faire du bien.

Cette fuite en avant peut aussi correspondre à la volonté de s'infliger une douleur écran pour oublier la douleur initiale de l'agression encore très présente, comme dans les névroses traumatiques. C'est le même principe que vous mettez en œuvre si, n'aimant pas les injections, vous vous pincez au moment où l'infirmière vous fait sa piqûre. Vous provoquez une douleur volontaire pour anesthésier l'autre.

Et puis, une émotion très forte, même négative, permet de se sentir vivant. Certaines personnes agressées sexuellement ont l'impression d'être émotionnellement mortes. Alors, revivre volontairement un événement similaire à l'agression est parfois leur seule manière de se sentir vivantes.

Une autre explication plus difficile à admettre est que cette émotion ressentie lors d'une agression sexuelle, certes négative, possède aussi une facette positive et très attrayante, voire addictive. C'est la première rencontre avec la sexualité concrète, avec le désir, l'excitation de quelqu'un d'autre.

---

1. Chiffres connus au Canada d'après Richard Poulain, sociologue et auteur de *Enfances dévastées, l'enfer de la prostitution* (L'Interligne, 2007).

Même si cette rencontre est traumatisante, elle répond à certaines interrogations et à certaines attentes. Vos pulsions en attente vont se former à la lumière de cette expérience. C'est ici aussi un phénomène d'empreinte. D'ailleurs, les personnes qui se remettent le moins facilement d'une agression sexuelle sont souvent celles qui ont ressenti un intérêt, une attraction, et même un plaisir physique ou psychique et qui s'en jugent abominables.

Cette empreinte paradoxale peut s'imprimer et formater un fonctionnement pulsionnel. La victime n'arrivant à trouver d'issue à sa pulsion sexuelle qu'en reproduisant son agression, sa pulsion, au lieu d'être libre et de s'envoler, de voyager, se trouve enfermée par cette expérience. C'est la même situation que dans les paraphilies (anciennes perversions) où le désir et l'excitation sont déclenchés par une stimulation toujours identique, et où ces émotions ne parviennent pas à trouver d'autre chemin. Ce type de réactions paradoxales se produit plus souvent quand on a vécu une agression sexuelle très jeune, car l'empreinte qui en résulte est alors beaucoup plus profonde. Un roman l'illustre très bien : *Amour, Prozac et autres curiosités*, de Lucia Etxebarria [1].

Un autre aspect de ces traumatismes, c'est qu'être victime d'une agression sexuelle, ce n'est pas seulement être agressé. C'est aussi être le support de l'excitation de l'autre. La victime joue un rôle très particulier : elle a le pouvoir de déclencher un phénomène d'une force terrible chez l'agresseur. Cela peut être ressenti comme quelque chose de très valorisant de provoquer une telle excitation, un élan d'une telle puissance chez un individu. Reproduire la situation d'agression amènera alors chaque fois un sentiment de valorisation personnelle. C'est ce que décrivent certaines femmes qui se prostituent, qui « travaillent » comme « escort girls » (prostitution présentée comme plus chic, mais prostitution quand même), ou encore qui ont de multiples amants après une agression sexuelle : « J'ai l'impression d'avoir une valeur », ou : « J'ai une impression de puissance », ou : « J'ai le sentiment de tout contrôler ».

1. 10/18, 2005.

Finalement, un événement traumatisant, s'il peut annihiler la pulsion sexuelle chez certains, peut aussi la façonner d'une manière inattendue, différente des choix qui se seraient présentés naturellement dans le cours d'une vie qui serait un fleuve plus tranquille. Très différente, cette pulsion l'est aussi des choix que nous aurions faits volontairement si c'était possible. Notre pulsion peut se trouver ainsi en désaccord avec nos désirs conscients profonds.

Luc consulte car il désire se marier et avoir une famille. Il n'a eu que des relations homosexuelles jusqu'ici. Pourtant, il n'a aucune envie d'être homosexuel. Ce type de demande est rarement exprimée par nos patients, et je suis assez réticente. Mais il me raconte qu'il a été violé à 8 ans par un employé de l'usine où travaillait sa mère. J'accepte de travailler avec lui sur ce traumatisme. Quand nous évoquons ce viol, il se met à pleurer et cela me fend le cœur de penser à ce petit garçon de 8 ans… Un an plus tard, il rencontre une jeune femme qu'il épousera. Luc me dit la dernière fois où je le vois : « Je sais que je garde en moi ce souvenir de relations avec des hommes. Et je risque, un jour, d'avoir une ou plusieurs aventures homosexuelles. Je le sais, je l'accepte… Mais je pense que cela ne remettra pas en cause mon mariage. Et je suis très heureux d'avoir retrouvé un équilibre de vie. » Luc est lucide. Il a vécu une première expérience qui a façonné sa pulsion de manière paradoxale. Puis, ayant vécu des aventures homosexuelles, il a mis en place d'autres empreintes. Il sait qu'elles ne peuvent totalement s'envoler et il les assume. Cet exemple montre que l'orientation sexuelle peut évoluer avec le temps. C'est souvent une erreur que d'enfermer définitivement une personne dans une orientation sexuelle précise pour le reste de sa vie [1].

Finalement, un événement sexuellement traumatisant peut avoir deux conséquences très différentes, presque opposées selon la manière dont notre cerveau pulsionnel le métabolise. Si une agression sexuelle peut entraîner un blocage sexuel,

1. À lire à ce propos *La Sexualité des gens heureux*, Pascal de Sutter, Les Arènes, 2009.

avec une inhibition du désir, un étouffement de la pulsion, elle peut aussi créer des circuits pulsionnels pathologiques qui tournent en boucle sur eux-mêmes et nous incitent à reproduire sans cesse le scénario de notre agression. Dans ce cas, nous en souffrons terriblement, ne parvenant pas à comprendre pourquoi nos pulsions ne nous conduisent pas où nous avons envie d'aller. Il est alors indispensable de faire un travail de psychothérapie sur cet événement traumatisant. Il s'agit de le « digérer », de l'intégrer à notre psychisme tout entier, de faire remonter nos ressources, de laisser la place à d'autres empreintes plus congruentes avec nos désirs profonds. Et c'est possible.

Les différences entre cerveau pulsionnel masculin et féminin

Les pulsions sexuelles masculines et féminines semblent fonctionner différemment et il est très difficile de savoir pourquoi. Est-ce l'éducation ? C'est possible quand on sait que les parents ne sont pas les mêmes face à un petit garçon ou à une petite fille. Est-ce la société qui ne traite de la même façon les filles et les garçons, les hommes et les femmes ? Est-ce parce que nous intégrons plus ou moins consciemment en nous les normes proposées par cette société ? L'exemple typique est l'idée qu'« une femme qui a beaucoup de pulsions sexuelles est une nymphomane alors qu'un homme dans le même cas est très viril ». Dans un tel contexte, les hommes ont forcément tendance à se vanter de leurs fortes pulsions, voire à les exagérer, alors que les femmes ont intérêt à les refréner. Norme qui est d'ailleurs en train de changer comme on l'a vu plus haut.

Nos différences pulsionnelles peuvent aussi être dues tout simplement à notre génétique en XX ou XY, ce qui introduit une différence au cœur de notre être. Et puis notre corps, notre anatomie, est le canevas sur lequel se tisse notre fonctionnement sexuel et, comme il est différent dans les deux sexes, il est logique que cela puisse introduire des différences de sensations, de comportements… Il est raisonnable de penser que les différences homme-femme sont une combinaison d'inné, de biologique et d'acquis, plus culturel.

Quelles différences observons-nous entre pulsions sexuelles féminines et masculines ?

Les hommes ont une sexualité où la pulsion semble plus pressante, plus exigeante. Beaucoup d'hommes affirment : « Si je ne fais pas l'amour deux à trois fois par semaine, je me sens stressé, anxieux, énervé. » Les femmes qui énoncent la même chose sont, d'après mon expérience, plutôt rares. De ce fait, assez souvent, dans un couple qui dure, la femme ressent une certaine pression de la part de son partenaire pour faire l'amour.

Beaucoup d'hommes consultent pour demander : « Comment gérer ma pulsion ? Ma femme a moins envie que moi et je ne sais comment faire pour me sentir bien. Me masturber ? Faire du sport pour évacuer mes tensions ? Prendre une maîtresse ? Aller voir une prostituée ? Ou une autre stratégie encore ? » De fait, on constate que les hommes déclarent avoir eu nettement plus de partenaires dans leur vie que les femmes.

La première explication avancée est que les hommes vont voir des prostituées. Cela fait évidemment monter la moyenne du nombre de partenaires chez les hommes. On touche ici le cœur de la pulsion. Certains hommes sont prêts à payer pour « assouvir » cette pulsion sexuelle. Et ce n'est pas le cas des femmes. On parle, c'est vrai, beaucoup de la nouvelle prostitution masculine pour les femmes, mais si l'on en parle tant, c'est justement que c'est peu fréquent. Aucun professionnel de l'image n'aurait l'idée de proposer à une chaîne de télévision de réaliser un reportage montrant des hommes allant à l'étranger dans le but de trouver des jeunes filles prêtes à coucher avec eux pour de l'argent. C'est d'une telle banalité que cela n'intéresse personne.

Un autre élément explique que les femmes rapportent moins de partenaires : elles oublient les partenaires qui ont peu compté. Elles rapportent uniquement les liaisons qui, pour elles, ont eu une certaine importance. Elles comptent avec le cœur alors que les hommes comptabilisent toutes leurs pulsions réalisées. Comme cette pulsion ne joue pas le même rôle chez l'homme et la femme, elle n'est pas interprétée de la même manière. Et l'affectivité liée à la sexualité ne tient pas non plus la même place.

Et puis, un dernier élément me semble très parlant, même s'il est exprimé indirectement dans les enquêtes. Les hommes ayant eu au moins une relation homosexuelle ont plus de partenaires sur leur vie que les hommes ayant eu seulement des relations hétérosexuelles : 15 pour 11,9. Pour les femmes, c'est l'inverse : les femmes ayant eu au moins une relation homosexuelle ont eu en moyenne 3,2 partenaires alors que les femmes exclusivement hétérosexuelles rapportent 4,5 partenaires. Du coup, du côté des hommes, les hommes ayant eu des relations avec des hommes font monter la moyenne du nombre de partenaires, alors que, du côté des femmes, les femmes ayant eu des relations avec des femmes la font baisser. On pourrait poser l'hypothèse que la présence d'un homme dans une relation à deux est une source de pulsion plus forte que la présence d'une femme. Ainsi, le duo le plus pulsionnel serait représenté par deux hommes, et le moins pulsionnel par deux femmes. Avec un scénario intermédiaire, celui du couple hétérosexuel.

Les hommes sont toujours plus pratiquants que les femmes : les hommes de 20-24 ans sont 10,5 % à avoir déjà rencontré un partenaire sexuel sur Internet pour 6 % des femmes ; 4,7 % des hommes de 35-39 ans ont déjà fréquenté un lieu échangiste pour 2,2 % des femmes. En ce qui concerne la pornographie, chez les 20-24 ans, 46,5 % des hommes disent avoir déjà visité un site X pour 7,1 % des femmes du même âge.

Le phénomène de compensation chez l'homme

Tout se passe comme si les hommes ressentaient un besoin sexuel, une sorte de pulsion automatique et instinctive qui demande à être assouvie, qui n'existe pas sous la même forme chez les femmes. Cette pulsion n'est pas liée à une relation, elle existe même dans la solitude ou l'isolement sexuel.

Dans le cadre de la masturbation, on retrouve le même schéma de fonctionnement : 91,4 % des hommes affirment avoir pratiqué la masturbation au moins une fois dans leur vie pour 60,1 % des femmes. Et 40,3 % des hommes disent en avoir eu une pratique régulière au cours des douze derniers mois pour 17,9 % des femmes[1]. Les grandes études sur la sexualité montrent que la masturbation a un rôle plutôt compensateur pour les hommes : les hommes sans relations sexuelles pratiquent plus la masturbation que les hommes en couple. Pour les femmes, il n'en est rien, ce sont plus volontiers les femmes épanouies sexuellement qui ont plus fréquemment recours à la masturbation, dans un effet que l'on qualifie de préférence d'entraînement. Aussi la pulsion sexuelle semble-t-elle se présenter comme un besoin de base avec un minimum nécessaire pour se sentir bien pour l'homme. Chez la femme, la pulsion semble un plaisir plus luxueux, moins vital, sans doute tout aussi agréable, puisqu'il semble plus relever d'un choix, d'une cerise sur le gâteau que d'une réaction à une sensation de manque.

Un autre élément différencie les hommes et les femmes, ce sont les paraphilies, anciennes déviations sexuelles, qui s'observent quasi exclusivement chez les hommes. Chez les femmes, on estime que la plus fréquente des paraphilies serait le masochisme, avec vingt hommes masochistes pour seulement une femme masochiste. Bien entendu, ce fonctionnement concerne cependant une minorité d'hommes, mais il semble

1. *Enquête sur la sexualité en France*, *op. cit.*

pouvoir se greffer beaucoup plus nettement sur la structure pulsionnelle masculine.

Mais pourquoi une telle différence ? Plusieurs réponses ont été avancées.

Les hommes se masturbent plus tôt dans la vie et plus souvent que les femmes. Or la masturbation est caractérisée par un support fantasmatique nécessaire à l'excitation. L'orgasme qui vient est renforçateur de ces fantasmes, ce qui pourrait creuser le lit de la paraphilie pour certains, quand une empreinte s'est installée tôt.

Les psychanalystes relieraient cela à une fragilité des petits garçons. Pour devenir hommes, ils doivent se détacher de leur mère pour ancrer leur identité masculine. Cela introduirait une faille lors de ce détachement. Les filles, attachées aussi à leur mère, ancrent leur féminité en l'imitant, ce qui n'induit pas de séparation. Personnellement, je ne sais pas ce qui peut être intéressant dans cette hypothèse tellement théorique qu'elle est facile à contester. En effet, quel rapport cette explication présente-t-elle avec les paraphilies ? On pourrait tout aussi bien estimer qu'il est plus difficile pour une petite fille que pour un garçon de devenir adulte. Devenir une femme individuelle et personnalisée quand on a sous les yeux un modèle maternel dont il faut se détacher, c'est compliqué. Quand on est un petit garçon, donc de sexe différent de sa maman, on peut grandir et devenir adulte avec une certaine liberté.

On peut encore ajouter à ces observations celle dont j'ai déjà parlé : les prisons sont remplies d'agresseurs sexuels masculins alors que les femmes dans le même cas sont extrêmement rares. Un autre élément est à prendre en compte : l'homme est physiquement celui qui pénètre, donc qui impulse le mouvement dans la sexualité. Aussi a-t-il besoin d'une certaine intrusivité, d'un degré d'agressivité positive pour faire l'amour. Ces facteurs appellent ainsi une forte puissance dans sa pulsion. La femme, elle, reçoit, elle est pénétrée, ce qui nécessite moins d'impulsivité sexuelle, et plus de réceptivité. On pourrait caricaturer en disant qu'il suffit qu'elle reçoive la pulsion masculine[1]. Cette agressivité que l'homme porte en lui est une force brute qui a besoin d'être canalisée pour porter des fruits. Si elle est laissée à l'état sauvage, elle peut dévier pour se révéler antisociale.

Quelles que soient les interprétations de toutes ces observations, on observe qu'il existe une différence très importante entre les pulsions féminines et masculines.

La vie des couples

En consultation, nous recevons beaucoup plus de femmes qui se plaignent de manque de désir sexuel que d'hommes dans le même cas. Ces femmes ont-elles réellement un désir sexuel hypoactif ou bien voudraient-elles à tout prix se trouver en phase avec leur partenaire qui ne fonctionne pas sur le même modèle ? La question reste ouverte et la réponse n'est sans doute pas la même pour tous les couples.

Les couples où cela fonctionne bien sont souvent des couples où la pulsion est plutôt du côté de l'homme. Il est alors généralement l'initiateur du rapport sexuel, et la femme ressent ce que l'on nomme un désir de réponse. Elle répond à l'appel pulsionnel de son partenaire qui est pour elle aphrodisiaque. Se sentir désirée éveille son élan sexuel.

Tout fonctionne dans ce cas comme si l'homme était un émetteur et la femme le récepteur qui réagit à l'impulsion envoyée.

Océane et Jo sont bien ensemble sexuellement. Jo prend presque toujours l'initiative de faire l'amour (plus de neuf fois sur dix, estiment-ils), et Océane y répond avec plaisir. Mais depuis quelque temps, Océane se bloque quand son mari vient vers elle avec du désir dans les yeux. Jo ne comprend pas. Océane finit par expliquer qu'à son travail un collègue lui fait des avances et des avances répétées. Elle se sent traquée, harcelée. Depuis ce changement au travail, quand Jo vient vers

1. C'est d'ailleurs souvent le cas puisque de nombreuses femmes décrivent plus souvent un désir de réponse à l'autre qu'un désir pulsionnel à l'état pur.

elle, elle le ressent de plus en plus comme une agression. La situation semble facile à comprendre et à débloquer. Faut-il porter plainte pour harcèlement ? En réalité, Océane pense qu'elle est trop timide et n'ose pas rembarrer vertement son collègue qui la laisserait peut-être tranquille. Il prend plaisir à la voir rougir, à la voir fuir. Après un travail sur elle, elle peut enfin montrer des limites claires et elle le menace de porter plainte pour harcèlement. Elle est enfin tranquille au travail. Son désir pour son mari revient... Et elle le sollicite nettement plus souvent qu'auparavant. C'est comme si, en prenant confiance en elle, elle avait autorisé sa pulsion à se manifester plus ouvertement. Jo est ravi car, même s'il était satisfait de leur vie sexuelle antérieure, il est très ému quand Océane lui dit qu'elle a envie de lui.

Notre pulsion observable est la résultante de multiples éléments. Ici, le manque de confiance en soi jouait un rôle important et bridait la pulsion d'Océane.

Si le désir sexuel et la pulsion sexuelle ne sont pas superposables, ils sont très liés. Le désir pour quelqu'un est une pulsion orientée vers cette personne. Aussi peut-on très bien avoir des pulsions et pas de désir si, par exemple, on est en conflit avec son (ou sa) partenaire. La pulsion peut être étouffée par le conflit ou rester présente et s'orienter ailleurs.

C'est à cause de ce lien entre pulsion et désir qu'il me semble très intéressant d'observer les différences objectives entre désir masculin et désir féminin, tels qu'ils sont rapportés dans les grandes enquêtes sur la sexualité. À la question : « Qui avait le plus envie lors du dernier rapport ? », les partenaires répondent presque toujours que c'était l'homme ou les deux, rarement la femme [1]. Par exemple, pour les couples qui durent depuis deux ans et demi à cinq ans, 47 % des hommes disent que le désir était partagé, 31 % que c'était un désir de l'homme et 9 % un désir de la femme. Et, au fil de la longévité du couple, l'écart se creuse. Plus un couple dure, plus le désir de

1. *La Sexualité au temps du sida*, Nathalie Bajos, Michel Bozon et coll., PUF, 1998.

faire l'amour vient de l'homme et cet avis est exprimé par les hommes et par les femmes. Ainsi, après quinze ans de vie de couple, les hommes estiment pour 47 % que le désir était partagé, pour 49 % qu'il était le fait de l'homme et 4 % celui de la femme. L'interprétation des auteurs de l'enquête est que « l'arrivée des enfants donne le signal d'une baisse temporaire du désir masculin et d'une baisse plus durable du désir de la majorité des femmes ».

Dans *La Sexualité en France*, les sociologues observent qu'« une double asymétrie persiste dans la manière de percevoir la vie sexuelle et affective, où semblent toujours s'opposer un désir et des besoins “quasi physiologiques” masculins et des aspirations affectives et une disponibilité féminine ». Ainsi, les femmes sont quatre fois plus nombreuses que les hommes à avoir eu souvent des rapports sexuels pour faire plaisir à leur partenaire, sans en avoir envie.

Finalement, les pulsions sexuelles féminines sont différentes, et elles ont certainement des raisons diverses de l'être. Il est très difficile de connaître l'origine de ces différences qui sont de toute évidence à la fois structurelles, sociales, culturelles, éducationnelles. Le résultat en est une dissymétrie avec une certaine pression de la pulsion sexuelle masculine sur les femmes et/ou une frustration des hommes qui ne sont pas toujours comblés par leur vie sexuelle. Après cinq ans de vie de couple, ils sont 31,2 % à affirmer qu'ils aimeraient avoir des rapports sexuels plus nombreux alors que seules 16,2 % des femmes dans le même cas auraient le même souhait.

L'homosexualité masculine, une sexualité hyperpulsionnelle ?

La pulsion masculine est différente de la pulsion féminine. Le cas de l'homosexualité peut apporter encore des arguments inattendus à cette différence.

Et si les hommes homosexuels n'aimaient pas plus les hommes que les hétérosexuels, mais que leur pulsion élevée ou des circonstances particulières les incitaient à pratiquer l'amour entre hommes… auquel il est plus facile d'accéder ?

La pulsion homosexuelle masculine pourrait ainsi constituer une sorte d'hyperpulsion ou de surpulsion plus qu'une pulsion tournée vers un objet différent. Mais sur quoi repose cette hypothèse ?

Les hommes homosexuels comptent plus de partenaires que les hommes hétérosexuels qui ont eux-mêmes plus de partenaires que les femmes hétérosexuelles qui ont elles-mêmes plus de partenaires que les femmes homosexuelles. Tout se passe comme si plus il y avait d'hommes dans une relation et plus la pulsion semblait stimulée, alors que c'est l'inverse pour les femmes. Plus il y a de femmes et moins la pulsion semble forte.

La prévalence de la séropositivité chez les homosexuels masculins en est une malheureuse conséquence. En raison du nombre élevé de partenaires, dans cette population, 1 homme sur 7 ou 8 est séropositif en France, alors que la moyenne nationale est 1 personne séropositive sur plus de 400[1].

Les hommes homosexuels affirment souvent que la différence entre les relations homosexuelles et hétérosexuelles, c'est la simplicité, la facilité. J'ai souvent entendu en consultation des propos comme ceux de Patrice : « Entre hommes, on peut se croiser dans la rue, se regarder, se faire un signe et quelques minutes plus tard, on est en train d'avoir une relation sexuelle. Avec une femme, c'est impossible. Il faut prendre son temps, séduire, baratiner si l'on veut obtenir un rapport sexuel. Ou alors, il s'agit d'une prostituée. »

Cela signifierait que les hommes ayant des rapports sexuels avec des hommes trouvent dans ces relations une solution plus simple, plus facile, plus évidente pour exprimer leur pulsion. Alors, est-ce vraiment une hyperpulsion dont il s'agit ? Après tout, si les hommes hétérosexuels obtenaient aussi facilement

---

1. Chiffres Arcat santé (Association pour la recherche et la communication pour l'accès aux traitements).

des partenaires féminines instantanément prêtes à faire l'amour, peut-être qu'ils auraient aussi plus de partenaires. Oui, mais les hommes hétérosexuels « s'arrangent » avec cette situation, ce qui n'est pas le cas des hommes homosexuels.

Un élément apporte encore de l'eau au moulin de la théorie de l'hyperpulsion. C'est le nombre de partenaires hétérosexuelles des hommes homosexuels. Les hommes ayant des rapports avec d'autres hommes rapportent avoir eu dans leur vie 16,3 partenaires féminines en moyenne (pour 22,1 partenaires masculins). Autrement dit, **les hommes homosexuels ont fait l'amour avec plus de femmes dans leur vie que les hommes hétérosexuels** qui eux ont eu en moyenne 11,1 partenaires dans leur vie.

Il me semble surprenant que ces chiffres aient été aussi peu commentés tant ils sont étonnants.

Mais qu'en est-il des hommes homosexuels exclusifs ? Il y a bien des hommes qui disent : « Moi, avec une femme, je ne pourrais pas. Les femmes ne m'ont jamais attiré et, depuis mon enfance, je sais que je suis homosexuel… » Ils existent bien sûr, mais ils sont assez peu nombreux : seuls 0,5 % des hommes ayant eu des rapports sexuels n'ont eu au cours de leur vie que des pratiques sexuelles avec des personnes du même sexe, alors que 4,1 % des hommes de 18 à 69 ans déclarent avoir déjà eu des pratiques sexuelles avec une personne de même sexe. Autrement dit parmi les hommes ayant pratiqué l'homosexualité, seul 1 sur 8 environ est exclusivement homosexuel.

Et puis, quand un homme déclare avoir eu des relations sexuelles avec un homme dans l'année, il a aussi eu en moyenne 0,8 partenaire féminine. On observe bien que de nombreux hommes homosexuels ont aussi une sexualité hétérosexuelle.

Pour ce qui est de la pulsion et des empreintes, les hommes qui ont eu des partenaires de même sexe au cours de l'année ont eu un début d'activité sexuelle plus précoce. L'âge de leur premier rapport sexuel est de 17,1 ans pour 17,6 ans chez les hommes hétérosexuels [1]. Si je reprends l'idée qu'un premier rapport sexuel précoce peut augmenter l'appétence pour la sexualité ou la pulsion, c'est peut-être en cause dans l'homosexualité masculine. Une autre hypothèse est possible, c'est qu'un tempérament plus intensément pulsionnel entraîne une vie sexuelle différente…

Bill est américain et vit en France depuis vingt-cinq ans. Il est psychologue, marié à une Française. Il y a deux ans, dit-il, il a découvert son homosexualité. Il s'était toujours senti plutôt bien en couple. Suite à une expérience, tout un champ s'est ouvert à lui, celui des relations homosexuelles. Il remet donc en cause son couple et souhaite habiter seul pour pouvoir vivre sans mentir.

Dans un tel cas, il me semble qu'il existe deux explications possibles. Soit cet homme a toujours éprouvé des désirs homosexuels qu'il a refoulés. Et, un beau jour, ces désirs en ont eu assez d'être dans l'ombre et se sont affirmés. Ou bien, suite à une expérience, par curiosité, ou par attirance, une empreinte s'est inscrite parce que l'émotion ressentie a été forte. Et cette empreinte a modelé les pulsions de Bill, lui donnant envie de reproduire l'expérience.

N'importe qui peut avoir une attirance vers une personne de même sexe sans avoir jamais eu le sentiment de lutter contre des pulsions homosexuelles. C'est pourquoi, penser qu'une expérience homosexuelle occasionnelle signifie que vous aviez depuis toujours refoulé des tendances me paraît une explication insatisfaisante et insuffisante.

— Est-ce que si, par opportunité, vous avez l'occasion d'avoir une relation homosexuelle, vous allez créer une empreinte qui va augmenter votre potentiel homosexuel, potentiel plus ou moins présent en chacun de nous ? Certains répondront qu'il n'y a pas de hasard…

— Est-ce que si vous avez des relations homosexuelles, c'est si facile et si excitant que vous avez ensuite beaucoup

---

1. Toutes ces statistiques sont extraites de l'*Enquête sur la sexualité en France*, *op. cit.*

moins envie de relations avec une femme où il faudra faire œuvre de séduction ?

— Est-ce que les hommes homosexuels ont une pulsion réellement plus puissante ou simplement plus d'opportunités, puisqu'il existe moins de freins à la réalisation d'une pratique sexuelle ?

— Est-ce qu'il existe une petite proportion des hommes, de l'ordre de 0,5 %, qui sont vraiment et seulement attirés par les hommes ? Est-ce que, dans ce cas, la pulsion homosexuelle n'est pas une ré-pulsion envers les femmes, peur qui empêcherait la pulsion hétérosexuelle de s'exprimer, et qui la canalise vers un ailleurs ?

— Est-ce que l'homosexualité n'est pas aussi une mise en place de schémas de fonctionnement automatiques comme nous en avons tous ? Une fois dans un certain milieu, avec certaines habitudes, vous vous comportez naturellement d'une certaine manière.

— Et la pulsion sexuelle féminine, l'homosexualité féminine ?

Il me semble que des recherches sur ces questions seraient très intéressantes pour comprendre l'homosexualité, bien sûr, mais aussi pour mieux comprendre les chemins de nos pulsions à tous.

Quelques réflexions supplémentaires sur le cerveau sexuel pulsionnel

Il est passionnant de chercher à se comprendre, de vouloir remonter à la racine d'une pulsion, de trouver l'origine d'un facteur sexuellement excitant pour soi. C'est une voie très riche de connaissance intime personnelle. Peut-être avez-vous déjà pensé à des événements vécus dont vous portez en vous les traces pulsionnelles…

Et puis, savoir que l'on n'est pas responsable de ses pulsions ni de la direction qu'elles ont prises peut se révéler libérateur. Au lieu de se juger, et souvent de mal se juger, on peut se dire que notre histoire nous a façonnés. C'est une donnée avec laquelle nous devons composer de gré ou de force. L'idéal est donc d'accepter ce qui est, et de vivre en bonne intelligence avec ses pulsions, d'avoir de l'amitié pour elles, de les considérer comme une force puissante et positive.

On peut penser que ces empreintes sont une donnée trop figée qui nous est imposée. Notre petite enfance, notre adolescence nous préparent des chemins pulsionnels que nous n'avons pas choisis. Nous devons les subir, inscrits en nous profondément, nous rendant parfois prisonniers d'un modèle qui nous colle à la peau. Si ce phénomène existe, c'est que la pulsion sexuelle est une pulsion vitale, qui vise à empêcher notre espèce de mourir. Imaginons un homme fétichiste des chaussures. Ce qui déclenche sa pulsion, ce sont les chaussures, et pas autre chose. Il va donc réagir sexuellement au quart de tour devant des pieds de femmes chaussés de manière érotique (de son point de vue). Il peut percevoir du plaisir, mais aussi une gêne terrible en se disant qu'il est idiot, stupide. La pulsion sexuelle devrait mener vers la relation à l'autre et lui n'y parvient pas. Pourquoi ? Parce que sa pulsion est d'une force terrible et dit : « Je veux vivre, je ne veux pas mourir, je veux me reproduire. » S'il ne répond pas à cette force, elle grandit pour manifester sa présence. Il ne peut pas y échapper. Sa pulsion a été déviée, et son cerveau l'a intégrée comme si s'exciter sur des chaussures pouvait donner la vie et était donc une question de vie ou de mort. C'est étrange, mais ce n'est pas un jeu pour lui. Son cerveau se trompe, car il a vécu un bug dans son apprentissage, comme les oies cendrées de Konrad Lorenz pensaient qu'un homme était leur mère. Le cerveau pulsionnel croit que c'est par ce chemin qu'il va transmettre la vie. C'est pour cela qu'il n'y a pas lieu de se juger négativement. Il vaut mieux se comprendre, accepter le phénomène pour savoir ce que l'on peut en faire.

Pourtant, tout n'est pas si figé que cela. Il existe un certain degré de liberté, même s'il n'est pas total. J'ai déjà parlé du stress, de l'anxiété et de son incidence sur le rétrécissement ou la concentration du champ pulsionnel. Et je reviendrai plus tard sur une grande question : « Peut-on gérer ses pulsions, et comment ? » Mais il ne s'agit plus ici d'une question qui concerne le champ du cerveau sexuel pulsionnel, mais plutôt du cerveau sexuel cognitif.

Ce fonctionnement que je décris se produit à un niveau observable. Ce qui n'est pas observable, ou qui l'est moins, est tout aussi intéressant et il y aurait encore des millions d'éléments à expliquer dans cette dynamique pulsionnelle. Lesquels ? C'est très simple : si un événement provoque chez moi une émotion et qu'il entraîne une empreinte, pourquoi ai-je été sensible à cet événement plutôt qu'à un autre ? Pourquoi cette émotion à ce moment ? Quand un homme dit qu'un film de french cancan a conditionné son cerveau sexuel pulsionnel, cela n'explique en rien pourquoi ces images précises se sont particulièrement imprimées en lui. Il est certain que des milliers de personnes ont vu ce même extrait de film et n'en retiennent aucun souvenir. D'où vient cette sensibilité à certaines images, à certains sons, à certains contacts, à certaines expériences ? Est-ce notre génétique ? Nos expériences encore antérieures, voire notre vie intra-utérine ? Peut-être existe-t-il un élément associé passé inaperçu qui fixerait ces images ? Peut-être se produit-il un moment particulier dans notre développement psychique ou sexuel, une sorte de fenêtre, un peu comme le moment où des empreintes se mettent en place à la naissance chez les oiseaux qui suivent le premier élément mobile pour le considérer ensuite comme leur maman ? Il se pourrait encore qu'à un âge donné, un flash hormonal soit à l'origine de telles empreintes, pourquoi pas ? Ou pourquoi pas des explications de type psychanalytique ?... Ainsi, expliquer un fonctionnement ne donne pas forcément la clef de tout ce qui sous-tend ce fonctionnement et il existe encore beaucoup d'inconnues dans les circuits de notre cerveau sexuel pulsionnel.

Les réponses à ces questions seraient d'un intérêt énorme. Il serait merveilleux de comprendre scientifiquement comment et pourquoi nous fonctionnons de telle ou telle manière. Mais cela le serait encore plus de pouvoir agir sur ce développement pulsionnel dès sa naissance. Si l'on pouvait savoir comment éviter de mettre en place des pulsions pédophiles, agressives, ou des paraphilies qui rétrécissent et rigidifient le champ pulsionnel, si l'on pouvait éduquer nos enfants pour que leurs pulsions s'épanouissent en pleine santé comme des fleurs toutes différentes, le monde serait certainement plus beau...

Une question encore me semble centrale : quel est le but de cette pulsion sexuelle ? Gageons que nombreux seront ceux qui penseront que le but recherché, c'est le plaisir de l'orgasme, celui qui permet aux hommes de procréer. En réalité, il n'en est rien. Même si l'orgasme est l'aboutissement naturel du processus qui commence par le désir, la pulsion, qui continue par l'excitation, puis le coït, l'orgasme n'est pas, à mon sens, le but de la pulsion sexuelle.

Comparons-la à la pulsion qui nous pousse à manger. Est-ce que la jouissance de manger est le but de la faim ? Non. Le but de cette pulsion est de calmer un manque, un besoin ressenti dans le corps. La pulsion sexuelle est aussi avant tout un besoin qui cherche à se combler. La pulsion sexuelle est une sorte de mal-être duquel nous avons envie de sortir, une tension qui ressent le besoin de s'apaiser. Le plaisir est un bonus qui nous donne encore plus envie de recommencer, mais ce n'est pas le but premier de la pulsion.

Toutefois, la pulsion peut se révéler agréable. Comme on peut aimer ressentir la faim, on peut aimer éprouver du désir. Cela nous fait nous sentir vivant. C'est agréable seulement si l'on sait que l'on peut calmer ce manque facilement. Avoir faim est un plaisir si vous savez que vous pouvez manger. Désirer faire l'amour est un plaisir si vous savez que vous pouvez faire l'amour. Si vous n'avez pas la possibilité de combler votre manque, ces pulsions sont plutôt une torture.

La pulsion sexuelle a donc de nombreuses fonctions naturelles ou résultant d'une sorte de détournement. Elle nous pousse à nous reproduire, à lutter contre la peur de la mort, à nous donner du plaisir (la vie vaut la peine d'être vécue), à mélanger notre patrimoine génétique (d'où les pulsions sexuelles dans les avions, les trains ?), à affirmer notre pouvoir sur l'autre, à nous empêcher de souffrir…

La pulsion est une force brute, alors que le désir est une pulsion tournée vers l'autre.

II

Le cerveau sexuel émotionnel

« J'ai toujours eu cette sensation
quand je tombais amoureuse
que mes yeux s'ouvraient enfin,
et qu'auparavant j'étais aveugle. »

AMÉLIE NOTHOMB [1]

1. *Paris Match*, 10-16 septembre 2009.

Le cerveau sexuel émotionnel est relationnel

Selon certains partisans de la psychologie évolutionniste (ou évopsy), la sexualité affective serait utile parce qu'elle nous permet de former un couple qui dure pour élever des enfants ensemble. Alors que la pulsion entraînerait plutôt à butiner, la sexualité affective attache émotionnellement les deux partenaires. Mais la limiter à cette fonction est à mon avis réducteur.

Faire l'amour donne le sentiment d'être aimé, d'aimer, de compter pour quelqu'un, de s'ouvrir à l'autre, de rencontrer son être en profondeur, de fusionner. Faire l'amour, c'est aussi fabriquer de l'amour. Avec la sexualité affective, tout à coup, vous n'êtes plus seul au monde. Vous comptez pour quelqu'un qui compte pour vous. Vous vous sentez unique. Cet aspect de la sexualité est extrêmement important pour les humains. Nous avons besoin de nous sentir aimés pour vivre en harmonie. Privés de ce sentiment, nous nous sentons mal, courbés sous le poids d'une solitude existentielle. L'amour nous rend légers, donne une énergie, nous sert de moteur. Et chez les adultes, il s'exprime notamment à travers la sexualité.

Quand vous faites l'amour avec votre corps et votre cœur, l'autre prend pour vous une place de choix. Il est sujet dans une relation altruiste : il compte pour vous autant que vous comptez vous-même. **Notre cerveau sexuel émotionnel est**

généreux et relationnel. C'est toute la différence avec la sexualité pulsionnelle, essentiellement égocentrique.

L'élan pulsionnel provient d'un cerveau centré sur soi à la recherche d'un écho extérieur pour vibrer. Il cherche et trouve un objet du désir tenant un rôle de support. L'autre n'est pas totalement présent en tant que sujet. Utiliser l'autre comme objet de sa pulsion sexuelle n'est pourtant pas péjoratif en soi. Il est essentiel de fonctionner aussi avec une partie de notre sexualité centrée sur nous-mêmes pour avoir une sexualité épanouie.

L'affectivité, elle, donne envie de considérer l'autre comme un autre nous-même. C'est en cela que notre cerveau émotionnel est généreux. Et cette générosité nous rend heureux. Quand nous vivons les deux sexualités, pulsionnelles et affectives, de concert, nous vibrons pleinement. Un peu comme un enfant connaissant le plaisir de prendre découvre le plaisir de donner la première fois où il offre un cadeau. Quand on est deux et que la générosité de chacun fait écho à celle de l'autre, nous construisons une belle relation. Sans cette ouverture de cœur, il nous manque quelque chose.

Emeric, 31 ans, vit une liaison intense avec une femme très belle un peu plus âgée que lui. « Elle adore faire l'amour, j'éprouve du plaisir comme je n'en ai jamais eu. Et ce qui m'a paru bizarre dès le début, c'est que dès que nous avions fait l'amour, j'avais envie de recommencer tout de suite. Je n'avais jamais ressenti cette envie perpétuelle de faire l'amour. Au début, cela m'a paru génial d'être aussi excité. Maintenant, plus du tout. Je sens qu'en fait je suis en manque, en manque d'affection, de tendresse. Parce qu'elle me donne du sexe, mais je ne ressens pas d'amour. Alors, j'ai envie de sexe pour essayer d'y trouver de la tendresse, mais je suis frustré chaque fois, même si sexuellement, c'est le top. Aussi, j'ai décidé de rompre car c'est une relation déséquilibrée qui ne me convient pas… »

La pulsion, le plaisir sexuel ne sont pas comblants s'ils se trouvent isolés du moelleux et de la douceur de l'affectivité partagée.

La sexualité affective épanouie n'exclut pas la pulsion, elle sait l'intégrer.

Aristide aime Cléa. Il sait ce qui est excitant pour elle, elle connaît ses chemins d'excitation. Comme ils s'aiment, ils veulent donner l'un à l'autre tout le plaisir possible. Alors, même si leurs pulsions sont différentes, ils jouent un jeu excitant pour l'autre. Cléa, se trouvant un peu ronde, porte de la lingerie sexy qui lui permet de dissimuler certains de ses défauts. Se sentir désirable augmente son excitabilité. Aristide l'accepte alors qu'il n'aime guère ce qu'elle porte. Il préfère le style « Petit Bateau » ! Ils font parfois l'amour dans des postures que Cléa apprécie moins parce qu'elle sait qu'Aristide éprouve alors plus d'excitation. Cela peut paraître un échange réfléchi de bons procédés, mais c'est beaucoup plus que cela. Aristide est heureux de voir son amie se sentir belle et Cléa aime lui donner du plaisir.

Ici, le plaisir d'accepter et de recevoir ce qui est donné démultiplie celui qui consiste simplement à obtenir ce que nous désirons. Dans la rencontre sexuelle affective, l'autre n'est plus seulement un figurant passif dans le film de nos fantasmes, il devient acteur.

Patrick croise le regard de Suzanne. Dès qu'il a parlé avec elle quelques minutes, il sait qu'il est devant la femme de sa vie. « Je sens qu'elle est une femme apaisante, douce, compréhensive, sans être ennuyeuse. Elle est en même temps pleine de vie, et je me suis dit en quelques instants que la vie devait être belle à ses côtés. C'est la première fois que je ressens une chose pareille. Alors je sais qu'il ne faut pas laisser passer cette rencontre. » Patrick ne parle même pas du physique de Suzanne. Il la trouve mignonne, mais ce n'est pas cela qui l'a attiré. Ce qui l'a attiré, c'est ce qu'il perçoit du caractère de Suzanne, et ce qu'il a envie de trouver chez une femme pour se sentir bien ensemble. Patrick éprouve une attirance affective pour Suzanne. La sexualité ? Il n'y pense même pas, du moins pas en priorité.

Dans l'attirance plutôt liée à une pulsion sexuelle, le scénario est différent. Cette personne nous attire terriblement parce qu'elle correspond à un schéma préexistant dans notre tête, elle cadre à notre scénario fantasmatique d'excitation personnelle. Damien est hypnotisé par le décolleté plongeant et généreux de Coralie, par sa démarche chaloupée… et peut-être aussi par son sourire. L'attirance vers l'autre peut, comme pour Patrick, se trouver liée à un désir affectif. Nous avons immédiatement le sentiment que cette personne peut affectivement s'emboîter avec nous. Pour Patrick, cet élan très rapide passe par un autre chemin que celui des élans pulsionnels.

La différence entre ces deux exemples est nette. Patrick connaît déjà Suzanne. Il s'intéresse à ce qu'elle est, à sa façon d'envisager le monde, de concevoir la vie. Damien est attiré par Coralie, mais il ne la connaît pas, ne sait rien d'elle, juste que sa vue produit un effet très agréable sur lui. Patrick a déjà rencontré Suzanne, tandis que Damien n'a pas encore rencontré Coralie dans ce qu'elle est.

Cet exemple est très caricatural. En réalité, le désir pulsionnel est toujours présent dans une rencontre amoureuse. Son absence totale serait souvent un signe de dysfonctionnement psychologique ou sexuel. Un homme ou une femme en bonne santé sexuelle éprouvera toujours au moins une touche d'attirance érotique pour une personne dont il ou elle se sent amoureux(se).

Inversement, des sentiments affectifs sont aussi souvent en jeu dans des attirances très pulsionnelles. Il est rare qu'un humain puisse avoir une relation sexuelle avec un autre humain sans la moindre émotion. Même les hommes qui fréquentent les prostituées ressentent souvent de l'affection pour ces professionnelles.

Le désir du cerveau sexuel émotionnel est un désir tendre de rapprochement physique empli d'échanges, de sentiments, de tendresse, d'attachement, d'amour. C'est le désir de se rapprocher, le désir de sentir un « peau à peau » qui vous nourrit, vous hydrate, vous gonfle en énergie. Ce n'est pas un désir pressant de faire l'amour parce que l'autre vous séduit physiquement et que la vision de son corps touche une zone gâchette de votre cerveau. C'est plutôt une envie profonde de se sentir bien ensemble, de se sentir proches. C'est encore l'envie d'ouvrir son corps et son cœur, l'envie d'entrer en l'autre, de se mêler, de se donner. C'est aussi s'accepter et se recevoir mutuellement tels que l'on est en vérité, sans les faux-semblants de la séduction. On peut très bien éprouver ce désir sexuel affectif avec un faible désir pulsionnel. Ce désir affectif n'a pas la fulgurance de la pulsion. Il provient du cerveau sexuel de la rencontre avec l'autre. Celui qui reconnaît l'autre comme unique et non interchangeable.

Le cerveau sexuel pulsionnel dit : « Tu es la personne qu'il me faut pour projeter mes désirs et les réaliser. Je veux tirer du plaisir de toi. » Le cerveau sexuel émotionnel dirait plutôt : « Tu es unique à mes yeux, je veux partager avec toi, être ton soutien comme tu peux être le mien, je souhaite ton bonheur. » L'affection profonde, relationnelle, permet de faire grandir en soi le meilleur de ce qui est présent comme possible.

Quand le fonctionnement du cerveau sexuel affectif est en place entre deux personnes, elles donnent chacune le meilleur d'elles-mêmes. Elles sont dans un jeu où elles se renvoient la balle et jouent de mieux en mieux. Quand on fonctionne dans la pulsion pure, on joue au tennis contre un mur. Quand le cerveau sexuel affectif agit en nous, nous jouons au tennis avec quelqu'un qui imprime son énergie personnelle dans le jeu. C'est un vrai partenaire et non plus un support.

Le plaisir du cerveau sexuel émotionnel n'est pas limité à la recherche de l'orgasme. C'est aussi le plaisir de la rencontre, celui de se sentir proches, comme fusionnels, aimés comme on est. Lorsqu'un humain n'est pas comblé par les bienfaits du cerveau sexuel affectif, il cherche à compenser ce manque par une augmentation des sensations sexuelles pulsionnelles. On peut comparer cela à certains fabricants de yaourt sans matière grasse qui compensent en ajoutant davantage de sucre. Ainsi, des hommes ou des femmes tentent des expériences sexuelles toujours plus extrêmes pour contrebalancer le vide de leur vie sexuelle affective. Mais la poursuite exclusive de l'orgasme, plaisir réflexe, ne suffit pas non plus à nous combler. C'est pour cela que certains ressentent parfois un certain malaise devant la course à l'orgasme.

La poursuite exclusive du plaisir pulsionnel peut entraîner une surenchère dans les sensations sexuelles.

Kevin demande à Laeticia d'aller une fois dans un club échangiste. Elle refuse. Il insiste et insiste tant qu'elle finit par dire oui en se sentant contrainte. C'est la source d'un profond malaise entre eux. Et Laeticia se trouve complètement bloquée par la suite pour faire l'amour avec son conjoint. Mais qu'est-ce qui a bloqué Laeticia ? L'échangisme ? Peut-être, mais probablement aussi le fait que Kevin n'a pas considéré Laeticia comme une fin, mais comme un moyen[1]. Quand l'autre vous impose quelque chose qui vous déplaît profondément, quand ses désirs deviennent un rouleau compresseur qui vous écrase, comment continuer à se sentir aimé ? Laeticia ne s'est pas sentie écoutée, elle s'est sentie utilisée, humiliée. Pourtant, il est possible que Kevin aime profondément Laeticia et n'ait pas mesuré la portée de sa demande. Le problème, c'est que le manque de communication et d'écoute, tout autant que le manque d'amour, sont des armes de destruction massive dans le couple.

Beaucoup de femmes se plaignent que leur partenaire veut leur imposer des pratiques qu'elles n'aiment pas comme, par exemple, la fellation ou la sodomie.

Nous touchons ici au grand malentendu entre les hommes et les femmes. Les hommes ont un cerveau sexuel pulsionnel habituellement plus actif que les femmes. Il est difficile de savoir si cette différence est biologique ou culturelle. Dès lors, les hommes ont souvent envie de vivre des expériences sexuelles variées et intenses. Les femmes, en général plus à

1. Chaque humain devrait toujours être considéré comme une fin, jamais comme un moyen. C'est l'éthique de Kant : « Car des êtres raisonnables sont tous sujets de la loi selon laquelle chacun d'eux ne doit jamais se traiter soi-même et traiter tous les autres simplement comme des moyens, mais toujours en même temps comme des fins en soi », *Fondement de la métaphysique des mœurs*, Le Livre de Poche, 2008.

l'écoute de leur cerveau sexuel émotionnel, sont souvent centrées sur des pratiques plus « classiques » et plus affectueuses. Il est inutile d'essayer de savoir qui à tort ou raison dans ce débat. En effet, la fellation ou la sodomie ne sont pas d'emblée des obsessions de « mâles vicieux ». Il existe des couples qui apprécient ensemble ces pratiques sexuelles et les vivent avec beaucoup d'amour réciproque. Inversement, chacun à parfaitement le droit de ne pas avoir envie de vivre des pratiques sexuelles particulières sans devoir se justifier.

Dans la rencontre sexuelle affective, ce n'est pas le type de pratique qui compte, mais d'exprimer avec votre corps que l'autre occupe dans votre cœur une place de choix. La sexualité est ici un langage pour dire « Je t'aime » à l'autre.

Lors d'un congrès de sexologie, un collègue présentant un exposé se moquait gentiment des couples qui faisaient l'amour tous les samedis soir à la « papa-maman ». Un autre collègue sexologue s'est levé et a protesté. « Si un couple fait l'amour tous les samedis soir en position du missionnaire et qu'il est heureux, je ne vois pas en quoi ce serait critiquable. » J'ai beaucoup apprécié cette remarque. Nous sommes tellement imprégnés de remarques sur l'orgasme à tout prix, les sex-toys, les pratiques sexuelles hors norme ou « à la mode », que nous pourrions parfois perdre de vue l'essentiel de l'amour.

Le cerveau sexuel émotionnel répond à un besoin fondamental

Nourrir notre cerveau émotionnel est indispensable à notre équilibre. Se sentir aimé fait partie de nos besoins vitaux, aux côtés du besoin de manger, de boire, de dormir, d'avoir chaud… Sans affection, sans savoir que nous comptons pour quelqu'un, nous tombons dans la dépression ou le désespoir, certains allant même jusqu'au suicide. Et la sexualité est une des manières de nourrir ce cerveau affectif.

Dans notre vie sexuelle, notre cerveau émotionnel fait partie des éléments indispensables au bonheur. Pourtant l'affectivité semble très peu mise en avant dans notre société. Dans les romans et plus encore dans les films, on nous montre généralement des situations amoureuses basées sur la seule attraction physique, rarement sur une rencontre émotionnelle profonde. C'est pour cela que les acteurs sont presque toujours jeunes et beaux ! Alors, nous imaginons que l'attirance pulsionnelle seule peut se révéler source d'amour, de passion, de plaisir. C'est tout à fait faux.

Si vous avez lu Anna Gavalda [1], vous pouvez sans doute comprendre que l'amour affectif et la sexualité peuvent se combiner pour se donner une force inouïe. Si ses livres ont tant de succès, c'est à mon sens qu'ils répondent à cet élan profond qui manque cruellement de modèles. Sans amour, la vie est

1. Les livres d'Anna Gavalda sont parus aux Éditions du Dilettante.

vide de sens. Notre société si « dépressogène » (une personne sur cinq connaît une dépression au cours de sa vie) l'est sans doute en partie à cause de son égoïsme forcené. « Pensez à vous. Ne vous sacrifiez pas pour les autres. » Ces injonctions oublient notre besoin de relation profonde. L'épanouissement individuel dont on nous parle tant passe par la générosité du cœur, pas par l'écoute systématiquement focalisée sur soi.

Le problème est que la générosité nous limite. Si vous aimez l'autre, si vous souhaitez le rendre heureux, vous acceptez ses difficultés... et vous supportez fatalement des frustrations. Résultat, en couple vous êtes doublement limité : par vos propres limites et par les limites de l'autre. Voici pourtant l'exemple d'un couple que j'ai reçu à plusieurs reprises, un couple qui a su dépasser ces limites.

Lucas, le mari de Viviane, n'a pas avec elle accès à la fellation, pratique qui la rebute. Il pourrait se sentir très frustré. Pourtant, sa relation lui rend au centuple ce que ces limites l'empêchent de vivre. Il vit un amour profond. Viviane l'encourage à composer de la musique, croit en ses dons, ce qu'il n'a jamais connu auparavant. Il se sent aimé profondément, tout entier. Et il sait qu'avec une autre femme, il vivrait sans doute d'autres frustrations. Alors, il accepte les limites sexuelles de Viviane. Viviane se sent aimée et respectée par Lucas. Au fil des mois, elle se rend compte qu'elle peut se laisser aller un peu plus avec lui. Elle commence à lui prodiguer plus facilement des caresses franchement sexuelles, ce qu'elle faisait en se forçant un peu au début. Elle commence à embrasser son sexe avec de plus en plus de plaisir. Et, deux ans après leur mariage, elle pratique la fellation sans plus de réticences. Se sentir acceptée et respectée par son mari lui a permis de ne pas se bloquer, mais d'accueillir ses demandes avec amour, et jamais en se sentant forcée. Cela dit, Viviane n'aime toujours pas le goût du sperme...

Ce besoin de se sentir aimé nous est si nécessaire que des religions ont constitué depuis des millénaires une de ses voies de réalisation. Imaginer un Dieu qui nous aime permet de ne plus autant souffrir de cette solitude existentielle, de combler ce besoin d'amour. L'idée d'un Dieu d'amour inconditionnel est rassurante. Les grands mystiques parlent d'ailleurs de leur Dieu d'une manière très érotique. Ils ont emprunté un chemin qui comble ce besoin du cerveau sexuel émotionnel en contournant la pulsion ou peut-être en la sublimant.

Voici par exemple des paroles de sainte Thérèse d'Avila : « Je voyais dans les mains de cet ange un long dard qui était d'or, et dont la pointe en fer avait à l'extrémité un peu de feu. De temps en temps il le plongeait, me semblait-il, au travers de mon cœur, et l'enfonçait jusqu'aux entrailles ; en le retirant, il paraissait me les emporter avec ce dard, et me laissait tout embrasée d'amour de Dieu. La douleur de cette blessure était si vive, qu'elle m'arrachait ces gémissements dont je parlais tout à l'heure : mais si excessive était la suavité que me causait cette extrême douleur, que je ne pouvais ni en désirer la fin, ni trouver de bonheur hors de Dieu. Ce n'est pas une souffrance corporelle, mais toute spirituelle, quoique le corps ne laisse pas d'y participer un peu, et même à un haut degré. Il existe alors entre l'âme et Dieu un commerce d'amour ineffablement suave. »

Sainte Thérèse d'Avila vivait au XVIe siècle. Encore plus loin dans le temps, la Bible parlait déjà de ce Dieu aimant qui parle aux croyants, dans le livre d'Isaïe : « Les montagnes peuvent s'en aller et les collines s'ébranler, mais mon amour pour toi ne finira jamais. »

La construction, la passion amoureuse et l'amour longue durée : les trois vies de notre cerveau sexuel émotionnel

Dans l'enfance, alors que notre sexualité adulte n'est encore qu'un projet, notre cerveau sexuel affectif commence à se préparer. Il passe au cours de notre vie par des phases différentes. Une phase de construction, dès les débuts de notre existence. Il expérimente la séduction, puis peut connaître la passion amoureuse, base sur laquelle il pourra se déployer. Ensuite, il aura peut-être la chance de vivre l'attachement, cet amour de longue durée. Ces phases ne sont pas un chemin simple et tranquille car si la construction de notre cerveau sexuel affectif correspondant à notre enfance ne se vit qu'une fois, les phases de séduction, de passion et d'attachement peuvent au contraire se produire à plusieurs reprises dans une vie.

La construction de notre cerveau sexuel émotionnel

Les neufs mois de la grossesse

Cette création d'un nouvel être affectif commence avant même sa naissance. Alors que nous flottons encore dans le ventre de notre mère, nos neurones apparaissent, se multiplient et se connectent. C'est le moment très important de notre vie où nous connaissons une plénitude sans frustration. C'est du moins ce que les humains déjà nés imaginent, cette période de leur vie leur apparaissant comme un paradis perdu : une maman rien que pour soi, une chaleur constante, rassurante, une protection permanente grâce au liquide amniotique qui amortit tous les chocs, et au ventre qui nous protège. Une nourriture apportée en perfusion continuelle sans jamais nous laisser la possibilité d'avoir faim. De l'oxygène en continu sans même avoir besoin de respirer. Un bercement agréable dû aux mouvements de notre mère. Jamais, plus jamais, nous ne pourrons nous trouver si proche d'un autre être, en fusion totale. Ce qui s'en approchera le plus par la suite, avec une fusion des corps plus partielle, c'est l'allaitement et, plus tard, l'acte amoureux.

Jamais faim, jamais soif, jamais trop froid ou trop chaud, un sentiment de sécurité, cette fusion totale avec quelqu'un qui nous aime déjà : quel dommage que nous ne nous en souvenions pas ! Et pourtant, notre corps, lui, s'en souvient. Il garde la nostalgie de cette fusion totale à l'autre et il a envie de la retrouver. Si la fusion nous fascine et nous attire tous, c'est peut-être qu'elle est inscrite dans notre mémoire comme un moment d'idéal.

Il existe cependant des difficultés, des carences dues à des accidents de cette période de vie.

Une maman malade, dépressive, une femme qui vit une grossesse non désirée, une maladie dont le bébé souffre *in utero*, des substances qui passent dans le sang de l'enfant (tabac, alcool, drogues, médicaments psychotropes)... Tous ces éléments changent certainement ce qui est engrangé dans notre mémoire affective à ce moment. C'est peut-être là l'origine de carences affectives très primitives. Si un bébé a déjà peur avant de naître, s'il ne se sent pas en sécurité, s'il ressent des manques physiques au lieu d'une plénitude, il viendra au monde stressé. Il pourra par la suite avoir peur des relations interpersonnelles, de l'intimité, de la proximité physique et affective. Il n'aura pas vécu dans sa chair l'expérience totale de la fusion heureuse. Pourra-t-il imaginer qu'elle existe s'il n'y a pas goûté[1] ?

Et puis, soyons réalistes, la fusion heureuse totale est une utopie. La jeune femme enceinte peut naturellement se mettre en colère, se sentir déprimée, triste ou être un peu malade, nauséeuse durant les premiers mois... La vie n'est pas un long fleuve tranquille, même lorsque la grossesse se passe bien. Le bébé le ressent sans doute. Il apprend déjà la vie.

Le rôle des parents est de donner à leur enfant tous les atouts possibles pour bien vivre avant de naître. Il est donc souhaitable que la femme enceinte vive sa grossesse dans les meilleures conditions pour que cette empreinte de bien-être s'imprime de la plus belle manière possible dans l'enfant à venir.

Après la naissance

Au moment de sa venue au monde, le petit d'homme vit un événement très intense, un changement brutal de son univers. Heureusement, le cerveau de l'enfant est conçu pour vivre naturellement cette expérience. Son cerveau émotionnel intègre cette séparation qui est une maturation. Et ce cerveau affectif continue à se façonner dans le monde extérieur tout au long de notre enfance, de notre adolescence, de nos premières rencontres amoureuses et sexuelles.

On sait aujourd'hui que les besoins affectifs sont vitaux dès notre venue au monde extérieur. Ils nous nourrissent presque autant que notre alimentation. Un très beau livre de Boris Cyrulnik s'appelle d'ailleurs *Les Nourritures affectives*[2].

Un nourrisson privé d'affection – manifestée notamment par des baisers, des câlins, des caresses – est atteint de désespoir. Dans les cas de carence affective les plus sévères, il peut voir son développement cérébral gravement atteint et même se lais-

1. Toutefois, nous ne savons pas à quel point le cerveau de l'enfant est apte à apprécier ces sensations de plénitude...

2. Odile Jacob, 2000.

ser mourir[1]. Cela se rencontre d'ailleurs dans certains orphelinats où des enfants développent de graves handicaps par manque d'affection même si leurs besoins matériels sont satisfaits. En 1958, John Bowlby estime que « la nature primaire des liens entre la mère et son enfant n'est pas alimentaire[2] ». Il observe que les relations humaines induisent des changements biologiques. Et en 1958 encore, Harlow a étudié de jeunes singes séparés de leur mère. Ils préfèrent le contact avec un substitut de mère en tissu doux, même non nourricier, à un substitut maternel en grillage qui pourtant, lui, les nourrit. La nourriture n'est pas le seul paramètre recherché par un nourrisson. Il a aussi besoin de contacts doux peau à peau qui lui sont nécessaires psychiquement comme physiquement. Le petit singe privé de ce doux contact présente en grandissant des troubles du comportement (rotations sur lui-même, perte du contact social, activités répétitives...). Chez les petits ratons[3], le contact maternel se manifeste par le léchage tout aussi indispensable à la survie. Si vous privez un bébé rat de ce léchage par sa mère, il meurt de faim, même si vous le gavez artificiellement de lait. La caresse du léchage induit la formation d'enzymes indispensables à sa croissance.

Ce besoin de contact du bébé est un élément qu'observent aussi les inventeurs de la méthode kangourou, qui consiste à s'occuper d'enfants prématurés sans couveuses classiques. La couveuse de ces nouveau-nés est naturelle, c'est la peau de leur mère (plus rarement de leur père), contre laquelle ils restent vingt-quatre heures sur vingt-quatre, et qui les allaite. Ces enfants sont en meilleure santé que des enfants prématurés soignés dans des couveuses sans contact continuel avec leur

1. René Spitz décrit en 1946, dans un article célèbre, le désespoir d'enfants abandonnés dans une pouponnière. C'est lui qui définit la notion d'« hospitalisme », « ensemble de troubles physiques dus à une carence affective par privation de la mère survenant chez les jeunes enfants placés en institution dans les dix-huit premiers mois de la vie ». Il a écrit en 1968 *De la naissance à la parole : la première année de la vie*, PUF, 2002.

2. *Attachement et perte*, PUF, vol. I, 2002.

3. Cité par Jean-Didier Vincent dans *Le Cœur des autres*, J'ai lu, 2005.

maman[1]. Grâce à ces constatations, on n'interdit plus les services de réanimation infantile aux parents. Aujourd'hui, on les encourage au contraire à venir y câliner leurs tout-petits.

Même s'il ne peut encore le formuler, même si le souvenir conscient n'est pas encore possible, la mémoire du corps et des émotions se met en place, préparant pour plus tard le terrain de la sexualité adulte.

Quand tout se passe bien, s'il a des parents qui répondent à ses besoins, le bébé est ainsi naturellement nourri en ce domaine affectif. Si sa mère l'allaite, le materne, il boit de l'affection en même temps que du bon lait.

Arrêtons-nous un instant à ce moment. Contrairement aux autres mammifères, le petit d'homme possède un cortex cérébral beaucoup plus évolué, mais quand il naît il est incapable de se tenir debout et de marcher. Il n'a aucune autonomie. Certaines théories estiment par comparaison à d'autres mammifères que la grossesse humaine devrait durer dix-huit mois. C'est à 9 mois qu'un enfant humain peut commencer à marcher. La grossesse est brève dans notre espèce parce que le bassin féminin serait trop étroit pour laisser passer un enfant avec une tête plus développée. Ainsi la nature a-t-elle prévu de nous faire naître plus précocement, comme si tous nos accouchements étaient prématurés.

Les conséquences sont peut-être très profondes sur notre affectivité et notre sexualité. Il se peut que cet accouchement prématuré nous fragilise émotionnellement. Après la naissance, pendant neuf mois, nous conservons le besoin d'être en fusion avec notre mère. Nous avons aussi terriblement besoin de contact physique (des bras), de manger beaucoup plus souvent qu'un adulte… Et nous ne recevons pas tout ce que reçoit un bébé mammifère dans l'utérus de sa mère jusqu'à maturité. Nous sommes séparés très tôt, et cela introduit peut-être une faille en nous. Cette faille inscrit notre besoin d'amour dans notre chair. Nous avons vécu une fusion imparfaite, raison pour laquelle nous allons la rechercher toute notre vie de différentes manières, en particulier dans la sexualité.

---

1. *La Méthode kangourou*, Nathalie Charpak, ESF Éditeur, 1996.

Aucune maman ne peut se trouver présente jour et nuit, vingt-quatre heures sur vingt-quatre, auprès de son enfant pendant neuf mois. L'enfant dès sa naissance doit intégrer la séparation. Il me semble que c'est une immense différence par rapports aux autres mammifères qui ont la chance de dormir tout contre leur maman et de téter son lait pendant plusieurs semaines. Toutefois, dans de nombreux pays, les jeunes mamans portent leurs enfants sur leur dos et dorment avec lui. Les pédiatres observent que ces enfants ont un meilleur développement neurologique, sont plus éveillés, marchent plus tôt[1]...

Le nouveau-né occidental doit apprendre la séparation avant d'y être prêt. Et il en portera l'expérience par la suite. Aussi, juste après la naissance, est-il important de répondre au mieux à tous ses besoins de contact. Il ne faut jamais hésiter à le prendre dans les bras aussi longtemps qu'il semble y éprouver du confort. Certains bébés aux besoins intenses[2] pleurent dès qu'ils ne sont pas dans les bras. Si les parents répondent au maximum à ces besoins (épuisants !), ces enfants font partie de ceux qui pleureront le moins quatre ou cinq mois plus tard. Ils auront acquis une plus grande confiance en la vie, et ressentiront plus de sécurité affective. Ces enfants réclament simplement ce dont ils ont besoin.

Certaines hypothèses considèrent l'angoisse de séparation ressentie par les enfants aux alentours de l'âge de 9 mois comme un écho de la date à laquelle devrait se produire l'accouchement si les humains accouchaient d'un enfant vraiment abouti... mais ce sont seulement des hypothèses !

Ce besoin affectif vital, très présent dans la petite enfance, reste inscrit en nous toute notre vie. Et, comme tous les besoins vitaux, il devient plus souple au fil du temps. Un enfant dans le ventre de sa mère se trouve nourri en perfusion, en continu par

1. L'enfant a besoin de beaucoup de contacts, mais attention à l'envahissement. Certains nourrissons peuvent se sentir débordés par trop de caresses, de massages, de baisers. Aussi convient-il d'être à l'écoute de chaque enfant.

2. *Que faire quand bébé pleure ? Vivre avec un bébé aux besoins intenses*, William Sears, Ligue de la Leche, 2006.

le cordon ombilical. Quand il naît, il a besoin de manger très souvent, toutes les deux heures au moins, puis ce besoin devient moins pressant, il peut progressivement faire ses nuits sans faim. Plus tard, l'enfant aura longtemps besoin de son goûter pour tenir tout l'après-midi, puis, devenant adulte, il pourra se satisfaire de trois repas par jour, parfois deux, sans souffrir de la faim. Il peut même jeûner plus longtemps. Quand leur enfant grandit, la plupart des mamans et des papas gardent l'habitude, le goût de les câliner longtemps. C'est heureux car ils leur apportent ainsi une nourriture affective indispensable.

Quel rapport avec la sexualité ? Même quand le besoin de manger se fait moins pressant au fil des années, il est toujours aussi puissant. Que vous soyez adulte ou enfant, si vous ne mangez pas, vous mourez. Vivant dans un pays riche, vous n'avez peut-être pas viscéralement conscience de ce que manger est vital, car vous pouvez attendre, vous pouvez mieux supporter la faim qu'un enfant. Il en est exactement de même pour les besoins sexuels affectifs.

Adulte, vous avez autant besoin d'affection tendre, de contacts corporels qu'un enfant. Toutefois, vous pouvez attendre. Vous savez qu'il y a des moments pour cela. Quand vous êtes seul, vous pouvez attendre que vienne la tendresse. Pourtant, même si vous pouvez attendre, vous ne pouvez vous en passer complètement. Le besoin affectif est aussi important pour vous que pour l'enfant que vous avez été. Sans cette affection, vous pouvez aussi sûrement tomber dans le désespoir qu'un enfant [1].

Ce besoin affectif de contact corporel reste inscrit en nous tout au long de notre vie. Nous ne pouvons pas nous en passer sous peine de grandes souffrances. Je l'observe constamment chez des personnes sans sexualité pendant un temps relativement long. Hommes ou femmes, ce qui leur manque, c'est la

1. C'est ainsi que les paraphilies qui apparaissent lors du manque de contacts physiques sexuels sont peut-être une tentative pour éviter le désespoir induit par ce manque de contacts.

proximité physique, le contact avec l'autre bien plus que la satisfaction d'un besoin de jouissance orgasmique… qui, elle, pourrait se résoudre très simplement par la masturbation.

Si le cerveau affectif se construit d'une manière spécifique à chacun dès la naissance, son point de départ est aussi une base physiologique, inscrite dans notre corps au niveau de nos besoins primitifs. Il ne s'agit pas comme on peut le penser d'une manière un peu mièvre d'un besoin d'affection, de sentimentalité fleur bleue.

Ce besoin essentiel d'affection, de contacts corporels, passe aussi par la chimie du corps, en particulier par une hormone, l'ocytocine, hormone de l'attachement. Cette hormone a une durée d'action d'environ trois minutes quand elle est dans le sang. Produite par l'hypophyse, elle déclenche les contractions de l'accouchement. Une femme qui vit ce moment sent la contraction venir, monter et redescendre, au fil du largage dans le sang de l'ocytocine par l'hypophyse. Cette hormone prépare la mise en place de l'attachement de la mère à son enfant. Lorsque l'enfant naît, cette hormone continue à être envoyée dans le sang pour que les contractions se poursuivent afin d'expulser le placenta. Là encore, c'est un moment précieux pour l'attachement à l'enfant qui est souvent naturellement mis sur le ventre ou dans les bras de sa maman. Puis quand, idéalement dans la demi-heure, le bébé est mis au sein, la succion provoque de nouvelles décharges d'ocytocine qui sont très utiles pour limiter les saignements. Le rôle de l'ocytocine est aussi de provoquer l'éjection du colostrum qui va nourrir le bébé : cette hormone entraîne la contraction des acini des glandes mammaires, expulsant ainsi le lait dans la bouche du nourrisson. Et cette fabrication d'ocytocine, cette perfusion de quelques minutes, se produira pendant des mois, chaque fois que l'enfant tète. À chaque tétée, l'ocytocine libérée fabrique de l'attachement. Il a été ainsi montré que les femmes qui étaient à l'origine de maltraitance envers leur enfant avaient beaucoup plus de chances de bien traiter leur enfant suivant si elles l'allaitaient. Et les enfants non allaités courent plus de risque de maltraitance que les enfants allaités quatre mois ou plus [1]. Allaiter est une aide à l'attachement, un rouage prévu par la nature pour aider les mères dans leur tâche de maternage. Et, même quand on n'allaite pas, câliner son enfant, le tenir contre soi, corps à corps, cela crée aussi de l'attachement. Je me souviens de ce patient, papa de jumeaux, et qui m'a dit : « Nous avons embauché une nurse spécialisée dans les jumeaux la première semaine après leur naissance. Elle est formidable, elle nous a expliqué comment caler le biberon pour ne pas avoir besoin de prendre nos bébés dans les bras. De cette manière, nous gagnons beaucoup de temps… » Dans ces circonstances, il ne faut pas s'étonner que certains parents aient du mal à établir le lien affectif avec leur enfant.

Une mère qui s'occupe des besoins de son enfant le materne, préparant le terrain de sa sexualité future. Sommes-nous conscients que cette préparation infantile a été importante pour nous adultes ? Oui, mais surtout quand elle nous a manqué. Je me rappelle René, un homme de 62 ans, qui me disait : « Regardez cette photo en noir et blanc. C'est moi tout petit bébé et ma mère. Regardez comment ma mère me tient dans ses bras. Aucune mère ne tient son enfant comme ça habituellement. Comment voulez-vous que je sois normal, maintenant ? » Effectivement, cette femme a les deux bras allongés horizontalement vers l'avant, son bébé posé dessus. Elle ne l'entoure pas de son affection par son geste et le tient à distance, comme si elle voulait le moins de contact possible avec lui. Elle l'a d'ailleurs toujours traité ainsi, avec froideur et distance, sans jamais un mot ou un geste d'affection. Il en résulte une carence affective terrible qui retentit sur toute la vie relationnelle, amoureuse et bien sûr sexuelle. Les contacts physiques font peur, car on ne sait pas, puisqu'on ne vous

1. 6,3 fois plus de risque de négligence de la part de la mère, 4,3 fois plus de risque de maltraitance émotionnelle et 2,6 fois plus de maltraitance physique. Source : « Does breastfeeding protect against substantiated child abuse and neglect ? A 15-year cohort study. Lane Strathearn », Abdullah A. Mamun, Jake M. Najman and Michael J. O'Callaghan, *Pediatrics*, vol. 123 n° 2, février 2009, p. 483-493.

l'a pas appris, qu'ils sont source de bien-être. C'est comme si vous n'aviez pas mis en place cette connexion : contact humain = bien-être. Cela n'empêche pas que la pulsion sexuelle se manifeste. Alors, une telle personne aura tendance à vivre une sexualité pulsionnelle en laissant à distance l'affectif. Elle pourra vivre des relations sexuelles, sans savoir vraiment « faire l'amour ». Elle aura tendance à rester, elle aussi, froide et distante. Et elle sera très malheureuse, même si elle a l'impression d'être « libérée » sexuellement. Car la vraie libération, ce n'est pas seulement celle du corps, mais aussi celle du cœur.

La réaction peut d'ailleurs être de s'investir beaucoup dans la sexualité pulsionnelle, comme pour compenser la déficience à entrer dans la sexualité affective.

René est en couple avec une femme, avec laquelle il met une certaine distance, mais il vit à côté une sexualité pulsionnelle homosexuelle. Il se défend pourtant d'être homosexuel : « Je ne suis pas du tout homosexuel, car je ne pourrais jamais être amoureux d'un homme ou vivre avec un homme. Pour moi, c'est juste pour le sexe. » Son histoire d'enfant ne lui a pas permis d'unifier, d'harmoniser pulsion et affectivité et il en souffre terriblement. Il se sent froid, vide, et ne laisse pas d'ouverture à l'affection que l'on pourrait lui porter.

Notons cependant que ces carences affectives peuvent se réparer grâce à nos capacités de résilience. Nous avons d'ailleurs tendance à rechercher spontanément ce qui nous aide à nous réparer.

L'ocytocine, hormone d'attachement, est aussi l'hormone de l'orgasme : quand vous faites l'amour, au moment de l'orgasme, votre hypophyse envoie dans votre circulation une même décharge hormonale d'ocytocine. Elle déclenche les contractions rythmiques involontaires de l'orgasme, chez la femme comme chez l'homme. Chaque fois qu'une contraction déclenchée par l'ocytocine arrive, vous sentez que cela vient, un peu avant que ce soit déjà là. Et l'ocytocine produit ce même effet au moment de l'orgasme, au moment de la montée du lait et au moment de l'arrivée de chaque contraction lors du travail de l'accouchement : vous sentez que le phénomène est en train de venir, orgasme, éjection du lait ou contraction utérine de l'accouchement. Toutes les femmes qui ont vécu ces trois expériences le savent et peuvent les comparer. Ces décharges d'ocytocine sont à l'origine d'un attachement de la mère pour son enfant, de la femme pour son homme et de l'homme pour sa femme.

C'est pourquoi, faire l'amour et jouir l'un avec l'autre est une pratique qui favorise l'attachement. Ce n'est pas un hasard si l'on parle de « faire l'amour », puisque cet acte produit, et même sécrète de l'amour au sens hormonal du terme.

Ce phénomène explique que les caresses sur les seins puissent produire un orgasme (chez certains hommes ou femmes) puisqu'elles sont susceptibles de déclencher une sécrétion d'ocytocine, ou que certaines femmes parlent de sensations orgasmiques pendant certaines contractions de l'accouchement.

Mais, faire l'amour, ce n'est pas seulement orgasmer. Le moment de l'orgasme est un moment particulier, mais il est seulement un petit moment de l'acte amoureux. Les contacts peau contre peau, même sans orgasme, sont aussi pourvoyeurs d'attachement... Et sont aussi susceptibles de déclencher une fabrication d'ocytocine. C'est la raison pour laquelle il est difficile de séparer sexe et amour, affection, attachement. On parle aujourd'hui parfois de *sex friends*, deux amis qui se retrouvent pour faire l'amour sans engagement, sans attachement mutuel, juste pour le plaisir sexuel. Or, beaucoup de personnes qui vivent cette expérience estiment que cela ne peut durer longtemps... sinon, on s'attache. Et on s'attache d'autant plus facilement que le sexe est un plaisir.

À ce propos, j'ai connu en consultation un couple étonnant. Deux étudiants cherchant un logement se retrouvent colocataires sans même se connaître. Ils s'entendent très bien. Mais voilà, il s'agissait d'un jeune homme, Justin, et d'une jeune femme, Julia. De fil en aiguille, au fil du temps, leur relation devient une relation sexuelle avec beaucoup d'attachement. Ils affirment pourtant tous les deux qu'ils n'ont pas vraiment été attirés l'un vers l'autre au départ, et jamais ils ne se seraient choisis s'ils n'avaient pas partagé ce logement. La proximité physique dans un même espace a créé un attachement qui a augmenté avec le passage à l'acte sexuel. On pourrait penser qu'il s'agit d'une belle histoire, mais ce couple s'estime bancal ; il lui a manqué la pulsion de départ, et ils ressentent tous deux un manque, un décalage, comme si c'était un mariage arrangé et qu'ils n'étaient pas faits pour s'entendre. Et, d'une certaine manière, c'est bien un mariage arrangé, non par leurs parents mais par les circonstances. Pourquoi ne pas se séparer ? Parce que c'est très douloureux de se séparer de quelqu'un que l'on aime d'attachement. Se détacher, c'est extrêmement difficile.

Certaines personnes le sentent intuitivement. Quand elles sont au début de la formation d'un couple, et qu'elles estiment que quelque chose ne va pas bien, elles préfèrent rompre très rapidement. Sinon, vous vous engluez dans un piège, et plus vous hésitez à vous en aller, plus vous restez et nourrissez votre attachement. Se détacher, cela fait d'autant plus mal que la relation a duré longtemps.

L'ocytocine est aussi une hormone de confiance[1]. Des études ont montré que si l'on vous injecte de l'ocytocine, vous continuez à faire confiance à quelqu'un qui pourtant a triché contre vous. Cet aspect de l'affectivité explique peut-être ce que l'on entend souvent : « Je n'utilise pas de préservatif, j'ai confiance en l'autre. » Quand vous êtes dans une relation amoureuse riche en plaisir, en contacts avec l'autre, vous avez tendance à lui faire confiance. C'est beau ou abominable, tout dépend de ce qu'est vraiment l'autre. Une femme que j'ai suivie et que son mari avait ruinée s'est ainsi précipitée vers lui quand il est sorti de prison, ne pouvant envisager sa vie sans lui. Le lien affectif créé par la vie commune et la sexualité

---

1. « Oxytocin increases trust in humans », Michael Kosfeld et coll., *Nature*, 435, juin 2005, p. 673-676.

commune est puissant. Hélène, une femme de 35 ans que son mari battait fréquemment, n'a rompu que le jour où il lui a fracturé le crâne. Et encore, elle avait beaucoup de mal à ne pas retourner vers lui, car, s'il était violent, elle pensait aussi qu'il l'aimait. La force de ce lien affectif peut mettre en danger.

Mais nous ne sommes pas des mammifères comme les autres. Nous sommes des humains, des êtres de langage. Si le contact corps à corps reste essentiel, entendre des paroles chargées de sens et d'émotion est tout aussi vital. Les psychanalystes l'ont compris depuis longtemps. Une maman et un papa qui câlinent leur enfant et s'en occupent très bien pour les soins du corps peuvent pourtant induire des difficultés s'ils ne lui parlent pas, s'ils ne donnent pas de sens à ce que vit l'enfant. Françoise Dolto raconte l'histoire d'un petit garçon de 7 ans, considéré comme quasiment autiste, qui avait peur de tout le monde et, chose très étrange, répétait sans cesse, de manière compulsive, et toute la journée, des gestes bizarres avec ses bras. Son avant-bras tournait autour de son coude, sa main faisait sans cesse des va-et-vient horizontaux, droit devant lui. Son autre bras serrait de temps en temps un objet contre lui et semblait palper l'air de haut en bas. Il avait donc été placé dans un internat spécialisé pour enfants en déficit mental. En quelques séances avec Françoise Dolto, cet enfant sortit de son étrange comportement, car elle avait pu comprendre ce qui se passait et le lui expliquer. Dès son plus jeune âge, cet enfant avait vécu seul avec sa mère qui ne lui parlait quasiment jamais. Cette maman, payée à la pièce, travaillait à domicile toute la journée sur une machine à coudre. En l'absence d'un homme à la maison, cet enfant avait déduit que pour être aimé de sa mère, il fallait ressembler à cette machine. Il reproduisait donc les gestes de l'objet dont elle s'occupait le plus. L'absence d'échanges par la parole l'avait empêché de comprendre la vie de sa maman et le sens de ce qu'elle faisait. Une fois que la psychanalyste eut expliqué tout cela à cet enfant, il redevint un enfant au comportement normal.

L'affection ne suffit donc pas à rendre un enfant confiant, sûr de lui et adapté au contact avec les autres. Cette maman était réellement aimante, mais n'apportait pas la nourriture des mots, du sens de la vie, qui pour les humains est aussi essentielle que l'affection. Cependant l'amour reste primordial, car si quelques séances avec Françoise Dolto ont suffi à guérir ce garçon, c'est qu'il connaissait l'amour de sa mère par des gestes, des sourires...

Amélie, une jeune femme de 23 ans que j'ai suivie, souffrait d'un blocage sexuel total. Malgré l'affection, l'amour et la tendresse de son ami, elle ne pouvait pas faire l'amour. Comme à l'accoutumée, je lui demande si elle a subi des événements difficiles dans sa vie. « Ma maman est morte quand j'avais un an. Mais, il y a seulement quelques mois que l'on m'a expliqué qu'elle s'était suicidée... » Amélie sanglote en évoquant sa maman. Personne ne lui parlait jamais d'elle. Elle n'avait jamais vu une seule photo. Tout le monde dans son entourage agissait comme si cette maman n'avait jamais existé. Quand un enfant pressent un si lourd secret, il en porte le poids. Amélie a fait une thérapie. Elle s'est allégée de ce poids, a intégré sa maman dans sa vie, dans son cœur et dans ses pensées et, aujourd'hui, elle va bien, y compris sur le plan sexuel.

Le manque de parole peut se révéler néfaste, tout comme le manque de câlins. Je cite ici des exemples très marquants. Le plus souvent, les non-dits sont beaucoup moins choquants, et laissent des traces moins évidentes. Ce sont pourtant des pièges qui peuvent contribuer à ce qu'un enfant ne puisse trouver, plus tard, son épanouissement sexuel.

Quand je demande à une personne qui consulte : « Et pour la sexualité, quelle était l'attitude de vos parents ? » la réponse la plus fréquente est : « Ils ne m'en parlaient jamais... » Ne jamais parler de quelque chose peut être interprété de diverses manières : c'est dangereux, ou horrible, ou sale, tellement qu'on ne peut en parler. Le message perçu dépend alors de l'attitude des parents et de l'entourage, puisque aucune parole n'est dite.

S'exprimer avec des mots pour dire à son enfant qu'on l'aime, que l'on est heureux qu'il existe, est tout aussi important que de le câliner. Lui expliquer le sens de la vie l'est aussi, de manière différente. Comme tout petit enfant, jusqu'à au moins 5 ans, il est très autocentré. Il a tendance à tout rapporter à lui. Lui expliquer que les difficultés que nous rencontrons ne viennent pas de lui lui évite de terribles tensions émotionnelles. Comme il est le centre de son propre monde, sans explications de ses parents, il a du mal à imaginer que d'autres forces que les siennes soient en action dans le monde. Lui parler, c'est aussi lui expliquer que le monde ne tourne pas autour de lui, qu'il a ses propres règles, et ses difficultés qui n'ont rien à voir avec ce petit enfant qu'il est… et cela, même quand il subit les conséquences du monde qui tourne. Pour Amélie, quand elle a appris le décès de sa maman, sa première pensée a été : « C'est ma faute. C'était une dépression du post-partum, après ma naissance, qui l'a conduite à se suicider… » Ne pas parler produit des nœuds alors qu'il serait plus simple de tricoter une histoire pour former la trame de la vie de manière intelligible et plus sereine.

Quand on ne vous a jamais parlé de sexualité, il est difficile d'inventer un langage en ce domaine. C'est pourquoi, très nombreux sont les couples qui n'en parlent jamais. Ou alors, on en parle en fonction de ce que l'on a entendu le plus souvent de manière scientifique, humoristique ou pornographique. Les personnes qui parlent avec leur cœur et leurs tripes de sexualité sont finalement assez rares. C'est pourtant un espace de parole à développer en couple, ou vis-à-vis de nos enfants pour leur permettre de mieux vivre leurs relations amoureuses.

Le conditionnement élargit la réceptivité du cerveau sexuel émotionnel

La construction du cerveau affectif ne passe pas uniquement par des gestes. La vie nous conditionne à faire évoluer notre cerveau affectif. Qu'est-ce qu'un conditionnement ?

Avant de poser sur la langue des chiens un liquide acidulé, on leur fait entendre le bruit d'un métronome. Le liquide au contact de la langue provoque naturellement une salivation. Après cinq à dix séquences de ce type, le bruit du métronome déclenche à lui seul le réflexe de salivation. Le chien est conditionné, il associe le bruit du métronome à l'action de la solution acide. On appelle cela un conditionnement pavlovien, du nom de Pavlov, qui a le premier réalisé cette expérience en 1902.

Nous aussi répondons aux conditionnements. La proximité physique du bébé et de sa mère (ou de son père) est associée à des gestes comme les sourires, et à des mots, compléments des contacts physiques directs. Une parole, une petite attention peuvent, avec l'entraînement, avoir le même effet qu'un câlin. Ils peuvent devenir des remplaçants qui réussissent à combler le besoin de contacts physiques. Une maman qui raconte tous les soirs une histoire à son enfant avant de lui faire un câlin voit progressivement cette histoire compléter le câlin et finir par en faire partie. Et même l'histoire seule aura l'effet d'un câlin. Un geste sans contact, une attention, une parole peuvent donc être interprétés comme un geste affectueux. L'enfant, sans en avoir conscience, apprend, en plus du bonheur du corps à corps, à élargir le champ de la tendresse. Il l'élargit à des mots, à un langage, à des attitudes, à des chansons, à des rires… Il apprend l'humanisation du corps à corps. Les animaux capables de tendresse ont besoin comme nous du corps à corps, mais ne connaissent pas cet élargissement spécifiquement humain.

Cet effet est lié à la formation de connexions nouvelles entre les neurones. Notre cerveau plastique se modèle au fil de ses expériences. Ainsi un enfant à qui l'on apprend de nombreuses manières de manifester de la tendresse saura-t-il plus tard décoder instinctivement toutes sortes de langages. Si on le regarde avec un sourire, il pourra se sentir heureux d'être regardé parce qu'il se sent exister dans le regard de l'autre. Il saura envelopper l'être aimé de tendresse et apprécier d'en recevoir par différents canaux.

Des paroles d'amour, des attentions peuvent-elles finir par remplacer la tendresse du corps ? Certainement pas. Pavlov dans son expérience a aussi montré que, pour se maintenir, le réflexe conditionné doit être entretenu. Si vous cessez de poser du liquide acide sur la langue du chien, le bruit du métronome finit par ne plus provoquer aucune salivation.

Les paroles, les attitudes affectueuses doivent donc être régulièrement associées à des gestes tendres pour garder leur pouvoir d'échange affectif.

Pourtant, on ne peut comparer le conditionnement d'un chien à celui d'un être humain. La durée de l'enfance est longue et le réflexe s'ancre d'autant plus profondément qu'il est répété. D'autant qu'il s'agit d'un enfant dont le cerveau est en développement, et non d'un adulte.

Nous n'intégrons pas tous, dans notre enfance, le même langage de l'amour. Certains parents vont lire une histoire, d'autres caresser les cheveux ou chanter une chanson. Jocelyne a mis du temps à comprendre son mari. Il râle souvent parce qu'elle n'aime pas faire la cuisine. Et Jocelyne s'énerve. Plutôt féministe, elle estime que les tâches ménagères, ça se partage, d'autant plus qu'elle aussi travaille à plein temps. Elle traite parfois son mari de macho. Un jour, Jocelyne finit par comprendre que la maman de Régis montrait son amour en préparant de la bonne cuisine. Ce couple vivait dans deux schémas du monde différents : pour Jocelyne, lui demander de faire la cuisine c'était lui demander d'être une esclave. Pour Régis, cuisiner pour l'autre est une preuve d'amour. Régis ne se sentait pas aimé et Jocelyne se sentait exploitée. Depuis qu'elle a compris, Jocelyne n'aime toujours pas cuisiner, mais réalise de temps à autre un bon petit plat pour montrer à Régis qu'elle l'aime. Et tout va mieux.

La difficulté n'est pas de parler des langages différents, mais de ne pas en avoir conscience. Régis se sentait malheureux que sa femme ne fasse pas de cuisine pour lui, mais s'empêchait de trop râler pour ne pas passer pour trop macho.

Vous pouvez observer chez vous ou autour de vous ce type d'incompréhension. Un homme bricole pour sa femme afin de lui montrer son amour et elle se plaint qu'il ne la prend jamais dans ses bras. Il travaille beaucoup pour lui donner une aisance matérielle et elle se plaint qu'il rentre trop tard. Elle lui achète des vêtements qui le mettent en valeur et il se plaint qu'elle ne vient jamais le voir jouer au tennis…

Les vraies questions se trouvent derrière la façade. Qu'est-ce qui fait que je me sens aimé ? Et de quoi as-tu besoin, toi, pour te sentir aimé ? Si je peux exprimer ce dont j'ai besoin, si je peux entendre ce que tu réclames, alors, nous aurons un langage amoureux commun, beaucoup plus large que des paroles ou des gestes sexuels.

Le cerveau émotionnel se conjugue au singulier

L'autre est unique, irremplaçable. C'est ce qui signe une sexualité affective. L'enfant l'apprend aussi dès la naissance. Avec ses parents, l'enfant découvre, lors des moments de tendresse, que la relation est personnalisée. C'est un moment entre lui et l'autre, et ces deux personnes sont non interchangeables. Il apprend à créer un langage à deux, des jeux à deux, et, en cela, il commence à préparer la découverte des jeux de l'amour. Quand vous prodiguez des bisous dans le cou de votre enfant, c'est ce que vous lui apprenez, de même que lorsque vous lui chatouillez les pieds, lui massez le ventre en lui chantant votre chanson, oui lui donnez un baiser de papillon, caresse de vos cils sur sa joue. Votre enfant vous reconnaît par le timbre de votre voix, par votre odeur, votre apparence, vos gestes, votre comportement. Et nul autre que vous ne vit la même relation avec lui. L'enfant a besoin de cette relation avec une personne unique, non interchangeable. C'est pour cela que telle manière de tenir un enfant ou de jouer avec lui n'est pas meilleure ou moins bonne qu'une autre. Ce qui compte, c'est que ce soit la vôtre et que le geste soit porteur d'affection ! Ainsi, chaque enfant orphelin a besoin, dans sa petite enfance, d'une « personne référente ». Il ne peut pas recevoir des soins d'une personne chaque jour différente, sous peine d'en souffrir profondément et de ne pouvoir se construire affectivement.

Les mères pratiquent ce que l'on appelle un « parentage intuitif ». Elles l'explorent par tâtonnements au début, puis apprennent de mieux en mieux les gestes qui rassurent et apaisent leur enfant. L'enfant répond à sa façon, par des sourires, des regards, incitant sa mère à construire un mode de parentage qui lui convient. Cet apprentissage mutuel est différent pour chaque couple mère-enfant et s'inscrit dans son histoire. Il préfigure la dyade amant-amante où le jeune adulte qui découvre l'amour va inventer un langage amoureux à nul autre semblable. Il est fait de gestes, de comportements, de regards, de mouvements l'un vers l'autre qui forment un espace amoureux unique. Ce n'est pas un hasard si les couples emploient souvent des mots comme « bébé », « poussin » « ma toute petite », s'ils aiment se bercer… Dans leur relation, ils utilisent le langage familier qu'ils ont appris dans leur enfance. À partir de cette base, loin de reproduire à l'identique ce qu'ils ont vécu dans leur enfance, ils créent, s'inventant un nouvel espace.

Je me souviens d'Octave dont les parents avaient toujours été totalement absents. « Je vivais enfant unique dans une famille riche, dans un beau quartier, j'ai fait de très bonnes études par la suite. Mais j'étais élevé par une nurse qui changeait tous les six mois. Mes parents sortaient tous les soirs et ne s'occupaient jamais de moi, ne me prenaient jamais dans les bras ou même par la main. » Octave n'a pas pu, dans son enfance, installer en profondeur une relation affective avec une personne référente unique. Il aurait pu s'appuyer sur une nurse si ses parents étaient des parents incompétents, mais il eût pour cela fallu qu'il s'agisse d'une personne stable qui reste longtemps à ses côtés et qui l'aime. Cet homme ressent aujourd'hui une peur terrifiante du contact, et malgré un excellent parcours professionnel, il n'a jamais vécu de relation amoureuse ou sexuelle. Il a pourtant été très amoureux, mais sans jamais oser le montrer, ou faire un pas vers l'autre. Quand vous avez autant souffert d'un manque d'amour de la part de vos parents que vous aimez, vous avez peur d'aimer sans retour. Et cette peur peut se révéler beaucoup plus puissante que l'envie d'aimer. Octave souffre d'un profond trouble de l'attachement.

La sexualité du couple est elle aussi personnalisée par l'affectivité. Vous faites l'amour ensemble d'une manière unique. Quand vous vous trouvez dans une relation émotionnellement pleine et positive, vous savez que vous êtes unique. Vous n'avez pas envie de faire l'amour comme les autres couples, vous vous fichez éperdument des normes sexuelles. Ce qui compte pour vous, c'est de donner du plaisir, du bonheur à l'autre et d'en recevoir. Pas de lui prouver que vous êtes une maîtresse ou un amant exceptionnel qui sait faire durer l'acte longtemps, qui sait procurer des orgasmes, qui sait à chaque instant ce qu'il faudrait faire.

L'important n'est pas la performance (même si un fonctionnement minimal est bénéfique pour l'épanouissement mutuel) mais la capacité de donner et recevoir. Si l'autre se sent plus réservé, moins en forme ou plus timide, le cerveau émotionnel est capable de se montrer patient et aimant et vous affirmez du fond de votre cœur : « Mais ça n'a aucune importance, du moment qu'on s'aime… » Joëlle a perdu son mari dans un accident. Deux ans plus tard, elle rencontre Clément. Joëlle est terrorisée car elle n'a jamais éprouvé d'orgasme pendant l'amour, pas une seule fois dans sa vie. Elle avait toujours simulé le plaisir avec son mari. Elle pense que si Clément s'en aperçoit, il va immédiatement décider de rompre. Pourtant, courageusement, elle s'impose de lui en parler. Clément sourit : « Eh bien, cela n'a pas d'importance. On s'aime, on va faire ce qu'on peut pour que tes orgasmes viennent. S'ils viennent, tant mieux, sinon, ça ne nous empêchera pas d'être heureux ! » Pour Joëlle, c'est presque un tremblement de terre. Elle n'imaginait pas pouvoir être aimée sans être « sexuellement valable » d'après ses critères à elle. Elle a pleuré de joie en entendant cette réponse. Et, trois mois plus tard, son premier orgasme est survenu… Cette acceptation de ses limites par l'autre lui a permis de lâcher prise en amour, de ne plus dépendre de ses peurs.

Certaines personnes, en particulier des hommes, ont du mal à imaginer cette singularité. On les entend affirmer : « Moi, j'adore les femmes… » Ces paroles témoignent de cette tendance à mettre toutes les femmes dans le même panier, les considérant comme interchangeables. Une femme ou une autre, c'est du pareil au même puisqu'ils les aiment toutes. Ces hommes que j'entends affirmer cela haut et fort ne se rendent pas compte de l'effet produit sur les femmes : un recul instinctif, car chacun a envie d'être unique pour l'autre, pas un numéro au milieu d'une multitude ! Ces hommes ont peut-être peur de la relation duelle et aimer plus largement les protège de cette peur. Mais aimer toutes les femmes, c'est sans doute n'en aimer aucune [1].

Ce besoin d'être aimé en tant que personne unique est si puissant que certains trouvent des voies différentes pour le combler. À l'âge de 4 ans, une petite fille a vu son père se noyer sous ses yeux. Cet événement a conditionné toute sa vie : « J'ai compris que si j'aimais un homme, si je me mariais, cet homme disparaîtrait un jour, comme j'ai vu disparaître mon père. Il me fallait un amour absolu, un amour qui ne disparaîtrait pas. Je n'ai jamais regretté d'avoir choisi la vie religieuse » [2]… Elle est devenue sœur Emmanuelle.

Les différents types d'attachement

Une expérience réalisée par Mary Ainsworth, collaboratrice de Bowlby, sur des enfants de l'âge de 1 an avec leur parent, permet de constater trois types d'attachement. On observe

1. Bien sûr, ces hommes peuvent aussi exprimer maladroitement l'idée qu'ils aiment *la* femme, qu'ils aiment et admirent l'être féminin dans son essence. Ainsi, dire : « J'adore les femmes » peut simplement signifier qu'ils se sentent profondément hétérosexuels, qu'ils sont fascinés et attirés par les différences et les complémentarités entre les deux sexes.

2. Interview de sœur Emmanuelle par Marie de Hennezel dans *La chaleur du cœur empêche nos corps de rouiller*, Robert Laffont, 2008.

comment réagit l'enfant au départ, puis au retour de son parent. Et cela plusieurs fois de suite.

L'attachement sécurisé (ou *secure* en anglais) le plus fréquent est observé dans 66 % des cas. L'enfant proteste quand son parent s'en va, puis, à son retour, il est soulagé et recherche le contact. C'est la meilleure manière de s'attacher. L'enfant sent qu'il peut compter sur ce parent. Il se construit une base de sécurité qui lui permettra par la suite d'explorer le monde sans angoisse. L'enfant perçoit qu'il peut demander l'affection dont il a besoin et la recevoir. Le parent sait répondre de manière adéquate aux besoins de son enfant, interprétant correctement ses demandes implicites. L'enfant se sent compris.

L'attachement évitant, anxieux-évitant, ou rejetant. Il est le fait de 22 % des enfants. Quand son parent s'en va ou quand il revient, l'enfant reste neutre, ne semblant pas affecté. Il ne manifeste ni peine ni joie. L'enfant souffre de l'attitude de ce parent qui comprend mal ses demandes, y répond à contretemps ou pas du tout. Du coup, sachant qu'il ne peut jamais compter sur son parent, l'enfant reste en retrait, se protégeant pour ne pas souffrir. Il n'attend plus d'affection, de contacts chaleureux qu'il n'a pas l'habitude de recevoir à bon escient. Il s'organise pour survivre en restant à distance de ce parent.

L'attachement ambivalent, anxieux-résistant ou insécure est vécu par environ 12 % des enfants. L'enfant montre une détresse profonde quand son parent s'en va. Et quand le parent revient, l'enfant parvient très difficilement à se calmer. Il n'est pas sécurisé car son parent est imprévisible. Parfois réceptif aux besoins du tout-petit, il peut s'en désintéresser totalement à un autre moment. L'enfant n'a donc pas de stratégie possible, puisqu'il n'a pas de repères.

Depuis la description de ces trois types d'attachement, on en a décrit ultérieurement un quatrième, **l'attachement désorganisé ou désorienté** où les enfants alternent les comportements d'attachement évitant et ambivalent.

Ces différents types d'attachement ne sont cependant pas conditionnés par les seuls parents. Il existe des enfants qui sont génétiquement programmés à s'attacher moins facilement que d'autres. C'est le cas notamment des enfants autistes. Même avec des parents très aimants et affectueux, certains enfants ont plus de difficultés que d'autres à établir des liens affectifs.

Ces manières de nous attacher sont un socle sur lequel notre affectivité va ensuite fonctionner dans toutes nos relations humaines : au milieu de nos amis à l'école et, plus tard, dans le cadre de nos relations, dans notre travail, vis-à-vis de nos enfants. Et bien sûr dans notre vie amoureuse et sexuelle.

Bastien a 46 ans. Il est célibataire, sans enfants. Il a eu de très nombreuses liaisons dans sa vie, toujours plusieurs à la fois, et jamais durables. Il n'a jamais voulu s'engager avec quelqu'un. Actuellement, il se sent moins intéressé par le sexe et vit « seulement » trois liaisons en parallèle. D'habitude, cela a toujours été beaucoup plus. Bastien a peur de l'attachement, qu'il fuit systématiquement. Il faut dire qu'il déteste ses parents. « J'ai quitté ma famille à 7 ans pour la pension et j'ai ressenti un immense soulagement. Par la suite, je les ai toujours vus le moins possible. Je les évite au maximum. Cela fait des années que je n'ai pas eu de contact avec eux. » Bastien n'a pas vécu d'attachement sécurisé dans sa petite enfance. Son père était très violent, pas physiquement, mais en paroles. Et sa mère ne l'a jamais protégé contre cette violence. Il a peur de l'intimité et, même s'il ressent fortement ce besoin relationnel (il est quasiment « addict » aux rencontres, dit-il), il n'est pas capable d'approfondir une relation. Il a tant souffert dans son enfance qu'il considère la relation de proximité comme une mise en danger. Il a beau aller de l'avant, aucune relation ne le comble puisqu'il s'en va dès que la distance avec l'autre diminue.

Alice, qui rencontre un homme comme Bastien, peut ne pas comprendre sa manière de fonctionner, d'autant moins qu'elle a elle-même vécu un attachement sécurisé. Elle peut penser qu'il ne l'aime pas, puisqu'il la trompe, puisqu'il la quitte. Mais c'est souvent tout le contraire. Plus Bastien sent un potentiel de profondeur dans la relation, plus il aime et plus il est terrorisé et plus il fuit. L'amour ne peut pas tout guérir, en tout cas pas toutes les blessures de l'enfance. Alice ne peut pas guérir à elle seule une douleur si profonde et si ancienne. Lors de sa liaison avec Bastien, elle a eu tendance à se dévaloriser et à penser que c'est parce qu'elle n'était pas à la hauteur que cette relation s'était arrêtée… ce qui n'était pourtant pas le cas.

L'estime de soi et l'attachement

Si vous vivez un attachement sécurisé, savoir que vos parents sont là quand vous en avez besoin, observer qu'ils sont bienveillants et attentifs, vous donne le sentiment d'avoir de la valeur pour eux. Vous percevez qu'ils aiment s'occuper de vous, que votre présence leur procure du plaisir. Vous sentez que, pour eux, vous pouvez êtes une source d'énergie, de vie, de bonheur. Cela vous fait exister dans la lumière et vous valorise profondément. Vous finissez par penser : « Je suis quelqu'un qui mérite d'être aimé, quelqu'un de valable. »

Parallèlement, vous installez aussi en vous une image positive du monde extérieur. Vous avez a priori confiance en une personne étrangère. Vous pensez que le monde autour de vous vous est bénéfique. Vous êtes optimiste : « Le monde m'apporte ce dont j'ai besoin, s'occupe de moi. » Cette vision positive du monde vous donne une confiance pour avancer dans la vie.

Élodie a vécu dans l'enfance un attachement sécurisé. Elle est très triste, déprimée, car elle vient de vivre une rupture. Pour autant, elle ne se sent pas détruite car elle garde un vrai sentiment de sa valeur. D'ailleurs, sa meilleure amie lui affirme : « Il ne te méritait pas… » et il semble à Élodie que c'est vrai. Elle ne se trouve pas nulle ou indigne d'être aimée parce qu'un homme l'a rejetée. Elle a même confiance en sa capacité, un jour (pas tout de suite), à rencontrer quelqu'un d'autre. Et, dans son travail, elle réussit très bien malgré sa rupture.

Quand, au contraire, vous avez vécu un attachement évitant, beaucoup moins serein, votre construction identitaire et votre estime de vous-même peuvent se trouver atteints. Si vos parents ne faisaient pas cas de vous, vous laissaient pleurer sans penser à vous consoler, et si vous n'avez pas vu vos besoins satisfaits, vous pouvez pensez que la vie est ainsi. Je n'existe pas pour les autres, je suis transparent. Il ne faut pas s'attendre à quoi que ce soit de la part des autres parce que je ne le mérite pas. Ils ne peuvent rien me donner, n'ont pas envie d'entrer en relation avec moi.

Une personne qui a vécu une telle situation aura tendance à mal se juger. Telle femme peut se trouver trop grosse, trop laide, trop sotte, pas assez cultivée… Tel homme peut se juger physiquement sans aucune séduction, trop petit ou trop maigre, trop peu sportif… Sur une échelle de séduction, ils se situent proches de zéro. Ce jugement est pourtant tout sauf objectif.

Suzy a pris 6 kilos pendant sa grossesse et, depuis, elle se trouve repoussante et n'éprouve plus aucun désir sexuel. Son mari fait son possible pour la rassurer et il lui dit qu'il a envie de faire l'amour et qu'il la trouve désirable même avec ses quelques kilos supplémentaires. Mais elle ne le croit pas, alors qu'il pense réellement ce qu'il dit. Quelques kilos en trop la font basculer dans une absence de libido. Pourtant 6 kilos ne suffisent pas à déformer le corps d'une femme.

Mélanie est très belle : grande, mince, extrêmement élégante, avec de beaux yeux verts et un port de tête altier. Elle n'éprouve aucun désir pourtant : « Je me trouve moche. Je sais que c'est faux, on me l'a assez dit, en particulier mon mari. Pourtant ce que je ressens, c'est que je me trouve laide. Je m'habille de mon mieux pour compenser, on me trouve froide, mais c'est que je n'ai aucune confiance en moi. » Enfant, Mélanie n'intéressait pas ses parents. Elle a été violée à son adolescence, en a parlé à ses parents qui ont refusé de porter plainte pour ne pas faire de vagues. Comment se sentir digne d'être aimée quand vos parents eux-mêmes ne daignent pas vous défendre, vous signifiant clairement le peu d'importance que vous revêtez pour eux ? Comment croire que vous pouvez compter pour quelqu'un quand on vous a appris que vous ne comptez pas ? La nourriture identitaire apportée par nos parents est très importante pour notre futur affectif et sexuel.

Un de mes patients adorable et très élégant se trouve repoussant. Toute son enfance, il a été ballotté de famille d'accueil en famille d'accueil. De temps à autre, il retournait chez son père où sa belle-mère l'humiliait et le frappait en lui répétant qu'il était idiot, débile, laid… À plus de 50 ans, il est encore « puceau » comme il le dit lui-même, et ne croit pas une seconde pouvoir être aimé.

Une faible estime de soi n'est cependant pas toujours due à l'attitude de nos parents. Bien d'autres éléments entrent en jeu. Il existe probablement des facteurs génétiques qui font que certains individus sont nés fragiles sur le plan de l'estime de soi. D'autres expériences peuvent aussi nous marquer négativement en ce domaine, entre frères et sœurs, copains d'école, ou par exemple vis-à-vis des enseignants pendant notre scolarité.

La faible estime de soi n'est pas le seul problème que l'on rencontre quand on a manqué de nourriture affective de la part de nos parents. Si vous pensez que vous n'êtes susceptible d'intéresser personne, d'être aimé par personne, vous pouvez réagir en gardant une distance affective avec les personnes de l'autre sexe pour prévenir la souffrance attendue du rejet. Donnant peu, vous avez du mal à entrer dans l'intimité. Comme vous créez peu d'intimité, vos relations se révèlent de piètre qualité et vous risquez d'être rejeté. Aussi, ce que vous craignez se réalise, augmentant encore la profondeur de vos convictions négatives à l'égard de vous-même. C'est ce que l'on nomme en psychologie une « prédiction réalisante ». Ce que vous prédisez arrive parce que inconsciemment vous agissez déjà comme si vous étiez certain que c'est en train de se produire.

Jacqueline vit aussi une rupture, et elle se sent anéantie. « C'est comme si j'avais l'impression que cela devait fatalement en arriver là. Qu'un jour ou l'autre, il allait réaliser que je n'étais pas si bien que ça. Jusque-là, j'avais réussi à cacher mes défauts, ma nullité, mais il a fini par les découvrir. Je ne suis pas étonnée qu'un homme qui me connaisse vraiment n'ait pas envie de rester en couple avec moi. J'ai eu beau faire tout ce que je pouvais, ne pas l'étouffer, lui laisser de l'espace, me faire la plus légère possible, ça n'a pas fonctionné entre nous. » Jacqueline a si peur d'être rejetée qu'elle agit comme elle imagine qu'on doit le faire pour ne pas souffrir.

C'est une caractéristique des personnes qui vivent un attachement non sécurisé. Au lieu de posséder la conviction qu'elles méritent d'être aimées, elles estiment qu'elles ne peuvent pas être aimées. Elles doivent donc agir en force pour se faire aimer. Elles mettent en place des stratégies de séduction, de comportement qu'elles pensent adéquates pour se faire aimer. Au lieu de vivre naturellement leurs relations en étant soi-même comme les personnes à l'attachement sécurisé, elles vivent leurs relations amoureuses en endossant un rôle, celui qu'elles pensent le meilleur.

Ainsi Bastien, l'homme aux multiples amantes, m'explique-t-il : « C'est facile de séduire une femme. Ma méthode marche dans 80 % des cas. Je sais ce qu'il faut dire, ce qu'il faut faire… Ce n'est pas bien compliqué. » Il n'envisage pas de pouvoir être aimé sans user de cette stratégie.

Jacqueline en parle surtout dans le cours de sa relation. Elle croit savoir que le pire risque dans un couple, c'est d'étouffer l'autre. Alors elle se fait légère… au lieu d'être elle-même, de peser son poids normal, de prendre sa place et de laisser sa personnalité s'exprimer. Elle se bride, s'écrase, et l'autre se lasse d'une personne qui montre une façade et cache sa vraie nature de peur de ne pas être aimée. Elle aboutit au résultat inverse de celui qu'elle recherche.

Alors, si vous pensez ne pas connaître la stratégie pour séduire, pour garder votre homme ou votre femme, c'est peut-être que vous êtes simplement vous-même et que vous allez plutôt bien !

La nature de l'attachement se retrouve aussi dans la manière de faire l'amour. Bastien là encore a une méthode au point. Il a étudié en détail le comment et le pourquoi de la sexualité féminine pour ne pas être pris en défaut. Il sait quels gestes il doit faire, où et de quelle manière prodiguer des caresses. Il écoute très peu ses désirs à lui, il est très actif. Il ne peut pas lâcher prise dans sa sexualité. Comme il est totalement centré sur l'autre, il éprouve cependant du plaisir, celui de ne pas être rejeté. C'est toujours lui qui rejette le premier, car se faire rejeter serait par trop douloureux.

Jacqueline ne sait pas dire non quand elle fait l'amour. Elle a souvent vécu des relations sexuelles sans en avoir envie. Savoir que l'autre la désire est déjà tellement incroyable pour elle qu'elle ne se sent jamais le cœur de refuser. Son angoisse, c'est aussi d'être rejetée, de ne pas être à la hauteur…

La sensualité est ici la grande perdante. Quand la stratégie séductrice, amoureuse ou érotique prend le pas sur la poésie et l'instinct de plaisir, vous ne laissez pas la vague de la volupté vous emporter. Vous voulez contrôler sa montée et vous en perdez la force naturelle. Les personnes qui n'ont pas surmonté un attachement pathologique peuvent donc en subir les séquelles dans leur vie sexuelle et amoureuse. Au lieu d'une rencontre de deux personnes qui s'ouvrent complètement l'une à l'autre, vous pouvez observer deux acteurs jouant un rôle qu'ils croient être le bon. Même dans ce lieu d'intimité, ils ne s'autorisent pas à être eux-mêmes.

Le plus difficile est qu'un cercle vicieux se met en place. Si vous craignez de ne pas être digne d'amour, vous jouez un rôle qui fait écran à qui vous êtes vraiment. L'autre ne vous connaît pas et sent que vous jouez un rôle. Il ne se sent pas en intimité et l'on en arrive à ce que vous craignez le plus : il finit par vous rejeter. Cela confirme votre manque de valeur, et vous avez encore plus peur, vous peaufinez encore plus votre rôle pour que, la prochaine fois, vous soyez mieux accepté. Alors, au lieu de se cicatriser, les attachements blessés peuvent former des plaies continuellement à vif.

Comment réparer des troubles de l'attachement ?

Même si l'enfance est la base de notre vie future, si elle conditionne la suite de notre existence, tout ne se joue pas avant 6 ans comme on l'entend parfois. Nous sommes des êtres en perpétuel devenir, en constant remaniement, et nous sommes capables de surmonter psychiquement des épreuves terribles, parfois même d'en sortir grandis. Il vaut mieux avoir reçu de l'amour, de l'attention, des paroles pleines de sens dans notre enfance de la part de nos parents. Mais les enfants ont une capacité immense à capter dans l'entourage ce qui leur est nécessaire. Quand les parents sont incompétents, les enfants trouvent souvent autour d'eux une ou plusieurs personnes qui deviennent des tuteurs psychiques. Ils les trouvent dans la vraie vie ou bien dans l'imaginaire (romans, films, BD, jeux vidéo). Et, par la suite, il est toujours temps de travailler à réparer ce qui a été blessé dans l'enfance.

Je me souviens de Viviane qui venait me voir pour difficultés sexuelles. Elle n'en avait aucune, mais son mari, lui, n'avait pas souvent envie de faire l'amour, et elle se sentait frustrée. « C'est un intellectuel et, pour lui, le sexe n'a jamais été très important… » Viviane m'explique que sa maman est morte quand elle avait quelques mois. Son père l'a élevée quasiment seul, avec le soutien de ses grands-parents maternels. « Même s'il était directeur d'une petite affaire artisanale, il était fou, c'était un malade. Il me torturait physiquement, m'enfonçait des aiguilles sous la peau par exemple… J'ai vécu mon enfance comme un enfer. Heureusement que mes grands-parents m'aimaient et qu'ils étaient là, même s'ils ne se rendaient pas totalement compte de mon calvaire. » Aujourd'hui, Viviane est épanouie, drôle, dynamique et bien dans sa peau. « J'ai fait une psychanalyse, et je lui dois la vie. Je crois que sans ça, je me serais suicidée… » Viviane a trouvé, chez ses grands-parents et dans sa psychanalyse, des tuteurs qui lui ont permis de se construire malgré ce qu'elle a vécu. Nous avons tous des capacités immenses pour réparer ce qui nous a blessé. C'est pourquoi, à mon sens, il faut chercher ce qui nous permet de le réaliser.

Quand on a eu la malchance dans l'enfance de vivre un attachement non sécurisé, que peut-on faire ? S'en rendre compte est déjà un énorme pas vers le changement. Un travail est nécessaire pour augmenter l'estime de soi, apprendre à s'aimer, à établir des relations amicales, professionnelles plus profondes, pour autoriser le bel être qui sommeille en nous à trouver son harmonie. Nous devons tous aussi apprendre à devenir notre propre base de sécurité. Quand vous êtes grand, vos parents ne sont plus toujours là pour vous donner confiance. Vous devez devenir votre propre parent. Une partie de vous est alors un parent intérieur qui vous aime. Il vous confirme régulièrement que vous êtes aimable, il vous console, vous encourage, vous chouchoute. C'est une partie de soi à cultiver pour vivre en harmonie dans les relations humaines et amoureuses.

Pour travailler sur cette réparation, une méthode me semble particulièrement riche et efficace, l'intégration du cycle de vie (le *Life Span Integration*). Elle a été mise au point par Peggy Pace, une psychologue américaine formée aux thérapies comportementales et à l'EMDR. L'intégration du cycle de vie est entièrement centrée sur ce travail de réparation de notre enfant intérieur et, comme l'EMDR, elle fait appel à la capacité innée de chacun, par l'interaction corps-cerveau, à s'autoguérir. On y travaille en douceur et l'on observe des changements rapides dans la réparation affective. Personnellement, pour mes patients, j'utilise cette méthode, l'EMDR et bien sûr l'hypnose ericksonienne à laquelle je suis formée depuis des années.

Le moment de la puberté

Quand l'enfance se passe bien, l'enfant vit un attachement sécurisé qui lui permet de s'aventurer sans peur de plus en plus loin de sa base affective. À la puberté, cette distance des possibles augmente. Il ne s'agit plus de distance physique comme lorsqu'un enfant apprend à faire quelques pas en s'éloignant de sa maman ou en restant seul à la maternelle, mais de distance émotionnelle qui va le conduire à s'éloigner des proches de sa famille pour se choisir d'autres proches.

On peut penser à ce propos que ces besoins affectifs n'ont aucun lien avec la sexualité. Je n'en crois rien : ces besoins sont une des dimensions de la sexualité. En effet, au fil du temps, les choses évoluent sur le plan du contact physique parent-enfant. Parvenu à la puberté, il apprécie de moins en moins ces câlins, car il a besoin de s'éloigner de ses parents pour s'autonomiser et devenir adulte. Il commence à ressentir naturellement une allergie pour ce qu'il ressent comme incestueux. Les hormones de la puberté, l'évolution de son cerveau construisent un sens interdit, une barrière entre lui et ses référents affectifs, sa mère, son père, ses frères et sœurs. Le besoin d'affection est toujours là, mais tout à coup la source qui le comblait lui devient interdite. Et c'est pour cela qu'il s'éloigne. **Cette nourriture affective va donc subitement lui manquer. À partir de ce creux, de ce manque, ce sera le rôle de la sexualité de prendre le relais.**

La difficulté, c'est que le début de la puberté se produit à un moment où il n'est pas encore mature pour une vie sexuelle régulière. C'est une des raisons du malaise de l'adolescent. Son corps a besoin d'affection, il ne peut plus décemment en recevoir de ses parents, et pas encore d'un ou d'une partenaire. Il n'est donc pas étonnant que certains jeunes se précipitent dans des relations sexuelles très précoces, non par manque de lucidité, mais parce que leur manque affectif corporel est difficile à gérer.

La transition n'est pas facile et l'entre-deux se comble souvent affectivement par la bande de copains ou de copines. De grandes amitiés naissent à cette époque de la vie, permettant d'attendre le commencement de la vie amoureuse encore en gestation.

L'affection des groupes de copains ou de copines a beaucoup d'importance. Chez les garçons, elle passe souvent par le sport, prétexte à des contacts virils ; les filles, elles, se prennent par le bras pour aller faire les boutiques entre elles, se maquillent, s'échangent des vêtements, s'essayent à des coiffures ou à des colorations capillaires… C'est une période d'homophilie comme la qualifient certains psys, qui n'est pas une homosexualité latente ou potentielle, mais une sorte d'intérim naturel qui permet de trouver un équilibre passager en attendant le début de la vie sexuelle. Et même quand une expérience homosexuelle concrète est vécue à cet âge, elle ne signifie nullement que la jeune fille ou le jeune homme puisse être rangé dans la catégorie « homosexuel ».

Évidemment, tous les adolescents ne sont pas à égalité. Certains ont vécu un attachement serein, se sont sentis aimés, comblés affectivement. D'autres sont en carence depuis l'enfance parce que leurs parents ne leur ont pas apporté les nourritures affectives nécessaires. Ainsi, certains parents, pourtant aimants, sont maladroits et s'adaptent mal aux besoins affectifs de leurs enfants. De ce fait ces derniers interprètent mal le comportement de leurs parents et se sentent mal-aimés, même si l'amour parental est bien présent. Quand ce ne sont pas eux-mêmes qui se sont isolés de leurs parents. Quoi qu'il en soit, tous vont chercher à combler leurs besoins affectifs avec plus ou moins de facilité.

Le besoin d'amour est si violent à l'adolescence qu'il entraîne des situations difficilement compréhensibles par les adultes. Isolde a 15 ans et elle veut un bébé : « Mes parents ne m'ont jamais aimée. Je veux un enfant pour donner tout l'amour que j'ai en moi. Et je sais que mon enfant m'aimera plus que tout… » Isolde a vécu des relations très difficiles avec ses parents et elle cherche une manière de combler son besoin d'amour. Instinctivement, elle trouve cette solution. Malheureusement, elle projette de donner à son enfant un rôle d'infirmier, celui d'un enfant idéalisé qui soignerait ses carences affectives. Ce n'est de toute évidence pas la bonne place pour un enfant. Isolde est affectivement bancale et cherche un appui pour se tenir en équilibre.

Cela se produit aussi dans les relations amoureuses. Quand un adolescent tombe amoureux, il peut se lancer à corps perdu dans sa relation pour combler des manques cruels. Antony, 17 ans, connaît Luce depuis seulement trois semaines. Il a déjà envie de l'épouser et parle de leur installation en couple et de leurs futurs enfants. D'où de terribles déceptions. On peut bien sûr rencontrer quelqu'un et penser très rapidement à l'avenir ensemble. Mais il s'agit parfois d'une fuite en avant, moyen de combler des manques affectifs profonds.

L'idéal est d'être capable d'attendre afin de prendre le temps de trouver sa voie pour s'attacher à quelqu'un qui vous convient.

Cela ne signifie pas pour autant que tout soit toujours facile si l'on a reçu beaucoup d'amour de ses parents !

Ces schémas de fonctionnement peuvent bien sûr se retrouver plus tard. Toutefois, c'est à l'adolescence qu'ils sont les plus visibles, ce moment réactivant les peurs, les désirs et les besoins de l'enfant d'une manière très forte.

Notons que notre société, telle qu'elle est construite, maltraite la sexualité et l'affectivité adolescente. Elle stimule les pulsions, avec tout ce que l'on nous donne à voir de sexuel dans l'environnement, y compris les clips vidéo, la publicité, les magazines ou les films X. Alors que, par ailleurs, la plupart des parents ne souhaitent pas que leurs jeunes adolescents (surtout les filles) aient des rapports sexuels trop tôt. Les adolescents sont soumis à des influences ou à des injonctions complètement contradictoires.

Si nous étions des mammifères comme les autres, que se passerait-il ? Dès 15 ou 17 ans, c'est-à-dire dès que la pulsion sexuelle s'affirme, nous commencerions notre vie sexuelle. Nous aurions des enfants rapidement. Nos premières tentatives d'élever nos enfants se solderaient peut-être par des échecs. Puis, nous recommencerions avec d'autres enfants et tout finirait par se passer de mieux en mieux. Ce genre de comportement n'est pas imaginable dans les sociétés humaines occidentales.

Les petits d'homme devenus adolescents peuvent faire l'amour… sous conditions. Le droit de faire des enfants, même s'il existe légalement, reste très suspect et l'on oriente plutôt des recherches pour savoir « comment éviter les grossesses des mineures » avec un discours dirigé vers les filles comme si elles étaient seules à faire un enfant. On dit à une fille de cet âge qui veut un bébé : « Mais ça ne va pas la tête, tu es folle ! » Les adolescents doivent donc utiliser une contraception, ce qui implique un contrôle des adultes sur leur sexualité : prendre la pilule, poser un stérilet, acheter un préservatif sont des actes qui passent par les adultes et qui ne leur laissent donc pas beaucoup d'autonomie. Et puis, ils doivent se protéger contre les IST. Préservatif obligatoire, éventuellement test de dépistage du sida… Tout est fait pour que faire l'amour soit très complexe.

Les adolescents vivent donc un passage difficile entre le moment où leur envie d'aimer et de faire l'amour s'intensifie et l'âge auquel on leur accorde pleinement ce droit.

C'est à mon sens une des raisons du malaise de l'adolescent. Il est biologiquement mature sur le plan émotionnel ou psychologique, mais, dans notre société humaine, on lui explique qu'il ne peut passer à l'acte. On peut penser que c'est évident : il n'est pas encore réellement mature. Pourtant, en d'autres lieux et d'autres époques, les jeunes pratiquent la sexualité dès qu'ils sont pubères.

Mon propos n'est pas de dire que les adolescents encore mineurs doivent avoir une vie sexuelle précoce sans préservatifs et faire des enfants. C'est plutôt de faire prendre conscience aux adultes qu'il leur faut être empathiques pour ces jeunes et ne pas croire qu'il s'agit seulement de la bêtise ou de la mauvaise volonté de leur part. Il est difficile pour eux de réguler le flot d'émotions et de pulsions sexuelles qui les envahissent…

Ce moment de la puberté nous a tous marqués. Soit nous avons outrepassé les règles et fait l'amour plus tôt, en transgressant les interdits et en prenant certains risques ; soit nous avons réorienté nos pulsions et notre affectivité sexuelles ailleurs. Certains se lancent à corps perdu dans les études, d'autres dans un sport de compétition, dans la musique en formant un groupe, etc. Ce qui est net, c'est que cette orientation de nos forces intérieures à la puberté conditionne ensuite notre vie émotionnelle, amoureuse et sexuelle. Rappelez-vous ce qui comptait le plus pour vous à cet âge. Le foot ? La lecture ? La guitare ? L'amour ? Les copains ? Il est probable que cela tienne encore une place importante dans votre vie. Vous avez appris à grandir d'une certaine manière qui vous a façonné et qui reste présente des années plus tard.

Le temps de la séduction

Le choix de notre partenaire ne se fait jamais de manière raisonnable. Il est basé sur une attirance spontanée, qui s'approfondit. Par la suite, nous avons tendance à l'analyser et le rationaliser.

La personne choisie doit être pour nous un support de pulsions, et aussi entrer dans le cadre de nos émotions amoureuses. Nos sentiments d'attirance et d'envie de séduire dépendent de facteurs génétiques et environnementaux auxquels nous sommes soumis.

L'aspect extérieur tout comme le comportement des personnes que nous rencontrons influencent nos attirances émotionnelles.

L'influence de l'apparence physique sur la séduction : jeunesse, symétrie et haute taille

L'aspect jeune est un des premiers critères de séduction dans toutes les sociétés. Il ne semble pas s'agir d'une donnée culturelle. Les femmes comme les hommes sont considérés comme plus séduisants s'ils sont jeunes, sans doute parce qu'ils sont plus fertiles. La nature nous pousse à nous reproduire !

C'est la raison pour laquelle tout nous incite à « rester jeunes » si nous avons envie de continuer à séduire sexuellement, et peut-être encore plus émotionnellement.

Aussi les femmes se maquillent-elles les yeux pour les faire paraître plus grands à l'image des visages enfantins. Elles s'épilent car les enfants n'ont pas de poils. Les hommes taillent leurs sourcils en vieillissant car les hommes jeunes ont des sourcils nettement moins fournis. Et tous ceux qui sont suffisamment courageux font de l'exercice pour conserver leur musculature au fil des années.

Et puis, les progrès de la médecine et de la chirurgie esthétique incitent à tout faire pour garder une apparence jeune : botox, injections dans les rides, peeling, lifting, liposuccion… Dans le fond, ce que chacun recherche, c'est à augmenter sa capacité à être aimé. Si les personnes âgées étaient plus aimées que les plus jeunes, nous chercherions sans doute tous à paraître plus vieux !

La symétrie est un autre aspect de la séduction [1]. Les personnes dont le visage et le corps sont les plus symétriques sont considérées comme les plus séduisantes. Il semblerait que cette donnée soit corrélée à une bonne santé. Une légère asymétrie pourrait être le signe d'une légère anomalie génétique. Nous recherchons inconsciemment un partenaire fertile et en bonne santé. Chez les animaux aussi, les bêtes au corps asymétrique ont moins de succès auprès des congénères de l'autre sexe.

Des études montrent que les hommes au visage le plus symétrique ont plus de partenaires sexuelles dans leur vie que des hommes au visage plus asymétrique [2]. Plus étonnant, ils

---

1. « Facial symmetry and the perception of beauty », Rhodes G., Proffitt F., Grady J. M., Sumich A., *Psychon. Bull Revue*, 1998 ; 5 : 659–669. *Asymmetry, developmental stability and evolution*, Møller A. P., Swaddle J. P., Oxford University Press, Oxford, 1997.

2. « Fluctuating asymmetry, sociosexuality, and intrasexual competitive tactics », Simpson J. A., Gangestad S. W., Christensen P. N., & Leck K., *Journal of Personality and Social Psychology*, 1999, 76 · 159-172.

savent mieux amener leur partenaire à l'orgasme[1]... peut-être parce qu'ils ont plus d'expérience? Pour les femmes, il n'existe pas de différence sur le nombre de partenaires, même si les femmes symétriques sont jugées plus séduisantes par les hommes.

Les femmes préfèrent les grands. Les hommes petits ont plus de difficulté à former un couple et à réussir professionnellement[2]. Les hommes sans enfants sont en moyenne plus petits de 3 cm que les hommes ayant au moins un enfant[3]. La taille idéale pour un homme, celle où il séduit le mieux et où il a le plus d'enfants, c'est 1,82 m, soit 5,5 cm de plus que la moyenne.

Cette donnée n'est pas si simple qu'elle paraît. Sachant que les hommes plus grands réussissent mieux professionnellement, il se peut que le critère recherché par les femmes soit la réussite sociale. Le sentiment de sécurité auprès d'un homme plus grand susceptible de mieux protéger sa compagne pourrait aussi entrer en ligne de compte.

Les hommes, en revanche, n'attachent pas spécialement d'importance à la taille de leur partenaire, mais plutôt à leur beauté. C'est un critère plus difficile à définir, puisqu'il dépend de chaque société. Les Américains préfèrent les gros seins tandis que les Européens sont attirés par des poitrines plus menues. Les Brésiliens attachent beaucoup d'importance à la rondeur des fesses alors que cela n'intéresse guère les Amérindiens. Chez les Mayas c'est un crâne aplati qui est séduisant... Il existe des variations culturelles énormes. Cela change aussi selon les époques. Aux siècles passés on préférait en Europe les femmes plutôt rondes, signe d'une vie riche, oisive, et d'une bonne alimentation. Aujourd'hui on les préfère minces et sportives. Seul le rapport taille-hanches semble un idéal

1. « Human female orgasm and mate fluctuating asymmetry », Thornhill et coll., *Animal Behaviour*, 1995, 50 : 1601-1615.

2. H. Herpin, « La taille des hommes : son incidence sur la vie en couple et la carrière professionnelle », *Economie et statistique*, n° 36, 2003.

3. F. Pavlovski et coll., « Tall men have more reproductive success », *Nature* n° 403, p. 156, 2000.

universel et intemporel pour séduire. Il s'agit d'une largeur de hanches supérieure d'un tiers au tour de taille. Or, le ratio taille-hanches est lié à la bonne santé et à la fertilité. Il semblerait qu'une peau plus claire chez la femme soit considérée comme attirante par la plupart des cultures. Cela, y compris en Afrique centrale ou dans le Sud de l'Inde où la population possède naturellement une peau très foncée. L'hypothèse biologique est que les femmes ont la peau qui éclaircit légèrement en période de fertilité.

Néanmoins, si l'aspect extérieur des personnes que nous rencontrons influence nos attirances émotionnelles, il ne se réduit pas à la plastique de l'autre, mais aussi sa manière de se comporter, de bouger, de sourire, de parler, d'échanger.

La loi de la similarité

Le classique adage « Les extrêmes s'attirent » est battu en brèche par la psychologie sociale observant à la loupe nos comportements. Elle affirme plutôt : « Qui se ressemble s'assemble. » Les personnes qui s'attirent et enclenchent une relation amoureuse se révèlent proches l'une de l'autre dans des domaines divers et objectivables. Leur niveau d'études, leur religion, leur histoire familiale, leur âge, leur santé, leur personnalité, mais aussi le même niveau de séduction physique.

Il semble que séduire une personne qui nous ressemble soit plus confortable. Quelqu'un que nous jugerions être nettement mieux que nous nous ferait connaître la crainte d'être rejeté.

La loi de la proximité

Nous sommes le plus souvent séduits par quelqu'un avec qui nous n'avons pas grandi mais dont nous sommes proches dans la vie de tous les jours. Nombreux sont les couples qui se forment à l'université ou au travail. Côtoyer quelqu'un chaque jour augmente la chance de vivre des interactions positives ensemble.

Jacques est en couple avec Amélie depuis six mois. « Amélie a fait un stage de deux ans dans notre entreprise. Au début, je l'ai trouvée un peu ennuyeuse, mais plutôt mignonne. Puis, j'ai appris à la connaître et j'ai découvert qu'elle était en réalité un peu timide. Et derrière cette timidité se cachait une solide confiance en elle, une femme qui savait très bien ce qu'elle voulait dans la vie. En plus, elle était toujours très agréable avec tous, arrondissant les angles… Il a fallu plusieurs mois pour que je découvre que je pensais de plus en plus souvent à elle… »

Cette proximité permet de développer une familiarité, et une certaine intimité, d'expérimenter la relation dans diverses circonstances.

La proximité la plus forte se produit quand on se regarde mutuellement dans les yeux. Lors d'une étude où l'on demandait à des étudiants de sexe opposé de se regarder dans les yeux pendant deux minutes d'affilée, ils ont rapporté ressentir des sensations d'amour romantique, d'attirance et de tendresse[1]. Les mêmes étudiants ensemble pendant le même temps sans consigne de se regarder dans le blanc des yeux n'ont pas éprouvé ces mêmes sensations.

Le transfert des émotions dans la séduction

Ursula, une jeune fille séduisante, donne rendez-vous à Manuel dans un endroit romantique, un pont situé à une hauteur impressionnante, et un peu branlant. Quelques jours plus tard, le jeune homme rappelle cette jeune femme.

Il s'agit d'une expérience scientifique. Si Ursula avait donné ce même rendez-vous à Manuel sur un pont moins élevé et très stable, elle aurait eu moins de chances qu'il reprenne contact avec elle. C'est la théorie bifactorielle des émotions de Stanley Schachter. Une émotion survient : ici, le stress du vertige, assi-

1. Kellerman J. et coll., « Looking and loving : The effects of mutual gaze on feelings of romantic love », *Journal of Research in Personality*, 1989, 23, 145-161.

milable à une certaine excitation qui fait battre le cœur plus vite. Vous cherchez alors dans votre environnement ce qui peut produire cette émotion : ici, la rencontre avec cette jeune femme. Et vous trouvez une raison sur laquelle vous transférez votre émotion : ici, elle me fait de l'effet, elle m'attire.

Autrement dit, si vous rencontrez une personne susceptible de vous plaire dans des circonstances qui provoquent des émotions, vous avez plus de chances de tomber amoureux. C'est la raison pour laquelle, sans en avoir conscience, nous recherchons ce type de situations. Vous allez amener la personne que vous voulez séduire dans une fête foraine, sur les autotamponneuses ou sur la grande roue… Vous pouvez faire votre voyage de noces aux chutes Victoria ou au Grand Canyon. Ce sont des lieux sources d'émotions fortes. Vous avez dans ces circonstances plus de chances d'activer l'amour passion que si vous conduisez quelqu'un se promener en forêt. Dans la nature, cette personne pensera plutôt que vous l'apaisez.

Ce phénomène peut expliquer en partie l'importance du premier amour, des premières expériences sexuelles. La découverte des gestes de l'amour est un moment très riche en émotions. Il peut faire penser que notre partenaire est à lui seul la source de ces émotions de désir, d'excitation, de plaisir, d'amour. Pourtant, même si c'est plus ou moins le cas, la force des émotions est aussi liée à l'effet découverte de la première fois. Ne s'en rendant pas compte, certaines personnes restent nostalgiques de leur première relation, pensant encore des années après que « c'était la bonne personne, celle que j'aimais vraiment ». Parfois l'on a pu effectivement passer à côté d'une très belle histoire. Mais souvent, la puissance émotionnelle déployée nous fait interpréter ce souvenir.

Connaître cet aspect du fonctionnement de notre cerveau sexuel émotionnel permet de l'utiliser ou de s'en méfier. L'utiliser c'est rechercher volontairement un environnement émotionnellement stimulant pour activer l'attirance d'une personne qui vous plaît. Vous l'emmènerez par exemple à un spectacle romantique ou dans un lieu où son cœur pourra battre plus vite. En sens inverse, si vous ressentez une attirance, posez-vous la question : est-ce vraiment la personne qui m'attire ou bien est-ce l'environnement qui agit sur moi ?

L'envie, moteur de l'attirance[1] *?*

L'imitation est un critère mis en évidence dans le choix du partenaire. Judith, une jeune femme, participe à une soirée. Un jeune homme auquel elle ne prête aucun intérêt se trouve dans son champ de vision. Voici qu'une jolie fille se déplace pour parler à cet homme et paraît très animée dans sa conversation. Cet homme quasi invisible aux yeux de Judith prend vie pour elle tout à coup. Il lui semble finalement séduisant et elle ressent l'envie d'aller lui parler, voire plus si affinité.

Nos émotions sont en partie réactionnelles. C'est comme si quelque chose en Judith pensait : « S'il lui plaît à elle, c'est qu'il le mérite. Il est certainement intéressant et séduisant. » Ses critères d'évaluation changent. Elle réagit non plus en fonction de son impression première, mais en fonction des interactions sociales qu'elle observe. C'est un grand classique, très utilisé volontairement dans certaines situations. Rendre l'autre jaloux en lui faisant imaginer que vous en attirez d'autres est un stratagème très efficace. Ce qui est convoité paraît d'autant plus précieux !

Se sentir aimé rend amoureux

Notre attirance n'est pas seulement centrée sur l'autre, elle est aussi centrée sur nous-mêmes.

Nous allons être attirés par celui qui nous renvoie la meilleure image de nous. Si l'autre est admiratif, nous nous sentons vivre intensément. L'amour est ainsi une manière de conforter l'estime de soi.

C'est un phénomène naturel qui consiste à rechercher une relation qui ressemble à celle de la relation parent-enfant que

1. Stanley Schachter, « Amour copieur », *Cerveau et Psycho* n° 8, février 2005.

nous avons connue dans notre enfance si tout s'est bien passé pour nous, et qui autrement la répare. Finalement, nous aimons parce que cela nous fait du bien. C'est logique et agréable.

Cela explique que Karine, une très belle femme, très sociable, aime Hugo, pas très beau ni très sociable ! Il l'admire profondément. Karine, pourtant très appréciée par les autres, est en réalité très anxieuse. L'admiration franche et inconditionnelle d'Hugo est pour elle comme de l'eau dans le désert. Il sait lui manifester une attention qui panse ses faiblesses. Ce n'est donc ni la beauté ni la sociabilité d'Hugo qui l'ont attirée, mais le reflet d'elle-même qu'il lui présentait.

Aimer l'autre parce que l'on se sent apprécié n'est toutefois pas un signe de faiblesse, c'est naturel et souhaitable. Vivre dans un couple où vous vous sentez apprécié est même indispensable pour votre bien-être commun. C'est un élément qui vous permet de grandir.

Certains psychologues estiment ainsi que l'on est attiré par la personne qui nous entraîne à progresser[1]. Quelqu'un qui vous admire, vous valorise, est bien la personne qui vous tire vers le haut. Le mépris est au contraire une énergie anti-amour puissante !

Au total, notre aptitude à être séduits et à séduire dépend beaucoup de facteurs relevant de la génétique, de l'évolution. Nous pouvons penser que ces facteurs nous empêchent d'être libres. Si une femme est attirée par un homme jeune, grand, riche, qui s'intéresse à elle, c'est que son comportement est prédéterminé. Si un homme est intéressé par une fille jeune, avec des courbes séduisantes, qui l'admire, ce n'est pas un hasard. Cependant, il peut s'intéresser à elle et elle peut se sentir si proche que le fait qu'il soit petit, pauvre et pas spécialement riche peut suffire à la rendre heureuse… Comme lui peut tomber amoureux d'une femme très mince, sportive, et plutôt froide s'il se sent proche d'elle.

Il existe tant de critères mis en évidence que l'importance de chaque facteur ne s'applique que proportionnellement aux

1. Aron A. et Aron E., *Love and the Expansion of Self : Understanding attraction and satisfaction*, New York, Hemisphere, 1986.

autres. Heureusement, nous conservons une certaine liberté dans un environnement qui nous influence.

L'histoire d'Adèle et de Gaspard

Phase 1 : Adèle rencontre Gaspard, un brun aux cheveux bouclés, plutôt un peu enrobé et au sourire rêveur. Elle se sent attirée par lui. C'est la phase pulsionnelle, ici de simple attirance.

Phase 2 : Début de l'état amoureux. Adèle parle sans cesse de Gaspard à ses amies. Il est comme ceci, il est comme cela. Et quand leur relation débute, elle est sur un nuage. Ils pensent souvent la même chose au même moment, ils élargissent mutuellement leurs centres d'intérêt... Lui adore ramasser des champignons et le lui apprend, et elle l'aide à se relooker car, à son travail, il passe mal, attifé n'importe comment. Et il lui en est très reconnaissant. Pourtant, elle lui connaît quelques défauts. Elle le trouve très mal organisé. Il est souvent en retard aux rendez-vous, il oublie ici un pull, là un dossier. Toutefois, elle trouve cela plutôt amusant. Il est léger, tendre, et jamais pesant pour elle.

Phase 3 : Adèle ressent quelques angoisses. Si un soir Gaspard ne l'appelle pas, elle a peur que leur relation soit en péril. Elle ressent un besoin d'engagement, et elle n'est pas certaine que Gaspard soit sur la même longueur d'onde.

Phase 4 : Les deux amants décident de vivre en couple. Ils sont heureux pendant un an. Et puis Adèle commence à trouver vraiment *très* énervante la manie de Gaspard d'être tête en l'air. Après avoir réglé la facture, il a oublié le mixer qu'il avait acheté dans le magasin. Il ne fait jamais de programme pour le week-end... Elle trouvait qu'il apportait de la légèreté dans sa vie, et maintenant, elle le trouve lourd à gérer ! Cela fait dix-huit mois qu'ils se connaissent, la phase de passion est en train de se terminer.

Phase 5 : Adèle met un peu plus d'un an à accepter avec indulgence ce défaut majeur de Gaspard. Son père est comme lui et sa mère lui a donné des conseils pour gérer un tel mari ! « Mais ils sont tellement adorables qu'on leur pardonne », dit-elle. Adèle voyant sa belle-mère heureuse en couple malgré tout estime qu'elle va pouvoir s'accommoder du caractère de son conjoint en faisant quelques efforts.

La passion amoureuse, starter de l'amour

Après le temps de la séduction, quand la situation évolue favorablement, vient celui de l'état amoureux. Ce sentiment d'être passionnément amoureux n'existe pas par nos seules émotions, mais aussi par nos hormones. C'est ce que je vous propose d'explorer pour commencer.

Les hormones de l'état amoureux passionnel

Le support physique de l'état amoureux est hormonal. L'être aimé nous met dans cet état par la médiation de substances biochimiques.

La sérotonine, initiateur de l'état amoureux. C'est un neurotransmetteur très actif lors de la première phase de l'amour, celle de la passion non consommée où la sexualité n'est pas encore vécue concrètement. Elle entraîne un état obsessionnel. Nous sommes alors timides et inhibés, même si nos pensées sont centrées sur l'être aimé. Puis, quand la passion se vit dans le corps par la sexualité, la dopamine vient au premier plan.

La dopamine, produit dopant. Quand on parle de dopage, de dope, c'est à la dopamine que nous faisons allusion. Cette substance addictive naturelle est un neurotransmetteur qui permet aux neurones de parler entre eux. Fabriquée par notre cerveau, en particulier au niveau de l'hypothalamus, elle nous coupe l'appétit, nous rend nerveux, agités, hyperactifs, tendus vers un but, et nous permet de combiner vivacité et concentration. Elle produit une sensation très particulière : quand ses neurones dopaminergiques sont stimulés, la personne décrit « des sensations comme si quelque chose d'ambigu et d'excitant allait se produire [1] ». La dopamine est une substance d'excitation et de désir. Elle nous pousse à rechercher

1. Rainer Schwarting, « Le carrefour des désirs », *Cerveau et Psycho* n° 2, 2003.

un plaisir encore et encore. Quand des animaux copulent, consomment un aliment qu'ils apprécient, ou sont sous l'effet de drogues (héroïne, nicotine...), la dopamine libérée en grande quantité leur donne envie de recommencer. Quand le système dopaminergique ne fonctionne plus, cette appétence pour les sources de plaisir diminue. La dopamine nous pousse donc à agir pour aller à la recherche du plaisir. Elle est un carburant puissant de notre motivation et de nos actions. Dans l'état amoureux, elle nous pousse ainsi à agir pour nous rapprocher de l'être aimé.

Dopamine, coupe-faim et cocaïne

Les amphétamines, souvent qualifiées de « coupe-faim », ont une action proche de celle de la dopamine. Ces stimulants coupent l'appétit, empêchent de dormir, et vous excitent, vous rendant hyperactif. Le revers de la médaille, c'est qu'après cette stimulation survient un temps de dépression, car les réserves de dopamine de vos neurones sont épuisées. Aussi les coupe-faim sont-ils interdits car susceptibles d'entraîner de graves dépressions. Le même effet s'observe pour la cocaïne. Elle empêche l'élimination de la dopamine et donc fait persister son effet bien plus fort et plus longtemps. Sous cocaïne, vous vous sentez donc très dynamique, plein d'énergie... Puis vous tombez très rapidement dans la situation inverse quand son effet s'épuise. D'euphorique, vous devenez déprimé, anxieux, sans énergie. Votre corps ne peut pas produire suffisamment de dopamine pour suivre. Et vos récepteurs de dopamine cherchent désespérément à en capter sans en trouver.

Ainsi, ces substances artificielles ont-elles un effet psychoactif parce qu'elles empruntent le circuit neurologique naturel de la passion amoureuse en le parasitant.

William est séparé de son amie, en stage à 800 km de chez lui. Il pense tous les soirs qu'elle lui manque et, un soir, sans la prévenir, il prend sa voiture pour la rejoindre. Il sait qu'il arrivera au petit matin, qu'elle devra rapidement partir travailler à son stage, mais ça ne fait rien. L'idée de la voir une demi-heure le motive suffisamment pour conduire toute la nuit.

William décrira cette nuit comme une des plus belles nuits de sa vie. Pas un instant il ne s'est senti fatigué, il n'a pas eu faim, il se sentait exactement à sa place, entièrement tourné vers la pensée de prendre Anita dans ses bras…

Si votre passion rencontre des obstacles, elle s'en trouve renforcée. Ce phénomène est comparable à ce qui se produit pour la faim. Affamé, vous cherchez à manger. Si vous ne trouvez pas, votre motivation à assurer votre pitance augmente. Elle peut devenir une obsession en cas de famine : vous ne pensez plus qu'à une chose, manger. Ce fonctionnement, la nature l'a mis en place pour s'assurer que vous allez tout faire pour satisfaire vos besoins vitaux. Ils existent aussi dans la passion. Nous connaissons tous Roméo et Juliette dont l'amour fut stimulé par l'opposition de leurs familles. L'impossibilité d'obtenir ce que vous désirez augmente votre motivation à y parvenir. C'est un système de frustration stimulante. Pour les amoureux, la distance est un puissant stimulant. Elle a conduit William à traverser la France.

Les endorphines. Les endorphines ont un nom étrange, de même racine que le mot « morphine ». Protéines naturelles fabriquées par notre organisme, elles ont longtemps été ignorées alors que la morphine, qui leur ressemble, est connue depuis l'Antiquité. Aussi a-t-elle été la première nommée. Le mot endorphine a été forgé pour signifier « morphine de l'intérieur ».

La morphine emprunte pour agir des récepteurs des endorphines. Elle parasite des cibles qui n'étaient pas prévues pour elle au départ, provoquant un effet euphorisant. Les endorphines entrent naturellement en action lors des relations sexuelles. L'acte amoureux et l'orgasme entraînent une sécrétion d'endorphines qui nous procurent du plaisir. Nous lui devons cette sensation d'euphorie, de bonheur, de plénitude, de paix, de bien-être, de détente.

Si l'être aimé est absent, s'il est loin, nous ressentons un manque. La dopamine augmente son effet afin de nous stimuler à combler ce manque… et à agir pour nous procurer notre dose d'endorphines.

Tout cela ne doit pas pour autant faire imaginer qu'avec un effet addictif et un effet « drogue plaisir », l'amour est une drogue. Les drogues sont des paradis artificiels qui se servent de circuits n'étant pas prévus pour elles et les détournent. L'amour est un paradis naturel avec des outils physiologiques, des hormones, des neurones, des neurotransmetteurs qui lui permettent de s'exprimer.

D'ailleurs, la suite des événements diffère. Avec une drogue, l'effet addictif devient de plus en plus désagréable, nous ôtant de la liberté. Avec la morphine ou l'héroïne qui lui est apparentée, votre futur n'est pas rose. Avec l'amour, la descente se fait en douceur car elle est naturellement programmée. Elle est assurée grâce aux hormones plutôt liées à l'attachement, l'ocytocine et la vasopressine.

La vasopressine. Elle joue un rôle dans l'attachement spécifique dans un couple, l'attachement à cette personne et pas à une autre. L'ocytocine dont j'ai déjà parlé est une hormone d'attachement affectif. La vasopressine lui ajoute une dimension : elle semble lier le plaisir que j'éprouve avec l'autre, à cette personne en particulier. Elle agit sur la mémoire du plaisir, le rattachant à l'image de la personne qui vous a procuré ce plaisir. Chez des animaux comme les campagnols, des recherches ont montré que certains récepteurs de la vasopressine les rendaient monogames. Chez l'humain, certains couples sont moins heureux que d'autres : les hommes en cause possèdent une variante du récepteur de la vasopressine qui les rend moins attachés à leur partenaire [1].

Chez l'animal, la préférence pour une femelle est conditionnée par l'éjaculation et ne s'observe pas si l'on empêche cette éjaculation [2]. Ces réactions sont liées à la fois à l'ocytocine et à la vasopressine.

---

1. « Genetic variation in the vasopressin receptor 1a gene (*AVPR1A*) associates with pair-bonding behavior in humans », Hasse Walum et coll., PNAS (Proceeding of the National Academy of Sciences of the United States of Americ), publié le 2 septembre 2008.

2. Cité par le Dr Jacques Buvat, Congrès 2005 de l'ISSWSH, International Society for the Study of Women's Sexual Health.

Chez les humains, la vasopressine (et l'ocytocine) secrétée suite aux relations sexuelles et à l'orgasme déclencherait et entretiendrait un attachement qui perdure dans le couple au fil du temps.

Et ensuite? La dopamine possède une qualité qui explique l'évolution de l'état amoureux passionnel : elle est stimulée par la nouveauté. Dans le couple nouvellement formé, la nouveauté de la découverte des débuts s'amoindrit progressivement. La libération de dopamine va donc diminuer. Les récepteurs aux endorphines vont aussi devenir moins sensibles. Une tolérance à leur effet se met en place. La descente de l'état amoureux vers l'amour a commencé. Si le désir, l'excitation et le plaisir persistent, c'est à des niveaux nettement moindres qu'auparavant. La douleur ressentie n'est pourtant pas comparable à celle de l'arrêt des drogues, à un manque. Même avec cette habituation, la dopamine et les endorphines restent présentes à un niveau moins élevé. Et puis, la vasopressine et l'ocytocine ont instauré un attachement procurant lui aussi des effets agréables. Mieux encore, l'ocytocine inhibe la tolérance aux endorphines. Se câliner, faire l'amour régulièrement permet de rester sensible aux endorphines. Ainsi, faire l'amour sans passion procure encore et toujours des sensations de plaisir, de bien-être…

L'état amoureux passionnel dure en moyenne dix-huit mois, sauf quand il est contrecarré par des circonstances externes. Cependant, il semblerait que l'état d'amour profond dure plus longtemps. Des chercheurs de l'Institut de neurosciences cognitives [1] ont étudié les sentiments passionnés. Ils ont sollicité par courrier électronique des milliers d'étudiants, leur demandant de répondre seulement s'ils étaient « vraiment, profondément et follement amoureux ». La durée moyenne de leur relation était de deux ans. Des scanners passés en regardant la photo de l'être aimé montrent l'activation de zones du

1. Andreas Bartels et Semir Zeki, « The neural basis of romantic love », Institut de neurosciences cognitives, University College, Londres, *Neuroport* vol. 11, p. 3829, 2000.

cerveau très différentes de celles du désir ou de l'excitation sexuelle. Sur ces scanners, de nombreuses zones étaient au contraire désactivées, celles des sentiments négatifs, en particulier des zones habituellement stimulées lors de sentiments de tristesse, de peur ou d'agressivité, ou de dépression. Ainsi aimer follement rend plus doux, plus courageux et plus heureux. Les scientifiques ont pu démontrer ce que le bon sens populaire avait déjà observé depuis longtemps. C'est pourquoi l'amour peut guérir une dépression ou de l'anxiété. Cela n'est habituellement que passager (même si cela peut durer plusieurs années) et explique les situations où une personne dit : « Il m'a trompé sur la marchandise ! »

Olivia a toujours eu une tendance dépressive, et elle est boulimique depuis plusieurs années. Elle rencontre Augustin et vit une belle histoire d'amour. Elle se sent tout à coup bien dans sa peau, aimée, épanouie. Augustin l'adore. Cependant, en quatre ou cinq ans, Olivia replonge dans sa dépression et redevient boulimique. La période de fusion, d'amour passion, d'amour fou une fois dépassée, Olivia retrouve ses peurs et ses angoisses tout au fond d'elle. Augustin ne comprend pas. « Si elle m'aimait, dit-il, elle se sentirait bien, elle serait heureuse. » Malheureusement, même si l'amour peut guérir, il ne peut pas tout. Quand les douleurs sont profondes, il peut les soulager, mais pas toujours les guérir. Le mal-être d'Olivia n'a rien à voir avec la qualité de son amour pour Augustin. C'est avec elle-même et sa propre histoire qu'elle a un problème.

Dix-huit mois

Que faire quand un patient vient vous dire : « Je suis bouleversé(e). J'ai rencontré quelqu'un et j'ai envie de quitter ma femme (mon mari) pour cette personne » ? La réponse à donner nous était enseignée : « Demandez à cette personne de prendre son temps, de ne pas décider sur un coup de tête. La passion amoureuse durant dix-huit mois environ, attendre ce temps pour éprouver le bien-fondé de sa décision est une preuve de sagesse. Si la nouvelle relation doit durer, nul n'est à dix-huit mois près quand l'avenir d'une vie est en jeu. Si cette nouvelle relation est vouée à l'échec, après la phase de passion, elle ne durera pas. » Attendre que vos neurones produisent moins de dopamine et que vos récepteurs soient désensibilisés aux endorphines vous engage à prendre des décisions plus réfléchies.

L'état amoureux passionnel apparemment passé peut tout de même se trouver réactivé au fil des rapprochements et des éloignements émotionnels dans un couple. Pour que cela puisse se produire, il faut qu'existe en filigrane une relation d'attachement profond qui rend le lien solide. Et ce lien, ce sont l'ocytocine et la vasopressine qui le renforcent.

Thibaut est marié depuis douze ans. Il a deux enfants. Mireille, sa femme, est déprimée ces temps-ci par son travail où l'ambiance est détestable. Thibaut parle de tout cela avec Léa, une collègue, et parler chacun de leur intimité les rapproche. Il s'ensuit une liaison passionnée. Thibaut envisage de quitter Mireille sans pour autant en parler à personne, ni à Léa ni à Mireille. Or, Mireille découvre subitement cette liaison. Sa dépression s'envole et elle redevient aussi passionnée qu'au début de leur relation… Et Thibaut aussi.

Mireille en équilibre et en sécurité dans sa relation avec Thibaut voit tout à coup un manque brutal s'installer. Son mari s'éloigne. Ce changement rend la situation nouvelle, le manque stimule la dopamine et la susceptibilité aux endorphines augmente en flèche. L'état d'équilibre installé auparavant vole en éclats. Dans le couple en péril de rupture, la passion peut encore couver sous la cendre. Thibaut, lui, se sentait en état de déséquilibre amoureux, moins aimé par Mireille trop centrée sur ses difficultés personnelles pour s'occuper de lui. Cette faille a permis à sa relation avec Léa de devenir passionnelle.

La passion peut aussi se réactiver dans des circonstances plus positives : l'autre réalise quelque chose qui vous émerveille, que vous admirez et vous ressentez tout à coup beaucoup plus la force de votre amour. Odile est coiffeuse salariée depuis des années. Elle décide brusquement de se mettre à son compte, ouvre un salon qui, en un an, est un très grand succès.

Son mari, Hans, retombe amoureux. « Tout à coup, j'ai découvert une femme que je ne connaissais pas, la mienne ! De salariée lambda, elle est devenue une patronne épanouie, superdynamique. » Pourtant, explique Odile, ce projet, elle y pensait depuis des années, il a mûri doucement. Pour Hans, c'est une nouveauté et la nouveauté stimule la dopamine !

L'affection est essentielle pour conserver, pour faire vivre ce lien. Si ce lien est fragile, un événement positif peut pourtant entraîner un éloignement affectif et une rupture. Raynald s'éloigne de Patricia. Elle vient d'avoir une promotion intéressante et son salaire a notablement augmenté, pour atteindre à peu près le niveau de celui de son mari. De plus, elle est très demandée en conférences car elle est très compétente dans un domaine technique très pointu. Au lieu de se réjouir des succès de son épouse, Raynald, même s'il réussit largement aussi bien qu'elle, se sent jaloux. Il se place dans une dimension de compétition et non d'amour. Patricia comprend mal pourquoi il s'éloigne. En effet, ayant honte d'éprouver cette jalousie, il n'en parle pas. Elle le ressent par une acrimonie inexpliquée. C'est le début de la fin de leur couple. Ils font de moins en moins l'amour, se donnent mutuellement de moins en moins de gratifications positives.

L'état amoureux, un état de grâce ?

L'état amoureux passionnel est le starter de la sexualité affective adulte. Il donne une puissante impulsion pour aller très loin avec l'autre. Telle une fusée produisant une poussée violente pour quitter l'attraction terrestre, il vous emmène dans les étoiles, continuant sa route avec très peu d'énergie. Cet état amoureux imprime une force inouïe à votre relation, l'ancre, crée un monde unique pour votre couple. Quand j'ai fait mes études de sexologie, j'ai été très déçue, en assistant à un cours sur la passion amoureuse, d'en entendre parler comme d'une maladie. Les signes précurseurs, les symptômes, les effets secondaires, la conduite à tenir, la guérison… Tout y était pour présenter cet état passionné comme un état pathologique.

Or, personnellement, je crois exactement le contraire. Même si le tableau décrit ressemble à celui d'une maladie, l'état amoureux n'en est pas une. Il utilise des circuits cérébraux qui sont parfois empruntés par des parasites (des drogues en particulier), entraînant des symptômes pathologiques, et pourtant il est parfaitement naturel.

Quand on « tombe » amoureux, l'être aimé occupe tout à coup toutes vos pensées… même si vous n'y pensez pas. Il s'impose à vous à votre réveil, et tout vous ramène à lui. Une fleur ? Ce sont justement les fleurs qu'il préfère. On vous parle de voyage ? C'est comme cette personne aimée qui aime voyager… Elle est présente en permanence en surface ou en arrière-plan dans vos pensées et dans vos rêves, même sans intervention de votre volonté.

D'autre part, vous éprouvez une dépendance. Vous avez besoin de voir la personne aimée, de l'entendre, de la toucher le plus souvent possible, mais sans, la plupart du temps, vous sentir dépendant comme avec une drogue puisque vous vous sentez heureux. Pas d'effets secondaires toxiques à l'amour.

C'est cette dépendance qui explique la fidélité naturelle de l'état amoureux. Si vous êtes un homme, vous ne regardez plus les autres femmes, ou alors sans aucun intérêt. Idem pour les femmes. Une étude publiée dans *Cerveau et Psycho* [1] vient même de montrer que « l'amour rendait aveugle »… aux autres partenaires potentiels. Les hommes amoureux regardent moins les autres femmes, surtout les plus belles !

L'état amoureux vous rend très dynamique, plein d'énergie. Vous êtes prêt à n'importe quoi pour l'autre : traverser la France en voyageant toute la nuit, vous endetter pour lui faire un cadeau, faire des projets faramineux…

---

1. *Cerveau et Psycho* n° 29, « Pourquoi l'amour rend aveugle » d'après J. Cloutier et coll. : « Are attractive people rewarding ? Sex differences in the neural substrates of facial attractiveness », in *Cognitive Neuroscience* vol. 20, p. 941, 2008.

Mais cette passion vous fait aussi souffrir. Vous tremblez à l'idée que l'autre vous aime moins que vous ne l'aimez, que votre histoire ne dure pas, vous souffrez de son absence…

De fait, la plupart du temps, l'état amoureux passionnel est interprété comme un aveuglement : dans le cocon de la passion, vous ne voyez que ce que vous avez envie de voir chez l'autre, ce qui répond à vos désirs. Un jour, votre aveuglement cesse. Vos paupières se dessillent et vous voyez l'autre dans sa réalité. Vous aviez cristallisé [1] autour de lui et, tout à coup, les cristaux se détachent et vous ne voyez plus que la vieille branche.

Ma vision de la passion est tout autre. Pour moi, c'est un élan de départ qui correspond exactement au contraire de l'aveuglement. Tout à coup, vous rencontrez quelqu'un qui vous ouvre les yeux. Vous étiez dans la nuit et, tout à coup vous découvrez la lumière. « Tous les jours se levaient clairs et sereins pour eux », dit Racine dans *Phèdre*. Un voile se lève et vous voyez l'autre dans la lumière. Vous découvrez ce qu'il y a de plus beau en lui. Vous êtes capable de percevoir sa dimension divine, ses merveilles. Et, loin d'être une illusion, c'est une réalité. L'autre a de la grandeur en lui, de la profondeur, du magnifique et du grandiose. Vous le voyez et vous le lui révélez… et réciproquement.

Pas étonnant que ces deux regards se répondent, se nourrissent l'un de l'autre. J'ai entendu Marie-Christine Barrault dire un jour à propos du grand amour qu'elle a vécu avec Roger Vadim : « L'amour, c'est quand quelqu'un vous révèle le meilleur de vous. » L'autre vous permet de percevoir la grandeur qui est en vous et vous donne envie de devenir encore meilleur, de cultiver cette richesse.

Avec la passion, vous avez accès au meilleur de vous-même et au meilleur de l'autre. C'est un élan extraordinaire pour se charger l'un l'autre en énergie et pour construire.

Ressentir une passion amoureuse, ce n'est pas ne rien voir de l'autre, mais au contraire tout voir avec minutie. L'amour

1. Le phénomène de cristallisation est décrit par Stendhal dans *De l'amour*.

n'est pas aveugle. Au contraire il voit tout. Il connaît tout de l'autre, dans les moindres détails, tout ce qui le rend unique, incomparable. Il est d'autant moins aveugle qu'il observe parfaitement les défauts de l'autre, les trouvant sans importance, si insignifiants à côté de l'immense merveille qu'est l'objet d'amour.

J'ai l'impression que le dénigrement de la passion est parfois le fait de ceux qui se sentent aigris ou déçus de ne pas la vivre ou de ne plus la connaître. Alors, ils s'en moquent, n'en voient plus que les mauvais côtés, et prêchent pour inciter les autres à s'en méfier !

La sexualité de la passion amoureuse ne se contente pas d'être une pulsion. Elle est un élan beaucoup plus profond et plus étroit. Ce désir lié à la passion ressemble à un rayon laser. Étroit, il pénètre profondément. Le désir se focalise sur un être unique et ne s'arrête pas à sa surface, il entre en profondeur, car il veut rencontrer l'être entier. Ce n'est pas étonnant que faire l'amour avec passion vous fasse vibrer entièrement, vous donne un sentiment de fusion. La pulsion, elle, serait plutôt comme un radar qui cherche dans le monde aux alentours, sur 180°, un objet qui lui réponde. L'acte sexuel correspond alors à une simple et agréable décharge orgasmique.

La passion est un cadeau de la vie et je pense qu'il faut la cultiver précieusement. La passion s'épuise, car elle est liée à des mécanismes biochimiques et parce que la nature a sans doute prévu que nous construisions le monde, pas seulement notre couple. Toutefois, même épuisée, elle reste une richesse présente. Quand la passion spontanée s'éteint, c'est à nous de jouer. Si nous voulons continuer à aimer, à notre tour de cultiver ce regard de lumière, volontairement cette fois. Il faut pour cela avoir mis en mémoire les moments de passion. Se rappeler de ce que nous aimons chez l'autre, ce qui nous émerveille. Et il est possible de rester émerveillés, puisque nous l'avons été, et que c'est inscrit dans nos souvenirs émotionnels. C'est pour cela que les couples heureux disent souvent :

« Tu te rappelles quand nous nous sommes rencontrés, quand nous avons passé cet après-midi ensemble, quand ceci et quand cela… » Chaque souvenir des moments de passion réactive le sentiment amoureux.

Stephen R. Covey [1] raconte un dialogue étonnant entre un homme et son psy : « Je n'aime plus ma femme…, dit cet homme. Que puis-je faire ? » Réponse : « Aimez-la ! » Le sentiment amoureux n'est pas seulement la passion, miraculeux cadeau qui nous tombe dessus sans l'avoir cherché. C'est aussi un mouvement du cœur qui alimente les pensées positives envers l'autre et réactive à chaque instant ce qui a pu se mettre en sommeil.

Olga a dépassé le stade de la passion avec Jérémy. Leurs invités viennent de partir, toute la vaisselle et le rangement sont à faire. Et Jérémy s'installe dans le canapé pour se reposer. Olga est énervée de le voir affalé alors que le travail leur tend les bras. Puis elle sourit. Elle est hyperactive et Jérémy est sa source de repos, de paix. Il n'est pourtant pas passif, il est calme et son effet apaisant l'a toujours équilibrée. Alors, elle s'assoit à côté de lui, se blottit contre son épaule et remercie la vie de la faire vivre ces moments où le temps s'arrête. Ils auront bien le temps de ranger ensuite. S'aimer, c'est plus important non ?

Olga, alors qu'elle est énervée contre son compagnon, se recentre naturellement sur ce qu'il lui apporte, comme un antidote. Et, chaque fois qu'elle y pense, elle réactive leurs moments de passion et change immédiatement son regard sur lui. Leur passion est encore là, sous forme d'écho, d'amour plus adulte. Elle est là parce qu'ils ont vécu ces débuts passionnels, qu'ils se sont laissé porter et qu'ils s'en souviennent avec plaisir.

Il n'est pourtant pas toujours possible de réactiver la passion à chaque instant. On peut vraiment ne plus aimer l'autre quand il nous a trop fait souffrir. Réactiver la passion reste toutefois possible, mais l'alternative entre en balance avec toutes les difficultés vécues dans le couple.

---

1. *Les 7 habitudes des familles épanouies*, Éditions First, 1998.

Florent a eu une aventure extraconjugale. Sa femme l'a su, et elle en a parlé à ses parents et à ses frères qui ont voulu « casser la gueule » au mari infidèle. Oui, mais ce que Sophie n'a pas dit c'est que, depuis cinq ans, elle refuse totalement de faire l'amour avec son mari. Elle est bloquée, mais ne veut pas l'admettre. Quand, gentiment, Florent lui a proposé d'aller consulter, elle l'a insulté en lui crachant qu'il était un obsédé sexuel et ne pensait qu'à ça. Il se sent si humilié par la réaction de sa belle-famille qu'il n'a plus qu'une envie, quitter sa femme. Il se considère comme un gentleman car il n'a pas voulu leur expliquer les blocages de Sophie, estimant qu'il s'agissait de leur intimité. Le problème, c'est que tant de vécu négatif les sépare irrémédiablement. Florent va quitter sa femme. Il est incapable de retrouver l'élan passionnel de leur début, n'en parle que d'une manière négative. Il lui trouve un esprit étroit, ne la juge pas désirable (elle s'est laissée grossir et s'habille très mal, sans doute pour garder son mari à distance), ni même gentille. Trop de négatif a fini par détruire l'image positive qu'il avait d'elle, même dans ses souvenirs. Car nos souvenirs évoluent au fil de notre vécu. Ils se réaménagent en fonction de nos expériences au jour le jour. Alors, autant faire son possible pour les alimenter en belles choses.

Nous ne choisissons pas de vivre une passion amoureuse. Elle nous tombe dessus par surprise. Elle porte en elle quelque chose de l'ordre de la blessure : je reçois une flèche en plein cœur, je tombe amoureux, je suis frappé à mort, j'en pince pour elle, il me fait mourir… (rappelez-vous le : « Belle marquise, vos beaux yeux me font mourir d'amour [1] »).

Je suis comme un œuf, la passion trouve en moi une fêlure dans laquelle elle s'engouffre, pénétrant au cœur de mon être. En cela elle est à la fois une blessure et une ouverture : un œuf est fait pour s'ouvrir. La passion peut nous faire souffrir alors même qu'elle élargit notre monde. Un poète arabe conseillait :

1. Molière, *Le Bourgeois gentilhomme.*

« Fends le cœur de l'homme, tu y trouveras un soleil[1]. » À l'intérieur de nous se trouve un monde qui ne demande qu'à irradier.

Je rapproche la première passion de la première fois que l'on fait l'amour. Pour une femme, l'hymen se déchire, permettant à une ouverture nouvelle d'exister. C'est souvent douloureux, et pourtant c'est un appel à l'autre, vers le plaisir.

Et si, à travers la passion, nous revivions notre enfance affective ?

Dès le début de la rencontre où débute la passion, nous ressentons un sentiment de fusion… le même peut-être que nous avons connu jusqu'à nos 9 mois intra-utérins. On pourrait même remonter à la rencontre de l'ovule et du spermatozoïde. Ils se sont trouvés, ont fusionné pour construire un nouvel être à partir d'eux-mêmes, en se nourrissant de ce qui les entourait. Dans la relation amoureuse, nous construisons un couple, nouvelle entité nourrie par notre monde.

Après le temps de la gestation de l'enfant à naître, vient la séparation de la naissance. En amour, après un temps d'euphorie totale, avec la maturation de la passion, vient le temps des souffrances des séparations inévitables. On ne peut pas vivre collés vingt-quatre heures sur vingt-quatre. Quand je suis loin de toi, je me sens mal. J'ai besoin de toi. J'ai besoin que tu sois présent. C'est ce que vit l'enfant entre 9 et 18 mois environ, dès l'âge de l'angoisse de séparation. Notre capacité humaine à ressentir la passion prend racine dans ce temps de manque vécu dans notre enfance.

Nous sommes alors dans l'adoration, tel l'enfant qui pense que « maman est la plus belle des mamans » et « papa est le plus fort des papas ». La personne aimée est la plus merveilleuse à nos yeux éclairés.

Et puis, plus tard encore, vient le temps de l'autonomisation. J'ai beau avoir envie de ne faire qu'un avec toi, j'ai aussi

1. Cité par Marie de Hennezel dans *La chaleur du cœur empêche nos corps de rouiller*, *op. cit.*

besoin d'être moi. L'enfant, lui, gagne progressivement en autonomie. C'est un temps qui peut durer longtemps. Il passe par des périodes de crise, comme lorsque l'enfant commence à dire non à ses parents, ou comme l'adolescent qui a besoin de s'opposer pour vivre sa vie. Il revient ensuite à ses parents avec une plus grande force intérieure et une personnalité plus affirmée.

Après ce temps de passion brûlante, le voile habituel se remet en place. Nos yeux et notre cœur redeviennent moins clairvoyants, et nous ne savons plus aussi bien lire sous la surface de l'autre. Nous n'avons plus aussi facilement accès à sa grandeur. Notre cœur rapetisse, se rétracte, se connectant à nouveau à ses limites. Nous devenons myopes à l'horizon de l'amour et son soleil intérieur devient moins accessible.

Pourtant, rien désormais ne sera comme avant. La passion a ouvert une fenêtre en nous et même si ses volets se referment, nous savons qu'il existe à cet endroit un puits de lumière.

La passion amoureuse est pour moi une phase naturelle d'apprentissage de l'amour. Qui pourrait nous apprendre ce que c'est qu'aimer ? L'expérience des uns ne sert pas aux autres et il faut peut-être vivre la passion pour comprendre ce qu'aimer représente. Cette passion nous appelle à l'amour. Et elle nous incite à viser haut. Elle nous montre le bonheur d'aimer. C'est la bande-annonce du film de l'amour qui nous dit « Vois ce que c'est qu'aimer ». La bande-annonce se termine mais, par la suite, gardant ce souvenir en vous, c'est à votre tour de jouer pour créer l'amour que vous savez exister.

La passion est l'émotion qui vous fait penser que l'amour est plus fort que la mort. La sexualité est porteuse de vie et lutte inlassablement contre la mort. « La sexualité est la grande exception dans la marche de la vie vers la mort », dit Paul Ricœur. Quand vous êtes au cœur de l'autre, vous vous trouvez face à l'éternité. L'amour est éternel, pense-t-on quand on aime. C'est peut-être plus vrai qu'on ne le croit. L'amour souhaite être éternel et il attend que vous retroussiez vos manches pour construire ce qu'il vous fait entrevoir dans la passion.

La passion destructrice, un état amoureux pathologique

Je pense que l'état amoureux permet de voir ce qu'il y a de plus beau, mais, m'a-t-on déjà opposé, et les femmes qui aiment un pédophile ? Et les femmes battues passionnément amoureuses ? Il me semble que, dans ce cas aussi, cette femme voit ce qui est beau et grand dans l'autre… même si cela se trouve caché derrière des choses terribles. Mon sentiment est que chacun possède à la fois de magnifiques espaces intérieurs et de terribles bassesses. On peut ainsi se trouver piégé par le sentiment amoureux et s'aveugler sur le pire de l'autre.

Cela se produit quand l'état amoureux devient une drogue comme les autres et non plus un moment de passage vers une relation plus mature. Quand une dépendance pathologique s'installe. Cette dépendance se produit souvent par la rencontre de deux difficultés. Chez la femme, cela peut être une peur de l'abandon, de la solitude et la conviction de ne pas pouvoir être aimée par quelqu'un d'autre. C'est donc déjà une chance d'avoir fait une rencontre… Chez l'homme, c'est souvent l'existence d'un certain degré de perversion, de manipulation de l'autre, qui amplifie la faille de sa partenaire. Un homme peut ainsi faire croire à une femme qu'elle est nulle et qu'elle a beaucoup de chance qu'il reste avec elle. C'est une mécanique relativement fréquente. Je me souviens d'une patiente d'une trentaine d'années, Anne-Line, très jolie. Elle portait pourtant sur elle beaucoup de détresse, elle semblait extrêmement triste, habillée en dépit du bon sens, mal coiffée, pas maquillée… Une phrase a fait tilt :

« J'ai la taille trop fine… »

Je réponds :

« Pardon, pouvez-vous répéter ?

— Oui, mon ami me dit toujours que j'ai la taille trop fine ! »

Personnellement, c'était la première fois de ma vie que je voyais une femme se plaindre de ce genre de problème. Son ami la dévalorisait pour tout, lui expliquait qu'elle était moche et bête, l'empêchait de travailler, de se réaliser, de peur, sans doute, qu'elle ne s'aperçoive qu'elle valait mieux que lui. Pourtant, malgré tout ce qu'elle m'a raconté, elle ouvrait des yeux étonnés en entendant mon point de vue sur leur relation. Elle était amoureuse et avait peur de perdre ce sentiment précieux. Quand on est incapable de se décentrer de nos sentiments, on peut s'y laisser enfermer. C'est pour cela que, dans l'état amoureux naturel, nul n'est totalement aveugle. Dans la passion destructrice, on préfère rester aveugle, poussé par la peur de voir la réalité en face.

La passion destructrice n'est plus un sentiment d'ouverture à l'autre, une élévation, mais une envie de possession, une peur d'être dépossédé, et un rétrécissement d'univers. Elle est, par exemple, à l'origine des jalousies pathologiques.

Aussi, même si l'état amoureux est naturel, il peut se trouver perverti, poussé dans des extrêmes qui deviennent pathologiques.

Le marathon du cerveau sexuel émotionnel

Après un temps de séduction et d'état amoureux passionné, nous entrons véritablement dans l'amour. Frédéric Beigbeder, dans *L'amour dure trois ans* [1], et bien d'autres comme lui confondent état amoureux et amour. Eric-Emmanuel Schmitt, au contraire, pense que « l'on commence à aimer quand on cesse d'être amoureux. Quand la passion avec les illusions qu'elle comporte cesse [2] ». Je pense aussi que l'amour commence quand cesse la passion amoureuse. Cela ne nie pas son importance puisqu'elle sert de starter au couple. La pulsion tient un rôle de catalyseur, elle permet de choisir le partenaire. L'état amoureux passionnel donne l'énergie pour changer de vie (envie de vivre à deux, d'injecter de l'énergie à la

1. Disponible en Folio (2001).
2. Propos d'Éric-Emmanuel Schmitt interviewé dans une émission de télévision.

formation du couple), puis l'amour permet de vivre ensemble longtemps. Cet amour, c'est se sentir aimé avec nos limites par quelqu'un qui a vu notre grandeur dans nos moments de passion. Quelqu'un qui continue à croire que nous sommes merveilleux même avec nos petitesses. Cet amour contient de la tendresse, de l'indulgence. Il ressemble à l'amour inconditionnel de nos parents, qui voyaient la merveille que nous étions. Cet amour apporte un sentiment de confiance et de sécurité, sensation profondément agréable. La passion s'est révélée source de plaisir et d'angoisse, l'amour se montre empli de paix. Il permet de construire sa vie dans des projets à long terme ensemble ou dans sa vie personnelle. Il est une base pour s'envoler loin et haut sans peur, et sachant notre base présente, nous pouvons nous y replier à tout moment.

Nathalie : « Je préfère l'amour que je ressens maintenant pour Benoît aux années qui ont suivi notre rencontre. Nous étions un couple fou amoureux, et c'était épuisant. Je me sentais jalouse, en insécurité. J'avais toujours peur qu'il ne m'aime plus ou qu'il m'aime moins. Je vivais aussi de grands bonheurs, mais à quel prix ! Aujourd'hui, nous sommes très proches et en paix l'un avec l'autre. Nous nous aimons plus sereinement. J'aime ce calme. Il contient une grande force. Avec lui, je me sens pleine d'énergie, de puissance et je pense que c'est réciproque. Nous connaissons chacun nos faiblesses et nous nous soutenons, nous nous appuyons l'un sur l'autre. C'est très reposant et je me sens très épanouie. Notre sexualité est à cette image. Forte, sensuelle et porteuse d'amour. Nous aimons beaucoup faire l'amour ensemble et nous ne nous ennuyons jamais, même si certains pourraient juger nos pratiques très classiques. J'ai beaucoup de chance de vivre un amour d'une telle qualité. Nous avons une fille et cela fait six ans que nous souhaitons un autre enfant qui ne vient pas. Pourtant, cela ne nous affole pas. Il viendra s'il veut, nous, nous sommes bien ensemble. »

Le cerveau sexuel affectif est source de satisfaction sexuelle à long terme

L'affectivité sexuelle est réputée donner de la tendresse, de l'affection, mais non alimenter la sexualité. Les couples âgés, pense-t-on, se font surtout des câlins, des gestes tendres. Nous sommes là bien parasités par les médias qui ne nous montrent que des images de couples adolescents et pulsionnels. Il est plus difficile d'imaginer une personne très âgée sexuellement active. Un médecin sexologue que je connais bien me disait : « L'étonnement que j'ai ressenti en lisant la dernière grande enquête sur la sexualité, c'est que les couples qui durent longtemps font encore l'amour. Je pensais qu'à un moment donné, ils cessaient complètement… »

Les couples qui durent font donc encore l'amour. Mais, pense-t-on, ils ne ressentent plus cette pulsion, cette passion, et font l'amour de manière plus *pépère* ; la sexualité affective est agréable, mais ce n'est quand même pas pareil…

La nostalgie de la passion naissante, de la pulsion renversante plane-t-elle sur les couples ? Bien moins qu'on l'imagine. Les couples qui durent depuis plus de quinze ans ressentent même un peu plus de satisfaction sexuelle que les autres [1] ! Ils sont 94,7 % à affirmer que leur vie sexuelle les satisfait beaucoup ou assez. Les couples de moins de cinq ans ne sont que 92,7 % à afficher la même satisfaction.

Alors, avec le temps qui passe, la bascule de la pulsion vers plus d'affectivité sexuelle ne nuit pas à la satisfaction sexuelle. C'est d'autant plus notable que les couples qui affichent une longue durée au compteur font partie d'une génération où la sexualité était plus taboue, plus difficile à intégrer. On pourrait attendre une satisfaction moindre due à une éducation plus rigide. On a tort. Un autre élément montre l'importance de la relation affective dans la satisfaction sexuelle [2] : les femmes qui estiment qu'il faudrait en priorité « améliorer la qualité

1. *Enquête sur la sexualité en France*, *op. cit.*

2. Enquête MISS 2008, Monasens Intimate Sex Survey, par le laboratoire Théramex. Enquête sur 2 000 femmes.

relationnelle » dans leur couple sont les moins satisfaites sexuellement. Leur satisfaction lors des préliminaires reçoit la note de seulement 10,2 sur 20 ; et le coït (pénétration vaginale) est noté seulement 9,8 sur 20 quant à leur satisfaction sexuelle. Aussi la satisfaction sexuelle dépend-elle en grande partie de la qualité relationnelle dans le couple.

L'affectivité est profondément liée à la sexualité. Le désir sexuel n'est pas seulement présent dans la pulsion sexuelle brute, ni dans les moments de passion. On peut avoir envie de faire l'amour pour des tas d'autres raisons que poussé par une pulsion.

Vous pouvez avoir envie de faire l'amour avec l'autre pour vous sentir en sécurité, pour être sûr que vous pouvez compter sur l'autre, qu'il est présent et que vous comptez pour lui. Vous pouvez aussi ressentir le désir de faire l'amour pour l'autre : pour lui faire du bien parce que vous le sentez triste, démoralisé, anxieux. Vous savez que votre relation sexuelle lui sera bénéfique car il sentira que vous êtes là pour lui (ou pour elle). En cela vous pouvez faire l'amour non pour vous, votre plaisir, mais pour l'autre, et le plaisir que vous en retirez est celui de construire votre attachement mutuel. Et je parle de désir sexuel qui est aussi désir de se prendre dans les bras pour se réconforter.

La sexualité peut ainsi répondre à notre besoin de sécurité, à notre besoin d'être aimé, à notre besoin de sentir que nous existons. Ainsi, la sexualité contribue à combler notre angoisse existentielle.

Micheline : « Mon mari est décédé brutalement d'un accident, j'avais 45 ans. Mes enfants venaient de partir, et ça a été terrible pour moi. Tout à coup, je ne comptais plus pour personne, je n'étais plus rien. J'ai fait une tentative de suicide. J'ai alors eu la chance de rencontrer un psychiatre à qui j'ai pu me confier. Je me sentais minable, car faire l'amour me manquait terriblement et j'avais l'impression d'être une obsédée sexuelle. J'en avais honte par rapport à mon mari décédé. Mon médecin m'a fait prendre conscience que le sexe, c'est l'amour. Ce n'est pas juste une pulsion, mais également une manière de montrer à l'autre qu'il existe, qu'il est important. La masturbation ne m'apportait rien, et pourtant je la pratiquais comme une fuite en avant. C'était horrible. Comprendre m'a soulagée. Je n'étais pas un monstre qui s'était servi de son mari pour assouvir des pulsions. J'étais une femme normale qui souffrait et la sexualité était une manière de me sentir comblée dans une relation. » **La sexualité, porteuse de vie parce qu'elle fait des enfants, porte aussi notre vie propre en nous faisant exister.**

L'attachement n'est pas toujours également partagé entre l'homme et la femme

L'orgasme est un important facteur d'attachement à cause des secrétions hormonales qu'il entraîne. Les hommes ont plus souvent des orgasmes que les femmes : en moyenne un orgasme par relation sexuelle quand une femme en a, toujours en moyenne, une fois sur deux. Il est donc possible que les hommes soient souvent plus attachés à leur femme que les femmes à leur homme. Ils ont plus besoin d'elle. Observons que ce sont presque toujours les femmes qui demandent le divorce. Un homme a du mal à se détacher, à s'éloigner, même si son couple n'est pas celui de ses rêves. On entend souvent parler de la lâcheté masculine. Les hommes, dit-on, ne sont pas courageux. Je ne pense pas que ce soit le cas. Je crois que les hommes ressentent un attachement très puissant qui ne leur donne pas envie de partir, même s'ils ont une maîtresse. Elle ne fait pas le poids face à une femme avec qui ils ont fait l'amour pendant des années, qui a partagé leur plaisir, en a reçu et donné. Il ne s'agit pas de lâcheté, mais de la conscience d'un lien très puissant et précieux. Je suis souvent étonnée d'observer combien les femmes mésestiment ce sentiment d'attachement, comme s'il était moins précieux que le désir pulsionnel ou que la passion amoureuse. Or, il me semble, à moi, plutôt plus précieux. Ressentir une attraction sexuelle pour quelqu'un, c'est facile et souvent instantané. Se laisser emporter par la passion, c'est se laisser guider momentanément par ses émotions. Vivre une relation dans laquelle existe un profond attachement, c'est construire de l'amour et de la sécurité qui permettent de nous épanouir mutuellement. Notre société porte au pinacle le désir pulsionnel et la passion quand elle minimise la valeur du lien d'attachement. C'est peut-être logique dans une société commerciale où créer un désir instantané fait vendre, où l'on recherche l'émotion facile plus que le plaisir de la récompense pour un effort de construction.

Je compare cela à des émissions comme « La nouvelle star ». On nous donne l'impression que tout est possible, que tout peut vous être donné par miracle, qu'il ne sert à rien de passer du temps à travailler. Travailler des années pour devenir un chanteur, ce n'est pas tellement attrayant, mais gagner un jeu, si. En amour, le parallèle, c'est que l'on donne en modèle la pulsion, l'instantané et que ce qui résulte de la construction paraît fade ou fatigant. On préfère « Je suis tombé amoureux » à « Je construis mon couple ».

Comment se nourrit l'attachement à long terme ?

La période de passion amoureuse, d'amour fou, se nourrit d'elle-même. Les hormones sont là, c'est comme si on vous louait une voiture dont le plein a été fait. Elle fonctionne à merveille et vous ne vous étonnez pas de ne rien avoir à faire. Quand cette voiture est à vous, à un moment donné, soit vous faites le plein d'essence, soit votre voiture tombe en panne. Pour l'amour c'est la même chose. Un don du ciel vous a été fait avec l'amour passion et il arrive un moment où vous devez lui fournir du carburant.

De plaisirs bruyants, forts, passionnels, vous allez sans doute passer à des gratifications plus douces, les nourritures affectives de l'amour durable. Car la passion est comme l'adolescence de l'amour. Vous vivez des sentiments forts, des émotions violentes, et puis, vous devenez adulte. Vos émotions et sentiments auront moins de relief, et vous serez plus serein, moins à vif, plus à même de bâtir l'avenir. Adolescent, vous ressentez un besoin d'amour, c'est vital. Adulte, vous éprouvez exactement le même besoin d'amour, avec juste un peu plus de recul.

Qu'est-ce qui va combler ce besoin ? John M. Gottman et Nan Silver en ont très bien parlé dans leur livre *Les couples heureux ont leurs secrets* [1].

Les toutes petites attentions, signe d'intimité et d'intérêt réciproque, sont un élément essentiel. L'autre connaît de vous de tout petits détails qu'il vous renvoie.

Vérane sait que Didier aime prendre le dessert dans une petite assiette. Aussi met-elle sur la table ces assiettes même quand elle ne l'aurait pas fait pour elle. Et Didier fait souvent le marché. Il connaît le goût de Vérane pour les mangues et quand il en voit de bien mûres, il lui en rapporte une. Il la prévient aussi quand c'est l'heure de son émission de radio préférée. Comme elle est un peu tête en l'air, elle pourrait la rater et il sait qu'elle serait déçue. Didier reconnaît très bien les oiseaux et Vérane ne manque pas de lui demander : « Quel est cet oiseau ? » quand elle en observe un qu'elle ne reconnaît pas. Cela fait très plaisir à Didier de partager son savoir.

Ces petites attentions paraissent peut-être minuscules. Pourtant, ce sont elles qui tissent un lien d'amour très puissant. Il ne s'agit pas, dans le fond, seulement d'attentions, mais d'une connaissance profonde de l'autre. **Aimer quelqu'un, c'est le connaître et le prendre en compte. Et, à l'inverse, prendre en compte quelqu'un et s'intéresser à lui, c'est augmenter l'amour que l'on partage, c'est le faire circuler.**

Un autre élément cultive positivement la relation, c'est d'accepter l'influence de l'autre sur vous. Didier avait très envie d'acheter un 4 × 4, mais Vérane était contre. Il a pris son avis en compte et ils ont acheté une autre voiture, même si ce n'est pas celle que Vérane aurait choisie. Ils se sont influencés mutuellement. Pour l'achat de leur maison, Didier voulait absolument une exposition au sud. Vérane avait trouvé une

1. *Les couples heureux ont leurs secrets*, John M. Gottman et Nan Silver, Pocket, 2006.

maison qui l'emballait, mais elle a accepté d'attendre car cette maison donnait au nord…

Quand vous prenez l'autre en compte, c'est que vous lui donnez une place de choix. Vous lui passez un message : « Tu comptes pour moi », qui est peut-être encore plus important que les faits eux-mêmes.

Ainsi, quand un homme décide de tout sans demander l'avis de sa compagne, il lui envoie le message inverse : « Tu ne comptes pas pour moi, tu n'as pas d'importance… » Idem pour une femme qui « porterait la culotte », comme on dit ! Pourtant, on observe que la plupart des femmes se laissent facilement influencer. Ce sont les hommes qui, souvent, ne savent pas partager le pouvoir. « Les hommes qui permettent à leur femme de les influencer sont plus heureux en ménage et ont moins de risque de divorcer que ceux qui résistent à son influence. Statistiquement, lorsqu'un homme n'accepte pas de partager le pouvoir, il y a 81 % de chances que son couple s'autodétruise [1]. »

La relation amoureuse affective est aussi faite de projets partagés. Ensemble on marche côte à côte sur le même chemin et l'on se soutient, on s'entraide, on est présent pour l'autre. Et même si les projets de couple sont importants, ils n'excluent nullement les projets personnels, l'idéal étant qu'ils les intègrent. On forme un vrai couple quand l'autre vous soutient aussi dans vos projets personnels. Ces projets font ainsi partie d'un ensemble plus vaste, celui du couple.

Mais la vie de couple ne se limite pas à des projets partagés, à une vie commune, à faire l'amour ensemble et à élever des enfants. Elle est aussi vivante par la création d'un espace d'intimité émotionnelle, par des souvenirs vécus ensemble, une histoire passée, présente et à venir. À deux, on construit une culture familiale, avec ses rituels, ses histoires drôles, ses goûts, ses chansons, ses soucis, ses peines, ses questions, ses voyages et son mode de fonctionnement. Il s'agit d'un tissage de deux vies ensemble.

---

1. *Les couples heureux ont leurs secrets*, *op. cit.*

De nombreux éléments peuvent continuer à nourrir les émotions d'amour, en particulier toutes celles qui ont été citées dans la phase de séduction. Car après la passion, la séduction continue !

Cultiver les souvenirs

Les souvenirs partagés ressourcent aussi les émotions d'attachement. « Tu te souviens quand on s'est rencontrés ? » Les souvenirs communs sont une colle amoureuse. « Et quand on avait tellement ri en allant voir ce film ? » Garder présents tous ces souvenirs précieux revient à nourrir ses racines. Sans racines, un arbre meurt, même s'il a l'air solide. Cela paraît peut-être superficiel, et pourtant… John Gottman et Nan Silver mesurent le lien d'un couple en demandant : « Comment vous êtes-vous rencontrés ? » Même en cas de fortes tensions, si vous observez leurs regards s'allumer, leur visage s'attendrir, c'est bon signe, leur couple est vivant, leur lien reste fort. En revanche, s'ils ne vous rapportent que du négatif : « Je me demande bien ce que je lui ai trouvé ce jour-là », leur couple est en grand péril.

Une manière concrète de cultiver les souvenirs, c'est de regarder ensemble des photos prises il y a quelque temps, au moment de la rencontre, dans toute la période la plus passionnelle et dans les temps de plaisir partagé.

La musique, source d'émotions

Évoquant des souvenirs, la musique se révèle un moyen de les réactiver. Écouter ensemble une chanson, celle que l'on a entendue au début de notre relation, redonne vie aux sentiments éprouvés à cette époque.

Les émotions liées à la musique naissent autant de l'expérience personnelle intime que d'un plaisir universel. La musique, même non associée à des souvenirs, fait naître des émotions : joie, tristesse, désir, paix… Elles se traduisent par des réactions physiques de frissons, une accélération ou un apaisement du rythme cardiaque. Écouter de la musique ensemble peut permettre de se mettre en phase émotionnelle, donc de créer un espace d'intimité.

« Ce que j'aime, rapporte Lola, c'est danser un slow avec Théo chez nous. Parfois, il n'en a pas envie, mais quand on le fait, on se sent tout de suite plus amoureux. » Tout est dit, Lola et Théo utilisent la musique pour moduler leurs émotions et c'est chaque fois pour eux un plaisir. Elle a même un CD de *best of* de ses slows préférés, « pour son homme préféré », comme elle le dit joliment.

Construire du positif

L'état d'un couple peut se définir par la somme du positif et du négatif qu'il partage. Si la somme est positive, le couple va bien. Si cette somme est négative, ce couple va mal et sa relation se distend.

Cela semble simple et pourtant nous avons tendance à ne voir qu'un aspect de ces données. Quand un couple vit un moment de tensions, nous cherchons habituellement à résoudre les problèmes. C'est une bonne idée, mais c'est parfois impossible, très difficile, ou simplement insuffisant. Nous pensons rarement à instiller volontairement un antidote positif dans notre relation et c'est vraiment dommage.

Viviane et Aymeric subissent de fortes tensions. La mère d'Aymeric, qui habite dans le même immeuble, a une maladie d'Alzheimer. Cette situation introduit entre eux une certaine distance car il consacre beaucoup de temps à sa mère. Comment faire autrement ? Et le temps qu'il ne lui consacre pas, il le passe à chercher un établissement de soins pour la mettre sur une liste d'attente. Il sait en effet que son état ne va pas s'améliorer. Quand un couple vit une crise, la tentation naturelle est de chercher à la résoudre. C'est logique, mais cela peut ne pas suffire, et d'autant moins que la source du problème peut se trouver extérieure au couple. L'autre moyen de réagir est de chercher à cultiver du positif. Laisser les difficultés de côté et partager des plaisirs, antidotes du négatif. Ainsi, Viviane a consulté un psy qui lui a recommandé d'augmenter le niveau de « câlins » dans leur couple. Viviane s'est initiée aux massages et elle masse Aymeric deux ou trois fois par semaine et commence à lui apprendre à lui rendre la pareille. Ces pauses positives ont permis une grande détente dans leurs relations. Et ils ont retrouvé une intimité qui se perdait, une proximité et un plaisir à être ensemble.

Le positif dans un couple peut se constituer de discussions sur un livre, de balades en forêt, d'un sport partagé, de sorties au cinéma, ou de toute autre activité procurant un plaisir partagé.

Les écueils du cerveau sexuel émotionnel

Si tout s'est passé au mieux, vous avez connu une toute petite enfance emplie de câlins et d'amour qui vous a comblé et équilibré. Vous avez progressivement appris à vous autonomiser, grâce à une base arrière de sécurité et d'affection. Puis, vous avez vécu comme une aventure une adolescence pleine d'émotions fortes. Vous avez connu les émois d'une passion qui a évolué en attachement profond.

Mais la vie n'est pas un fleuve tranquille, et vos émotions peuvent subir des tempêtes. Les écueils sont nombreux…

La peur, un poison trop répandu

Les peurs sont des boucliers qui nous empêchent de laisser l'autre nous voir tels que nous sommes. Elles sont un vrai barrage à l'intimité, cette faculté de se sentir proches l'un de l'autre, physiquement et émotionnellement. La peur donne aussi à l'autre la place d'un ennemi. Au lieu de vous ouvrir, vous restez sur vos gardes. Ces peurs proviennent de sources diverses. Cicatrices psychiques actives, elles dépendent de notre histoire et de notre construction affective.

La peur d'aimer et de se faire absorber

Avoir peur d'aimer peut paraître aberrant. Nous avons tous besoin d'être aimés, envie d'être aimés. Mais aimer, c'est s'abandonner à l'autre, fusionner avec l'autre, se laisser aller dans ses bras. Le risque est ici de se perdre, de se laisser envahir et de ne plus se retrouver. Certains ont l'impression de se dissoudre dans l'autre, de ne plus exister, de se faire absorber. Ne plus faire qu'un avec l'autre les terrorise.

Dans l'amour, nous lâchons prise, nous nous donnons. Aussi nous trouvons-nous en position de fragilité. L'amant voit les faiblesses de son amante. Et laisser voir ses faiblesses vous met en danger.

Lilian a peur de l'intimité avec Salima qui veut tout connaître de lui. Il a l'impression qu'il n'a plus d'intimité avec lui-même, qu'elle l'accule dans ses retranchements et veut envahir son jardin secret. Il met des barrières, tente de prendre de la distance car il se sent agressé quand elle est trop proche. Salima, ne ressentant pas la même peur, comprend qu'il se passe quelque chose, sans parvenir à le formuler. Elle souffre de cette distance, et l'interprète comme un manque d'amour. En réalité, Lilian a peur de cette intimité, et d'autant plus qu'il aime Salima. Il éprouve un sentiment de danger à être amoureux, à se confier, à s'abandonner. Il a construit une cuirasse qu'il ne sait pas bien ôter dans l'intimité du couple.

Les humains sont comme les hérissons ; trop proches l'un de l'autre, ils se piquent, trop loin, ils ont froid. Lilian a pourtant besoin d'intimité, mais aussi d'une certaine distance pour conserver son unicité et se sentir lui-même. Salima, elle, recherche plus d'intimité et ne connaît pas cette réticence à s'abandonner.

Ces peurs dépendent, dans leur intensité comme dans leur nature, de notre histoire, de notre enfance. Si vos parents utilisaient vos émotions contre vous-même, pour s'en moquer par exemple, vous avez appris à ne pas les manifester. Idem si vos parents vous ont appris qu'un homme ne doit pas montrer ce qu'il éprouve, ou si eux-mêmes cachaient leurs propres émotions comme si c'était tabou de ressentir de l'affection.

En amour, il faut accepter un risque, le risque de n'être pas autant aimé en retour, le risque d'être abandonné, le risque de déplaire parfois. Aimer sans prendre de risque est impossible, le risque fait partie de l'amour. « Je t'aime et j'accepte de prendre un risque pour toi. » Aussi, quand la peur d'aimer est extrême, peut-elle conduire à la solitude. Pour ne pas souffrir, on évite de prendre le moindre risque…

La peur d'être abandonné

Quand on aime, avoir peur que cela s'arrête est une peur naturelle. Chez certains démesurée, paralysante, atrocement angoissante, elle est souvent liée au vécu d'un attachement non sécurisé dans l'enfance. Si je n'ai pas pu compter sur mes parents, je porte au fond de moi la conviction que je peux difficilement compter sur quelqu'un que j'aime. Et même si je suis aimé, j'ai peur que cela s'arrête. Pis que cela, j'ai l'impression que cela va s'arrêter à un moment ou à un autre. Cette peur de l'abandon entraîne à ne plus être soi-même, mais à coller à l'idée de ce que l'on estime devoir être. La personne qui a peur d'être abandonnée joue un rôle, celui qui, pense-t-elle, évitera l'abandon. Elle ne peut pas s'abandonner !

Cette attitude empêche la création d'une vraie intimité. Le couple reste en dehors du cercle de l'amour. La peur installe une distance qui va à l'encontre de l'intimité créatrice de lien.

Le désir d'absorber l'autre

Même si Lilian a peur d'être absorbé par Salima, ils forment un couple uni. Salima, ressentant plus fortement un désir de fusion, est une personne équilibrée.

Ce n'est pas le cas d'Anne-Lise qui cherche la fusion totale. Elle envahit littéralement Simon qui ne peut plus rien faire, rien penser sans qu'elle participe, qu'elle soit au courant, qu'elle l'interroge encore et encore. Il n'en peut plus et se sent acculé. Seule, Anne-Lise se sent incomplète et cherche à phagocyter Simon. Avec ce désir de domination lié à la peur, Anne-Lise croit que si elle possède Simon, leur amour sera plus fort, qu'ils seront liés très intimement. Elle se trompe car elle indispose son ami. Il se demande s'il va donner suite à leur relation. Ce désir d'absorption poussant à la domination est piloté par des peurs profondes et souvent invisibles pour la personne en cause. De toute bonne foi, elle croit que c'est ça l'amour. Pouvoir accepter qu'elle se trompe sera difficile pour Anne-Lise.

La peur de ses propres pulsions

Avoir peur d'une partie de soi peut sembler étrange, et c'est pourtant fréquent. La pulsion est une force difficilement contrôlable, parfois incompréhensible. Comme on ne choisit pas ses pulsions, on peut ne pas les aimer et, quand elles sont fortes et gênantes, elles peuvent faire peur. Yohan a un fantasme, faire l'amour avec un travesti. Cette pensée l'excite, mais il la trouve aussi horrible. Il ne l'aime pas et elle lui fait peur. Il ressent aussi parfois une envie de viol envers sa compagne quand elle n'est pas disponible pour faire l'amour : elle ne veut pas de relations sexuelles pendant ses règles, ce qui ne le gênerait pas. Yohan n'a jamais été violent avec elle et n'a jamais fait l'amour avec un travesti. Il s'agit seulement de fantasmes.

Dès que de telles pensées se présentent à lui, Yohan les évacue de son mieux. Mais elles reviennent… et cela lui fait peur, il craint de passer à l'acte un jour ou l'autre. À cause de cela, il fait tout pour être d'autant plus tendre, doux et aimant envers son amie, comme pour se prouver qu'il n'est ni violent ni pervers. Il n'est pas lui-même.

La peur de nos pulsions entraîne une autorépression qui peut assécher notre affectivité. Et cette répression s'exerce souvent sur des éléments bien plus banals encore que le dilemme de Yohan. La masturbation, par exemple, est encore parfois mal vécue. Elle peut provoquer une gêne. Les pensées érotiques qui traversent l'esprit au fil d'une journée peuvent se trouver autocensurées, et le plaisir sexuel lui-même – l'orgasme, la jouissance – peut être jugé malsain. La peur de s'abandonner au plaisir, d'avoir l'air d'une femme trop sensuelle se rencontre très fréquemment, assortie de sentiments de gêne, de honte ou de culpabilité.

L'idéal est bien sûr d'accepter et d'intégrer nos pulsions pour vivre en paix avec elles, laissant à nos émotions sexuelles et amoureuses un vaste champ pour s'épanouir.

Les peurs posttraumatiques

Élisabeth a subi des attouchements très intrusifs dans son enfance, aux alentours de 9 ans. Elle a peur de l'autre, et a choisi un mari très doux. Pourtant, quand il la touche, elle se rétracte. Sa peur de l'intrusion est toujours présente. Quand il s'approche d'elle, elle le désire mais la peur l'emporte.

Après une agression sexuelle, de nombreux sentiments peuvent parasiter la sexualité émotionnelle : la peur, la culpabilité, surtout quand la personne agressée estime avoir ressenti un certain plaisir, ou qu'elle juge ne s'être pas suffisamment défendue. Quand l'entourage n'a pas été à la hauteur, cet événement peut réveiller le sentiment de ne pas être aimé, de ne pas compter.

Myriam a subi un viol à 19 ans. Heureusement, sa famille l'a soutenue et, avec l'aide d'un psychologue, elle a trouvé un équilibre. Elle continue toutefois à éprouver des craintes, surtout quand elle est seule avec un homme. Mais dans l'intimité avec son ami, elle se laisse aller dans l'amour. Elle lui fait confiance et, même si une petite peur persiste tout au fond, elle ne gâche pas sa relation.

D'autres événements de vie que des agressions sexuelles peuvent être traumatisants et influencer la sexualité. Marion est bloquée pour faire l'amour, sur la défensive. Elle ne se laisse pas aller. Il faut dire que sa mère, divorcée, amenait chez elle ses amants, faisait l'amour dans le salon ou dans le couloir, sachant pertinemment que sa fille pouvait écouter ou l'observer. Cette expérience de l'enfance a contribué à bloquer Marion. Elle ressent la peur d'être observée, d'être ridicule ou exhibitionniste.

Le narcissisme

Sortir de la culpabilisation et de la loi du sacrifice pour les autres vécus a été un énorme progrès. Pour savoir aimer, il faut s'aimer d'abord. Pourtant, tomber dans l'extrême inverse où je suis le centre du monde n'est pas porteur d'amour. Car aimer, c'est être généreux, penser à l'autre, lui donner une place de choix.

Edwige est grande, mince et blonde, style top model. En plus elle est adorable de gentillesse. Oui mais… elle n'est pas heureuse. Son ami avec qui elle sort depuis deux ans ne l'appelle qu'une fois par semaine pour sortir avec des amis auprès desquels il l'exhibe. Il ne parle que de lui, de ses succès au travail, et des personnes tellement intéressantes qu'il connaît, de ses soi-disant amis. Il ne se souvient jamais si Edwige est en deuxième ou troisième année de droit. Puis, après la sortie, ils font l'amour rapidement, sans grande sensualité. Les amis d'Edwige lui disent qu'il ne l'aime pas, qu'il profite d'elle pour montrer à ses « amis » qu'il est capable de sortir avec une très belle fille. Cela le valorise et il ne s'intéresse pas à elle en tant que personne. Il a par exemple organisé ses vacances sans lui en parler. Il compte passer seulement quelques jours avec elle. Edwige le comble, car elle est belle, fait envie aux autres hommes, le positionne comme un gagnant ; en plus, elle ne demande rien, l'admirant pour sa réussite professionnelle.

Cette relation est vide émotionnellement pour Edwige qui ne se sent ni aimée ni reconnue. Pour lui, elle est satisfaisante car elle lui renvoie un miroir positif, et c'est tout ce qui l'intéresse. Narcisse dans toute sa splendeur. D'ailleurs quand il fait l'amour, il a l'air de dire : « Observe comme je m'y prends bien… » La sexualité est le lieu où nous nous dévoilons dans notre nudité. Et c'est cet élément qui provoquera leur rupture. Il ne supporte pas une remarque d'Edwige qui lui fait comprendre qu'il n'est pas un si bon amant que cela. Ne pas être admiré lui est insupportable. Edwige vit mal sa rupture pendant quelques semaines, puis se console rapidement avec un garçon très drôle et amoureux.

La souffrance par manque d'expression d'amour

Les émotions amoureuses peuvent se trouver bloquées chez certains, pour des raisons diverses, et le partenaire est comme un pré qui subit une sécheresse. Jamais irrigué de tendresse et d'attentions, il dépérit progressivement… Les nourritures affectives, rappelons-le, sont vitales pour tous !

Quand on l'interroge, Hadrien dit aimer sa femme. Pourtant Lucinda souffre profondément. « Je le trouve très froid. Et cela depuis le début de notre relation. Pourtant, il me disait qu'il m'aimait, mais j'avais l'impression qu'il jouait un rôle pour me séduire. Il m'écoutait, s'intéressait à moi, mais comme si c'était par devoir et non par plaisir. Et puis, au fil du temps, il ne s'est plus forcé. J'ai l'impression qu'il voulait une femme, il l'a, et il n'a plus besoin de faire semblant. Il est froid, distant, ne fait jamais spontanément un geste tendre vers moi, ni ne me dit de mots doux ou gentils. J'avoue que je ne sais pas qui il est dans le fond. Est-ce qu'il souffre de ne pas savoir s'exprimer ? Est-ce qu'il est égoïste ? Est-ce qu'il a peur des sentiments ? C'est un étranger pour moi. Mon père était très froid lui aussi, mais il nous aimait profondément. Il était peu expansif, mais nous savions tous que nous comptions beaucoup pour lui et il nous le montrait autrement, par des attentions, très peu par des paroles ou des gestes. Je pense que j'ai imaginé qu'Hadrien était ainsi… »

Le manque d'amour peut aller encore plus loin, jusqu'au mépris particulièrement destructeur. Le partenaire ne se contente plus de ne pas donner de marques d'affection, il envoie des marques négatives, des regards méprisants, des paroles blessantes, des jugements ironiques… Un travail de destruction progressif de l'autre se met en place.

Le sentiment de ne pas exister (puisqu'on ne se sent pas aimé) ou d'être en trop est totalement terrifiant et entraîne vers l'abîme le partenaire cible de ce mépris. Il existe souvent une grande souffrance de la part de celui qui écrase l'autre de son manque d'amour, incapable qu'il est de donner ce qu'il n'a sans doute jamais reçu. Mais, s'il ne peut changer, la meilleure solution pour l'autre est la prise de distance pour se protéger, voire la fuite.

Le manque d'estime de soi

Ce manque de confiance en soi, d'assurance, est d'abord un manque d'amour de soi.

Quand on ne s'aime pas soi-même, le besoin d'être aimé augmente. On demande aux autres de compenser ce que l'on ne s'offre pas. Ils doivent nous aimer davantage, encore et encore. Cette demande d'amour devient démesurée, car nous recherchons à l'extérieur ce que nous devrions trouver en nous. Cette peur peut être à la base de toutes les autres. Quand on ne s'aime pas, on a peur d'être abandonné, puisqu'on ne vaut pas grand-chose. Quand on ne s'aime pas, on recherche un amour fusionnel puisque, seul, notre cœur est aride et assoiffé d'affection. Ce manque d'auto-estime nous empêche de profiter des émotions positives de l'amour. La peur recouvre tout.

Il est difficile de donner quand on ne s'aime pas. Jugeant qu'on ne vaut rien, on pense ne rien pouvoir apporter à l'autre. On se contente de prendre. C'est l'amour à sens unique. Et quand on pense aimer, c'est d'un amour qui signifie « Aime-moi ». Il peut même arriver que l'autre baisse dans notre estime. « Si elle m'aime, c'est vraiment qu'elle ne vaut rien. Comment une personne valable pourrait-elle aimer quelqu'un comme moi ? »

Quand on est trop centré sur ses propres manques, on reste à distance de l'amour de l'autre. On peut se protéger, ou avoir le sentiment de ne jamais en recevoir assez puisque notre cœur, en manque d'amour, est un puits sans fond. Certains gardent une certaine froideur, ne croyant pas à l'amour qui leur est donné. D'autres développent une agitation perpétuelle pour essayer de montrer qu'ils sont valables, preuve par l'action qu'ils sont dignes d'être aimés.

Très souvent aussi, la personne qui ne s'aime pas ne se prend pas en considération. Elle ne connaît pas ses propres désirs, mais se met au service de l'autre. Elle nie sa propre importance, se méprise. Quand on s'ignore autant, on ne répond pas à ses propres besoins et l'on ne peut vivre en harmonie émotionnelle. Il en résulte une frustration profonde, poison chronique rarement identifié par la personne elle-même. Le corps et le cœur, jamais comblés, frustrés de plaisir, ne peuvent exulter, ni seuls ni dans la rencontre.

L'origine du manque d'amour pour soi se trouve souvent dans l'enfance. Les parents n'ayant pas valorisé leur enfant par leur regard admiratif ou émerveillé, par leurs paroles d'attention et d'affection, en font un être incomplet. Il n'a pas appris qu'il était digne d'amour. Pis encore, il peut avoir appris qu'il était digne de mépris, de dégoût ou simplement inintéressant et transparent.

Apprendre à s'aimer quand cela ne vous a pas été donné dans l'enfance est un travail de longue haleine… et pourtant indispensable.

Deux êtres qui s'aiment chacun suffisamment ne ressentent pas un pressant besoin d'amour de la part de l'autre, mais un plaisir à recevoir de l'amour en sus. Ils échangent quelque chose qu'ils possèdent déjà. Et cet échange nourrit leur estime personnelle. Le cercle vertueux de l'amour est en marche.

La jalousie

La jalousie, polluant souvent les relations amoureuses, est un écueil pour les couples amoureux, susceptible de provoquer des souffrances extrêmes.

Dans l'amour, l'autre tenant une place unique, nous éprouvons à son égard un sentiment de possession, pas forcément de possession de la personne elle-même, mais des sentiments que nous partageons. Nous nous sommes inventé un monde à deux, jardin secret tissé par notre relation. Dans ce territoire privé, nous sommes des dieux l'un pour l'autre, chacun pivot de l'existence de l'autre. Si ce sanctuaire se trouve menacé par une troisième personne, nous nous sentons chassés du paradis terrestre que nous nous étions constitués.

Ce n'est donc pas seulement la peur d'une prise de distance avec l'autre qui nous fait souffrir, mais la destruction d'un monde. Nous pensions avoir trouvé un asile sûr et réconfortant, il se révèle fragile. Et nous sommes face, une fois de plus, à notre solitude existentielle. Nous avons cru à un paradis partagé, nous nous retrouvons seuls dans un désert affectif.

Cette peur d'être confronté à la solitude, au manque d'amour, prend classiquement ses sources dans notre enfance, au fil de chacune de nos séparations. La première est la séparation de la naissance qui nous fait vivre nos premiers mois dans un manque inévitable, suivi du sevrage. Puis viennent les séparations chaque fois que notre mère se détourne pour s'occuper de son conjoint ou de nos frères et sœurs. On nous enlève notre monde duel. Peuvent également se vivre des séparations amicales lors de déménagements, des séparations traumatisantes lors du décès d'un être cher… Toutes ces cicatrices peuvent réactiver une douleur quand elles reçoivent un nouveau coup.

La jalousie n'est donc pas seulement un désir de possession pathologique, un sentiment mesquin. C'est la peur de n'avoir plus d'existence, de n'avoir plus de sens.

C'est aussi la pensée que ce grand amour auquel on croyait n'existe pas. Et si tout ce qui a été vécu n'avait aucune valeur ? Si c'était du cinéma, une illusion ? Nous avons l'impression d'être floués, d'avoir vécu un mensonge. Il me faisait croire que j'étais unique, et je ne suis qu'un parmi d'autres… Notre estime de nous reçoit un choc terrible. Je croyais être une personne magnifique dans ses yeux, je percevais ma grandeur et, tout à coup, je ne suis plus rien. Mon statut d'irremplaçable m'est ôté et je me retrouve nu.

Françoise Chandernagor parle magnifiquement de cette douleur dans son livre célèbre, *La Première Épouse*[1], où le mari de l'héroïne l'abandonne pour une autre femme, après des années d'amour. Il lui avait pourtant juré qu'elle était l'élue, l'âme sœur, qu'elle serait éternellement la préférée, sa première épouse.

Si la jalousie peut se révéler toxique, elle peut aussi constituer un aiguillon de l'amour. Avoir conscience de la fragilité de notre condition, de la chance de connaître un amour précieux nous pousse à alimenter ce monde à deux pour le faire vivre longtemps. Même si nous y parvenons, nous savons qu'il a une fin puisque la vie est courte. Il est bon d'en profiter. La conscience de notre finitude stimule le désir de séduction dans le couple.

Un zeste de jalousie est naturel et sain. L'autre ne nous appartenant pas, la jalousie tient éveillé le désir d'être aimé plus qu'un autre. Mais la jalousie exacerbée peut devenir destructrice. Si l'angoisse submerge, elle conduit à des comportements particulièrement toxiques pour une belle relation. Elle tourne parfois au désir de contrôle total, de possession pathologique. On cherche à enfermer l'autre pour faire diminuer le risque de se voir délaissé pour un autre. Et, comme l'amour se trouve avant tout dans la tête, il est impossible à contrôler.

La jalousie d'un adulte ressemble à celle de l'enfant jaloux de son petit frère, mais elle voit sa puissance décuplée par le pouvoir d'un adulte. Il peut faire beaucoup plus de mal qu'un enfant, car il a à sa disposition des possibilités d'action bien plus larges.

Cette jalousie est exacerbée par les peurs : celle de ne pas être aimé, celle d'être abandonné, celle de ne pas être digne d'amour, celle d'aimer de manière pulsionnelle et pas suffisamment élevée…

---

1. Folio, 2009.

Le sentiment de jalousie peut détruire le couple, même s'il s'agit d'une jalousie fondée sur des fantasmes nourris de peurs. Elle fait souffrir celui qui la ressent, le rongeant en permanence. Il peut devenir irascible, indifférent pour se protéger, agressif pour se venger et expulser sa souffrance intérieure. Il faut avouer que ce sentiment provient parfois d'un masochisme évident. Souffrir dans son cœur nous permet de nous sentir vivants, de mesurer la profondeur de nos sentiments, de vivre de grands moments. Même si c'est de douleur dont il s'agit, cela peut se révéler très stimulant pour certains.

Cette jalousie peut abîmer l'autre qui ne sait comment réagir lorsqu'il est mis en cause. Rassurer n'est pas efficace, laisser passer ne donne aucun résultat, s'énerver n'arrange rien. Il n'existe pas de solution, à part peut-être l'éloignement affectif qui renforce la jalousie. Et un cercle vicieux s'enclenche. Irina a quitté son concubin, Jean-Pascal, avec qui elle vivait depuis cinq ans. « Il était excessivement jaloux, jusqu'à me demander ce que j'avais fait pendant les quinze minutes supplémentaires que j'avais mises à rentrer du bureau. Il chronométrait tout et, quand il se trouvait quinze à trente minutes sans explication, il se mettait en rage. Ce qui était supportable pendant un temps est devenu invivable quand je me suis trouvée au chômage pendant quatre mois. Il me téléphonait sans cesse, me demandant ce que j'étais en train de faire. J'avais l'impression d'être acculée, surveillée par Big Brother ! Au début, cela m'a amusée, je faisais mon possible pour le rassurer. Et puis, j'ai constaté que cela ne servait à rien. J'ai cessé de répondre à ses questions et ça le rendait fou. J'ai fini par avoir peur de sa violence et je l'ai quitté. Il m'a dit qu'il s'y attendait, qu'il savait que je voyais quelqu'un. Il délirait complètement, je n'avais qu'une envie, me trouver seule et tranquille avec mes deux filles. Il nous a fait vivre un enfer. »

Pire encore que d'atteindre la relation affective, la jalousie peut entraîner des suicides, des conduites agressives. Josiane a découpé aux ciseaux tous les vêtements de son mari quand elle a su qu'il avait eu une aventure. Il a été abasourdi d'une telle violence et avoue qu'elle lui a fait peur… mais en même temps, il a été très touché de la profondeur de sa douleur, signe, d'après lui, qu'elle l'aime profondément. Et finalement, leur couple en est sorti renforcé, d'autant plus que son aventure ne comptait guère pour lui. La jalousie peut amener à tuer, et c'est dans ce type de contexte que surviennent les crimes passionnels.

Quand la jalousie s'appuie sur des faits réels, on ne se trouve pas dans la même situation que pour une jalousie vécue dans le fantasme. Il s'agit d'une souffrance réflexe à une réalité, et non d'une sorte de masochisme qui fait imaginer des situations douloureuses et parfois s'y complaire.

Désir, plaisir, tendresse ou encore peur, honte ou jalousie… Vous pouvez éprouver plusieurs de ces émotions simultanément. La plus puissante l'emporte. Une petite peur se fera oublier si le plaisir est important. Au contraire, une honte très forte peut empêcher le désir de se manifester.

On ne peut pas volontairement se contraindre à ne ressentir aucune émotion négative. Nous devons les accepter. L'émotion est un fait, pas un choix. Et l'essentiel est que le positif l'emporte sur le négatif. À partir de là, nous pouvons agir dans deux directions différentes pour améliorer notre sexualité amoureuse : travailler à faire diminuer les affects négatifs, et cultiver les bonnes émotions. C'est ce qui est nécessaire pour entretenir de belles relations amoureuses, et en tirer le meilleur bonheur possible.

III

Le cerveau sexuel cognitif

« Il n'y a pas de vent favorable pour celui
qui ne sait pas où il va. »

SÉNÈQUE

Comment fonctionnent nos cognitions

« *Mais au final, l'instinct prévaut-il sur la raison ? Non. Notre cortex nous informe que nous sommes en train d'éprouver du désir sexuel puis module le message. Si rien ne s'y oppose, notre désir sera amplifié. Mais si quelque chose cloche, si nous ne sommes pas prêts, il sera maîtrisé. Le mieux pour que tout se passe bien ? Bien sûr être amoureux ! Sinon avoir de l'estime et de la tendresse pour l'autre et attendre du plaisir, donc du bonheur de cette relation sexuelle*[1]. »

La grande tâche de nos pensées est de donner des directions à nos pulsions et émotions. À ce titre, elles sont les pilotes de notre destinée. Parfois, des erreurs d'aiguillage aux conséquences désastreuses se produisent car nous apprenons souvent à piloter instinctivement. Je vous propose donc d'aller à la rencontre de ces pensées pour mieux vous servir de ce puissant outil et de devenir capables d'en tirer le meilleur pour votre vie sexuelle et amoureuse.

Le cerveau cognitif est un carrefour qui capte nos pulsions, nos émotions, les reconnaît, les étiquette, et les écoute. Il est capable d'intégrer leurs forces contradictoires, d'en faire une synthèse et de décider, consciemment ou non, d'une stratégie.

---

1. Pierre Costa, *Sexualité, guide à l'usage des femmes et des hommes*, en coll., Bash, 2009.

Il nous permet ainsi de penser notre vie amoureuse et sexuelle, de l'analyser, de comprendre nos ressentis et ceux de l'autre, de choisir notre chemin parmi tous ceux qui s'ouvrent devant nous. Chacun d'entre nous peut décider de choisir le bonheur amoureux et sexuel. La difficulté, c'est que cela ne se réalise pas spontanément ; cela s'apprend, se travaille, se mérite. Et c'est souvent le travail de toute une vie ! Certains ont plus de chance que d'autres car leur environnement les entraîne, par imprégnation ou par imitation, dans une direction qui leur convient. Soutenus par leur milieu, ils avancent sereinement. D'autres doivent batailler pour pouvoir tracer une route personnelle et trouver leurs marques pour vivre en harmonie avec eux-mêmes et avec les autres. Pour cela, ils doivent parfois s'opposer à leur milieu naturel. Farida par exemple, qui est musulmane, a été élevée dans une morale plutôt rigide qu'elle me dit avoir bien intégrée. Elle devait rester vierge jusqu'à son mariage où elle épouserait un musulman. Comme il est moins facile d'inventer un nouveau modèle que de reproduire celui qui vous a imprégné toute votre enfance, elle mettra des années à trouver une vie qui la rend heureuse. Elle est aujourd'hui en paix avec son passé, son présent et son futur. À 35 ans, elle a fini par suivre son cœur en épousant un chrétien orthodoxe qui a vingt ans de plus qu'elle. Et ils ont fait l'amour pendant leurs fiançailles. Cela n'a pas été facile car elle était bloquée, culpabilisée de passer outre la morale familiale. Pourtant, elle s'était sentie anormale pendant des années face à des jeunes femmes qui vivaient des aventures. Aujourd'hui, mariée et épanouie sexuellement, elle est apaisée et parle avec bonheur de la richesse de s'ouvrir à une autre culture. Et devant son bonheur, sa famille a parfaitement accepté la situation.

Ce que sont les pensées et cognitions

Nos cognitions correspondent à tout ce que nous nous disons dans notre tête, notre « dialogue intérieur ». Cette capacité à penser est l'une des spécificités de l'être humain, au sens où nous sommes les seuls mammifères à dialoguer avec nous-mêmes. Nous sommes capables d'abstraction, de pensées conscientes construites et complexes. Situé dans le nécortex, à l'avant de notre cerveau, notre cerveau cognitif a aussi pour mission de relier pulsions, émotions et pensées dans un objectif d'unification. Ces dernières reconnaissent nos pulsions et nos émotions, les analysent, les comprennent, les interprètent, les complètent, et leur donnent un sens.

Relié au monde extérieur, notre cerveau cognitif nous attribue une place dans le monde qu'il évalue en fonction de ce que nous sommes. Ainsi façonne-t-il notre interprétation du monde, monde intérieur aussi bien que monde extérieur.

Une discipline s'est penchée sur nos cognitions : la psychiatrie, avec les thérapies comportementales et cognitives (TCC). Elle étudie nos pensées, nos dialogues intérieurs pour observer leur effet sur nos humeurs et notre comportement, travaillant à les faire évoluer dans un sens qui nous convient. Car il existe des pensées toxiques, des pensées stimulantes, des pensées apaisantes… Autant nos cognitions peuvent contribuer à nous rendre heureux, autant elles peuvent se révéler moteurs de malheur.

Comment se construit ce cerveau sexuel cognitif ?

Si nos pulsions et nos émotions sont présentes dès la naissance, les cognitions, elles, prennent leur temps pour apparaître, le cerveau du nouveau-né n'ayant pas encore toutes les capacités nécessaires. Les pensées construites apparaissent aux alentours de 4 ou 5 ans, âge à partir duquel nous engrangeons des souvenirs conscients. Pour pouvoir se souvenir, il faut pouvoir se raconter un souvenir, ce qui signifie que nous avons besoin de savoir parler pour nous formuler à nous-mêmes des pensées complexes. Même si nous commençons à parler à 2 ans, il ne s'agit à ce moment encore que de mots. Les phrases viennent ensuite, concernant des éléments très concrets. Puis, progressivement, le langage se complexifie, permettant l'apparition du langage intérieur, support des pensées construites. Il permet alors la mise en mémoire et l'interprétation des événements vécus, l'élaboration de théories.

Certaines femmes se souviennent parfaitement avoir ressenti des orgasmes dès l'âge de 4 ou 5 ans, provoqués par des « autocaresses ». On observe pourtant, bien avant cet âge, que beaucoup de petites filles touchent leur sexe, mais par la suite elles ne s'en souviennent plus.

Cette importance de la parole explique que les dires des parents sont essentiels pour l'enfant. Si, lorsqu'il touche son sexe, on lui dit « beurk, c'est sale », comme on le pratiquait autrefois, on jette les bases d'une sexualité culpabilisée et considérée comme laide dès le début de sa vie. L'enfant va intégrer ces paroles à ses propre pensées. Si on lui dit au contraire : « Il faut bien te laver à cet endroit, il est très précieux », on lui montre que le sexe existe et tient une place importante dans la vie.

Si les souvenirs sont impossibles avant la mise en place du langage, la mémoire du corps, elle, est présente dès notre conception. Même s'il s'agit d'une mémoire non énoncée, elle peut jouer un rôle important à l'âge adulte. Dans le sens positif, les parents qui cajolent leur enfant peuvent ouvrir des circuits de plaisir corporel comme je l'ai déjà évoqué. Au contraire, une petite fille excisée dans la toute petite enfance ne se souvient pas de ce moment, mais elle peut vivre des blocages sexuels dus à cette excision à l'âge adulte. Les souvenirs conscients liés aux cognitions et la mémoire du corps sont donc deux fonctionnements différents. Quand quelqu'un souffre profondément, sans comprendre pourquoi, sans pouvoir l'expliquer, il peut s'agir de difficultés liées à la mémoire corporelle ou émotionnelle de la toute petite enfance.

À partir de 5 ans, nous sommes capables de nous raconter dans notre tête ce que nous ressentons, de garder des souvenirs, de penser par nous-mêmes. Nous découvrons aussi la possibilité d'imaginer ce que pensent les autres… à tort ou à raison. Nous interprétons leurs expressions, leurs mimiques, le ton de leur voix, la position de leur corps dans l'espace et leurs mouvements. Nous sommes capables d'observer qu'ils ne pensent pas comme nous. Nous nous situons par rapport à eux. Déjà se met en place notre manière d'envisager les autres, de communiquer avec eux. Nous nous éloignons de notre égoïsme infantile, de notre autocentrisme qui nous incitait à nous concevoir comme le centre du monde. Nous nous apercevons que chaque autre est un autre monde.

Et nous imaginons le monde autour de nous. Notre intelligence se déploie à la fois en profondeur à l'intérieur de nous, dans notre large vision du vaste monde, et dans le temps – le passé, le présent et le futur. Se profilent ici notre manière de concevoir le monde, notre place en son sein, et notre destinée, nos projets de vie reliés à notre histoire personnelle en construction.

Progressivement, selon notre environnement, ce que nos parents nous disent, nous expliquent, selon ce que nos frères et sœurs, nos pairs expriment, ce que nous entendons ou voyons dans les médias… notre cortex cérébral se nourrit d'informations et construit sa vision du monde.

Dès cet âge, un enfant est capable de penser par exemple qu'il vivra en couple, qu'il fera l'amour (il se le représente à sa manière), qu'il aura des enfants. Son projet de vie est là, à l'état de graine qui germe.

Observons Bruno, 5 ans et demi : il joue avec sa voisine à faire l'amour, ils s'embrassent, parlent de se marier plus tard. Il accepte même de jouer aux mariés, alors qu'il préfère jouer à emmener sa copine en voiture. Elle choisit les prénoms de leur bébé. Tout cela fait sourire les adultes. Et pourtant, ce n'est pas seulement un jeu. C'est déjà une projection dans l'avenir.

Sept ans, l'âge de raison : l'enfant possède déjà son idée propre du monde. Il a son caractère, ses spécificités. Il est déjà en partie autonome dans sa pensée par rapport à ses parents.

Bien évidemment, il est loin d'être adulte, et son cerveau cognitif loin d'être à maturité [1]. C'est un moment d'apprentissage très important, où l'enfant gagne en sagesse, en compréhension du monde intérieur et extérieur, un moment relativement calme avant la puberté. Ses projections dans son avenir amoureux et sexuel se précisent. Souvenons-nous de la chanson des Poppys, un groupe d'enfants, « Isabelle je t'aime [2] »...

L'enfant n'imagine pas seulement, il sait déjà qu'il peut avoir une action sur son avenir. Il peut se sentir maître de son destin. C'est un âge où naissent beaucoup de vocations qui se réalisent par la suite, vocations professionnelles, mais aussi choix de vie plus larges. Un homme que je connais est ingénieur, spécialiste des moteurs de fusées. Il l'a décidé à ce moment-là, en lisant *Tintin sur la Lune*. Un autre de mes patients m'a expliqué qu'à cet âge il savait déjà qu'il allait travailler, se faire construire une maison et, ensuite, chercher une femme pour la faire venir dans sa maison, et avoir des enfants, une famille... Et c'est exactement ce qu'il a fait et il en est très heureux.

Plus tard, l'adolescence se trouve marquée par les pulsions et émotions fortes liées aux hormones stimulant la croissance et la sexualisation du corps. Comme le corps, le cerveau se modifie dans un climat hormonal différent. L'adolescent doit intégrer dans ses cognitions ses nouvelles sensations. Sa grille de lecture du monde est obligée de changer. Il évoluait tranquillement et, tout à coup, il doit se réadapter. Comme pour tout accident de parcours, on s'adapte plus ou moins bien. Et c'est difficile car il ne trouve pas tellement d'aide de la part de ses parents qui ne lui proposent pas forcément des modèles de pensée. Et, quand bien même ils le feraient, il ressent le

1. Freud a appelé cet âge des années avant la puberté, la période de « latence ». Pourtant, c'est une période en réalité très active comme les recherches en psychologie le montrent aujourd'hui.
2. « Isabelle je t'aime », Éditions musicales Barclay.

besoin de mettre une distance entre eux. Il se sent donc très seul, obligé d'interpréter sa perception du monde. C'est pourquoi les pairs ont une importance capitale à cet âge. Ils sont dans la même galère que lui et ils peuvent se soutenir mutuellement. Ils peuvent constituer des modèles, ou aider à se trouver des modèles, s'entraidant à se forger une grille de lecture du monde. C'est vrai pour la dimension sexuelle et amoureuse de notre vie comme pour toutes les autres.

Aux États-Unis, par exemple, des groupes « L'amour vrai peut attendre » encouragent les jeunes à attendre pour faire l'amour après le mariage. Les adultes voulant inciter les jeunes à ce mode de fonctionnement les stimulent en groupe de pairs. Des rassemblements, des fêtes, des concerts, des conférences font passer ces idées. Ensemble les jeunes se forgent une culture de groupe. Les cognitions personnelles gagnent en puissance, validées par celles du groupe.

D'autres systèmes existent où les jeunes, en bande, écoutent en boucle des chansons misogynes, contenant des quasi-appels au viol, un mépris total des filles... La culture du groupe est ici terriblement nocive pour les relations amoureuses.

À l'opposé, d'autres jeunes peuvent écrire de la poésie et cultiver l'amour courtois !

Les jeunes s'influencent mutuellement et choisissent souvent, à l'extérieur du groupe, des modèles, héros à imiter. Il peut s'agir de chanteurs, d'acteurs, de personnages de film ou de roman... Et c'est observable pour les garçons comme pour les filles, même si les cultures féminines et masculines peuvent se révéler assez différentes à cet âge.

Tout ce qui influence les adolescents contribue à forger ce que j'appellerai l'éthique sexuelle personnelle.

La réaction naturelle des parents est de chercher à contrôler tout ça, ce qui est impossible ! Plus subtilement, ils peuvent tenter d'impulser une direction qu'ils estiment souhaitable à leur enfant. Ils vont l'inciter à s'insérer dans certains groupes, par exemple le scoutisme, ou des rallyes (participants triés sur le volet, du même milieu, avec les mêmes idées), l'inscrire à des séjours à thèmes où la population sera choisie...

Je ne cherche pas à déterminer si c'est une bonne ou une mauvaise idée. Cela dépend certainement des adolescents, et des parents. Si ces derniers proposent et montrent eux-mêmes un modèle épanoui, leur influence est grande. En revanche, quand les parents cherchent à contrôler leurs adolescents pour les pousser dans une voie prédéterminée sans tenir compte de leur personnalité, il est probable qu'ils ne réussiront pas. Les adolescents ont besoin de liberté et de respect pour trouver leur propre voie. Autrement dit, un modèle est bon s'il est proposé avec le cœur, avec la conscience aiguë qu'il s'agit d'une proposition. Proposer avec le cœur, c'est accepter de montrer ce qui nous rend heureux, ou malheureux, et aussi nos doutes et nos hésitations. C'est éviter de parler uniquement avec notre esprit logique comme des censeurs, comme si vous étions « ceux qui savent ». Si par exemple nous assenons à nos enfants : « Je t'interdis de regarder de la pornographie avant 18 ans, c'est mal », il s'agit d'une posture de censeur. Mieux vaut expliquer ce que vous ressentez : « Je te souhaite d'avoir une première expérience amoureuse et sexuelle réussie parce que c'est important pour moi que tu sois heureux. Or, la pornographie n'aide pas en ce domaine, au contraire. De plus, elle consiste en une utilisation marchande du corps de l'autre, ce qui revient à le considérer comme un objet, à le déshumaniser. En regardant du X, on devient donc consommateur d'humains, ce qui est une posture qui nous abaisse. C'est pour cela que je te déconseille de regarder de la pornographie. Mais, c'est à toi de voir, je ne peux ni ne souhaite être derrière toi en permanence. »

Cette manière de procéder ne préjuge pas du résultat. Certains modèles se trouvent totalement contestés, car allergisants pour les adolescents. D'autres sont contestés passagèrement et d'autres encore, adoptés en toute simplicité de manière naturelle. J'ai connu un adulte qui disait : « Ma première décision d'adulte m'a été dictée par mes parents : “Nous, on pense qu'avant 17 ou 18 ans, c'est trop tôt pour avoir une vie sexuelle. Mais un jour, tu seras seul face à ton choix et c'est toi qui devras décider en ton âme et conscience…" Cela m'a fait grandir de réaliser qu'ils me considéraient comme quelqu'un de capable de prendre mes décisions. C'était aussi correct de me donner leur point de vue sans chercher à me l'imposer. Je pense que ce moment a été fondateur pour ma vie sexuelle. Je me sentais respecté et responsabilisé. C'est ainsi que j'ai retardé mon premier rapport sexuel que j'ai failli avoir un peu avant 17 ans. Ma petite copine était plus jeune que moi. Elle était hésitante, mais ne disait pas carrément non. Et, tout à coup, j'ai réalisé qu'elle était trop jeune. Elle ressentait du désir, mais j'ai compris qu'elle n'était pas prête. Et je lui ai expliqué que, pour elle, je préférais attendre encore un peu. Je suis assez fier d'avoir pu vivre cela. Je me sentais adulte. Nous avons eu des relations sexuelles quelques mois plus tard. Et nous en avons gardé un bon souvenir. Nous sommes restés ensemble quelques années, puis nos voies ont divergé pour les études. C'était une belle histoire. »

À quel âge la maturation du cerveau s'achève-t-elle ? Plus tard qu'on ne le pensait : aux alentours de 25 ans. Des études ont montré qu'avant cet âge nous n'avons pas de conscience des dangers encourus. Les moins de 25 ans voient le danger, peuvent ressentir la peur, mais ne sont pas capables de la prendre en compte. Leur cerveau n'est pas encore suffisamment mature. La conscience du danger existe, mais les implications ne suivent pas, en particulier sur le plan comportemental. Ce manque de réalisme peut se révéler mortel. Les assureurs automobiles ne s'y sont pas trompés. Ils proposent des assurances moins chères aux plus de 25 ans. Ce que les scientifiques ont démontré par les études était connu par les statistiques : les moins de 25 ans ont beaucoup plus d'accidents de voiture. Dans le domaine sexuel, les risques encourus sont les risques de grossesse, d'infection sexuellement transmissible, mais aussi relationnels. Engager une relation amoureuse avec quelqu'un qui est dangereux pour vous quelle qu'en soit la raison est une attitude fréquente à l'adolescence. Les adolescents ne connectent pas toujours le risque dont ils sont conscients avec leur comportement. L'émotionnel empêche la raison de fonctionner. Un exemple : une adolescente peut vous dire : « Oui, la contraception est indispensable, c'est évident pour moi. » Et pourtant, elle peut avoir des relations sexuelles sans aucune contraception. Elle ne fait pas le lien entre son savoir et sa vie concrète [1]. C'est la différence entre le savoir et le savoir-faire. Les adultes peuvent éduquer, parler, râler, protester, se mettre en colère, faire des campagnes d'information, il n'en reste pas moins que les adolescents sont incapables, neurologiquement, d'avoir la même maturité qu'un adulte. Quand on est adulte responsable d'adolescents, il semble important d'en avoir conscience. Les adolescents ont le sentiment d'être immortels, même si leur raison leur affirme le contraire. C'est pourquoi la protection contre les IST est difficile à mettre en place : comment se protéger de quelque chose que l'on ne craint pas ?

Comment je pense : les différents niveaux de cognition

Notre pensée n'est pas plate, elle possède plusieurs niveaux de profondeur. Elle n'est pas seulement capable de penser à plusieurs choses à la fois, elle peut aller plus ou moins profondément dans son propos. Nos pulsions et émotions passent à la moulinette de nos pensées, que nous en ayons ou non conscience.

J'analyse ce que je ressens

« Je frissonne et j'ai une boule dans le ventre. » Je suis en train d'observer ce qui se passe dans mon corps et je me le décris. Je peux décrire ce que je vois, ce que j'entends, ce que

1. Cela ne devrait pas être à l'adolescente seule de s'occuper de sa contraception, mais au couple qu'elle forme avec son partenaire. Malheureusement, nous avons tendance à présenter les choses comme si c'était de son seul ressort.

mon corps éprouve. Je capte mes sensations corporelles et j'accuse réception des messages de mon organisme. Cette étape semble évidente et, pourtant, nous sommes capables d'être totalement aveugles ou sourds à ce que notre corps ressent, soit parce que nous n'avons pas appris à le repérer, soit parce que notre attention est ailleurs.

J'ai appris pendant mes études que, si je bois un verre d'eau, la colonne d'eau se bloque dans l'œsophage et c'est seulement après plusieurs gorgées que le bas de l'œsophage s'ouvre pour laisser passer cette eau dans l'estomac. Le jour même, en buvant de l'eau fraîche, j'ai très bien perçu cette ouverture dans mon estomac. Je n'avais jamais remarqué auparavant ce qui se passait en moi. En consultation de sexologie, je suis souvent confrontée à ces questions, par exemple pour les hommes qui souffrent d'éjaculation prématurée. Certains ne savent pas percevoir les sensations prémonitoires d'éjaculation. Ils n'ont jamais pris le temps de s'observer de l'intérieur dans ces moments chargés en émotions. Il y a un travail à faire que d'autres hommes font spontanément dès leurs premières relations sexuelles.

Certaines femmes affirment par exemple : « Je ne ressens rien dans mon vagin. » Il est vrai que le vagin est un organe très peu sensible aux frottements. Mais elles devraient plutôt dire : « Je ne ressens pas dans mon vagin les sensations de plaisir que je pensais ressentir… » C'est très différent de ne *rien* sentir. Là aussi nous avons un travail d'exploration intérieure des sensations à faire. Que ressent cette femme ? De la chaleur ? De la fraîcheur au contact du sexe de son partenaire ? Une pression ? Un frottement ? Des sensations différentes à l'entrée et au fond du vagin ? ou encore sur les côtés ? Y en a-t-il une agréable ? Ou un peu plus agréable que les autres ? Reconnaître un plaisir, même minuscule, peut permettre de se centrer dessus et de s'épanouir.

La connaissance de soi passe toujours par cette étape qui consiste à analyser ce que je sens dans mon corps.

J'étiquette ce que je ressens

Reprenons le même exemple : « Je frissonne et j'ai une boule dans le ventre. » Si j'étiquette cette émotion, je me dis que « j'ai peur ». La différence peut paraître subtile, mais il s'agit d'un saut important. À ce niveau, j'interprète ce que j'ai capté des sensations de mon corps. En observant les mêmes sensations, je pourrais penser que je suis malade. J'ai peut-être de la fièvre et cette boule dans le ventre est le signe d'une gastro-entérite qui débute. Ou bien, je peux penser que j'éprouve un désir sexuel. Ce délicieux frisson et cette tension dans le ventre…

Interpréter les messages de notre corps est une tâche extrêmement complexe pour les enfants, et dans certains cas pour les adultes. Le cas du déni de grossesse en est un exemple parlant. Je me souviens d'une jeune fille de 17 ans venant d'accoucher. Elle avait appris sa grossesse le jour même. Pourtant, cela faisait un an qu'elle vivait avec un homme de 34 ans ! Sa mère lui a dit : « Tu me disais que tu avais des grenouilles dans le ventre. Eh bien, ce n'étaient pas des grenouilles ! » Cette jeune femme ressentait ce qui se passait dans son corps sans lui donner de sens logique. C'était bien sûr sa première grossesse et elle n'avait pas d'expérience à ce niveau. Mais le déni de grossesse existe aussi chez des femmes qui ont déjà eu des enfants. Il n'y a pire aveugle que celui qui ne veut pas voir.

Sans aller jusqu'à des extrémités pareilles, il peut être extrêmement difficile de donner un sens à nos sensations corporelles et émotionnelles. Je suis régulièrement attendrie par des témoignages de jeunes garçons : « Chaque fois que je tiens ma copine dans mes bras, j'ai une érection. Est-ce que ça veut dire que c'est seulement sexuel entre nous ? J'ai pourtant l'impression que je l'aime… » **L'interprétation des réactions de notre corps dépend de ce que l'on sait ou de ce que l'on croit savoir**. Ce garçon a l'impression qu'entre une fille et un garçon, soit c'est uniquement sexuel, soit c'est de l'amour. Les deux aspects d'une relation ne lui paraissent pas conciliables. Autrement dit, on ne doit pas avoir une érection chaque fois si on est amoureux.

Je me souviens d'une très jeune fille : « À chaque fois que j'embrasse mon copain, j'ai un truc gluant dans ma culotte. Je trouve ça horrible et je pense que je ne pourrai jamais aller plus loin avec un garçon. S'il s'en rend compte, il sera dégoûté. » L'interprétation normale serait : « J'éprouve une excitation sexuelle. » Mais pour être capable de le comprendre, un minimum de connaissances est nécessaire. Ces connaissances de base sont capitales. Peut-on imaginer qu'une fille de 25 ans est encore célibataire parce qu'elle a l'impression d'être anormale quand son vagin et sa vulve se lubrifient ? Oui, c'est possible, et il existe encore aujourd'hui bien des situations affligeantes dues à l'ignorance sexuelle.

Je donne un sens à mes sensations et émotions

« Je frissonne et j'ai une boule dans le ventre ; j'ai peur. » Je cherche ensuite l'origine de cette peur. Par exemple : « J'ai le vertige. » Je suis sur un pont branlant, c'est logique. Notre esprit cherche et trouve une raison à nos sensations lorsqu'il les a étiquetées. Mais l'inverse est possible. Les raisons potentiellement à l'origine de notre émotion peuvent influencer l'étiquetage.

Dans la théorie bifactorielle des émotions [1], le jeune couple qui passait sur ce même pont branlant interprétait ses sensations comme une émotion amoureuse, parce qu'il était dans une situation propice. Si chacun des individus du couple avait été seul, il aurait appelé cela un vertige. La jeune fille qui étiquette sa lubrification sexuelle comme un truc dégoûtant ne le fait que parce qu'elle pense que ce qui vient du sexe est sale. Ainsi des raisons internes et externes peuvent-elles se trouver

---

1. « Cognitive, social and physiological determinants of emotional states », S. Schachter et J. E. Singer (1962), *Psychological Review*, 69(5) : 379-399.

présentes, conditionnant notre façon de donner un sens à ce que nous percevons de nous. Dès lors, l'interprétation que nous pouvons en donner peut se révéler totalement erronée.

En plus de difficultés sexuelles, Aurore présente une phobie de l'ascenseur. Elle prend toujours l'escalier. Il s'avère que cela date de l'époque où sa maman a eu un cancer du sein. Tous les jours, Aurore allait la voir à l'hôpital. Dans le hall de l'entrée, quatre ascenseurs en ligne l'attendaient pour la monter dans le service de cancérologie. Les sensations corporelles qu'elle ressentait ont été étiquetées comme des peurs, et le sens – une peur de l'ascenseur – persiste aujourd'hui. La réalité, trop difficile à accepter, était que cette petite fille était terrorisée par la peur de voir sa maman mourir. Ce n'est que bien des années plus tard, quand Aurore a soigné cette phobie en thérapie comportementale et cognitive, qu'elle a pu faire le lien avec la tragédie de son enfance. Il lui a fallu travailler sur ce deuil qui lui laissait des cicatrices douloureuses.

Nous pouvons aussi donner un sens à des non-émotions ! Depuis plusieurs mois, quand son mari s'approche d'elle, Sandra n'éprouve rien dans son corps. Elle se dit qu'elle n'a pas envie de faire l'amour. Elle étiquette donc son manque de réaction corporelle « absence de désir sexuel ». C'est une réalité, elle ne ressent plus ce qu'elle ressentait auparavant. Le sens qu'elle va donner à cette situation peut être extrêmement variable.

« Je viens d'avoir une mycose, j'ai encore peur d'avoir mal, et cela bloque mon désir. »

« Je suis fatiguée, énervée, parce qu'à mon travail mes collègues sont désagréables depuis que la boîte va mal. Je suis trop tracassée pour éprouver du désir. »

« Mon mari travaille trop et ne s'occupe pas assez de moi, du coup, je n'ai pas envie. »

« J'ai pris 5 kilos et je me trouve moche, non désirable et, dans ce cas, ma libido s'effondre. Je le sais. »

« Je ne le désire plus, donc je ne l'aime plus. »

On peut aller loin dans les différentes interprétations…

Je donne une place à mes cognitions

Je suis toujours surprise des différences extrêmes de réaction chez mes patients pour des difficultés de même ordre. Un homme souffrant d'éjaculation prématurée peut affirmer : « Je viens consulter parce que cela m'embête. J'aimerais pouvoir mieux contrôler mon éjaculation. Ce serait une satisfaction personnelle et ça me ferait plaisir d'y parvenir. Ma femme? Cela ne la dérange pas, elle est même étonnée que je vienne consulter pour ça. » Dany disait plutôt : « Vous êtes mon dernier espoir. Toutes les femmes que j'ai connues m'ont quitté à cause de cette éjaculation précoce. Je suis un amant nul, je ne peux pas avoir de vie de couple normale avec ce problème. Aucune femme ne pourrait supporter cela... Je suis au bord du suicide, la vie ne vaut pas la peine d'être vécue dans ces conditions. »

Je parle bien de cas où le symptôme « éjaculation précoce » est comparable.

Dans le cas des femmes, j'observe souvent des différences aussi importantes vis-à-vis de l'orgasme. Henriette n'a jamais eu d'orgasme vaginal : « Cela ne me gêne absolument pas. J'ai beaucoup de plaisir lors de la pénétration, et je l'attends d'ailleurs toujours avec un peu trop d'impatience, car mon amant aime me faire languir. C'est une attente pleine de tension et de désir. Je ne jouis pas lorsqu'il me pénètre, mais j'adore cette sensation... Et lui, ça ne lui pose aucun problème non plus, car j'adore faire l'amour. » Elle vient d'ailleurs consulter car son amant, à 62 ans, a quelquefois des pannes...

Manuela n'a pas non plus d'orgasme vaginal. « Si je suis célibataire, c'est pour cette raison. Je suis frigide. Mon ex ne supportait pas cela, surtout quand je lui ai avoué que je simulais. Je trouve ça insupportable pour une femme de ne pas ressentir d'orgasme. Avec tout ce qu'on lit, le plaisir que connaissent les autres, ça me tue. Je crois que je suis en dépression à cause de ça. Je ne sais pas quoi faire pour y arriver. J'ai tout essayé, les positions du *Kâma Sûtra* soi-disant propices au plaisir, les sex-toys. Et rien ne fonctionne. Je suis désespérée car j'ai l'impression que la vie de couple, ce n'est pas pour moi. Quel homme voudrait passer sa vie avec une femme comme moi ? » Manuela a tout un travail à faire pour observer ses pensées et agir pour les faire évoluer. Il faut pour avancer qu'elle comprenne que ses cognitions sont autodestructrices. Il existe des femmes heureuses en couple qui ne connaissent pas l'orgasme. C'est un fait, qu'elle ne peut imaginer. Pour cela, il faudrait qu'elle sorte de cette centration négative sur elle.

Comment j'agis selon mes cognitions

Nos pensées ne sont pas cantonnées à l'abstraction. Elles sont motrices. En dehors de la nature, tout ce qui existe autour de vous a d'abord existé en pensée. Le vêtement que vous portez, sa couleur, la matière dont il est fait, sa forme… Un homme a décidé de planter des arbres pour en exploiter le bois, puis le vendre à une usine qui fabrique du papier. Un autre a prévu de fabriquer de l'encre, et un autre de fonder une maison d'édition. Chaque objet est le fruit de rêves. Nos cognitions précèdent donc nos actions, ou nos non-actions, c'est-à-dire notre manière d'être et de nous projeter dans l'avenir, nos décisions de vie. À partir de ce que je pense de moi, la manière dont je l'étiquette, la place que cela prend dans ma tête, je vais décider de ce que je fais.

Je monte sur la balance, et j'ai pris quelques kilos. Vais-je décider de me peser tous les matins ? De mettre un bémol sur les sucreries ? D'arrêter les boissons alcoolisées, sucrées ? Vais-je me remettre au sport ? M'inscrire à Weight-Watchers ?

Dany, qui souffre d'éjaculation trop rapide, a, pendant une dizaine d'années, évité tout contact avec les femmes tellement il se sent blessé. Puis, après avoir pensé au suicide, il a finalement décidé de consulter un sexologue. D'autres hommes à sa place se contentent de penser « si je savais mieux contrôler mon éjaculation, ce serait sympa… ». D'autres achètent des livres sur le sujet, et cherchent des solutions avec leur partenaire : une position sexuelle plus propice, des caresses plus douces, des mouvements plus tranquilles, des pensées plus zen pendant l'amour…

C'est ainsi que nos pensées vont entraîner des réactions visibles, des actions sur nous-même, sur notre relation ou sur le monde extérieur. Une action n'est pas toujours une réaction visant à éliminer des pensées négatives. Elle peut être une manière de jouer avec ses propres pensées, de positiver comme on le dit parfois, et d'agir en ce sens. Si j'ai pris des kilos, je peux en sourire et me dire : « J'en profite pour acheter un soutien-gorge pigeonnant puisque j'ai pris de la poitrine, c'est un côté positif de mes kilos. Autant en jouer ! »

Igor, gêné par son éjaculation précoce, a décidé de compenser en devenant un expert en caresses. Sa compagne ne se plaint pas d'avoir un mauvais amant dans son lit, bien au contraire.

Constatons ici que, pour une même difficulté, nos cognitions peuvent varier de manière extrême, parfois même opposée. Ce qui pour l'un serait une raison de se suicider devient un challenge pour un autre : « Puisque j'ai ce problème, je vais m'en sortir par le haut. »

Au total, savoir comment je pense me permet d'observer ce qui se passe dans ma tête avec plus de distance. Vous pouvez examiner ce qui se passe en vous, comment cheminent ces pensées afin de mieux vous comprendre. Cela peut se pratiquer sur des pensées sexuelles, à propos d'amour, mais aussi dans tous les domaines possibles. Vous pourrez d'ailleurs constater ainsi que vous ne fonctionnez pas de la même manière selon le domaine sur lequel vous vous penchez. Les relations amicales, familiales, la vie professionnelle, la créativité, la relation de couple ou la sexualité ne s'épanouissent généralement pas sur le même modèle.

Les cibles de mes cognitions

Quand je pense, je pense à quelque chose. Mes cognitions peuvent concerner des sujets très variables, le premier étant moi-même…

Quand je suis le propre sujet de mes pensées…

Qui suis-je ? Ce que je pense de moi constitue une base sur laquelle se fonde ma vie entière. Ces cognitions dépendent forcément de la réalité objective : je pense que je suis brun si je le suis. Elles dépendent beaucoup plus encore d'éléments subjectifs. « Je suis laid » est une pensée contestable, car nous n'avons pas tous les mêmes critères de beauté. Néanmoins, elle peut se baser sur une certaine réalité. Je peux être honnête et savoir que je ne suis pas spécialement beau. D'autres pensées sont plus contestables encore. Si je pense : « Je ne suis pas digne d'être aimé, je suis nul » ou : « Je ne suis pas désirable », il s'agit d'un point de vue sur soi ne reposant pas sur quelque chose de mesurable. Penser : « Je suis un amant extraordinaire, celui dont rêvent toutes les femmes » relève de la même logique !

Deux personnes en apparence assez semblables, de même niveau de beauté, d'intelligence, de culture, peuvent penser d'elles-mêmes des choses diamétralement opposées.

Cela constitue l'image de soi qui correspond à l'image esthétique, corporelle tout autant que psychologique ou intellectuelle. Elle a une action très puissante sur notre destinée…

De toute évidence, si je me trouve beau, intelligent, intéressant, aimable, je ne rayonne pas de la même manière que si je me trouve laid, bête, inintéressant et indigne d'être aimé. Cette vision de soi dépend beaucoup plus encore de ce que j'ai appris de moi dans mon enfance, puis au cours de mon histoire, de mes rencontres et de mes expériences.

Les cognitions par rapport à l'autre

Si je suis le centre de mon propre monde, je pense aussi aux autres. Et je les juge, j'interprète leur attitude. Face à quelqu'un qui est en colère, je peux penser : « Il m'agresse. C'est une personne violente. Je dois me défendre. » Et je l'agresse à mon tour pour me protéger.

Mais je peux aussi penser très différemment : « Il est en colère. Il doit être fatigué. Je dois l'aider à se calmer. » Et j'apporte du calme et de la douceur en trouvant une attitude et des paroles adéquates pour le détendre.

Par rapport à l'autre, nous avons les mêmes réflexes que par rapport à nous-mêmes. Nous commençons par analyser ce que nous observons chez l'autre. C'est une étape bien plus pauvre en informations qu'envers nous-mêmes. Je sais plus facilement constater dans mon corps que je tremble, que j'ai chaud ou que je suis énervé, que chez quelqu'un d'autre. Et quand je l'étiquette, je peux me tromper beaucoup plus encore que chez moi. Quand je donne un sens à ce que j'observe, je peux passer à côté de ce que l'autre ressent. « Caroline est froide, hautaine et méprisante envers les autres. Elle ne veut pas se mêler à ceux qu'elle ne juge pas dignes d'elle… Résultat, je l'évite car c'est une personne que je trouve détestable. » Or, je me trompe. Caroline, pourtant très jolie, est très complexée, timide, à la limite de la phobie sociale. Les autres lui font peur alors qu'elle meurt d'envie d'entrer en relation. Mon action déterminée par mes pensées consistant à l'éviter, je n'ai aucune chance de réviser mes positions.

Si se comprendre soi-même est complexe, comprendre les autres relève de l'exploit ! Aussi avons-nous tous à apprendre que l'autre est différent, en partie hermétique. **Nos jugements doivent toujours être considérés comme des hypothèses.**

Je me souviens d'un roman où le héros soupçonnait sa femme de le tromper. Il s'apercevait qu'elle lui mentait. Elle allait passer la journée dans une autre ville régulièrement sans le lui dire. En réalité, elle se faisait soigner pour un cancer, et ne lui en avait pas parlé car elle avait le sentiment que son mari s'était éloigné d'elle et ne l'aimait plus. Ce n'est qu'un roman, mais nos cognitions, quand elles vont loin, peuvent former un écran nous cachant la réalité du monde.

Les cognitions par rapport au monde

Au-delà de nous-mêmes et des personnes proches, nos cognitions concernent le monde qui nous entoure. Elles déterminent l'idée que nous nous faisons de notre environnement. Elles touchent les personnes en général et non plus en particulier. Océane pense que tous les hommes sont des salauds. Son père était violent, son premier petit ami était manipulateur et méprisant envers elle. Elle a généralisé ses cognitions et les applique à tous les hommes qu'elle rencontre. Elle pense que tous sont brutaux, dans la relation et dans la sexualité. Cette généralisation peut pour d'autres se traduire de manière positive, comme pour Mona qui a toujours eu un père aimant et un frère qu'elle adore. Elle pense que les hommes sont sympathiques en général, plus faciles à comprendre que les femmes, et qu'ils sont capables de l'aimer et de la respecter.

Les cognitions s'appliquent plus largement au monde en général. Nous avons tous une philosophie de la vie. « Le monde est pourri et ne me laissera jamais ma chance. » Ou bien : « Le monde m'est favorable. J'ai de la chance, je m'en sors toujours. Et les autres sont présents pour m'aider quand j'en ai besoin. » Ou encore : « Le monde est dangereux. Il se passe des choses horribles. L'humanité court à sa perte… »

Cela peut aussi concerner l'amour et la sexualité : « L'amour, c'est une vaste connerie. Cela n'existe pas. Sur terre, c'est le chacun-pour-soi qui prévaut. » Ou, comme pour Mère Térésa : « Le monde a besoin d'amour. Ce que je fais est une goutte d'eau dans la mer, mais si cette goutte d'eau n'existait pas, elle manquerait à l'humanité. »

L'idée que je me fais du monde m'influence en profondeur dans ma perception de moi-même, dans mes relations avec les autres et dans mes projets de vie. Il n'est pas question de se forcer à chausser des lunettes roses pour tout voir en positif, mais porter des lunettes noires n'aide pas non plus, ni à agir ni à être heureux.

Les émotions, conséquences de mes cognitions

Nos cognitions sont à l'origine d'émotions. Si je suis un homme qui souffre de pannes d'érection ou une femme qui ne ressent plus de désir, je peux me sentir triste, je peux avoir peur de l'avenir, ou être en colère contre moi, me sentir coupable…

Au contraire, je peux être heureux sexuellement si je relativise et profite de ce passage difficile pour découvrir que je me sens aimé dans mon couple. Je peux aussi me sentir bien parce que l'autre a eu un souci sexuel il y a quelque temps, et que mon problème rééquilibre la balance dans le couple. Finalement chacun a des petits soucis de temps à autre, et l'on relativise à deux. C'est le cas de Ferdinand et de Mélanie. Il a eu un passage à vide avec des moments sans érection aucune. Il était alors très déprimé et avait l'impression qu'il n'était plus un homme. Mais Mélanie lui a dit qu'elle l'aimait pour lui, pas pour ses érections… même si elle les appréciait. Après quelques mois de traitement (Levitra® en comprimés, un médicament de la même famille que le Viagra®), il a pu se passer de médicaments et retrouver des érections spontanées. Un an et demi plus tard, Mélanie n'éprouve plus aucune envie de faire l'amour. Elle se force pour faire plaisir à son mari, mais il sent bien qu'elle n'y met plus tout son cœur. Elle déprime à son tour, ressent la peur que son mari se détourne d'elle. Ferdinand la rassure. « Tu as été toujours présente quand je n'avais plus le moral, je suis capable d'en faire autant. » Finalement le médecin de Mélanie découvre un trouble de la glande thyroïde qui, une fois pris en charge, lui permet de retrouver du désir. Ces crises ont finalement rapproché

Pas dans la passion, mais dans la certitude que l'autre était là quoi qu'il arrive.

Tout autant que nos cognitions, les émotions induites par ces pensées déterminent nos réactions, nos actions. Si je me mets en colère et que je casse de la vaisselle, c'est rarement parce que je l'ai décidé ! C'est plutôt parce que je me suis dit dans ma tête : « Il exagère, il m'énerve, mais il m'énerve. C'est une honte… » Ces pensées en boucle enclenchent ma colère, la font monter jusqu'à ce que j'explose.

J'ai beaucoup parlé des cognitions négatives, des émotions désagréables. Nous pouvons à l'inverse ruminer des pensées qui nous font du bien. C'est le cas quand on se trouve en état de passion amoureuse, par exemple. On pense à l'être aimé en permanence et l'on se passe en boucle toutes ses qualités, la merveille qu'il est… Et cela rend très heureux !

Lucie était complexée par sa poitrine, plutôt petite. Son ami lui a dit la première fois : « Que tes seins sont jolis ! » et, depuis, Lucie est sur un petit nuage. Elle se passe cette phrase en boucle, essaye de retrouver le ton exact de sa voix, perçoit qu'il ne l'a pas dit pour lui faire plaisir, mais parce qu'il le pense… Et prend confiance en elle. **C'est un des secrets des gens heureux, ils savent ruminer des pensées positives !** Si son ami pense souvent de Lucie : « Qu'elle est belle, qu'elle est merveilleuse ! » il ne sera pas dans le même état émotionnel que s'il se répète : « Qu'elle est sotte et vulgaire… ! »

Les émotions puissantes et durables sont les plus faciles à observer. Il en existe pourtant de beaucoup plus fluides, comme Christophe André le décrit très bien dans son livre passionnant *Les États d'âme* [1]. Une petite phrase, un ton de voix, une idée qui passe peuvent déclencher un état émotionnel particulier. Elle parle de son ex, je ressens la morsure de la jalousie ; elle fait un geste de remettre en place une mèche de cheveux, je ressens une bouffée d'affection ; elle me parle d'une voix un peu rauque, je perçois mon désir qui émerge… Cette émotion peut disparaître en quelques instants ou laisser

1. *Les États d'âme*, Christophe André, Odile Jacob, 2009.

une trace qui perdure des heures. Nous passons ainsi par divers états émotionnels en fonction de ce que notre corps observe du monde et de lui-même, de nos cognitions qui interprètent ces mondes et déclenchent ces états d'âme.

Le dialogue intérieur

Quand je pense, je parle dans ma tête. Pourtant, je ne suis pas seul dans mon propre cerveau ! Quand je me dis : « Il m'énerve », une autre voix qui est aussi la mienne peut me dire : « Calme-toi, c'est toi qui prends une petite chose trop à cœur ! » Ou encore : « J'ai envie de faire l'amour », une autre voix peut susurrer en moi : « Peut-être, mais tu es fatigué et tu dois te lever très tôt demain… »

Nous nous parlons donc à nous-mêmes. Plusieurs facettes de moi-même vivent en moi dans le même corps. L'une ressent par exemple une émotion et l'exprime, tandis que l'autre incarne la raison. Et il peut y avoir plusieurs voix raisonnables. Jack est jaloux et soupçonne sa femme de le tromper. « Je me sens vraiment mal, c'est horrible de souffrir comme ça, c'est insupportable. » Une autre voix lui dit : « Jack, tu es vraiment trop jaloux, c'est pathologique, tu prends un petit détail et tu le grossis démesurément, tu te fais du mal tout seul. Il vaut mieux ne plus y penser. » Et puis, en parallèle : « Je devrais engager un détective privé, comme ça, je serais fixé. » Ainsi, Jack se conseille à lui-même de ne plus penser à sa jalousie… et au contraire d'en faire plus ! Des guerres intérieures entre tendances adverses se jouent sous notre boîte crânienne.

C'est une des raisons pour lesquelles nous avons des difficultés à nous comprendre. Même si nous observons nos émotions et nos sentiments, si nous les comprenons, ils sont souvent extrêmement complexes. Quand deux voix intérieures vous dictent des conduites opposées, comment savoir laquelle est préférable ? C'est parfois simple comme dans les dessins animés où un ange représentant votre conscience vous propose le chemin de la vertu et un démon vous incite à choisir le mal ! Mais dans la vraie vie, la différence entre le bien et le mal n'est pas si nette. La réalité, c'est qu'il n'existe souvent ni bien ni mal, mais des options différentes.

Une grille de lecture de ces dialogues intérieurs me semble particulièrement intéressante, celle de l'analyse transactionnelle[1]. Elle considère que trois personnalités (trois « états du moi ») vivent en nous en permanence : l'enfant, le parent et l'adulte.

L'enfant est notre versant spontané, pulsionnel, plein de désirs, d'élan de vie, d'envie de s'amuser. « J'ai envie de faire une bêtise », dit Caroline à son ami, comprenez de faire l'amour sans préservatif. C'est l'enfant qui est en elle qui parle. Il a envie de profiter du plaisir.

Notre parent intérieur est la voix de notre loi intérieure. « Ce n'est pas bien, il ne faut pas faire comme ça… » C'est une loi que nous avons intégrée, qui nous vient en partie de nos parents et de la morale qu'ils nous ont transmise. Notons aussi que notre parent intérieur peut intégrer d'autres influences : la voix de professeurs, d'oncles ou de tantes, de personnes entendues à la télévision… Quand Caroline parle de bêtise, c'est que son parent aussi est présent. Elle juge son envie à la lumière d'une loi intérieure, celle qui lui souffle qu'il faut se protéger. Ce dont elle a envie est une bêtise.

Et puis, l'adulte est celui qui prend la décision de manière suffisamment mature. Sachant que mon enfant a envie de ceci et que mon parent, lui, a une autre idée, qu'est-ce que je décide en prenant en compte ces tendances ? Si Caroline décide de prendre rendez-vous avec son ami pour faire un test de dépistage, et cesser d'utiliser des préservatifs si le test est négatif, elle écoute à la fois la voix de son enfant, celle de son parent intérieur et sa voix adulte. Si elle se disait « tant pis, je prends le risque », elle suivrait la voix de son enfant. Si elle se disait

1. À lire, d'Éric Berne, fondateur de l'analyse transactionnelle : *Des jeux et des hommes*, Stock, 1984 ; *Que dites-vous après avoir dit bonjour ?*, Tchou, 2009.

« ce ne serait pas bien », et continuait à utiliser des préservatifs sans prendre en compte son désir de faire l'amour « naturellement », elle écouterait seulement son parent.

Nous donnons ainsi parfois la priorité à la voix de l'enfant, ou à celle du parent intérieur... La voix idéale, c'est l'adulte, celui qui prend en compte nos aspirations différentes. On pourrait penser qu'écouter son enfant est immature. Oui, si l'on n'écoute jamais que lui. Mais lui refuser systématiquement ce qu'il désire, c'est s'exposer à ne plus jouir de la vie. Même si on ne peut lui céder chaque fois, ses aspirations sont valides et essentielles.

Le parent est différent. Nous avons tendance à nous construire notre parent intérieur sur ce qui nous a été transmis. Si nous adoptons des principes par habitude, et que nous les suivons assidûment, nous risquons de passer à côté de la vraie vie. « On ne doit pas faire ceci, on ne doit pas faire cela... » Cette partie de nous doit être prise en compte après appréciation de sa validité. Seulement souvent, sur des rails, nous suivons parfois « bêtement » ce qu'on nous a appris sans le remettre en cause.

Ainsi l'adulte « bien dans sa tête » est-il celui qui prend en compte les aspirations de l'enfant et les principes du parent qu'il estime valables pour lui.

Bernadette ne dit jamais non quand son mari a envie de faire l'amour. Un jour, il lui avoue : « Quand c'est toi qui as envie de faire l'amour, je suis ravi, parce que tu me le demandes. Quand c'est moi, tu dis toujours oui, alors je me demande chaque fois si tu as vraiment envie ou si tu n'oses pas dire non. » Bernadette ne s'était jamais posé la question. Avec cette remarque, elle s'aperçoit qu'elle dit effectivement toujours oui, même quand elle n'a pas du tout envie. Elle n'a pas vraiment le sentiment de se forcer mais, pour elle, ça ne se fait pas de se refuser. Sa mère lui a dit un jour : « Tu sais, le sexe, c'est important pour un homme, il faut savoir le faire même quand on n'a pas trop envie... » Et, sans avoir jamais examiné si elle était d'accord avec ce principe, elle l'applique. Depuis cette prise de conscience, Bernadette dit de temps à autre non à son époux, qui se trouve fort content des effets de cette discussion ! Il sait enfin quand elle désire vraiment faire l'amour.

Clovis est enseignant à l'université. Sa femme souffre de vaginisme et ils n'ont jamais pu avoir de relation sexuelle avec pénétration. Il avoue : « Mes parents me disaient : mon fils, il ne faut pas faire l'amour avant d'avoir quitté l'école. Or, comme je suis enseignant, je suis toujours à l'école ! » Il percevait avoir intégré un interdit parental, qui certainement se trouvait en cause dans leur difficulté de couple.

Les pensées à travers le temps

Si mes pensées suivent un cheminement, tiennent une place et s'appliquent à un sujet, elle se déploient aussi dans l'espace-temps, cette quatrième dimension.

Mon passé est présent en moi sous forme de souvenirs conscients. Ces souvenirs, je me les raconte et ils se modifient au fil du temps. Ils ne sont nullement statiques, mais sont regardés à la lumière de ce que je suis aujourd'hui.

Clara me raconte ainsi comment un souvenir s'est radicalement modifié pour elle. « Je pensais m'être fait violer dans mon enfance, sans pouvoir dire à quel âge exactement. Mais je savais que ça s'était passé dans un bois derrière chez moi où je n'avais pas le droit d'aller jouer. Pourtant, j'y jouais à cache-cache avec des grands. Et c'est pendant ce jeu que l'un d'eux m'a trouvée… Et puis, un jour, je ne sais pas pourquoi, je me suis rappelé ce qui s'était passé. J'étais très bien cachée et un grand garçon m'a trouvée. Il s'est approché sans bruit et a crié en me sautant dessus. J'ai ressenti une peur terrifiante. Et je sais maintenant que c'est à partir de cette peur que j'ai imaginé m'être fait agresser sexuellement. J'ai pensé : “Si j'ai eu aussi peur, c'est qu'il s'est passé quelque chose de grave.” En réalité, j'ai eu très peur, c'est tout. »

En se repassant des images, des émotions et des pensées concernant son passé, Clara s'est aperçue qu'elle l'avait interprété d'une manière erronée. Mais il existe bien sûr des histoires où une personne a occulté des événements de son passé qui tout à coup se dévoilent.

Ainsi, je me rappelle mon passé et il est encore actif en moi, ici et maintenant. Si la première femme avec qui j'ai fait l'amour me dit que je suis un amant très doué, ce souvenir me porte, et les émotions de fierté qu'il entraîne peuvent continuer à être présentes aujourd'hui.

Si, une fois, j'ai une expérience très négative, elle peut également rester présente.

Ces événements souvenirs ne sont pas seulement présents en tant que faits, ils le sont aussi dans leur interprétation. Un jeune homme qui sourit en se disant : « La première fois, j'étais vraiment nul », peut se trouver ému en pensant au jeune garçon sans expérience qu'il était alors. Il se donne ainsi de l'affection, comme un parent aimant. Son parent intérieur lui offre de la tendresse. Si au contraire il pense : « Déjà la première fois j'étais nul, pas étonnant que je continue à l'être », ses cognitions concernant son passé sont paralysantes.

Les personnes qui ont une vie sexuelle épanouie sont celles dont la vie sexuelle reste épanouie le plus tard. C'est logique puisque **les souvenirs positifs sont un aliment pour aujourd'hui et pour demain.** Visiter régulièrement son passé, et l'intégrer au mieux dans sa vie présente, permet de se réaliser plus pleinement. Si c'est le cas dans tous les domaines, c'est peut-être encore plus vrai pour la sexualité. Je reçois régulièrement des hommes d'un certain âge qui viennent faire une sorte de bilan sexuel en consultation. Ils me parlent de leur enfance, de leur découverte de la sexualité, de leur vie sexuelle. Mettre des mots sur toute leur histoire leur permet de l'intégrer bien mieux qu'auparavant. En parler avec une personne extérieure les aide à poser les choses à leur juste place. C'est un travail extraordinairement émouvant que d'accompagner quelqu'un pour l'aider à trouver cette meilleure place pour ses souvenirs.

DEVOIR

Les cognitions présentes dépendent donc de mon passé. Elles ne devraient cependant pas se trouver parasitées. Les bouddhistes disent que seul le présent existe. Le passé n'est déjà plus et le futur n'est pas encore. C'est aussi un des principes de la Gestalt, s'occuper de l'ici et du maintenant. Apprendre à observer en soi toutes les sensations, émotions, pensées à l'instant où on les vit est extrêmement enrichissant. C'est un chemin de découverte de soi. C'est finalement ce en quoi consiste la méditation [1] : observer ce qui se passe en moi sans juger, sans s'accrocher à mes pensées…

Le futur n'est pas encore. Et pourtant, il est déjà présent dans ma tête. La manière dont je me projette dans l'avenir conditionne ma vie future. J'aime beaucoup le titre d'un livre : *Le Pouvoir créateur de votre pensée* de René Sidelsky [2]. Nos pensées sont ce que l'on appelle en psychologie des prédictions réalisantes. Si je pense que je vais encore avoir une panne la prochaine fois, cela risque de se produire, bien plus que si j'ai confiance en moi. Ce qui est vrai dans un futur immédiat l'est aussi à beaucoup plus long terme. Si je pense que l'amour est impossible et qu'on finit toujours par se lasser, je vais détecter de petits signes qui m'indiquent que ma théorie est la bonne. Quand l'autre m'ennuie, m'énerve ou me fatigue, je vais porter ma loupe sur ses défauts, les faire grossir. La réalité va très facilement coller à ma prédiction. Si je pense le contraire, mes pensées ne prendront pas la même direction. **Je suis donc le prophète de ma destinée. Le plus souvent, mes prophéties sont inconscientes**. Je les tiens pour vraies sans y avoir réfléchi en profondeur. Pourtant, certains savent choisir l'avenir dont ils rêvent et le réaliser.

---

1. À lire : *Méditer, c'est se soigner*, Frédéric Rosenfeld, Les Arènes, 2007 ; ou encore *La Plénitude de l'instant*, Thich Nhat-Hanh, Marabout, 2009.
2. Dangles, 1991.

Pensées spontanées et pensées décisionnelles

Les cognitions dont j'ai parlé jusqu'ici sont des pensées spontanées. Celles qui surviennent dans telle ou telle circonstance. Elles ne relèvent pas de la décision.

Si je pense : « Elle exagère, elle m'énerve, mais elle m'énerve. C'est une honte d'agir ainsi… » et me mets en colère, je n'ai pas décidé de choisir ces mots pour les formuler dans ma tête ! Même si nous sommes des être pensants, nos pensées ne sont pas forcément intelligentes. Elles surviennent pour la plupart spontanément sans être supervisées par nous-mêmes. Elles sont comme un fleuve qui coule de son propre fait. Et un fleuve prend toujours l'itinéraire le plus facile, pas forcément le meilleur.

À côté de ces pensées spontanées, il en existe d'autres, celles que je peux choisir. C'est le lieu même de ma liberté. Si je ressens des pulsions, des émotions qui entraînent des pensées, si à leur tour elles provoquent des émotions, des actions, alors je suis une marionnette.

Si je prends le contrôle de mes pensées, si je les choisis, je peux influencer ma vie tout entière. Nous y avons bien sûr recours très souvent. Quand un adolescent décide de choisir telles ou telles études, quand un adulte décide de bâtir une maison, et même quand un couple décide de faire un bébé, c'est le plus souvent une décision.

Dans le domaine de la sexualité cependant, nous avons souvent l'impression que celle-ci est spontanée, naturelle, et ne relève pas de décisions volontaires. C'est faux. Si nos pulsions, nos émotions, nos pensées ont une force propre, notre conscience nous permet de les influencer considérablement.

Igor, qui souffre d'éjaculation rapide, a réagi en décidant de devenir malgré tout un très bon amant. Il s'agit bien d'une décision. Et, en choisissant de penser dans un sens qui nous convient, nous agissons aussi sur nos émotions, donc sur notre bien-être.

Notre cerveau sexuel cognitif est particulièrement complexe. Il n'est pas étonnant que nous ressentions des difficultés à nous comprendre, à savoir ce que nous voulons, ce qui nous rendra heureux et la manière d'y parvenir.

Les pièges de nos pensées

Une telle complexité implique qu'il n'est pas facile de trouver sa voie, celle qui serait la meilleure. De fait, nous pouvons tomber dans différents pièges.

Le piège de la comparaison à une norme imaginaire

En étiquetant nos sensations, en leur donnant un sens et une place, nous avons tendance à les comparer à ce que nous imaginons être normal. Manuela pense que toutes les autres femmes trouvent l'orgasme naturellement et facilement. Dany pense qu'aucune femme ne peut accepter de vivre en couple avec un homme qui éjacule trop vite. En tant que sexologue, j'observe aussi que les hommes jugent souvent la qualité de leur érection d'après leurs fantasmes plus que d'après la réalité physiologique. Un homme avec une érection très rigide, en « béton », après une injection intracaverneuse[1], pourra dire sans rire : « Vous voyez, docteur, à la maison c'est pareil, mon érection est très mauvaise. » Voici le médecin obligé d'expliquer que le pénis n'est pas une barre de métal et qu'une certaine souplesse est naturelle ! Au contraire, après la même injection, un homme peut avoir une légère tumescence (insuffisante d'après le médecin) et affirmer : « Vous me sauvez la vie, docteur, c'est formidable. Si je peux obtenir la même chose chez moi, je serai le plus heureux des hommes… »

1. Injection dans un corps caverneux du pénis d'une substance qui provoque une érection réflexe.

Nous sommes influencés par tout ce que nous voyons, entendons sur la sexualité. Autrefois, le silence était pesant. Cependant son avantage était qu'il permettait de vivre sans comparaisons, la représentation de notre sexualité étant relativement floue. Aujourd'hui, bombardés d'informations et d'injonctions, nous avons une idée précise de ce que doit être une vie sexuelle épanouie. Précise et pourtant terriblement fausse la plupart du temps. Nous ne sommes pas stupides néanmoins. Le problème est que l'influence que nous subissons n'est pas entièrement consciente. Nous sommes imprégnés par notre environnement de gré ou de force.

C'est pourquoi des voix comme celles de Catherine Blanc ou d'Anne Steiger s'élèvent contre les diktats des médias [1]. Faut-il les mettre en cause ? Oui et non ! Soyons conscients de la chance que nous avons de pouvoir parler de sexualité librement, de pouvoir nous informer, consulter et bien sûr vivre notre sexualité comme nous l'entendons avec pour seules limites celles de la loi et de notre éthique personnelle. Nous pouvons aujourd'hui remettre en cause ce que l'on nous a appris, les principes, la morale, les projets de vie, sans que cela soit scandaleux. C'est un trésor que nous recevons en contrepartie de quelques inconvénients.

Il me semble que l'essentiel est de disposer de suffisamment de bon sens pour savoir que la vraie vie n'est pas dans les magazines ou à la télévision.

Les médias ne sont donc pas seuls en cause ; notre posture face aux informations qui nous arrivent est primordiale. Aussi avons-nous besoin d'une colonne vertébrale qui nous permette de tenir droit et de ne pas pencher d'un côté ou de l'autre au gré de notre environnement.

---

1. Catherine Blanc a écrit *La sexualité des femmes n'est pas celle des magazines*, Pocket, 2009, et Anne Steiger : *La Vie sexuelle des magazines, comment la presse manipule notre libido et celle des ados*, Michalon, 2006.

L'absence de comparaison possible

Si les médias parlent autant de sexualité, c'est parce qu'elle reste très secrète. Nous ne savons pas ce qui se passe chez les autres, dans leur lit. Et même les chercheurs des grandes enquêtes sur la sexualité savent que beaucoup de participants répondent en fonction de ce qu'ils aimeraient vivre plutôt que de dévoiler leur vie sexuelle réelle. Néanmoins ces études constituent une approche très intéressante quand on prend en compte ces limites [1]. Une de ces enquêtes les plus passionnantes à lire, et que je conseille à mes patients, est celle de Shere Hite qui en a tiré deux livres [2]. Il s'agit de témoignages de milliers d'hommes et de femmes, extrêmement éclairants sur la diversité sexuelle.

L'opacité sexuelle explique le succès des films X amateurs censés donner l'impression de voir la vie sexuelle de vos voisins. Cela ne vous apprend pourtant rien sur les voisins en général, puisque seule une voisine exhibitionniste dévoilera son intimité. Et encore s'agit-il seulement de ce qu'elle souhaite dévoiler.

On pourrait penser que les sexologues sont plus au courant, puisqu'ils sont confrontés à de vraies personnes qui leur racontent leurs vraies difficultés. Certes, mais tout le monde ne va pas consulter. Il existe donc un biais important : nous ne voyons que les personnes qui se plaignent de difficultés, pas celles qui sont épanouies et heureuses dans leur sexualité. De ce fait, certains sexologues disent : « La vraie vie sexuelle des gens est très triste et même pitoyable », ce qui n'est qu'une focalisation sur ce qui va mal. Personnellement, je trouve que nos rencontres avec des patients sont très émouvantes. Nous découvrons des personnes qui s'aiment profondément, qui souffrent et font leur possible pour continuer à s'aimer.

---

1. La plus récente de ces grandes enquêtes est *Enquête sur la sexualité en France*, *op. cit.*

2. *Le Nouveau Rapport Hite sur les femmes* et *Le Rapport Hite sur les hommes*, *op. cit.*

Notre curiosité est en éveil sur ces sujets. La radio est un des lieux privilégiés où l'on peut entendre une certaine réalité sur la vie sexuelle de nos semblables. Des personnes peuvent témoigner de manière anonyme, se confier et trouver une certaine écoute. J'ai participé pendant plusieurs années à une émission de libre antenne sur Le Mouv' de Radio-France où les jeunes pouvaient se livrer et poser toutes les questions possibles sur la sexualité. Cependant, même la radio a des limites : les auditeurs qui téléphonent sont ceux qui l'osent et pas forcément n'importe qui. Il existe un décalage entre la radio et les questions écrites que je reçois dans des forums ou sur des sites destinés aux jeunes, comme tasante.com ou girls.fr.

Finalement, nous ne pourrons jamais savoir exactement ce qui se passe chez les autres, ou d'une façon approximative. C'est peut-être ce qui fait notre humanité, notre espèce étant la seule à faire l'amour discrètement, dans l'intimité. Il est vrai aussi que les autres ne peuvent rien savoir de ma vie sexuelle si je ne la dévoile pas. Cela me permet d'avoir mon jardin secret et de le cultiver comme bon me semble.

Cette impossibilité de savoir, agréable et protectrice pour certains, peut se révéler angoissante pour d'autres : ceux qui veulent bien faire, ceux qui pensent qu'il y a des choses qui se font et d'autres non, ceux qui ont peur d'être jugés par leur partenaire, ceux qui voudraient se situer pour savoir s'ils sont bons ou mauvais au lit…

Les croyances erronées

On nous vend du fantasme, on nous donne des recettes pour réaliser des choses en réalité impossibles. Et la tendance de notre époque est de survendre. Cela s'observe pour les crèmes de beauté (effet lifting, dix ans de moins en trente secondes), comme pour la sexualité.

« Comment avoir un orgasme à chaque fois » est un article typique de la presse féminine. Or, l'orgasme féminin, on le sait aujourd'hui, est en partie génétiquement programmé. Certaines femmes ont l'orgasme facile et d'autres plutôt difficile. S'acharner n'est pas forcément un gage de plaisir. Et ne pas avoir l'orgasme systématique n'est pas un signe de dysharmonie. « Comment ne jamais avoir de panne » est un article qui donne des conseils pour éviter la perte de l'érection. Pourtant une panne ponctuelle n'a rien d'anormal chez un homme en bonne santé. Elle est même tout à fait banale. Mais comment ne pas s'inquiéter si vous avez l'impression qu'il s'agit d'une anomalie ?

Comment avoir un orgasme dans toutes les positions, ne jamais avoir de panne de désir, garder toute la vie votre désir l'un pour l'autre, faire l'amour toute la nuit… Les croyances erronées peuvent aussi concerner « ce qui se fait » ou « ce qui ne se fait pas ». Notre « parent intérieur », voie d'une loi intégrée par nous, peut nous gâcher la vie. Je me souviens de Luana, une femme mariée depuis plus de vingt ans. « Pendant mes fiançailles, j'ai dit à ma mère que je ne voulais plus me marier. Elle a protesté en m'expliquant que ça ne se faisait pas et qu'elle se jetterait dans un puits si je lui faisais cette honte. Je me suis mariée, et depuis vingt ans on ne s'entend pas. J'ai enfin décidé de divorcer. » Ici, la croyance erronée est qu'une fille doit obéir à ses parents, même si elle est majeure et même si cela gâche sa vie entière. Au contraire, Michèle a vécu un épisode un peu similaire avec une résolution heureuse. « Fiancée, je me sentais de plus en plus mal. J'en ai parlé à ma mère qui m'a répondu : “Si tu ne veux pas te marier, on annule tout.” J'ai répondu que ça ne se faisait pas, qu'on avait déjà reçu des cadeaux. Elle a ri et m'a dit que ça n'avait aucune importance. L'essentiel était de ne pas m'engager dans une voie sans issue. Et j'ai rompu. J'ai rencontré plus tard celui qui est devenu mon mari, et, aujourd'hui grands-parents, nous avons toujours été heureux. J'ai eu de la chance. » La chance de Michèle est d'avoir eu une maman ouverte et respectueuse, sachant voir l'essentiel et pour qui le bonheur de sa fille était primordial.

Une autre croyance erronée est de croire que ce que je pense est la réalité. Ce n'est jamais le cas. Ce que je pense, mon opinion, mes sentiments, tout cela n'est qu'une construction de mon esprit, une interprétation du monde, de moi-même ou de ma relation à l'autre. Si je regarde le monde de mon point de vue, les autres points de vue ne sont pas faux pour autant. Un exemple l'illustre parfaitement. Si je regarde un cube sur une face, je pense : « Il est tout plat. » Une personne plus loin pourra dire : « Mais non, il possède une arête », parce qu'il se trouve face à un angle du cube. Un troisième larron dira : « Je vois une sorte de pyramide pointue », s'il se trouve en hauteur devant un coin du cube. Personne n'a tort ni raison, chacun a un point de vue différent.

Présumer ce que pense l'autre

Si nous savons ce que nous pensons, nous imaginons aussi ce que pensent les autres. Parfois c'est juste, souvent c'est faux. L'aptitude à savoir décoder, imaginer les désirs et les pensées de l'autre est indispensable à la vie commune et à la sexualité de couple. La difficulté est que nous avons tendance à supposer par comparaison avec notre propre fonctionnement. Cela s'observe dans la vie de couple.

Bilal rentre du travail et ne dit pas un mot. Sa femme, Judith, pense : « Il est fâché contre moi. Il ne me dit rien. Qu'est-ce que j'ai encore fait ? » En fait, Bilal est simplement fatigué et il a besoin d'un peu de calme.

Sandra caresse souvent les épaules de son amant pendant les préliminaires. Il n'ose pas lui dire que ça l'énerve plus qu'autre chose. Sandra adore les caresses sur les épaules, alors elle présume qu'il les apprécie également.

Notre cerveau sexuel cognitif ne fonctionne pas seulement par réflexion, mais aussi par analogie. Certaines de nos pensées ne découlent pas d'un raisonnement, mais de comparaisons instinctives. Tout se passe alors comme si nous pensions : « Si j'avais telle attitude, cela signifierait que je pense de telle manière. Donc, s'il a cette attitude, c'est aussi ce qu'il pense. » C'est ce qui se produit pour Bilal. Si Judith en rentrant à la maison ne lui adresse pas la parole, c'est qu'elle est fâchée. Elle suppose donc qu'il agit de la même manière. Mais si elle rentre et ne dit mot, Bilal risque de penser qu'elle est simplement fatiguée…

Nos comportements ne sont pas superposables, ni les raisons de ces comportements. Décoder l'autre est tout un art. La seule manière d'y parvenir est de communiquer. Si Judith demande à Bilal : « Tu ne parles pas. Es-tu fâché avec moi ? » Il sera étonné et répondra : « Mais non, je suis fatigué de ma journée. Elle a été difficile. » Et Judith aura fait un pas en avant dans la compréhension de son mari. Bilal aussi peut-être, s'il perçoit qu'un silence de Judith est de sa part un signe de mécontentement. Dans cet exemple, un comportement anodin pour l'un est interprété comme négatif pour l'autre. Dans d'autres cas, l'inverse se produit.

Liliane pense : « J'adore la fellation, cela me donne un sentiment de puissance et un grand plaisir d'assister à ses réactions et de voir que je lui prodigue autant de plaisir. Je trouve ça très touchant. » Son partenaire, ne sachant pas ce qui se passe dans la tête de sa compagne, imagine : « Je sais qu'elle se force pour la fellation parce que les femmes n'aiment pas ça… Elle est sympa quand même de me faire plaisir. »

Présumer des pensées de l'autre aboutit parfois à des conflits reposant sur des broutilles. Si Judith s'énerve contre Bilal supposé lui en vouloir, par exemple. Cela peut aussi entraîner des comportements étonnants. Morgane et Patrice ont testé la sodomie une fois pour voir. Morgane a eu un peu mal, mais sans que ce soit trop gênant. Du coup, elle a gémi. Patrice a pensé que c'était un gémissement de plaisir. Alors que l'expérience ne l'a pas enthousiasmé, il propose depuis régulièrement à Morgane un rapport sexuel de ce type, pensant lui faire plaisir. Morgane, elle, croit faire plaisir à Patrice en acceptant. Aucun des deux partenaires n'aime cette pratique, mais tous deux y ont recours… Rien de grave, bien sûr, mais il est dommage de ne pas chercher à savoir vraiment ce que l'autre pense !

Il existe plusieurs facettes à la compréhension de l'autre : celle de ses pulsions, de ses émotions, de ses comportements et de ses pensées. L'empathie concerne la compréhension de ses émotions et la théorie de l'esprit concerne les intentions que nous prêtons à l'autre à partir de ce que nous savons de lui. Un des grands pièges de l'amour est le fameux « Quand on s'aime, on n'a pas besoin de parler pour se comprendre ». C'est faux. Quand on s'aime et que l'on a envie que cet amour dure, on a besoin de se parler pour se comprendre et éviter bien des écueils.

Donner une place démesurée à certaines pensées

Si nos pensées conscientes peuvent s'appliquer à des sujets très variés, elles deviennent parfois monomaniaques, se faisant piéger par un élément qui envahit notre esprit. Notre fonctionnement devient alors bancal, comparable à un personnage possédant un bras démesuré qui l'empêcherait de marcher ou une tête trop lourde qui ne lui permettrait pas de tenir debout. Le poids d'un élément suffit à empêcher l'équilibre de l'entité entière. Non seulement cette pensée poussée trop loin devient parfois pathologique, mais elle occupe le terrain de notre esprit conscient, empêchant d'autres facettes de nos cognitions de se développer.

Le narcissisme : je ne pense qu'à moi

Carl fait l'amour très rapidement. Les préliminaires ? Bof, il les apprécie quelques secondes. Un câlin après l'amour ? « Cela me barbe », dit-il. Sa femme se plaint, mais il lui répond : « Que veux-tu, les préliminaires, ça m'ennuie, et, après l'amour, j'ai envie de dormir ! » Ce ne serait pas si grave si Carl n'avait systématiquement ce comportement. Ce qui l'ennuie, il l'évite, sans se demander ce qu'en pense l'autre, sans jamais le prendre en compte. Le cunnilingus aussi l'ennuie, alors qu'il réclame une fellation hebdomadaire à sa femme, qui en a assez de se plier à ses envies sans qu'il lui rende jamais la pareille.

Carl est un narcissique, ses pensées sont centrées uniquement sur lui. L'empathie ? L'envie de comprendre l'autre ? Le désir d'intimité ? Il ne connaît pas. « Je cherche mon plaisir, je m'occupe de moi, et le reste m'est égal. Je suis indifférent aux autres, je ne présume pas de ce qu'ils pensent puisque je ne m'en soucie pas. » C'est la manière de penser de Carl dont les cognitions ont un seul objet : lui-même. Et il estime qu'il devrait en être de même pour les autres. « Un égoïste ? C'est quelqu'un qui ne pense pas à moi », pourrait-il affirmer sans rire. Il est capable de dire à sa femme qu'elle est égoïste si elle ne passe pas par ses quatre volontés.

On peut critiquer Carl, mais peut-être faut-il encore plus le plaindre. Il ne peut avoir accès à une relation de qualité, tant il est aveuglé par sa propre personne. Cette manière de fonctionner peut provenir de la place que nous avons occupée pour nos parents. Si nous étions le centre du monde pour eux, nous pensons que c'est une place naturelle pour nous. D'enfants-rois, nous devenons des adultes-rois : les autres sont considérés comme devant être à notre service. Il est difficile de changer quand on est très narcissique. Cela passe par une remise en cause profonde et douloureuse : je dois m'apercevoir que je suis moins important que je ne le pensais. Ce que j'y gagne, c'est que je découvre aussi que je m'enrichis au contact des autres.

Le sacrifice : je ne pense qu'à l'autre

Ne penser qu'à soi est toxique, mais ne penser qu'à l'autre est tout aussi destructeur. Si l'autre occupe toutes mes pensées, je ne pense qu'à lui faire plaisir, si je m'oublie, ma relation amoureuse et sexuelle devient bancale. Pourquoi ?

Tout d'abord, je ne vais pas chercher ni trouver mon plaisir. Je vais donc manquer de ce qui est nécessaire à mon équilibre. Sans plaisir, on s'aigrit, on déprime… Ensuite, je ne donne pas à l'autre le plaisir d'exercer sa générosité. Si moi, j'ai envie de lui faire plaisir, il est logique que mon (ou ma) partenaire ressente le même besoin. Pis encore, ceux qui veulent de tout cœur faire plaisir ont tendance à présumer de ce que pense l'autre. Voulant faire plaisir, ils essayent de deviner ce qui sera le plus efficace, et se trompent souvent. Alors, non seulement ils ne reçoivent pas suffisamment de plaisir, mais ils n'en donnent pas autant qu'ils le souhaiteraient. C'est pourquoi, quand on fonctionne de cette manière, rééquilibrer ses pensées en les élargissant à soi semble indispensable.

Il est possible de changer assez facilement quand on prend conscience de ce type de fonctionnement, beaucoup plus que pour une personne narcissique. La difficulté est d'en prendre conscience car notre éducation a pu nous apprendre qu'il était capital de faire plaisir pour se faire aimer. Ce n'est pas entièrement faux, mais cela doit rester dans des proportions équilibrées par rapport à la place qu'on se donne à soi.

Sidonie adorait son mari. Il était tout pour elle. Elle essayait de devancer ses désirs dans tous les domaines : cuisine, loisirs, sorties, emploi du temps, décoration de la maison et, bien sûr, sexualité. Toutes ses pensées visaient à lui faire plaisir. Mais Donatien se sentait étouffé. Il avait l'impression d'avoir une mère étouffante, pas une femme. Il a eu une aventure extraconjugale et Sidonie a très mal vécu ce moment. Heureusement, ils ont pu en parler avec suffisamment de recul. Donatien avait l'impression d'être seul maître à bord, de n'avoir personne face à lui, juste une exécutante, presque une esclave volontaire. Sidonie l'a compris, et aujourd'hui elle sait mieux prendre sa place. Et Donatien est content quand il peut lui faire plaisir. Il se sent moins étouffé.

Quand le monde extérieur prend trop de place

Pour certains, c'est le monde extérieur qui est au centre des cognitions. Dans leur tête, des pensées telles que : « Je vais leur montrer de quel bois je me chauffe » ; « Je vais réussir et le montrer : m'acheter une grosse voiture, une résidence secondaire avec piscine, pour que l'on puisse observer ma réussite... » Ce qui compte, ce n'est alors pas ce qui me rend heureux, mais ce qui peut démontrer aux autres que j'ai de la valeur. Même si cela se porte souvent sur la puissance sociale et la richesse, cela peut aussi concerner la sexualité. Brice sort avec son amie Melody parce qu'elle est belle. Il ne la voit que lorsqu'il est entouré d'amis, juste pour leur montrer qu'il est capable d'intéresser une fille au profil de top model. Le reste du temps, elle attend devant son téléphone qu'il l'appelle. Ce qui compte pour Brice, c'est l'opinion des autres, pas sa relation amoureuse ni même sexuelle avec Melody.

La préoccupation de ce que pensent les autres peut provenir d'un désir d'exister à leurs yeux, d'être admiré, d'être aimé, ou encore d'une volonté de revanche. C'est le besoin de démontrer sa valeur (que l'on juge faible) au monde entier. J'en parle ici comme d'un piège et c'en est un quand ce fonctionnement très enraciné étouffe le reste. Dans de justes proportions, c'est aussi un moteur de réussite. On peut avoir envie de montrer que l'on réussit son couple, et même si ce motif n'est pas si noble, c'est une force dynamique qui pousse vers l'avant. C'est le cas aussi des chefs d'entreprise aux dents longues qui ont souvent un immense besoin de reconnaissance. Leur énergie est constructrice.

Le monde extérieur peut prendre une place très négative quand existe le souci du « qu'en dira-t-on ». Si l'on a peur de réaliser ce dont on a envie à cause du jugement des autres, cela peut considérablement freiner. Notons que ce « qu'en dira-t-on » est souvent un parent intérieur, une loi intériorisée pas toujours objective. « Cela ne se fait pas de rompre des fiançailles » est une opinion intériorisée. Bien sûr que cela se fait parfois. Mais c'est une façon de mettre des barrières mentales à des réalisations personnelles, barrières que l'on construit en partie seul. Dans les pratiques sexuelles, nous pouvons tous avoir des obstacles de ce type. Claudie pense que faire l'amour devant un miroir, comme son conjoint le lui a proposé, « cela ne se fait pas. Quelle horreur ! ». Au nom de quoi peut-elle penser ainsi ? Elle a bien sûr le droit de ne pas en avoir envie, d'être étonnée par cette demande (elle n'y avait jamais pensé). Elle a peut-être été prise de court... Mais dire que cela ne se fait pas semble étrange. Claudie laisse en elle une trop grande place à l'opinion supposée des autres. « Si les autres savaient ce que nous faisions... » Elle peut avoir peur du ridicule, de se sentir rejetée par une communauté.

Mati est juif. Il a vécu pendant onze ans avec son amie, ils ont eu une petite fille. Ils se sont pourtant séparés. Reine n'était pas juive, et Mati ne pouvait pas l'épouser. Sa famille n'a jamais souhaité la rencontrer, et cette situation a fini par devenir insupportable pour elle. Elle a quitté Mati qui, pourtant désespéré, ne peut toujours pas lui proposer de se marier. Sans juger les choix de chacun, faire passer l'opinion des autres avant son propre bonheur est parfois terrible. Seuls au monde, Mati et Reine auraient sans doute été heureux ensemble, mais voilà, nous ne sommes jamais seuls au monde.

La société présente un effet positif : elle incite à la cohésion, et respecter certaines normes est un facteur de stabilité et d'intégration dans le monde. Mais quand son influence devient trop prégnante, elle peut briser des vies. Une loi trop rigide peut vous détruire quand elle vous interdit d'accéder à ce qui vous fait vivre.

Quand le passé, le futur, ou le monde imaginaire empêchent de vivre le présent

Le passé n'existe plus, le futur n'est pas encore. La vraie vie, c'est ici et maintenant. Pourtant, on peut l'oublier facilement. Le passé est un piège qui peut garder prisonnières bien des pensées. Armand, divorcé il y a huit ans, passe son temps à ruminer le passé. Il en veut encore plus à son ex-femme aujourd'hui qu'au début de leur séparation. Par ses pensées continuelles, la colère qu'il entretient avec soin est en ébullition constante. Quand un ami vient chez lui, il en parle dans chaque conversation. Si vous lui dites : « Quel joli meuble tu as dans ton salon », il vous répond : « C'est le seul qu'elle m'ait laissé... » Au lieu d'utiliser ses capacités mentales à cicatriser, il s'en sert pour verser de l'acide sur ses blessures. Il est naturel d'avoir des pensées de colère quand on vit un tremblement de terre comme il l'a vécu. Mais il vient un moment où nous choisissons nous-mêmes de nous faire du mal. On a l'impression que la colère d'Armand est devenue sa raison de vivre. Autant dire qu'il a fait le vide autour de lui. Ses amis en ont assez de l'entendre parler de son ex-femme de manière agressive. Ils pensent tous qu'il serait temps de passer à autre chose. L'un d'entre eux a tenté de lui en parler, mais ce fut peine perdue. Armand ne veut rien entendre. Il est pourtant en train de gâcher sa vie parce qu'il ne sait pas, ou ne veut pas se prendre en main.

Nazir, au contraire, a fini par réagir. À l'âge de 15 ans, il était fou amoureux d'une jeune Française, Colette, vivant comme lui en Algérie. Ils ont été séparés par la guerre et il n'a pas réussi à la retrouver. Jusqu'à l'âge de 40 ans, il l'a cherchée partout sans succès, car il voulait l'épouser. Un jour, il a cependant décidé de faire sa vie et il s'est marié avec une autre femme. « Je me suis marié sans amour, car je pensais toujours à Colette qui était si jolie. J'ai eu des enfants. Et un jour, j'ai compris que j'étais en train de gâcher ma vie à cause du passé. Ma femme était une femme bien, belle, et qui m'aimait. Et pourtant, depuis notre mariage, j'essayais de la faire ressembler à Colette, je l'incitais à se coiffer, à s'habiller comme elle. Je faisais l'amour en pensant à Colette. J'ai décidé d'arrêter. Depuis, je suis bien plus heureux. Je pense encore à Colette, mais ce passé n'est plus présent en permanence. C'est devenu une douce nostalgie... »

Quand le passé est plus présent que le présent, vous ne pouvez plus apprécier ce qui s'offre à vous. Le plus souvent, les pensées toxiques sont bien sûr involontaires. Cependant il est possible de les cultiver, ou au contraire de les contrecarrer par la décision, comme Nazir l'a fait un jour.

Pour d'autres, c'est le futur qui occupe le terrain, empêchant de vivre le moment présent. Ina a un mari qui l'adore, et son métier est particulièrement intéressant. Pourtant, elle ne pense qu'à construire une maison, et pour cela à mettre de l'argent de côté. Les enfants ? Les vacances ? On verra plus tard. Tendue vers son but, elle ne prête aucune attention aux désirs de Carlos. Leur couple est bancal. La sexualité ? Service minimum, la vraie vie, c'est pour plus tard, quand on aura notre maison. Les cognitions d'Ina concernent uniquement le futur. Comment gagner plus ? Où trouver un terrain ? Quel est le meilleur prêt bancaire ? Quelle entreprise pour construire la maison ? Engloutie par son projet, elle ne s'aperçoit pas que Carlos s'éloigne d'elle. Il en a assez d'une femme qui n'est jamais là, mais qui vit dans un rêve éveillé. Quand le futur occulte le présent, c'est peut-être qu'on ne sait pas profiter de ce qui est, apprécier ce que la vie nous donne. C'est le propre des insatisfaits chroniques. Cette insatisfaction ne se porte pas toujours uniquement sur le futur, mais aussi sur ce que l'on aurait voulu faire. Imaginez par exemple un petit garçon qui rêve d'être pilote de chasse. Malheureusement, il est myope. Va-t-il gâcher sa vie en pensant jusqu'à sa mort : « J'aurais tant voulu être pilote de chasse » ? Ou va-t-il accepter la réalité ?

Fabio, depuis son adolescence, a toujours pensé : « Quand je serai grand, j'aurai toutes les femmes que je voudrai… » Il a fait de très belles études, puis réussi professionnellement et se trouve à un haut poste dans une entreprise internationale. Il est marié avec Marina, la femme de sa vie, dit-il. Pourtant, il est insatisfait. « Je me sens obsédé sexuel. J'ai envie d'avoir des aventures et je ne pense qu'à ça. Je me suis toujours dit que j'aurais un jour toutes les femmes que je voudrais, et ça ne s'est jamais réalisé. Je reportais cela à plus tard. Pourtant, j'aime ma femme, je n'en souhaite pas d'autre. Si elle savait ce que je pense, elle souhaiterait divorcer, je crois. Quand je croise une jolie femme, je me dis que j'aurais peut-être mes chances. Et je fantasme, je fantasme. C'est devenu invivable pour moi. Pourtant, je ne veux surtout pas faire de peine à ma famille. Le *plus tard*, je sens que c'est maintenant ou jamais. J'ai bientôt 50 ans, et ce n'est pas à 80 ans que je vais avoir des aventures… » Son futur imaginaire perturbe Fabio. Il a l'impression de ne pas avoir réalisé son rêve de jeunesse. Va-t-il accepter de se passer d'aventures sans se sentir frustré ? Va-t-il se lancer dans quelque aventure, et voir son rêve se transformer en réalité, avant de pouvoir passer à autre chose ? Va-t-il changer de vie et vivre des aventures multiples ? Va-t-il continuer à tourner en boucle ces pensées qui le perturbent sans rien changer dans sa vie ? Il a très peur de passer à l'acte. « Si j'ai une liaison, j'ai peur d'ouvrir une porte que je ne pourrai pas refermer ensuite », avoue-t-il. Il se sent pour l'instant très déprimé par cette situation.

Donner trop de place à ses pulsions ou ses émotions

Luciana est toujours attirée vers celui qui ne lui convient pas. « Mon attirance, mon désir vont toujours vers le beau garçon frimeur que toutes les filles convoitent. C'est lui que je veux et pas un autre. Souvent, c'est un garçon pas très intéressant et qui, en plus, ne me regarde pas car je suis une fille plutôt discrète. À côté, il y a souvent eu un garçon pas mal, sympa, qui, lui, serait bien sorti avec moi, mais je ne voulais pas m'abaisser à ça. Pendant des années, je suis restée seule en pensant : “Je sortirai avec celui qui m'attire vraiment, ou personne.” Un jour, j'ai compris que j'étais idiote. Je donnais toute la place à l'attirance physique, en ayant parfaitement conscience pourtant que ces garçons étaient plutôt creux, et qu'une telle relation ne serait pas allée bien loin. Aujourd'hui, j'ai enfin regardé autour de moi. Et je vis avec un garçon qui ne m'attirait pas spécialement. Il est plutôt moche en fait, mais nous avons beaucoup de points communs, notamment culturels. Nous sommes très heureux ensemble, y compris sexuellement. Heureusement que j'ai grandi ! »

Luciana mettait au premier plan la pulsion qui déclenche l'attraction sexuelle. C'est une émotion agréable, qui par sa force peut s'imposer en maître. Vous connaissez certainement des couples où elle tient une grande place. Thomas avoue que sa femme n'est pas belle ni attirante, elle n'a aucune conversation intéressante, elle n'est pas très sociable, ni très gentille avec lui. « Mais, au lit, c'est une vraie salope, et c'est cela qui nous tient ensemble... » Autrement dit, d'après ce qu'en dit Thomas, seule la sexualité pulsionnelle les lie. On peut se demander si l'épouse de Thomas est vraiment telle qu'il la décrit. Peut-être la manière dont il la considère présente-t-elle quelque chose de méprisant qui ne la pousse ni à la sociabilité, ni à la gentillesse, ni aux échanges intellectuels ! Mais il se peut aussi qu'elle soit celle qu'il décrit. En ce cas, peut-il être heureux en ne partageant ni amour, ni affection, ni échanges intellectuels ? La pulsion partagée suffit-elle ? Parfois, c'est possible, car elle peut se trouver vectrice d'une réelle affection profonde. Mais parfois, un tel lien vous tient prisonnier d'une relation de très basse qualité. Et rester dans un tel contexte montre la piètre opinion que vous avez de vous-même. N'aurait-il pas été possible pour Thomas de rencontrer une femme qu'il trouve jolie, qui lui donne de l'affection et avec qui la sexualité soit aussi épanouissante ? Dans le fond, Thomas n'a pas confiance en lui et une petite voix intérieure lui chuchote qu'il ne mérite pas mieux que sa femme.

Une idée toxique peut faire penser que la pulsion sexuelle est *le* pilier d'un couple réussi : « Quand il n'y a plus de désir dans un couple, c'est fini. » Cette idée aberrante est véhiculée par de nombreuses personnes, y compris des pseudo-thérapeutes. Je me souviens avoir été vraiment énervée d'entendre lors d'une émission de télévision en direct une soi-disant psychothérapeute expliquer avec un aplomb qui m'avait confondue que, sans désir, il valait mieux se séparer tout de suite. Pourquoi cela m'énerve ? Parce que dire une bêtise devant des milliers de personnes peut faire des dégâts ! Le désir sexuel n'est pas *le* pilier du couple. Il est important, certes, mais, au fil d'une vie, il peut se trouver amoindri par périodes pour des raisons qui n'ont rien à voir avec la qualité ou la solidité d'un couple. Quand on adhère à cette idée, on fait passer la sexualité pulsionnelle au premier plan, et c'est une erreur. Toutes les facettes de notre sexualité sont au premier plan. Elles sont toutes importantes.

Igor, ce jeune homme qui cherche une compagne acceptant ses pratiques de travestissement, fait aussi passer sa pulsion en premier. Car c'est son critère pour former un couple. Il donne trop de place à cette pulsion, non par manque de réflexion, mais parce qu'il ne sait pas comment faire autrement. Il risque de ne pouvoir former un couple harmonieux.

La pulsion peut bien sûr prendre une place de choix dans un couple. Quand elle s'intègre dans une entente émotionnelle et intellectuelle, elle vit dans une dynamique positive. **Se sentir fier et heureux des pulsions partagées est un bon signe d'équilibre**. Thomas, dont la pulsion scelle le couple, se trouve plutôt méprisable et n'en est pas fier.

Je viens de décrire des désirs pulsionnels. Notons pourtant que le désir n'est pas toujours d'origine pulsionnelle. On peut désirer l'autre aussi sur un mode affectif ou intellectuel. L'élan de désir vers l'autre est beaucoup plus large et peut contenir le monde.

Mieux se connaître grâce à nos cognitions

Nos pulsions et nos émotions se trouvent intégrées dans notre fonctionnement grâce à nos cognitions. Notre manière de penser nous permet donc de les reconnaître, de les étiqueter, de les façonner et de les orienter. Mais globalement, nous avons trop tendance à les considérer comme des données sur lesquelles nous ne pouvons rien. L'idéal serait d'en avoir conscience afin d'utiliser cette capacité pour aller dans une direction qui nous rendrait heureux.

Apprendre à observer ses sensations, pulsions et émotions

Nos émotions et nos pulsions sont reconnues à partir de sensations corporelles plus ou moins complexes. Nous devons interpréter ce qui se passe dans notre corps pour lui donner un sens. Ce long apprentissage commence dès l'enfance. Des enfants de 6 ans sortent d'un bain de mer en Bretagne au mois de février. Ils sont bleus, grelottent. « Vous avez froid ? » demandent leurs mamans. « Non, on n'a pas froid », répondent-ils. Les adultes peuvent penser qu'ils mentent car ils avaient tellement envie de se baigner. Mais non, ils ne savent tout simplement pas reconnaître ce qui se passe dans leur corps.

Vous l'observerez facilement pour le sommeil. L'enfant bâille, ses yeux se ferment, il semble très fatigué : « Non, je n'ai pas envie de dormir. » L'adulte pense que cet enfant ne veut pas aller au lit, qu'il a peur du noir seul dans sa chambre. Peut-être, mais il est tout aussi vrai qu'il est incapable de nommer son envie de dormir. Il ne fait pas le lien entre ses bâillements, ses yeux qui se ferment et son besoin de sommeil.

Il en est de même pour la faim. Un tout petit enfant pleure quand il a faim. Encore à 4 ans, alors qu'il sait parler, il s'énerve, crie, mais ne réclame pas à manger. Il se sent mal, mais il ne sait pas que c'est la faim. Il n'interprète pas encore les sensations de son corps. Ce n'est que très progressivement qu'il va faire cet apprentissage.

Les enfants ont besoin d'explications qui ne sont pas toujours données. Ils apprennent beaucoup par imitation, par intuition. Les mots mis sur leurs sensations les aident encore plus : « Tu vois, tu grelottes, tu as les dents qui claquent, les lèvres violettes, ton corps te dit qu'il a froid... » Or, le dialogue entre l'enfant et l'adulte présent est souvent le suivant :

« — Tu as froid.

— Non,

— Si, tu as froid.

— Non... »

Adultes, nous avons tendance à poser l'étiquette sans expliciter la définition. L'enfant doit se débrouiller pour relier les perceptions physiques à une étiquette, et l'ordonner en un tout cohérent. Il se crée une banque de sensations et d'émotions. Pendant ce temps, des connexions se font jour entre son néocortex, siège de la mentalisation, de la réflexion, du langage, et son système limbique, cerveau profond et instinctif.

Les besoins primaires, besoin de manger, besoin de chaleur, besoin de boire, besoin de dormir, sont les plus faciles à reconnaître. En revanche, les émotions plus complexes comme la colère, la peur, la tristesse, la joie, plus difficiles à étiqueter, demandent plus de temps pour être reconnues. Qui vous dira que vous avez peur ou que vous êtes triste ? Même si cela se produit en vous, vous ne l'extériorisez pas toujours. Vous vous trouvez donc seul face à vos émotions.

À l'adolescence, deuxième enfance, de nouvelles sensations et émotions apparaissent. Il va falloir intégrer l'attirance pour l'autre, le désir sexuel, les sentiments amoureux… À cet âge, un parent a encore plus de mal à aider son enfant. Il ne lui a déjà pas toujours décrit explicitement la sensation de faim, de sommeil ou de froid ; alors, le désir ou l'excitation, c'est encore plus délicat. Les parents ne peuvent plus être des modèles comme dans les apprentissages de l'enfance. Une distance saine devient nécessaire pour préserver la pudeur des deux parties. Il pourrait être très intrusif pour une mère de dire à son fils : « Tu vois, tu as des érections parce que… » Ce serait plutôt au père de l'expliquer « à froid » et ce n'est pas souvent fait.

L'adolescent n'apprend pas grand-chose à ce sujet et se trouve très seul confronté à ces réalités. D'où l'intérêt des groupes de pairs entre filles ou garçons où s'échangent des informations. D'où encore le succès des forums, « chats » ou blogs sur Internet, où les adolescents s'épanchent sur leurs états d'âme. Comme les adolescents ont des difficultés à identifier leurs émotions sexuelles et amoureuses, ils recherchent des supports d'aide comme des films sur l'adolescence ou des livres. Je pense par exemple à la série de Stephenie Meyer, en quatre tomes[1] : *Fascination*, *Tentation*, *Hésitation*, *Révélation* – un succès mondial auprès des adolescents. Elle doit sans doute en grande partie son succès à cette aptitude à décrire les sentiments. On y trouve, détaillées en long, en large et en travers, mille et une fois, toutes les émotions par lesquelles passe l'héroïne, Bella : amour, désir, colère, ressentiment, jalousie… Mais ces livres constituent un guide des sentiments, décodage fort utile pour des adolescents en plein apprentissage.

1. Série parue aux Éditions Hachette Jeunesse.

Quand on est aveugle à ses émotions, ses sensations

Certains adultes, n'ayant jamais appris à décoder ce qu'ils ressentent, souffrent de ce que l'on appelle une alexithymie. Ils sont capables de décrire : « J'ai une boule dans la gorge et la tête lourde », mais incapables d'interpréter ces sensations et donc de mettre un mot précis sur l'émotion. Ces personnes observent leur corps comme un étranger aux réactions bizarres.

Ils ne savent même pas qu'ils sont tristes, en colère ou amoureux. Ils vous diront : « C'est étonnant, quand je la vois, mon cœur bat plus vite… » Cette impossibilité à interpréter les messages de leur corps viendrait d'un déficit de la part de leur entourage. Leurs parents ne leur auraient pas donné les indices verbaux indispensables à cette compréhension de soi, parce qu'ils en étaient incapables, dépressifs, absents. C'est aussi parfois lié à un attachement non sécurisé de l'enfant qui, pour se protéger, censure ce qui vient de ses parents, fermant la porte de ses émotions. Les alexithymiques, des hommes en majorité, représentent 15 % de la population [1].

À l'adolescence, nous avons tous à créer ces connexions. Solenne, 32 ans, raconte qu'à son adolescence, pour avoir un ventre plat, elle faisait tous les jours de la musculation pour ses muscles abdominaux. « Et, dit-elle, j'adorais ça car cet exercice me procurait une grande sensation de plaisir. Je sentais quelque chose dans mon ventre que j'appelais *mon petit cœur qui bat*. J'ai compris, quelques années plus tard, qu'il s'agissait d'orgasmes. La manière dont je pratiquais mes exercices me faisait jouir. Mais, pour moi, cela n'avait rien de sexuel. Je ne comprenais pas vraiment ce qui se passait dans mon corps. » Quand on sait ce qu'est un orgasme, on peut trouver cela aberrant. Pourtant, notre esprit est aveugle à ce qu'il n'a pas appris. Je l'ai expérimenté un jour avec grand étonnement. J'étais

1. « Alexithymie, ou le silence des émotions », Sylvie Berthoz, *Cerveau et Psycho* n° 6.

enceinte et je passais une visite. La sage-femme me demande : « Avez-vous des contractions ? » Je réponds : « Non, je n'en ai jamais eu aucune. » Elle examine mon ventre et me dit : « Voilà, vous avez une contraction, vous sentez, votre ventre est tout dur… » Et je suis étonnée : « Ah bon… » Dans la journée, j'ai ressenti des dizaines de contractions pour la première fois. J'ai compris que mon esprit ne captait pas des contractions qui pourtant avaient bien eu lieu auparavant. Cela m'a beaucoup surprise car, à partir du moment où cette sage-femme les a nommées, elles sont devenues évidentes et impossibles à ne pas percevoir.

Si un événement corporel aussi évident peut être méconnu, les mouvements de notre désir, de notre cœur, bien plus complexes, sont encore plus délicats à interpréter. Des recherches sur le désir féminin ont montré que les femmes ne savent pas dire à quel niveau se situe leur excitation sexuelle. Ayant testé des médicaments comme le Viagra sur elles, les chercheurs se sont aperçus qu'ils donnaient d'aussi bons résultats que chez les hommes : l'excitation féminine augmentait nettement, la lubrification sexuelle était plus abondante. Cependant, les femmes ne s'en rendaient pas compte. La mesure objective de la lubrification n'avait pas de relation avec ce qu'en disait chaque femme. « Mon vagin est très lubrifié » peut être exprimé par une femme ayant en réalité une certaine sécheresse ou, au contraire, « Mon vagin n'est pas bien lubrifié » peut être l'affirmation d'une femme dont la lubrification objective est excellente.

Un élément explique la difficulté à nommer ce que l'on ressent, c'est qu'un même mot ne possède pas la même signification pour tous. Si vous demandez à quelqu'un : « Que ressentez-vous quand vous avez faim ? Pouvez-vous le décrire ? » Eh bien, personne ne décrit la même chose. Dire : « J'ai faim » est une interprétation et ne décrit en aucune manière ce que vous observez à l'intérieur de vous. Certains disent : « C'est dans la tête » ou « C'est une faiblesse dans tout le corps » ou « C'est un creux dans le ventre »… Les sensations de désir ou de plaisir sexuel sont elles aussi très variables. Pour les explorer, j'ai demandé à plusieurs hommes : « Que ressentez-vous juste avant de jouir ? » Aucun ne m'a donné la même réponse : « C'est dans ma tête », « C'est une sensation au niveau du gland », « C'est dans mon ventre », « C'est à la racine de ma colonne vertébrale », « C'est une sorte de frisson que je ressens dans tout mon corps », « Une décharge électrique dans mes vertèbres »... Quand je demande à un homme qui éjacule trop vite de repérer la sensation prémonitoire d'éjaculation, nul ne comprend la même chose. Certains savent ce qu'ils ressentent, d'autres, encore aveugles à leurs sensations, n'ont aucune idée de ce qu'il faut rechercher.

La confusion des émotions, pulsions et sensations

À cause de cette complexité à reconnaître ce qui se passe en nous, nous confondons des émotions entre elles ou nous interprétons mal certaines sensations de notre corps. C'est évident chez les adolescents. Viviane affirme : « Il est dans la classe à côté de la mienne, je ne lui ai jamais parlé, mais je l'aime. Comment le lui dire ? » Viviane prend l'attirance qu'elle ressent pour ce garçon pour de l'amour. C'est une constante chez les jeunes filles et assez souvent chez des femmes plus adultes. L'attirance est interprétée comme un sentiment amoureux. Pourquoi une telle confusion ? Les filles aiment lire des romans roses ou sentimentaux, des histoires de cœur, et ont parfois tendance à nier ou refouler leur pulsion sexuelle. Ce qui se passe dans leur corps est donc naturellement décodé de manière sentimentale, domaine dans lequel elles sont plus à l'aise. Quand Viviane sort enfin avec ce garçon, elle est très gênée : « Quand il me prend dans ses bras, ma culotte devient toute mouillée. J'ai honte, je ne pourrai jamais aller plus loin avec un garçon si mon corps réagit ainsi. Cela va le dégoûter... » Elle interprète ses réactions pulsionnelles, et les réactions de son corps deviennent sources de dégoût ! Autant dire que Viviane n'a pas encore atteint une maturité sexuelle où l'on sait concilier harmonieusement pulsions, sentiments, et cognitions.

Chez les femmes adultes, une autre confusion apparaît fréquemment : « Je n'éprouve plus de désir pour Yvan, pense Séverine, c'est sans doute que je ne l'aime plus. » Pourtant, amour et désir, s'ils peuvent de toute évidence coexister, ne sont nullement superposables.

Chez les garçons adolescents, comme nous l'avons déjà vu, j'observe souvent d'autres confusions de type : amour et désir sont incompatibles. « Quand je la prends dans mes bras, explique Robin, j'ai systématiquement une érection. Alors, moi qui pensais être amoureux, j'ai l'impression qu'entre nous c'est seulement sexuel. » Et Fred est très embêté : « Quand je vais à la piscine, je peux avoir une érection en regardant d'autres filles que ma copine. Je me dis que c'est peut-être parce que je ne l'aime pas. Et d'ailleurs, elle est jalouse, elle me dit que je m'intéresse aux autres filles... »

Chez les garçons, la pulsion apparaît plus souvent au premier plan, d'autant peut-être qu'étant moins friands d'informations sentimentales que les filles, ils se trouvent plus ignorants en la matière. Chez eux, le sentiment amoureux peut très bien être exprimé d'une manière sexuelle. L'affirmation « Elle est bonne », concernant une jeune fille, peut sembler vulgaire et pourtant cacher des sentiments profonds. La culture du X, très répandue chez eux, a tendance aussi à façonner leur manière d'interpréter leurs émotions sexuelles, leur enseignant un langage particulier. Les garçons font des blagues, se vantent, fantasment. C'est aussi une réaction de défense contre ces émotions qui les dépassent.

Entre les filles qui refoulent leurs pulsions, ou les interprètent de manière sentimentale, et les garçons qui expriment leurs sentiments de manière sexuelle, il n'est guère surprenant qu'il y ait autant d'incompréhensions.

Si l'expérience de la vie nous permet de progresser dans la compréhension de nous-mêmes, elle demande souvent des années. Après 30 ans, les jeunes femmes savent de mieux en mieux faire la part des choses entre amour et attirance sexuelle. Ainsi, des femmes plus mûres peuvent-elles plus facilement envisager une relation basée sur la pulsion sexuelle sans se sentir amoureuses. Et les hommes, au fil des années, savent mieux intégrer les sentiments dans leurs relations sexuelles. J'ai souvent entendu des hommes de 50 ans dire : « Quand j'étais plus jeune, je pouvais coucher avec n'importe qui. Maintenant, si je ne suis pas amoureux, je n'en ai plus envie... » Il me semble que, dans les années de jeunesse, les hommes et les femmes jeunes ont beaucoup à s'apporter. Les femmes qui savent nettement mieux décoder les sentiments peuvent se révéler des tuteurs pour leurs partenaires, les encourager à mieux se comprendre sentimentalement. De même, l'homme jeune peut encourager sa partenaire à reconnaître et accepter ses pulsions comme une force positive, et se faire enseigner leur compatibilité avec les sentiments.

Nous vivons à mon sens une période plutôt bienheureuse en ce domaine. Les toutes jeunes femmes aujourd'hui ont accès à la sexualité sans réprobation. Les hommes ont le droit de montrer leurs émotions alors que ce fut moins le cas (il y a peu, un homme ne devait pas pleurer). De ce fait, les hommes et les femmes ont plus de chances de se comprendre assez tôt et de se rencontrer en harmonie. La distance est moins grande que par le passé.

Cependant, l'influence grandissante du X me semble un écueil qu'il faut contourner. En effet, de plus en plus de jeunes femmes consomment du X, et commencent à juger les hommes comme les hommes les plus machos jugeaient les femmes. « Ils sont tous nuls et ne savent pas me caresser. Je les prends et je les jette aussitôt s'ils ne sont pas bons au lit. Et un petit sexe, pour moi, c'est un tue-l'amour », raconte Géraldine en riant. Lorsque le X prend trop de place, il ridiculise les sentiments qui se recroquevillent au fond de nous. Et c'est vraiment dommage, car ces femmes font, à juste titre, peur aux hommes. Ils éprouvent un grand besoin de tendresse, d'amour et d'empathie. S'ils se trouvent devant un juge intransigeant, ils fuient.

Les questions à se poser pour mieux se connaître

Certains croient que penser notre sexualité est inutile puisqu'il suffit de laisser faire la nature. Mais la nature nous a donné un cortex cérébral intelligent et il ne peut pas ne pas fonctionner. Vous ne pouvez pas ne rien penser de votre sexualité. Alors autant que cela se fasse de manière consciente et volontaire afin d'impulser votre énergie dans le sens que vous choisissez.

La pulsion sexuelle

La pulsion est une force brute, pas spécialement tournée vers une personne spécifique. On peut se demander : qu'est-ce qui est pour moi excitant sexuellement ? Soyez honnête pour répondre, c'est essentiel pour prendre conscience de la place de l'instinct en vous.

Ce qui est excitant pour moi, est-ce une grosse poitrine ? une jolie ligne de jambes ou une démarche ? Est-ce un regard, une voix un peu rauque ou voilée ? Quelles sont les situations excitantes pour moi ? Est-ce un geste discret que personne ne voit (comme du pied sous la table) ou une caresse plutôt sexuelle au sein d'une foule ? Un endroit où je risque d'être surpris ? Une posture sexuelle où je vois ses fesses ? Une caresse particulière ?

Quels sont mes fantasmes ? Des situations que j'ai vécues et que je remets en scène ? Des images que j'ai vues et auxquelles je fais appel ? Mes fantasmes ont-ils changé au fil des années ?

Qu'est-ce que je ressens en pensant à mes pulsions ou à mes fantasmes ? Est-ce agréable et excitant pour certaines ? Est-ce dégradant et dégoûtant pour d'autres ? Est-ce angoissant ? Et si oui, qu'est-ce qui me fait peur dans mes fantasmes ? Qu'est-ce qui me fait plaisir ?

Est-ce que je recherche volontairement ces sensations de force, d'énergie, de vitalité quand je ressens une pulsion ou est-ce que je les fuis ? Comment je m'y prends pour les provoquer ou les bloquer ?

Mettre toutes ces réponses à plat est un travail de connaissance de soi. Il n'y a pas ici lieu de se critiquer, mais de se comprendre, de regarder tout cela avec amitié et de ne pas imaginer que tout est plus facile pour d'autres que pour vous, ou que d'autres ont de plus belles pensées. Ne cherchez pas à vous comparer : vous ne savez pas ce qui se passe dans la tête ou dans le corps d'autres personnes. Et cela n'a aucune importance. Sachez seulement que, quelles que soient vos pensées, vous n'êtes pas seul dans votre cas !

Paul estime qu'il a toujours bien vécu avec ses pulsions. « J'aime beaucoup le corps des femmes. Ce qui stimule ma pulsion est banal, j'imagine. C'est un corps nu. Je ne peux pas dire qu'un endroit particulier m'intéresse, c'est la ligne générale en forme de guitare que je trouve excitante. Je suppose que la nature a conçu le corps des femmes dans le but de faire réagir le cerveau des hommes… ou le contraire, le cerveau des hommes pour réagir au corps des femmes ! Cela ne m'a jamais gêné que ma partenaire ait de gros ou petits seins, qu'elle soit mince ou enveloppée ou même franchement en surpoids. Je n'ai jamais de difficulté d'érection sauf une fois où ma partenaire ne voulait pas se mettre nue pour faire l'amour ! Comme j'aime le corps des femmes, j'ai toujours aimé les images érotiques. Pas tant les films X que les photos qui me permettent de fantasmer plus personnellement. Je regarde quelquefois des films, et l'un d'entre eux a eu un effet très désagréable sur moi. Il a implanté une image, ou plutôt une séquence violente que je n'aime pas du tout. Quand j'y pense, elle est très excitante, même si je ne l'aime pas. Elle me dérange parfois quand je fais l'amour, c'est comme si elle s'imposait à moi… » La compréhension de Paul sur son propre fonctionnement lui permet de comprendre le pourquoi de sa panne d'érection. Son facteur de stimulation, la nudité de sa partenaire, se trouvait absent. C'est une chance, car beaucoup d'hommes, ne se connaissant guère, se trouvent paniqués dans ce genre de situation, ne sachant pas interpréter ce qui leur arrive.

Hortense se connaît aussi : « Mon mari, physiquement, je ne le trouve pas spécialement excitant. Mais attention, cela ne signifie pas que je ne l'aime pas. Ce que j'aime le plus chez lui, c'est sa voix. Quand il me dit “je t'aime”, cela me fait des frissons partout. Il le sait et, quand nous faisons l'amour, il me dit toujours qu'il m'aime au début. C'est pour moi comme un starter. C'est excitant, mon envie est tout de suite boostée. J'ai beaucoup de chance qu'il me comprenne. Je lis toujours dans les magazines ou dans des blagues que les hommes ne disent pas souvent à leurs femmes qu'ils les aiment… » Hortense a plusieurs atouts dans son cerveau sexuel cognitif. Elle se connaît et elle s'accepte. Elle pourrait juger abominable de ne pas trouver son mari désirable physiquement. Elle sait ce qui est excitant pour elle (entendre un « je t'aime ») et elle a été capable de l'exprimer à son partenaire. Mieux encore, son époux l'accepte et joue le jeu. C'est la configuration de couple idéale que l'on peut souhaiter à tous, quel que soit le fonctionnement de chacun : **se comprendre, s'accepter soi-même, exprimer ses besoins à l'autre et les voir compris et pris en compte.**

L'attirance

L'attirance est un intérêt sexuel tourné vers une personne précise. Plusieurs questions se profilent.

Quand ai-je ressenti la dernière fois une attirance pour quelqu'un ? Qu'est-ce que j'éprouve dans mon corps dans ce cas-là ? Quelles pensées me viennent ? Positives ? Négatives ? Est-ce que je me juge ? Est-ce que je cultive ces pensées ? Est-ce que j'essaye de m'en détourner ? Est-ce que j'aime ressentir une attirance, qu'elle puisse ou non aller plus loin ? Est-ce qu'au contraire cela m'est désagréable ?

Il est très intéressant de répondre à ces questions. Irène est régulièrement attirée par d'autres hommes que son mari. Et elle aime cela. Pourtant, elle n'a jamais eu de relation extra-conjugale et se trouve fort bien en couple. « J'aime me sentir attirée, et aussi parfois observer que je pense être attirante pour quelqu'un. Et cela m'arrive régulièrement. C'est un petit plaisir dans la vie. Je sais que je ne vais rien concrétiser, mis à part quelques pensées. Cela me donne de l'énergie, j'ai le sentiment de vivre, d'exister. Je n'alimente pas non plus ces pensées, parce qu'à mon sens cela pourrait se révéler dangereux si je commençais à fantasmer régulièrement sur quelqu'un. Je préfère apprécier l'attirance quand elle est là et la laisser passer… jusqu'à la prochaine fois. »

Samy réagit autrement : « Il est très rare que je sois attiré par une femme. J'avoue que, quand cela survient, je me sens paniqué. J'ai promis fidélité à mon épouse et je compte bien tenir cette promesse. J'ai déjà deux fois pendant mon mariage senti une forte attirance pour une femme et j'ai eu très peur de remettre en question mon couple, même si, concrètement, il ne s'est rien passé. »

D'autres peuvent penser leurs attirances encore très différemment, les cultiver pour le plaisir, les rejeter avec horreur, se sentir attristé, penser qu'ils n'aiment plus leur partenaire ou simplement ressentir une gêne. Pour les célibataires, certains apprécient de se sentir attirés, et d'autres se sentent mal parce qu'ils imaginent un rejet de la part de l'autre ou qu'une grande timidité leur fait ressentir une impuissance à exprimer leur attirance à l'autre…

Ce qui compte dans l'attirance, ce n'est pas tant ce qu'elle est à la base, que ce que nous en faisons par la suite. L'attitude la plus saine est de l'accepter puisqu'elle n'est pas contrôlable, et de choisir le rôle que nous souhaitons lui donner. Nous pouvons alors l'entretenir pour faire d'une petite flamme un feu brûlant, ou la laisser s'éteindre comme une bougie qui se consume après avoir produit une jolie lumière.

Le désir

Désirer quelqu'un sexuellement, c'est beaucoup plus que se sentir attiré. Là encore des questions peuvent nous éclairer sur notre propre fonctionnement. Quand est-ce que j'éprouve du désir ? Qu'est-ce qui le déclenche ? Et, au contraire, qu'est-ce qui le bloque ? Est-ce que je cherche à alimenter mon désir parfois ? Souvent ? Et comment ? Est-ce que je fais tout pour le contrer ? Et si oui comment je m'y prends ? Mon désir m'a-t-il déjà gêné ? Comment je l'exprime ? Qu'est-ce que j'en fais ? Et dans quelles circonstances ? Mon désir est-il une donnée stable ou très fluctuante ? Au fil de mes cycles, si je suis une femme ? Au fil de mes humeurs ? Selon l'attitude de l'autre ? Selon mes pensées durant la journée ?

« Quand je suis au travail, raconte Georgina, mon compagnon m'envoie de temps en temps un petit SMS gentil ou parfois un peu coquin dans la matinée. J'aime beaucoup cela car il me montre qu'il pense à moi. J'ai observé que ces jours-là, quand je rentre le soir, j'éprouve beaucoup plus de désir que d'habitude. J'ai vraiment envie de faire l'amour. Car pendant cette journée, je pense beaucoup plus à lui et ça me stimule. Mais je ne lui en ai jamais parlé, je ne sais pas trop s'il s'en rend compte… »

Georgina observe aussi que si le SMS un peu coquin est trop vulgaire, son effet est contraire. Elle se sent vaguement dégoûtée et pense à son compagnon de manière négative pendant la journée. Le soir, elle n'a pas, mais alors pas du tout, envie de faire l'amour. Et elle n'ose pas le lui exprimer car elle a peur de le vexer. C'est dommage ! **Nous n'avons pas tous la même sensibilité et chacun doit en permanence s'adapter à l'autre.**

Le désir n'est donc pas seulement une donnée déterminée par nos hormones, mais aussi par tout ce qui se passe autour de nous et encore plus peut-être dans notre tête. C'est la manière d'intégrer les messages de son ami qui stimule ou bloque le désir de Georgina. S'observer permet de nous comprendre et d'influencer volontairement notre comportement. Valentin aime que sa femme plaise à d'autres hommes. Il n'est pas jaloux car il se sent en sécurité dans son couple. Penser que cette belle femme admirée par d'autres est la sienne le rend fier et alimente son désir. Ils n'en ont jamais parlé, même si Alice le perçoit très bien. Elle est très attentive à son maquillage et à sa manière de s'habiller quand elle sort avec lui, et très sociable, elle attire effectivement les hommes, sans aller plus loin qu'un contact amical. C'est une sorte de jeu entre eux.

Le désir peut être attisé souvent par des éléments relationnels ou par la seule observation de l'autre, quand il se situe uniquement dans notre tête.

« Quand je pense que cette femme m'a fait trois enfants, qu'elle les aime, qu'elle m'aime, qu'elle a promis de rester avec moi pour le meilleur et pour le pire et qu'elle tient parole, cela me touche beaucoup, expose encore Valentin. Et j'ai envie de faire l'amour avec elle, de lui donner du plaisir pour la remercier d'exister... » Le désir ne fonctionne donc pas seulement sur des gestes, la vision d'un corps érotique, mais aussi sur notre interprétation de notre relation à l'autre et de ses comportements. Des facettes très différentes du désir peuvent coexister. Valentin désire plus son épouse quand elle porte une jupe courte qu'un jean, et quand elle se fait une queue-de-cheval qui dégage sa nuque, zone pour lui très érotique...

Si vous êtes capable de vous observer, d'analyser votre désir, c'est un point très positif pour votre sexualité.

L'excitation sexuelle

L'excitation sexuelle est la manifestation physique du désir, érection chez l'homme et lubrification vaginale chez la femme. Les hommes savent tous la reconnaître puisqu'elle est visible. Chez les femmes, c'est moins net et, certaines, surtout quand elles sont très jeunes, ne captent pas mentalement les réactions physiques de leur sexe. Même quand on sait reconnaître sa propre excitation, on ne l'étudie pas toujours. Pourtant, elle mérite notre intérêt. Avoir envie de savoir comment je fonctionne est une curiosité naturelle, parfois entravée par une gêne ou une honte concernant la sexualité.

On peut se poser de nombreuses questions sur cette excitation pour mieux la cerner. Qu'est-ce qui fait monter mon excitation sexuelle ? Traduisez ce qui fait augmenter ma lubrification, mon érection. (Un autre signe de montée de l'excitation sexuelle est la sensation que l'orgasme se rapproche, même s'il est encore loin.) Est-ce que ce sont des sons ? Des mots particuliers ? Un échange ? Des soupirs ou des gémissements de l'autre ou de moi-même ? De la musique ou une chanson ? Certaines caresses ? Et lesquelles ? Sur les mamelons ? L'intérieur des cuisses, le creux des genoux ou des coudes ? Le cou ? Sur les zones plus sexuelles comme les petites lèvres, le clitoris, l'intérieur du vagin ? Les bourses, la base du pénis, le prépuce, le gland, les racines du pénis, l'anus ? Certaines modalités de caresses ? Plutôt douces et légères ? Appuyées ? Rapides ou lentes ? Vibratoires ? Effleurantes ?

Est-ce encore une stimulation visuelle qui augmente mon excitation ? Le visage de l'autre modifié par le désir ou le plaisir ? Une partie de son corps particulièrement érotique à mes yeux ? Son torse ? Ses fesses, son sexe, ses jambes ? Certains de ses gestes ? Sa manière de se déshabiller ? de se cambrer ? de pencher la tête ? De croiser les jambes ou de les écarter ? Est-ce que la lumière influence mon excitation ? La pleine lumière ? Le clair-obscur ? La lueur d'une bougie ? Le noir complet qui pare l'autre de mystère ? Un miroir qui nous renvoie nos ébats ?

Est-ce que ce sont des odeurs ? Celle de sa peau ? Et à quel endroit ? L'odeur de ses cheveux ? De son eau de toilette ? De sa perspiration au niveau des aisselles ou de la région sexuelle (nos glandes y fabriquent des phéromones stimulants sexuels) ? Est-ce le goût de sa bouche ? La saveur salée de sa peau ?

Peut-être que ce sont aussi des échanges entre nous qui sont excitants pour moi ? Des jeux de rôle (on dirait que tu es une femme d'expérience et moi ce serait ma première fois... ou le contraire...) ? Ou échanger des souvenirs (tu te souviens comment on a fait l'amour à tel moment ? Si on faisait pareil ?) ? Des paroles pour exprimer ce que je ressens ou entendre l'autre l'exprimer ? Des mots pour dire ce dont j'ai envie ?

Et puis, ce qui peut augmenter le niveau d'excitation, ce sont nos propres pensées et fantasmes. Quelles sont-elles ces pensées ? Des souvenirs personnels ? Des images intérieures ? Des paroles que je me dis dans ma tête ? Une histoire que je me raconte ? Un film que je me passe ? Le cerveau étant la principale zone érogène, ces pensées agissent par elles-mêmes directement sur mon excitation ou par l'interprétation qu'elles font de tous les facteurs observables dont je parle (vue, audition, contact, odorat, goût...).

Évidemment, il est tout aussi intéressant de se demander ce qui fait redescendre votre excitation. Un sentiment, une phrase, une pensée ?

Dorian le sait fort bien. « Mon excitation fonctionne normalement pendant les préliminaires. Et, tout à coup, je pense qu'il va falloir être à la hauteur pour la pénétration. Mon érection doit être suffisamment dure, sinon ça ne pourra pas se faire. Cette pensée déclenche une angoisse horrible, comme si mes poils se dressaient sur ma peau. J'ai comme un frisson de peur intérieur, une boule dans la gorge. Et, soudain, je ne suis plus du tout excité, j'ai peur. En deux secondes, mon érection s'arrête. »

Connaître les moteurs et les freins de votre excitation vous permet de mieux les piloter, de ne pas vous angoisser quand une difficulté se présente, et de savoir comment réagir. Prenez le temps de répondre très simplement à chacune de ces questions sans vous juger si vous souhaitez mieux vivre votre sexualité.

La survenue de l'orgasme

Quand l'excitation sexuelle monte, il arrive un moment où elle déclenche l'orgasme. La tension de l'excitation doit s'accumuler suffisamment pour « exploser » et entraîner la décharge orgasmique.

Pour de nombreuses personnes, que ce soit ou non conscient, un déclic est nécessaire pour que survienne la jouissance sexuelle. Ici, il est encore passionnant de s'observer.

Une fois que je suis excité, qu'est-ce qui déclenche mon orgasme ? Est-ce que ce sont des pensées ? On parle des fantasmes orgasmiques, comme chez Grégoire : « Quand je fais l'amour, il suffit que je pense à une image érotique, celle d'une femme à quatre pattes dont je vois le sexe de dos, pour que mon éjaculation se produise. C'est pratique d'une certaine manière car, si j'évite d'y penser, je peux rester longtemps sans éjaculer. Et si je veux jouir, il suffit d'aller chercher cette image dans ma tête. »

Ici, tout est dans la tête de Grégoire. Pour d'autres, comme Pierrick, ce qui provoque le déclic orgasmique passe par la vue. « Il suffit que je lise le plaisir sur le visage de ma femme pour que je jouisse immédiatement. C'est parfois embêtant car il m'arrive d'avoir mon orgasme au moment où elle allait avoir le sien, et si c'est un peu trop tôt elle se trouve "en rade"... »

Dans le cas d'Arlette, il s'agit d'un geste : « Lorsque mon excitation est forte, si mon partenaire me touche les seins d'un léger effleurement au bon moment, mon orgasme arrive. On s'en amuse, il dit qu'il suffit de toucher la sonnette pour que je réagisse... » Remarquez ici à quel point il est utile de se connaître. Si Arlette ne connaissait pas la réactivité de ses seins, elle n'aurait pas d'orgasme, et elle le sait : « Si mon partenaire ne touche pas mes seins, je n'arrive pas à jouir. » On comprend qu'avant de parvenir à une sexualité accomplie, il faut parfois explorer et explorer encore pour connaître le mode d'emploi de son sexe, cerveau compris. Les plus jeunes sont parfois étonnés que tout ne fonctionne pas immédiatement. La sexualité est en grande partie apprentissage et expérience. C'est pourquoi, certains couples de plus de 70 ans affirment qu'ils n'ont jamais connu un épanouissement sexuel tel qu'ils le connaissent à leur âge. Il est donc important de considérer la sexualité comme un jeu et non comme une compétition. Si vous voulez parvenir à un but à tout prix (ici l'orgasme), vous pouvez être tellement tendu vers ce but que vous ne profitez plus du chemin pour y arriver. C'est le cas des femmes qui disent : « Bof, je n'arrive pas à l'orgasme, alors pour moi, plus c'est rapide, plus vite c'est fini, plus je suis contente. » Ou des hommes : « Je suis éjaculateur précoce, alors je ne fais que très peu de préliminaires, je pense à autre chose pendant l'amour pour ne pas éjaculer trop rapidement, et au final, j'éjacule quand même trop vite et je n'ai quasiment aucun plaisir. » Ces personnes ont un but qui prend toute la place : avoir un orgasme, contrôler son éjaculation. Cela les empêche de porter leur attention sur le plaisir présent, même s'il n'est pas aussi élevé qu'ils en rêveraient.

Comparons à un sport. Vous pouvez jouer au tennis pour échanger de belles balles, auquel cas vous n'essaierez pas forcément de faire perdre votre adversaire. Vous allez chercher le bel échange, vous aurez du plaisir à jouer ensemble. Vous pouvez aussi vouloir gagner à tout prix, faire uniquement des matches et vous sentir plus angoissé que ravi de cette tension de compétition. L'amour est un jeu, pas une compétition !

L'attachement

L'attachement est un sentiment très sous-estimé. Dire d'un homme : « Il est très attaché à sa femme » paraît légèrement méprisant, vaguement pitoyable. Pourtant l'attachement est une valeur précieuse. Nous avons besoin de liens vivants et affectueux pour nous sentir bien dans notre vie et dans notre cœur. Être attaché, c'est considérer qu'une personne précise présente de l'importance pour vous, qu'elle est un des piliers de votre vie. Les attachements forment un socle de sécurité sur lequel notre vie peut s'élever. Quand votre attachement est bon, vous vous sentez plus fort ensemble et individuellement.

L'attachement ne se reconnaît pas dans les émotions de surface, le cœur qui bat la chamade, mais plutôt dans le bien-être partagé.

Explorer son attachement, le reconnaître et l'apprécier comme une valeur positive révèle une facette très peu mise en avant.

De quel attachement ai-je besoin ? Est-ce agréable pour moi de me sentir attaché à quelqu'un ? Ou bien est-ce angoissant ? Comment j'aime manifester mon attachement ? Par des gestes ? Des paroles ? Des attentions ? Des regards ? Est-ce que je sais réclamer ce dont j'ai besoin pour percevoir cet attachement ? Est-ce que je sais le montrer à l'autre ?

Est-ce que je sens que je suis attaché à l'autre ? Et à quel point ? Suis-je content qu'il existe ? S'il n'existait pas, qu'est-ce que ça changerait ? Qu'est-ce que sa présence m'apporte ? Quelles sont les habitudes précieuses que nous partageons ? Prendre le petit déjeuner ensemble, faire le marché, nous raconter notre journée en rentrant... Est-ce qu'il me manque dans de petites choses quand il est absent ? Est-ce que je trouve ça agréable de pouvoir compter sur lui ? Est-ce que je ressens de l'amitié pour l'autre ? Ai-je de l'indulgence pour ses défauts ? Est-ce qu'il est une part importante de ma vie ? Est-ce que j'apprécie la valeur de cet attachement ou est-ce que j'interprète cela comme une dépendance ?

Est-ce que j'apprécie les gestes de tendresse non sexuels ? Est-ce que, dans la sexualité, j'apprécie aussi d'y mettre de la tendresse ? Est-ce que j'aime faire l'amour parfois comme un câlin avec peu de pulsion ? Est-ce que j'aime materner l'autre parfois ? Et me faire materner par moments ?

Est-ce que je suis loin de l'autre ? Est-ce que sa présence me pèse parfois ? Souvent ? Toujours ? Est-ce que je me sens plus libre et plus heureux seul ? Est-ce que je le méprise ? Je l'admire ?

Est-ce que je lui exprime mon attachement, ma tendresse, mon amitié ? En l'écoutant ? En l'encourageant ? Par des paroles ? Des gestes ?

Est-ce que je cultive cet attachement ? Et comment ? Est-ce qu'au contraire j'évite de m'attacher ? Et pourquoi ? Pour garder plus d'autonomie ? Par peur de cet attachement ? Peur des séparations ?

L'attachement idéal n'existe pas. Dans certains couples, une grande proximité, une grande tendresse forment un attachement puissant. Pour d'autres, même si l'attachement est présent, une plus grande distance semble nécessaire aux deux amants pour se sentir en harmonie. Il faut être conscient cependant que ce n'est pas la manifestation d'attachement qui signe l'attachement profond. Un couple peut être toujours ensemble, se câliner et pourtant jouer un rôle dans l'artifice. Au contraire, certaines personnes, très pudiques, profondément attachées, manifestent peu de démonstrations de tendresse. Cela n'a pas d'importance si les deux partenaires perçoivent chacun leur proximité. Aussi est-il difficile de juger de la qualité d'un attachement pour une personne extérieure.

Jean-Daniel et Sabrina sont tous deux très pudiques. Leurs amis ont l'impression qu'ils sont presque indifférents l'un à l'autre. En réalité, ils sont très proches. Quand ils sont invités ensemble, ils ne se parlent guère, mais écoutent beaucoup les autres et se jettent très souvent de petits regards de connivence quand quelque chose les fait sourire au même moment. Un fil invisible les relie en permanence. Dans la journée, ils s'envoient toujours un ou deux SMS et, quand ils sont seuls ensemble, ils se touchent beaucoup. Ils ont besoin de ce contact. Ils sont très importants l'un pour l'autre. Et après l'amour, ils restent longtemps dans les bras l'un de l'autre, et se retrouvent tous les matins pour un câlin tendre. Si ce couple paraît moins attaché qu'il ne l'est, c'est que tous deux seraient un peu gênés de montrer leur proximité aux autres. Ils n'en ont pas honte, mais cela leur paraîtrait impudique. Cet attachement fait partie de leur intimité. Savoir reconnaître ce dont vous avez besoin pour vous sentir à la fois libre et relié à l'autre, et l'accepter est une voie d'équilibre personnel.

La passion amoureuse

L'état de passion amoureuse n'est pas seulement le désir sexuel et la pulsion exacerbés, c'est aussi un état amoureux.

L'autre est alors au centre de mes pensées. Je le trouve unique, magnifique, merveilleux. Il me manque terriblement quand il est absent. Je suis comme drogué à l'autre. Reconnaître cet état est facile, et avoir un peu de recul est particulièrement bénéfique. Tout d'abord pour en profiter ! Il s'agit d'un moment merveilleux et mon propos n'est certainement pas de dire « méfiez-vous ». Au contraire, apprécier cet état en le sachant passager, mettre en mémoire ces instants extraordinaires est un vrai trésor constituant des réserves de souvenirs très riches pour plus tard.

Est-ce que j'ai déjà connu un état de passion amoureuse ? Combien de fois dans ma vie ? Est-ce que j'étais heureux dans ces moments-là ? Est-ce que je me sentais plutôt angoissé ? Combien de temps cela a-t-il duré ? Est-ce que j'en garde de beaux souvenirs ? Est-ce que je peux retrouver l'écho de ces émotions en y pensant ? Et pendant ces moments, actuels ou passés : qu'est-ce que je trouve particulièrement merveilleux chez l'autre ? Dans son physique ? Dans ses mouvements ? Son comportement ? Son intelligence ? Ses centres d'intérêt ? Son caractère ? Dans sa façon de se comporter avec moi ? Quand nous faisons l'amour ? Quels gestes ? Quelles caresses ? Quels mots ?

Savoir donner une place à cette passion dans vos pensées (et pas uniquement dans votre ressenti et vos émotions) permet de la cadrer. Vous évitez ainsi qu'elle vous échappe. Au lieu de laisser vos émotions et votre ressenti seuls maîtres, vous entourez cette passion de vos cognitions. Cela ne l'amoindrit en rien, cela l'élève.

Héloïse affirme : « Quand je suis en état de passion amoureuse, et ça m'est arrivé deux fois, je sais qu'une partie de moi reste froide. Elle analyse ce que je ressens, l'observe. Je vois parfaitement les défauts de l'autre. J'ai juste tendance, à cause de la passion, à les considérer comme plus bénins qu'ils ne le sont. J'aime sentir la passion, même si en parallèle je ressens une petite nostalgie car je suis très consciente que ça ne dure pas. C'est un état béni. Ma deuxième passion s'est transformée en amour. Je garde bien au chaud au fond de mon cœur toute la passion que je ressentais pour celui qui est devenu mon mari. Et je crois que si nous étions séparés quelque temps, je retrouverais cette passion, car il me manquerait beaucoup, déjà quand il part quelques jours… Cela redonne toujours un élan à notre amour. »

La passion est effectivement attisée par le manque comme le constate Héloïse. En retenir au fond de soi parce qu'on l'a mise en mémoire permet de la réactiver par moments, puisqu'elle est toujours là, présente quelque part en vous.

L'amour

Le grand sentiment qu'est l'amour est peut-être le plus difficile à décrire. Aimer, ce n'est pas seulement être attiré, éprouver une pulsion, désirer, ni même ressentir une passion amoureuse ou un attachement. C'est peut-être tout cela à la fois, ou encore une entité différente qui naît de toutes ces émotions. André Comte-Sponville écrit, reprenant Aristote, qu' « aimer, c'est se réjouir [1] » ; se réjouir que l'autre existe, se réjouir quand il est heureux… C'est donc avoir envie de rendre l'autre heureux. Cela relève de l'altruisme, et s'il devient total, il est aussi utopique. Limités comme nous le sommes, si une partie de nous peut être généreuse avec largesse, nous avons aussi envie de trouver notre propre bonheur. Une dose d'égoïsme associée à une dose d'altruisme paraît un dosage équilibré. Penser que « l'autre est aussi important que moi » est un amour à notre portée.

Comment explorer en soi la capacité à aimer ? Quelles questions se poser ?

Est-ce que je suis généreux envers l'autre ? Est-ce que je lui donne autant d'importance qu'à moi ? Est-ce que je lui en donne plus qu'à moi ? De quoi est fait mon amour ? D'attirance ? De désir ? D'attachement ? De plaisir partagé ? De ce que l'autre me donne beaucoup ? À quel point je suis capable

1. *Présentation de la philosophie*, Le Livre de Poche, 2008.

de supporter ses limites ? Mon amour est-il assez généreux pour passer sur les défauts qui m'énervent le plus ? Jusqu'où je serais prêt à aller pour lui ? Suis-je prêt à sacrifier certaines choses pour lui ? Est-ce que les concessions que je fais en couple me coûtent, ou bien est-ce que je les assume bien, sachant que l'autre en fait aussi ? Ai-je des projets avec l'autre ? Dans ces projets, jusqu'où et jusqu'à quand m'accompagne-t-il ? Comment je vois notre futur commun ?

Yohan a noté la différence entre ses différentes relations amoureuses. « Avec ma première copine, c'était plutôt de l'attirance sexuelle et de l'amitié. Par la suite, j'ai vécu une grande passion, mais c'était plutôt physique. Et quand j'ai rencontré Ella, j'ai tout de suite senti une différence. Nous avons aussi connu une passion amoureuse, une attirance très forte, beaucoup de désir, mais c'était autre chose. Même pendant l'amour, on se comprenait, on était sur la même longueur d'onde. Nous avons des projets de vie qui se ressemblent et nous nous sentons reliés autrement que par le sexe ou la passion. Ella est aussi ma meilleure amie. Je pense par exemple que je ne la tromperai pas, non parce que c'est une promesse que l'on se fait quand on se marie, mais parce que ce serait trop dommage de prendre des risques pour une histoire passagère. Notre relation est très précieuse pour moi. J'ai envie de passer ma vie avec elle. Je n'ai pas peur de la voir vieillir, et ça me fait même sourire de m'imaginer en vieux pépère à côté d'elle. Pour moi, c'est ça l'amour. »

La générosité de l'amour n'est pas un altruisme réfléchi. C'est une générosité qui nous rend heureux. Le bonheur de l'autre nous ravit et nous tire vers le haut, nous entraînant à donner le meilleur de nous-mêmes à l'autre. Nous y trouvons du bonheur aussi parce que l'amour nous donne une excellente image de nous-mêmes. Nous aimons nous voir aimer, nous aimons nous sentir généreux, nous aimons nous sentir aimés.

Accepter mes émotions négatives

Aux côtés des émotions typiques et positives de l'amour, nous éprouvons des ressentis négatifs. Là encore notre cerveau sexuel cognitif trouve un domaine où exercer ses capacités. S'interroger pour comprendre nos émotions négatives concernant nos relations sexuelles et amoureuses est un pas en avant pour vivre notre sexualité telle que nous la rêvons.

Cela concerne aussi bien la jalousie, l'envie que la colère, la tristesse, la peur, la haine ou le ressentiment.

Quand je ressens une émotion négative, d'où vient-elle? Qu'est-ce qui la provoque? Quels comportements ? Quels actes? Quelles réflexions? Quelles circonstances? De quoi est-elle l'écho ? La jalousie envers ma partenaire, par exemple, peut être l'écho de la jalousie éprouvée quand, dans mon enfance, ma maman préférait mon frère à moi. La morsure de cette jalousie a laissé des cicatrices actives. Comprendre que mon sentiment actuel n'est pas vraiment destiné à l'autre, mais provient en grande partie du passé, permet de s'en détacher plus facilement. Pour Bertrand, à l'origine, c'est le manque d'attention qui a suscité cette jalousie pathologique : « Dans mon enfance, j'avais l'impression de n'intéresser personne. Mes parents étaient très pris par leur travail. Je pense pourtant qu'ils m'aimaient, mais ne me le montraient guère, ni par des gestes ni par le temps qu'ils passaient avec moi. Ils n'étaient jamais disponibles. J'ai l'impression de m'être élevé tout seul, d'autant plus que j'étais fils unique. Je vois très bien que, quand je suis en colère envers Francine, jaloux comme un pou, c'est parce qu'elle ne fait pas attention à moi. Elle rentre du tennis un peu tard, et j'ai l'impression que le tennis compte plus que moi. Elle n'est pas distante pourtant, mais j'ai une fragilité à ce niveau. Il suffit d'une petite chose pour me rendre parfois fou de colère. Je sais que c'est l'enfant qui est en moi qui souffre. J'ai mis des années à le comprendre. Je me demandais pourquoi je réagissais si fort à de petites choses… »

La peur est aussi très souvent reliée au passé, à des expériences douloureuses qui n'ont pas été bien digérées.

« Quels sont mes besoins non assouvis ? » est aus question souvent éclairante. Si Bertrand est en colère, c'est que son besoin d'être pris en considération n'est pas assouvi. Si ce besoin est élevé, il est toutefois peut-être possible de le combler. Francine, reconnaissant ce besoin chez son mari, peut prendre le temps de lui téléphoner pour lui dire qu'elle rentrera un peu plus tard. Aussi se sentira-il compter pour elle… **La solution n'est pas forcément de combler tous nos manques, mais aussi d'apprendre à vivre au mieux avec eux.**

Une difficulté, pour identifier et explorer ses propres émotions, est que nous avons du mal à les accepter. Beaucoup ont tendance à se dire : « Mais non, je ne dois pas être jaloux, c'est idiot », ou bien : « Je dois me détendre, je n'ai pas besoin d'avoir peur… », ou encore : « Ça ne sert à rien d'être triste. Arrête de te prendre la tête… »

Or, une émotion ne se commande pas. Ce peut être idiot d'éprouver du ressentiment pour un détail, d'avoir peur d'une chose anodine, d'être en colère pour si peu… Mais ce n'est jamais un choix. C'est une réactivité que l'on ne peut commander. Personne ne décide : « Je vais être triste », ou « Je vais me mettre en colère ». C'est pourquoi la seule solution, la voie de la sagesse, est d'accepter toutes les émotions que je ressens pour chercher à les comprendre. Il convient d'accepter ce qui est pour prendre une distance ; se donner de l'amitié et de l'empathie aide à grandir.

Nous devons devenir nos propres parents aimants pour nous chouchouter et nous encourager à surmonter ces émotions négatives. Cela peut donner des dialogues intérieurs où je me parle à moi-même : « Tu as peur ? Oui, mais tu peux y arriver. Les courageux ne sont pas ceux qui n'ont jamais peur, mais ceux qui savent affronter leurs peurs. Et tu en es capable… »

La subtilité de nos analyses cognitives

On peut penser que tout ce que je décris est caricatural. Et c'est vrai ! Pour expliquer un phénomène, il est souvent indispensable de le simplifier. Notre sexualité est plus complexe encore que je ne peux le décrire. Elle est intimement personnelle, se déploie dans de nombreuses dimensions, et sur plusieurs niveaux… Allons plonger un peu dans ces subtilités sexuelles.

Les états d'âme sexuels

Aux côtés d'émotions positives de joie, de désir, de plaisir, des émotions négatives comme la colère ou la tristesse, se manifestent aussi des états d'âme. Émotions furtives qui passent avec légèreté, laissant une trace émotionnelle en nous, elles sont souvent l'écho de notre histoire, de nos souvenirs. Les repérer et les reconnaître grâce à notre cerveau sexuel cognitif enrichit notre connaissance de nous-mêmes.

Colette explique : « Dès que je croise un homme qui ressemble à mon premier amour, je ressens une certaine nostalgie. C'est une tristesse légère, comme un voile qui persiste quelques heures avant de se dissiper. J'ai mis du temps à comprendre pourquoi certains hommes produisaient cet effet sur moi… » Elle observe parfois : « Avec mon compagnon, après l'amour, je me sens aussi un peu triste. Je pense à la mort et je me dis qu'un jour nous serons séparés. Cela m'attriste de penser que la vie a une fin. Et, en même temps, cela donne de la valeur à ce que je vis. »

L'intérêt de reconnaître ces états d'âme, c'est que nous pouvons observer la manière dont nous les abordons. Mais une personne peut y plonger et ne pas en ressortir indemne. Prenons l'exemple de la jalousie. Sylvie sait que son mari a vécu une aventure il y a quelques années. Quand elle croise une femme qui ressemble à celle avec qui son mari l'a trompée, elle ressent une jalousie. Pourtant, en réalité, elle ne sait même pas comment était cette femme. Elle l'imagine seulement. Aussi, quand une femme ressemble à ce qu'elle imagine, la morsure de la jalousie la fait souffrir. Sylvie a observé qu'elle avait alors deux possibilités. Soit elle rumine, elle pense à cette femme, elle imagine que celle-ci pourrait séduire son mari… À partir d'une simple pensée, Sylvie cultive sa douleur. C'est très facile à faire ! Et cela pourrait durer des jours, des semaines ou même des mois.

Au contraire, Sylvie observe que, si cet état d'âme survient, il lui suffit de le laisser passer en l'acceptant pour qu'il se dilue en quelques minutes. Ces minutes ne sont certes pas très agréables, mais elles sont brèves. Aussi Sylvie a-t-elle le choix de se faire du mal ou de laisser passer.

À partir d'un état d'âme positif, il est possible de le cultiver. Sylvie explique aussi : « Quand mon compagnon a un geste tendre envers moi, une attention, je les rumine. Je les apprécie, je les savoure, et cela souvent pendant plusieurs jours. Pour lui donner plus de poids encore, je lui en parle presque toujours. “Cela m'a fait très plaisir que tu ailles chercher ma veste au pressing sans que je te le demande. Cela me touche que tu penses à moi dans de petites choses…” » Et, de cette manière, une petite chose positive de la vie est mise en valeur, en avant.

Si un détail rappelle l'excitation de la dernière rencontre sexuelle, il est tout aussi possible de le cultiver, de garder en soi l'écho de cette excitation qui nourrit alors notre libido. Il est fort probable que certaines personnes censurent ces états d'âme, se plaignant ensuite de manquer de désir. D'autres les cultivent avec un plaisir et une joie parfaitement naturels !

Colette fait encore mieux quand, à partir d'un état d'âme de tristesse après l'amour, elle le transforme en force positive. Cela l'attriste de penser que la vie à deux a une fin. Et pourtant, elle ne se laisse pas envahir par cet état émotionnel négatif. Son cerveau sexuel cognitif réagit et elle pense : « J'ai de la chance de connaître ce bonheur d'être à deux. J'en profite. Et quand, après l'amour, je suis dans les bras de mon homme, je jouis pleinement de ce moment, d'autant plus que je sais que la vie est brève. »

Ainsi, à partir d'un état d'âme plutôt triste ou négatif, Colette s'appuie pour l'illuminer. Cette capacité n'est pas innée. Toutefois, il est possible de la cultiver. C'est certainement une voie de sagesse sexuelle.

Nos états d'âme sont donc passionnants à explorer pour que nous puissions les utiliser comme des tremplins vers un mieux-être sexuel et amoureux.

L'analyse profonde d'une émotion

Notre cerveau sexuel cognitif nous permet d'aller très loin dans la compréhension de nous-mêmes. Et tout n'est pas si simple. Alors que vous croyez vous comprendre, vous occultez parfois, sans en avoir conscience, toute une facette de vous-même. Car, lorsque vous reconnaissez une pulsion, une émotion, elle peut en cacher d'autres sous-jacentes. L'émotion que j'observe et que je reconnais est celle qui se trouve au premier plan. Parfois, je n'ai pas envie d'aller plus profond en moi. Voici un exemple qui l'illustre parfaitement.

Cyrine est en colère car son mari lui a fait une remarque sur les kilos qu'elle a pris. Elle est même très en colère. L'émotion qu'elle ressent est donc la colère. Si elle regarde plus au fond d'elle-même, elle observera que sa colère cache autre chose. Elle est triste. Elle a, depuis un moment, le sentiment que son mari s'est éloigné d'elle et que cette remarque sur ses kilos en est la preuve. Si Cyrine en prend conscience, ce sera précieux parce qu'elle pourra réagir en se demandant ce qui pourrait les rapprocher l'un de l'autre. Si elle en reste à sa colère, elle lui fera la morale, lui expliquant que c'est blessant pour une femme d'entendre une critique de la part de son homme. Et cela ne fera pas évoluer positivement leur relation.

Cyrine pourrait aller encore plus profond en elle. Elle se sent triste. Elle craint que son mari ne s'éloigne. Mais pourquoi ? Parce qu'elle doute de sa capacité à se faire aimer…

Alors, derrière une colère se cache une tristesse, derrière une tristesse, une peur de ne pas être à la hauteur. Aussi se regarder soi-même dans ses pulsions ou ses émotions peut-il vous amener rapidement très loin dans la compréhension de vos relations amoureuses et sexuelles.

Steeve insiste pour pratiquer un cunnilingus à Irène. Elle ne veut pas. Il insiste, il s'énerve en disant que les autres femmes apprécient cet acte et qu'elle est coincée. Irène se sent sous pression et elle trouve Steeve très directif, complètement macho. Steeve est énervé. Cet énervement cache un sentiment, celui de se sentir rejeté par Irène. Il a l'impression qu'elle ne se livre pas vraiment et donc qu'elle ne l'aime pas. Irène n'est pourtant pas coincée et ne manque pas non plus d'amour pour lui. Elle apprécie même le cunnilingus, mais elle a eu il y a quelques années une mauvaise expérience avec un partenaire violent qui l'a mordue pendant cette pratique. Elle s'en souvient à peine, mais son corps, lui, se le rappelle.

Si Steeve et Irène s'observaient plus profondément, ils verraient que derrière le côté coincé d'Irène se cachent d'autres éléments. Elle a toujours détesté de ne pas contrôler une situation. L'insistance de Steeve l'indispose, car elle a l'impression qu'il veut la contraindre. Plus il insiste, plus elle se bloque. Notez bien qu'il ne s'agit pas vraiment d'un manque de communication. Si les deux amants n'en parlent pas c'est qu'ils ne comprennent pas bien ce qui se passe en eux, non qu'ils ont des difficultés à s'exprimer.

Après quelques consultations, la situation s'est dénouée. Steeve a dit à Irène : « Quand tu en auras envie, dis-le-moi. » Ne se sentant plus contrainte, Irène s'est sentie libérée. Et comme Steeve lui a promis beaucoup de douceur, elle a pu se sentir en confiance.

Ce type de situation est fréquent dans notre vie sexuelle, et plus généralement dans notre vie émotionnelle et pulsionnelle. Aller au fond de soi enseigne beaucoup sur les moteurs de notre vie.

Pourquoi je fais l'amour ?

Si l'on demande à quelqu'un pourquoi il a fait l'amour, le plus souvent la réponse c'est : « Parce que nous en avions envie », ou « Parce que nous nous aimons ». Pourtant, quand nous faisons l'amour, les moteurs de notre sexualité sont multiples et variables.

Je peux faire l'amour pour satisfaire une pulsion, ou pour me rapprocher de l'autre. Je sens une distance et faire l'amour abolit cette distance.

Je peux faire l'amour pour faire plaisir, sans en avoir vraiment envie, parce que je me sens exister en donnant du plaisir. Ou parce que faire l'amour me donne le sentiment d'être aimé. Ainsi, Hilary dit ne jamais éprouver vraiment de désir sexuel. Mais elle apprécie de faire l'amour car elle sent alors que son mari l'aime. « Je me sens aimée, cela me sécurise. D'ailleurs, à une période de notre vie, il a vécu une grosse baisse de désir et je me sentais très mal. Il manquait quelque chose à notre couple et je le percevais, même si je ne ressentais pas pour autant des pulsions importantes. »

La sexualité peut aussi contribuer à me valoriser, comme c'est le cas pour Julie-Anne. « Comme je n'ai pas très confiance en moi, je ne me trouve pas très jolie, faire l'amour me redonne confiance. Je me sens belle, désirable, valable, digne d'intéresser quelqu'un. Si je passe un moment sans sexualité, je me sens transparente, complètement insignifiante… »

Je peux faire l'amour parce que j'ai besoin de sécurité affective et j'ai le sentiment de construire une sécurité avec le rapprochement sexuel. Et c'est une réalité puisque faire l'amour construit de l'attachement.

D'autres font l'amour pour éviter une explication. Ils se sont disputés, n'arrivent pas à se mettre en phase, faire l'amour les réconcilie sur l'oreiller. Pourquoi pas, mais si la querelle n'a pas vu son abcès vidé, la sexualité constitue un pis-aller. Elle ne fait que mettre les problèmes en suspens.

Dans certains couples, l'amour joue un rôle dans une lutte de pouvoir. Je fais l'amour parce que j'aime dominer, exercer ma puissance sur l'autre. Parfois on peut au contraire aimer se sentir dominé (avec dans les cas extrêmes les pratiques masochistes). C'est par exemple le cas si nos parents étaient très dominateurs, ce qui nous a appris à interpréter cette domination comme une preuve d'intérêt ou d'amour.

Et combien font-ils l'amour parce qu'ils imaginent qu'ils ne pourront pas trouver mieux ? Je fais l'amour avec lui, avec elle, sans vrai désir, sans vrai amour parce que je me contente de peu.

Je peux aussi faire l'amour parce que j'aime me sentir aimé, même si moi, je reste en dehors de l'amour.

Parfois encore, on fait l'amour pour tenter de prendre à l'autre ce que l'on n'a pas : il est plus beau, plus intelligent, plus populaire, plus riche. La sexualité permet parfois de croire que l'on peut prendre à l'autre ce que l'on ne possède pas. Dans certaines régions, on pense ainsi que faire l'amour avec une fille vierge vous guérit du sida : vous lui prenez sa santé. Des personnes relativement âgées ont le sentiment de capter de la jeunesse en vivant leur sexualité avec quelqu'un de plus jeune. Lothar, 65 ans, a une amie de 32 ans. « Elle me dynamise. Avec elle, je me sens plus jeune. Ma femme qui est décédée avait le même âge que moi. Je trouve que nous étions déjà comme des petits vieux, mais je le dis rétrospectivement car je me sentais bien en couple. J'ai l'impression d'avoir rajeuni de vingt ans. » Iris, une femme de 54 ans, prend toujours des amants très jeunes, « moins de 25 ans, dit-elle. Avec eux, je me sens jeune, alors qu'avec un homme de mon âge, je ne retrouve pas ce sentiment de jeunesse ». Tout cela n'est évidemment qu'illusion, mais on peut choisir de croire à une illusion.

On peut encore faire l'amour parce que l'on n'ose pas dire non. C'est assez souvent le cas de toutes jeunes filles qui ne sont pas suffisamment matures pour répondre à leur amoureux qu'elles ne sont pas prêtes…

Il existe bien d'autres raisons guidant notre sexualité, que vous pouvez trouver en vous ou en observant autour de vous.

Certaines de ces raisons peuvent paraître pathologiques. Ce n'est pourtant pas toujours le cas, sauf si elles sont poussées à l'extrême. Quand nous faisons l'amour, rien n'est simple. Plusieurs moteurs nous poussent à faire l'amour, dont certains sont très positifs et d'autres moins. On ne peut pas idéaliser la relation sexuelle en pensant qu'il s'agit toujours de deux êtres très matures, très transparents, très généreux, équilibrés et aimants !

Certains éléments sont des moteurs très puissants, et d'autres constituent une petite motivation, comme un assaisonnement : une pointe de domination peut, par moments, se révéler agréable. Faire l'amour pour faire plaisir est positif quand ce n'est pas la seule motivation qui vous pousse…

Si vous vous appliquez à explorer vos motivations à faire l'amour, vous avancerez dans la connaissance de vous-même et des ressorts de votre sexualité. Cela peut aussi constituer un point de départ pour évoluer si vous découvrez que certaines de vos motivations ne sont pas acceptables. Cela peut aussi constituer un tremplin pour plus d'harmonie quand vous connaissez les moteurs dont vous êtes fiers et que vous avez envie d'alimenter pour leur donner encore plus de place.

Les avantages des inconvénients ou les bénéfices secondaires

Lina n'éprouve aucun désir. Elle s'en veut, et agit. Elle fait tout ce qu'elle peut pour retrouver ce désir. Quand un psy lui demande : « Quels avantages notez-vous à ne pas avoir de désir ? », elle se fâche. « Aucun, dit-elle, j'ai envie que mon couple fonctionne. Je n'y vois que des inconvénients… »

Pourtant, cette question est cruciale. Ce qui nous empêche de résoudre un problème, ce sont parfois les avantages que nous trouvons dans cette situation. Oser se demander en quoi nos problèmes nous arrangent permet d'avancer. Lina a répondu d'elle-même : « Ne pas avoir envie entraîne à ne pas faire souvent l'amour, donc à avoir moins de risques de grossesse. Or, depuis que j'ai un stérilet, je n'ai pas confiance, car ma meilleure amie s'est trouvé enceinte avec un stérilet. J'ai déjà trois enfants et j'angoisse à l'idée d'en avoir un autre… » Le psy de Lina l'a donc encouragée à en parler avec son gynécologue. Et depuis qu'en accord avec son mari elle a choisi la ligature des trompes, son désir est revenu.

Si, à un moment de votre vie, vous souffrez d'une difficulté, posez-vous cette simple question : « Quels bénéfices je retire de ce problème ? » Problème d'érection, d'éjaculation trop rapide ou difficile, trouble du désir ou du plaisir, cette question est intéressante quelle que soit votre difficulté…

Si vous ne trouvez aucune réponse, posez-la-vous plus largement : « Si quelqu'un avait le même problème que moi, en quoi cela peut-il l'arranger ? » Vous décentrer peut vous aider à trouver des réponses qui vous concernent aussi.

Notez que l'existence d'un bénéfice secondaire ne signifie nullement que vous vous complaisiez dans votre problème. Les inconvénients sont souvent beaucoup plus importants que les avantages retirés. Le bénéfice secondaire constitue simplement un frein qui vous empêche d'avancer pour résoudre ce problème. C'est comme si vous vouliez démarrer une voiture alors que le frein à main est enclenché. Parfois, on ne trouve honnêtement aucun bénéfice secondaire. Lina aurait pu prendre un médicament de type antidépresseur susceptible de bloquer son désir, sans trouver de bénéfice particulier à cette situation.

Détecter l'influence de l'environnement sur ma vie sexuelle

Une partie de ce que nous pensons sur notre propre sexualité, nos pulsions, nos sentiments, ne vient pas de nous, mais du monde extérieur. Comme pour toutes nos caractéristiques, nous ne dépendons pas seulement de notre génétique, mais aussi de notre environnement. Ainsi ma manière d'envisager ma vie sexuelle est-elle parasitée, que j'en aie ou non conscience. Je vous propose d'y réfléchir afin de pouvoir ensuite choisir la place que vous voudrez donner à chacune de vos cognitions sexuelles. Voici une question à vous poser : « Si j'avais fait exactement ce que souhaitaient mes parents pour moi, comment serait ma vie sexuelle ? »

Je n'aurais pas fait l'amour avant le mariage ?

Je ne me serais pas marié ? Cela se produit chez des personnes qui ont reçu des injonctions telles que : « Méfie-toi des femmes qui n'en veulent qu'à ton argent » ; « Pense d'abord à toi, à ta carrière » ; « Une femme n'a pas besoin d'un homme, elle est bien mieux toute seule ».

Je considérerais la sexualité comme quelque chose de dégoûtant ?

J'aurais eu beaucoup d'expériences avant de m'engager avec quelqu'un ? C'est possible si mes parents m'avaient dit par exemple : « Surtout, profite de la vie, quand on est en couple, le plaisir, c'est fini… » Je serais allé voir une prostituée pour ma première fois ? Un de mes patients, à l'âge de 15 ans, a posé une seule question sur la sexualité à son père, et celui-ci lui a donné un billet pour aller voir une « pute ». Ce jeune homme me dit : « J'étais très romantique et j'ai été horrifié. Moi qui avais fait un effort terrible pour parler à mon père, j'ai estimé qu'il se défilait en me donnant de l'argent. Et je me suis dit que si pour lui, la sexualité c'était ça, ce n'était pas très glorieux. »

Je serais très jaloux ? Quand un des parents vous encourage à vous méfier de l'autre : « Tous les hommes sont des salauds », « Toutes les femmes sont volages ».

Vous pouvez visualiser votre destinée sexuelle imaginée par vos parents. Toutefois, ils ne sont pas les seules personnes qui influencent notre destinée. Vous pouvez avoir eu un proche, une tante, un oncle qui a compté pour vous et vous a transmis ses idées. Les copains et copines, à l'âge de l'adolescence, ont aussi un avis qui importe et modèle souvent notre façon d'envisager la sexualité. « Qu'est-ce que vos pairs vous ont incité à faire ou à ne pas faire ? » Il existe parfois une forte pression sociale.

Une camarade de classe pose à Marie-Gabrielle, élève de terminale, une question par écrit : « Es-tu vierge » ? Cette même question est posée à tous les élèves de sa classe. Presque tout le monde répond, mais Marie-Gabrielle se met en colère :

« Cela ne vous regarde pas ! » « Ce qui ne m'a pas plu, explique-t-elle, c'est que le but était de se moquer des filles ou des garçons qui n'avaient pas encore eu de relations sexuelles. » Le message implicite était : « Vous êtes nuls si vous n'avez pas de vie sexuelle. » Ce type de situation entraîne une pression sociale incitant les pairs à commencer leur vie sexuelle non parce qu'ils sont prêts, mais pour ne pas devenir objet de dérision.

Certains vivent au contraire dans un environnement où il faut rester vierge longtemps, ou bien où d'autres injonctions sont présentes. Les reconnaître permet de prendre une distance et d'entrevoir ce que nous avons intégré, par choix, par commodité, par peur de nous opposer à un modèle, par paresse car il est plus simple de suivre le courant dominant…

D'autres influences sont encore présentes, celle de nos frères et sœurs, celle de nos grands-parents, celle de notre milieu professionnel et social, celle de la société tout entière, celle de nos lectures. Les magazines féminins proposent par exemple des modèles de sexualité qui peuvent être pris comme des idéaux. Mais tout le monde ne les apprécie pas. Marie me disait dernièrement en parlant d'un magazine féminin très connu : « Je ne l'achète plus jamais, je trouve que tout y est glauque dans les articles sur la sexualité. Je ne voudrais surtout pas que mes enfants adolescents lisent ce genre de propos… » Tout le monde n'a sans doute pas le même jugement, ou le même recul pour refuser des modèles proposés par les médias.

Les mythes ont aussi une grande force, par exemple celui du coup de foudre. Cette flèche envoyée par Cupidon serait garante d'un amour éternel. Il existe également un mythe de l'âme sœur ou de la moitié d'orange. « Quelque part, il existe quelqu'un fait exactement pour moi et, si je trouve cette personne, tout sera évident dans ma vie de couple. » Ou encore l'idée que « si un couple est épanoui sexuellement et se désire toujours, il est indestructible ». D'autres pensent que dans la sexualité, « c'est à l'homme d'initier la femme, c'est lui qui doit faire le premier pas et la séduire… ». Un autre mythe

...st qu'une attirance homosexuelle de la part d'une personne hétérosexuelle signe toujours un refoulement de l'homosexualité.

Toutes ces idées sont en réalité ridicules ou tout du moins complètement caricaturales et pourtant enracinées dans les croyances de certains comme des vérités éternelles.

Faire le bilan des différentes influences auxquelles nous sommes soumis, les noter par écrit pour chaque source, permet de les mettre en évidence. À partir de cela, vous pouvez vous demander : qu'est-ce que j'ai envie de garder de chacune de ces influences, d'adopter du fond du cœur ? Qu'est-ce que j'ai envie de rejeter ? Ai-je envie d'encore tout autre chose, d'un modèle plus personnel qu'on ne m'a jamais proposé ? Exprimer les réponses vous entraîne à élaborer vos cognitions sexuelles, à situer la place de votre sexualité dans votre existence, celle qui vous convient et vous épanouira.

Mieux connaître l'autre et notre relation

Une fois tout ce travail de questionnement réalisé pour vous-même, vous pouvez recommencer, en vous interrogeant sur l'autre. La sexualité se vit à deux et l'autre vit les mêmes écueils que vous, même s'il n'a pas la même histoire, les mêmes attentes, les mêmes désirs, le même environnement familial.

Mieux connaître l'autre grâce à votre cerveau sexuel cognitif est très éclairant. Je ne vais pas formuler une deuxième fois toutes les mêmes questions, mais vous pouvez vous les poser à l'identique, tout en sachant que la réponse sera une interprétation à partir de ce que vous connaissez de lui. Voici encore quelques questions concernant votre partenaire.

Qu'est-ce que je connais de ses pulsions ? Ce qui est excitant pour lui ? Ai-je envie d'en savoir plus ? Est-ce que je trouve que je n'en sais rien ? Un peu, beaucoup ? Trop ? Et moi, est-ce que je m'ouvre ? Un peu ? Beaucoup ? Pas du tout ?

Aurais-je envie d'en dire plus ? Qu'est-ce que j'aurais envie de dire et de ne pas dire ? Est-ce que ce serait bénéfique pour moi ? Pour le couple que je forme ? Ai-je l'impression que l'autre est trop intrusif ?

Comment je détecte le désir de l'autre ? Facilement ? Difficilement ? Pas du tout ? Est-ce que je lui montre le mien ? Comment ? Est-ce qu'il le perçoit ? Est-ce qu'il déclenche mon désir aussi ? Est-ce que je sais ce qui stimule son désir ? Est-ce que je lui dis ce qui déclenche le mien ?

Qu'est-ce qui est le plus excitant pour l'autre pendant les préliminaires ? Dans nos caresses pendant l'amour ? Dans les paroles ? Dans la manière de s'habiller ? De se déshabiller ? Au cours de la pénétration ? Quels types de mouvements ? De positions ?

Est-ce que je sais ce qu'il ressent pendant l'orgasme ? Ce qui contribue à déclencher son orgasme ? Les caresses ? Les mots, les positions ? Est-ce que son orgasme, je l'observe, je le reconnais ?

Est-ce que je sais ce dont il a besoin pour se sentir aimé ? Est-ce que je suis capable de le lui donner naturellement ? Est-ce que je fais des efforts pour cela ? Et l'autre, sait-il me donner ce dont j'ai besoin pour me sentir aimé ? Si ce n'est pas parfait, suis-je capable de demander ce dont j'ai besoin ?

Et puis, pensez aussi aux questions sur les émotions négatives. Est-ce que je sais si l'autre est jaloux ? Et si oui, quand et de quoi ? Est-ce une jalousie stimulante ou douloureuse ? Est-ce que notre relation lui fait peur par moments ? Le rend-elle triste ? A-t-il des colères ? Et quelles sont les raisons de ces émotions ? Par quels chemins apparaissent-elles ?

Si vous avez pris le temps de réfléchir sur vous-même, vous vous connaissez déjà un peu mieux. Au lieu de rester bloqué sur une pulsion, une émotion, une sensation, vous serez capable de la regarder un peu à distance et avec amitié, quelle qu'elle soit, peut-être même de comprendre ce qu'elle peut révéler en arrière-plan. Observer est le premier pas pour faire évoluer votre vie sexuelle dans la direction que vous souhaitez la voir emprunter. Et sachez que s'observer pour se connaître est un travail permanent. Nul ne peut dire « ça y est, c'est fait, je me connais ». Nous sommes des êtres vivants en perpétuelle évolution et nos cognitions peuvent suivre les mouvements de nos pulsions, de nos émotions et de notre histoire, comme un surfeur suit les vagues. Il accepte de se laisser porter, et il sait utiliser son intelligence pour se servir de leur énergie avec plaisir. Et, plus il s'entraîne, plus il prend de plaisir.

L'intelligence appliquée à la sexualité

Si nos pulsions et notre affectivité jouent un rôle important dans notre vie sexuelle, notre cerveau sexuel cognitif coiffe le tout. C'est lui qui a le dernier mot, qui décide. Il peut modeler, accepter ou refuser des pulsions ou émotions. C'est le pilote qui permet à l'avion d'aller où il a décidé d'aller au lieu d'être le jeu des vents qui le bousculent.

« La clef de l'intelligence sexuelle est la connaissance de soi », expliquent Sheree Conrad et Michael Milburn[1]. Une patiente m'a raconté un bel exemple d'intelligence sexuelle. « Mon meilleur ami a dit un jour à sa femme : "Écoute, je veux qu'on déménage le plus rapidement possible. La voisine me court après, me fait des avances et, si ça continue, je sens que je vais craquer..." » Cet homme est réaliste et accepte d'observer qu'il peut être sensible à une autre femme. Il n'a pas honte de se sentir faible et il réagit en fonction de ses désirs de vie. Il tient à son couple et ne veut pas l'abîmer ou risquer de le perdre. Quel plus beau témoignage d'amour peut-on donner ? Car cette phrase signifie aussi : « J'ai envie que mon couple dure, et c'est ma priorité... C'est bien plus important pour moi que de rester dans mon environnement habituel. » Pour réagir ainsi, il faut bien se connaître, accepter

1. *L'Intelligence sexuelle*, Sheree Conrad et Michael Milburn, Payot, 2008.

ses propres limites, oser en parler et avoir confiance en la réaction et l'intelligence de l'autre.

On pourrait penser que l'intelligence n'a pas sa place dans la vie sexuelle, faite de pulsions et d'émotions. Pourtant, si ces émotions et pulsions ne sont pas canalisées, elles aboutissent au n'importe quoi, à une situation qui ne vous rendra pas heureux.

Christopher a 73 ans. Il raconte sa vie amoureuse : « À 25 ans, j'étais fiancé. Et, un jour, je me suis dit qu'avec ma fiancée nous n'allions jamais nous entendre. Elle était trop rigide, trop têtue pour moi. J'ai décidé de rompre. Au téléphone, je lui ai dit que je voulais qu'on se sépare. Et elle s'est mise à sangloter. J'entendais ses pleurs et ça me terrifiait. Quand j'ai raccroché, je me suis dit que je ne pouvais pas la quitter. C'était trop destructeur pour elle. Et je me suis marié. Cela fait plus de quarante ans que nous sommes mariés. Une vie ratée. Quand je travaillais, je rentrais toujours le plus tard possible pour ne pas trop la voir. J'acceptais tous les déplacements. Nous n'avons eu qu'un enfant, qui est aujourd'hui adulte et dépressif. J'en suis malade car je m'en sens responsable. Quand on a des parents qui ne s'entendent pas, je pense que c'est horrible pour un enfant. Cela ne lui donne pas une belle image de la vie. Si vous le pouvez, dites à vos jeunes patients que, dans la vie, il y a des moments de choix où il ne faut pas se tromper… »

La difficulté de Christopher a été de faire passer en priorité un sentiment. Il était terrifié en entendant pleurer sa fiancée. Cette peur de faire souffrir l'autre, un type de culpabilité très puissant chez lui, a occulté le reste : leur futur commun. C'est peut-être le résultat d'un principe qui lui a été inculqué : « On ne doit jamais faire de mal aux autres… » Ce principe excellent à la base peut devenir toxique s'il ne souffre aucune exception.

Si Christopher avait eu recours à son intelligence au lieu d'en rester aux émotions ou aux principes, il aurait rompu, même au prix d'une certaine douleur pour lui et pour elle. Son intelligence l'a alerté, mais il n'est pas allé jusqu'au bout. Cette difficulté est fréquente : ne pas vouloir faire souffrir un peu entraîne parfois à faire souffrir beaucoup. Je connais de nombreux couples bancals qui sont restés longtemps ensemble parce que l'un d'entre eux n'osait pas rompre. Pourtant, il vaut mieux parfois tailler dans le vif pour produire une blessure suivie d'une belle cicatrice, plutôt que de laisser une plaie s'envenimer et devenir chronique. Si vous aimez les romans, lisez à ce propos *Je l'aimais* d'Anna Gavalda, qui illustre merveilleusement ce propos.

En voulant éviter à sa fiancée de souffrir, Christopher lui a en réalité fait le cadeau d'une vie de couple ratée pendant plus de quarante ans. N'aurait-il pas mieux valu qu'elle pleure pendant trois mois ?

Après quelques années difficiles, Jocelyne a laissé tomber son compagnon. La séparation a été dure. « Depuis un moment, je savais que nous n'étions pas bien ensemble, mais j'ai eu du mal à rompre. Quand je suis partie, il était roulé en boule dans un coin sur le sol, pleurait en disant que sa vie était finie, qu'il ne s'en remettrait jamais. Et puis, neuf mois plus tard, sa nouvelle copine attendait un bébé. Ils en ont eu trois et sont heureux ensemble… J'avoue que, pour moi, cette rupture a été très douloureuse. Je me sentais affreusement coupable. Et je me suis sentie plus légère quand je l'ai vu aller mieux. Je pense que croire que l'autre ne s'en remettra jamais est très présomptueux. C'est imaginer que l'on est irremplaçable ou qu'il n'y a pas mieux que soi sur terre ! »

Savoir que l'on peut piloter sa sexualité

Pour utiliser son intelligence en matière de sexualité, il existe un préalable indispensable : savoir que c'est nous qui choisissons notre sexualité. Elle dépend de nos choix conscients. C'est un élément qui est souvent passé sous silence. On a beaucoup écrit sur l'inconscient en disant que, par exemple, sans le vouloir, nous reproduisons des situations déjà vécues. Ou sur le fait que l'amour est la rencontre de deux inconscients et que l'on ne peut choisir qui l'on aime ; idem pour le désir. Dans une enquête américaine[1], 40 % des participants pensent qu'« une bonne sexualité n'est pas quelque chose qui peut se travailler. Cela arrive ou pas ».

Il serait stupide de penser que l'on peut tout contrôler. Mais entre croire que l'on peut tout contrôler et imaginer que l'on ne peut rien faire pour influencer notre sexualité, il y a un monde.

Piloter sa sexualité n'est pas comme piloter ses muscles. Si vous voulez fermer votre poing, vous le fermez. Votre cerveau commande vos muscles et ils répondent ; il existe à ce niveau un contrôle volontaire très simple. Si vous voulez pleurer à volonté, c'est nettement plus difficile. Pourtant, certains comédiens savent le faire. Ils ne savent pas commander leurs glandes lacrymales, mais penser à des événements tristes et retrouver une émotion de tristesse, la cultiver et laisser venir les pleurs. Ils utilisent la connaissance qu'ils ont d'eux-mêmes pour pleurer.

C'est la même chose pour le rire. Il existe des groupes d'atelier du rire où l'on s'entraîne à rire. La plupart des personnes trouvent a priori cela idiot. Se forcer à rire, est-ce possible ? Il semble que non. Pourtant, tous ceux qui ont participé affirment avoir bien ri et avoir compris que le rire, cela pouvait se cultiver. Aussi traînons-nous des idées reçues qui nous empêchent d'ouvrir les yeux, en particulier dans le domaine de la sexualité. Décider d'agir sur ses pulsions et émotions n'entraîne pas de résultat immédiat, comme apprendre à pleurer n'est pas aussi simple que d'apprendre à fermer le poing. Il faut trouver la manière d'aborder ce que l'on veut changer. Et c'est possible.

Voici une histoire qui m'a beaucoup surprise et beaucoup appris. Hervé est un homme de 55 ans. Il est marié et me raconte sa rencontre avec sa femme : « J'étais divorcé et plutôt

---

1. Réalisée par Sheree Conrad et Michael Milburn (in *L'Intelligence sexuelle*, *op. cit.*).

déprimé. Je voulais rencontrer quelqu'un qui soit différent de ma première femme, car notre mariage était un échec. Mais je me rendais compte que j'avais tendance à être attiré vers le même type de femmes. J'ai rencontré Tiphanie et je l'ai trouvée vraiment sympathique. Une pensée m'a traversé l'esprit : c'est exactement une femme comme elle qu'il me faudrait. Mais elle ne m'attirait pas et je pense qu'être attiré l'un par l'autre est indispensable pour réussir son couple. J'ai tranquillement réfléchi. Tiphanie était mignonne, même si je ne ressentais pas d'attirance, je n'éprouvais aucune répulsion. Alors, j'ai décidé de me conditionner pour qu'elle m'attire. C'est ce que j'ai fait et ça a parfaitement fonctionné. Nous sommes mariés depuis huit ans et, comme je l'avais pressenti, c'est la femme qu'il me fallait pour être heureux. » Cette histoire m'a fait comprendre à quel point nous pouvions agir sur notre vie sexuelle et amoureuse : beaucoup plus que nous ne l'imaginons. Les limites que nous percevons nous viennent en grande partie de nos croyances sur ce qui est possible et sur ce qui ne l'est pas. Croyant pouvoir se conditionner, Hervé l'a fait et cela a fonctionné.

Quels sont mes besoins pour être heureux sexuellement ?

S'observer pour comprendre les mouvements de nos pulsions et émotions ne suffit pas. Encore faut-il se poser la question du bonheur. Qu'est-ce qui me rend heureux sexuellement ? Pour y répondre, il faut différencier le plaisir du bonheur. Quand Ilian dit : « Rien n'est plus agréable que de vivre une aventure extraconjugale », il parle de plaisir et d'excitation. En parallèle, avoue-t-il, « Je suis très angoissé, car si ma femme apprenait que je la trompe continuellement, je sais qu'elle demanderait le divorce... ».

Quand Hervé expose : « C'est exactement la femme qu'il me faudrait », il pense qu'avec une femme comme Tiphanie, il serait heureux.

Ce qui rend heureux sexuellement est ce qui vous fait plaisir et vous laisse en paix profonde avec vous-même. Ce ne sera peut-être pas la même chose tout au long de votre vie, puisque vous évoluez. Un adolescent n'a pas les mêmes besoins sexuels et amoureux qu'une personne de 35 ou de 70 ans.

Pour certains, ce qui rendra heureux est de se sentir stable en couple, de faire l'amour de temps en temps et d'avoir des projets communs. La sexualité peut être une manière de consolider une famille. Pour d'autres, être heureux sexuellement, c'est trouver un partenaire qui partagera les mêmes fantasmes, afin de vivre leur sexualité dans le même monde imaginaire. Pour d'autres encore, de vivre de brèves aventures intenses pour faire de belles rencontres. Pour certains, c'est la fidélité ; pour d'autres, elle est un carcan destructeur.

Pour être heureux, il vous faut peut-être faire l'amour presque tous les jours ou au contraire pas trop souvent pour que cela reste une fête.

Vous pouvez aussi vous demander : y a-t-il des comportements dont je suis fier dans ma vie sexuelle ? Je sais donner du plaisir à l'autre ? Être attentif ? J'ai déjà su mettre un terme à une relation toxique ? Je suis capable d'ouvrir le dialogue avec l'autre ? De proposer de la fantaisie ? De montrer mon plaisir ?

Pour vous aider à répondre à cette question sur le bonheur sexuel, vous pouvez aussi vous poser des questions complémentaires : Qu'est-ce qui me rend malheureux dans ma vie sexuelle ? Y a-t-il des choses dont j'ai honte ? Qui me font du mal ? Cerner ce pôle négatif peut vous aider à mieux déterminer votre pôle positif.

Juan sort avec une jeune femme avec qui il envisageait de se fiancer. Il vient de rompre : « Je la trouve très séductrice, elle allume les mecs, et même si elle ne passe pas à l'acte, je ne me sens pas en confiance avec elle. Je n'ai pas envie de passer toute ma vie dans cet état d'esprit. Pourtant, je suis très amoureux et c'est une déchirure pour moi que de rompre. Dans le fond, je pense pourtant que je fais le bon choix. » Ce qu'exprime Juan, c'est que, pour lui, la confiance en la fidélité de l'autre est primordiale, plus que le sentiment amoureux... D'autres pensent que « quand on s'aime vraiment, tout s'arrange », ou bien « quand on s'aime, on supporte tout facilement... ». C'est plutôt de l'ordre des croyances que de ce que vous éprouvez. Attention à ne pas confondre.

Mettre à plat vos besoins profonds, ceux qui, une fois assouvis, vous permettent de vous sentir en harmonie, est souvent délicat. Car nous sommes parasités par les autres, la société, nos croyances... Il faut pouvoir s'en libérer pour trouver sa voie. Quand Éléanore exprime : « Mes copines font souvent l'amour avec un garçon de rencontre sans être amoureuses. Elles prennent leur pied, tout simplement. Moi, je n'arrive pas à faire l'amour sans être amoureuse. Je pense que j'ai un bug... » Éléanore n'accepte pas ce qu'elle est. Elle voudrait être autrement et fonctionner comme les autres (ou comme elle imagine que les autres fonctionnent). Ce qu'elle ressent, elle ne l'estime pas valide. Combien de personnes se font du mal pour vouloir fonctionner autrement que ce qui leur convient ? Monique est mariée depuis dix-neuf ans. « Nous avons trois enfants et nous avons dû faire l'amour cinq fois en dix-neuf ans. Mon mari ne s'intéresse pas du tout à la sexualité. Je m'étais faite à cette idée en me disant qu'il fallait bien s'adapter à l'autre. Depuis six mois, j'ai une liaison et je découvre ce qu'est vraiment une relation de couple. Ma sexualité misérable était en fait le signe d'une vie de couple complètement creuse. Je ne sais pas encore ce que va devenir ma vie, mais je sais que je ne pourrai pas faire l'impasse sur ce que je découvre actuellement. »

Accepter de considérer ses propres besoins sans prendre d'abord en compte ceux des autres ni leur avis est un travail de retour sur soi dont on ne peut faire l'économie si l'on veut être heureux.

Pour me sentir heureux : ai-je besoin d'être en couple ? Ou ai-je besoin d'être seul ? Ai-je besoin de fidélité ? De liberté ? Quelle intimité me rend heureux ? Très fusionnelle ou au contraire avec de l'air qui passe entre nous ?

À quels moments de ma vie sexuelle ai-je été le plus heureux ? Dans quelles circonstances ? Quels éléments étaient essentiels dans ce contexte ?

La force de ma certitude intérieure

Vous avez exploré intérieurement ce qui vous rendait heureux. Il reste une condition nécessaire, la conviction profonde de savoir qui vous rend heureux. Il faut en être persuadé pour vouloir le réaliser. Hervé a pensé en un éclair : « C'est une femme comme elle qu'il me faudrait. » S'il s'est activé pour réaliser ce qu'il pressentait lui convenir, c'est qu'il a immédiatement perçu qu'il était dans le juste. Cette illumination, il l'a considérée comme une information précieuse et digne d'intérêt.

Si Christopher n'a pas pu rompre et s'est marié malgré ses réticences, c'est parce que sa conviction n'était pas suffisamment ferme sur le futur de son mariage. Si le caractère de sa fiancée lui semblait incompatible avec le sien, une partie de lui pensait que tout pouvait s'arranger. **Les convictions profondes ne sont pas liées à des logiques démontrables. Elles sont l'expression de nos intuitions**. Certains savent écouter leurs intuitions et d'autres les méprisent. Elles sont pourtant des guides à prendre en compte. La conviction profonde n'est pas une émotion. C'est une certitude intérieure, souvent une projection. Vous voulez déménager, et vous visitez une maison qui ne correspond pas vraiment à vos critères. Pourtant, vous sentez que vous serez heureux d'y vivre. N'hésitez pas, vous avez raison de la choisir. Si au contraire une maison correspond à tous vos critères, mais ne vous emballe guère, fuyez, vous risquez de ne pas y être heureux.

Se projeter dans l'avenir de son couple, de sa sexualité permet souvent de se connecter à cette intuition. Comment sera ma vie amoureuse avec cette personne dans cinq ans, dans dix ans ? Comment je l'imagine ? Si c'est avec joie, un élément positif important est présent. Si, au contraire, vous percevez de fortes réticences, attention à ne pas vous engager dans une voie sans issue.

Donner du temps à sa sexualité

Savoir que l'on peut changer est un premier pas, donner du temps à sa vie sexuelle en est un autre. Le temps consacré à une activité témoigne de son importance à nos yeux. Du temps pour réfléchir, déjà, à ce dont on a besoin.

Si vous avez envie de rencontrer quelqu'un pour former un couple, il est aberrant d'observer que nombre de personnes attendent que « l'amour leur tombe dessus ». Travailler plus que les autres, ne pas sortir parce qu'on est célibataire, n'est pas la voie idéale pour trouver un compagnon ou une compagne. Attention aux désirs conscients (j'ai envie d'être en couple) non suivis d'effets. Marie-Louise est catholique traditionaliste. Elle souhaite rencontrer un homme qui aurait les mêmes convictions. Oui mais… les traditionalistes l'ennuient et, à part la messe régulière, elle les fuit ! Elle a 32 ans, et n'a jamais rencontré personne. Il serait peut-être utile pour elle de faire le point. Que souhaite-t-elle vraiment ? A-t-elle peur des hommes ? Peur de la sexualité ? A-t-elle envie d'envoyer balader les traditions religieuses familiales sans oser le faire ? A-t-elle envie de rester seule et ce qu'elle se raconte n'est alors peut-être qu'une excuse ? Ou souffre-t-elle d'être seule ? Peut-elle rendre plus souples ses critères de choix ? Agir pour favo riser des rencontres ?

La manière dont on organise sa vie en dit long sur nous. Qu'est-ce qui compte, le travail ? les enfants ?

Or nombreux sont ceux qui clament que leur couple est leur priorité, sans pour autant lui consacrer le moindre temps, comme s'il devait aller bien de lui-même. Quel sexologue n'a pas entendu un couple dire : « Que voulez-vous, avec le travail, la maison, les courses, la cuisine, les enfants, les papiers à remplir, le soir, nous sommes trop fatigués pour faire l'amour… » C'est vrai, mais cela signifie que l'on fait passer avant l'amour la maison, les courses, les enfants, le travail… C'est une erreur terrible. Affirmer que l'on n'a pas de temps pour son couple à cause des enfants est aberrant. Ce dont les enfants ont le plus besoin, c'est de parents qui s'aiment, qui s'entendent bien. C'est pour cela que, même pour les enfants, il est important de s'occuper de sa vie de couple, sexe compris.

Prendre du temps pour sa vie sexuelle de couple, qu'est-ce que cela signifie ?

La sexualité doit être présente dans votre tête et dans votre emploi du temps. Il faut être capable de penser que faire l'amour est plus important que faire la vaisselle ou le repassage, que laver sa voiture ou aller faire un jogging. Ce qui est en jeu est votre sécurité affective, votre bonheur et celui de vos proches, votre bien-être mental, votre santé. Existe-t-il quelque chose de plus important ?

Il faut donc s'organiser pour l'amour.

Prévoir des moments d'intimité sexuelle est naturel. Se dire : « Jeudi soir, nous allons faire l'amour », alors qu'on est lundi, semble étrange si la pratique sexuelle est considérée comme uniquement pulsionnelle. Certains pensent plutôt : « Moi je le fais quand j'ai envie, je ne prévois pas… » En refusant l'organisation, vous vous privez d'une dimension essentielle et agréable. Si manger est un plaisir, vous pouvez aimer grignoter en cas de petit creux, mais rien ne vous empêche aussi de prévoir une petite sortie au restaurant ou une soirée dans un très grand restaurant… et pour cela, vous prenez rendez-vous. Organiser sa sexualité ne nuit donc pas à la spontanéité, mais la complète et l'enrichit.

Prévoir du temps pour l'amour permet aussi de fantasmer, d'imaginer le bon moment que vous allez passer, d'inventer, de le savourer par anticipation, ce qui ajoute au plaisir. Mentalement vous vous trouvez alors dans des dispositions différentes que si cela se passe au pied levé. Si vous vous cantonnez à la spontanéité, un des deux membres du couple est à l'origine de la pulsion qui pousse à faire l'amour et l'autre répond.

Celui qui répond peut ne pas se sentir en phase. **Programmer, c'est décider de se mettre en phase.**

Isadora : « Mon mari a plus souvent envie que moi de faire l'amour. Quand nous le faisons sans l'avoir prévu, j'ai moins de plaisir. Si on le décide à l'avance, je prends une douche parfumée, je choisis des sous-vêtements à dentelles, je me sens plus belle et plus désirable. Savoir que nous allons nous retrouver est un petit secret qui palpite en moi. Et mon orgasme est toujours nettement plus fort. »

Comme le décrit Isadora, se préparer dans sa tête et dans ses fantasmes entraîne souvent à se préparer aussi en pratique. Choisir des sous-vêtements, et organiser un environnement propice est plus facile si vous programmez votre moment d'intimité. Quand un couple fait l'amour en musique, sous des lumières tamisées, et avec un parfum d'ambiance, il faut bien que quelqu'un ait prévu cette musique, ces lumières et choisi ce parfum ! Tout cet environnement sensuel est propice à l'amour, tout autant que sa préparation : aller acheter un parfum érotique, choisir une chanson adéquate, investir dans une lampe à lumière douce et chaude, tous ces moments sont déjà des préliminaires à l'amour. Là encore, il s'agit de prendre du temps pour la sexualité.

Les rendez-vous d'amour sont faciles à prendre pour ceux qui en ont l'habitude. Quand on ne l'a jamais fait, on peut se sentir mal à l'aise de programmer ces moments. Pourtant, quoi de plus naturel ?

« J'aimerais bien qu'en rentrant du travail, un de ces jours, on fasse l'amour en cinq minutes avant de s'occuper des enfants ! » Sous-entendu, peut-être, « j'aurais l'impression que je suis aussi important que les enfants ».

« J'aimerais bien que, pendant les vacances, on fasse deux ou trois fois une sieste crapuleuse… »

« Est-ce que ça te dirait si je te réveillais une fois au milieu de la nuit pour faire l'amour ? »

« Je rêve qu'on passe tout une après-midi au lit ensemble ; si on prenait tous les deux une après-midi de RTT pendant que les enfants sont à l'école ? »

Il existe aussi une manière de faire l'amour très féminine, en prenant son temps : au lieu de suivre la trajectoire classique qui mène directement à l'orgasme (baisers, câlins, caresses, préliminaires, pénétration), il s'agit de faire des pauses pendant l'amour. Après des caresses sexuelles, vous vous arrêtez pour prendre le thé et papoter avant de recommencer. Cela fut, pour de nombreux couples que j'ai suivis, une découverte étonnante. Dans le même esprit, vous pouvez commencer à faire l'amour le matin, sans aller jusqu'au bout, et conclure le soir. Quand vous instaurez une pause dans votre relation sexuelle, c'est comme si le sexe se trouvait en suspension, présent dans votre esprit, en attente. Vous apprenez à savourer cette attente.

Une autre manière de se donner du plaisir, décrite dans le Tao, est de passer une semaine à faire l'amour. Chaque jour, profitez ensemble d'un plaisir des sens : un jour vous allez voir quelque chose de beau ensemble (un paysage, une exposition, un coucher de soleil), le lendemain, vous partagez le plaisir des sons (un concert, un opéra, le chant des oiseaux), un autre jour le plaisir du goût (un bon repas), puis le plaisir du contact (un massage, par exemple), des plaisirs intellectuels (discussion, livre, conférence…), et chaque jour vous partagez ensemble ce qui est considéré comme des préliminaires pour aboutir à une relation sexuelle physique.

Prendre du temps pour l'amour, c'est aussi s'informer. La sexualité est un domaine encore opaque pour lequel nous avons aujourd'hui accès à beaucoup d'informations. Il suffit de s'y intéresser pour apprendre. Lire pour se documenter vous ouvre aux beautés de l'amour et élargit considérablement votre champ de vision.

L'éthique sexuelle

Si vous savez ce qui vous rend heureux sexuellement, c'est que vous avez pris le temps de plonger au fond de vous-même pour vous observer. Chercher le bonheur en soi n'a guère de sens si cette démarche ne s'accompagne pas d'un cadre dans lequel notre sexualité puisse s'épanouir de façon heureuse. Ce cadre, c'est notre éthique sexuelle qui correspond à notre morale sexuelle personnelle. Même si vous imaginez ne pas avoir de morale sexuelle particulière, vous en avez forcément une. Chacun possède ses propres convictions en ce domaine, parfois sans en avoir conscience, faute de les énoncer.

Maria vient de dire à son mari qu'elle ne l'aimait plus et qu'elle voulait se séparer. « Je ne t'ai jamais trompé, même si ça n'allait pas. Maintenant, je vais me sentir libre d'avoir une histoire avec quelqu'un d'autre puisque nous serons séparés. » L'éthique de Maria donne à la fidélité une valeur importante. Même quand son couple n'allait plus, elle a tenu à mettre en pratique la fidélité à laquelle elle s'était engagée se mariant. D'autres n'ont pas cette même éthique. Nathan a souvent des aventures extraconjugales, et pourtant il aime profondément sa femme. Il ne culpabilise pas car il estime en avoir besoin pour son équilibre. Leur éthique est très différente. Qui a tort, qui a raison ? Chacun peut avoir un avis différent sur cette question.

Mon éthique sexuelle mérite d'être énoncée. En la formulant, je peux me rendre compte si je vis ou non en accord avec mes convictions profondes. Aline pense par exemple qu'il faut être libre sexuellement, vivre des histoires pour mieux se connaître avant de s'engager dans une relation plus stable. Pourtant, elle est célibataire sans aucune aventure depuis quatre ans. Ce grand écart entre son éthique et sa vie réelle pose des questions. Est-ce que ses convictions sont vraiment les siennes ou celles de ses parents qui avaient chacun des amants ou des maîtresses sans le cacher à leurs enfants ? Est-ce qu'elle a trop peur des hommes pour mettre en pratique ses convictions ? Est-ce qu'elle a une trop mauvaise image d'elle pour vivre la vie qui lui conviendrait ? Quelle que soit la réponse, s'apercevoir qu'un hiatus existe entre son éthique sexuelle et sa vraie vie doit pousser à tout faire pour le réduire. L'idéal qui permet une harmonie intérieure est de vivre en accord avec ses convictions et ce qui rend heureux.

La question est parfois, comme pour Aline, de savoir si l'on s'est construit des convictions impossibles à suivre, si l'on vise trop haut ou bien si nos principes sont en décalage avec nos désirs profonds.

Judith estime qu'il faut être vierge pour le jour de son mariage. Pourtant, ne l'étant plus, elle culpabilise et se sent en porte-à-faux. Quand je lui pose la question : « Vous avez fait l'amour avec votre fiancé avant de vous marier. Qu'allez-vous transmettre à vos enfants à propos de la virginité ? » Elle me répond : « Mais, je n'ai pas encore d'enfants ! »

Ma question visait simplement à comprendre ce à quoi elle croit. Est-ce que faire l'amour avec son fiancé est un acte qu'elle aurait préféré éviter ? Est-ce qu'elle estime que, quand on est fiancés, on est déjà engagés, et que dès lors la sexualité devient naturelle ? Est-ce qu'elle trouve que cette virginité à conserver est un poids épouvantable et qu'il vaudrait mieux avoir la possibilité de faire l'amour sans culpabiliser avant le mariage ? Est-ce qu'elle estime au contraire que découvrir la sexualité le jour du mariage, c'est vraiment beau ?

Tant qu'elle ne sera pas au clair avec ce qu'elle pense, elle ne pourra pas se situer, et encore moins transmettre des convictions valables à ses enfants. Nous avons souvent du mal à énoncer notre propre éthique simplement parce que nos parents ne connaissaient pas la leur ou nous ont transmis des principes plutôt que des convictions.

C'est à chaque adulte de se forger les siennes pour lui-même afin de pouvoir, plus tard, transmettre à ses enfants l'essence de ce qu'il a appris.

Quand faut-il faire l'amour avec quelqu'un ? Quelles sont les conditions minimales ? Idéales ? Quand on en a envie ? Quand les deux partenaires le souhaitent ? Quand on a exprimé un certain niveau d'engagement mutuel ? Et lequel ?

L'éthique du respect de l'autre est un minimum social à cultiver. Oscar le comprend : « Je ne pourrais pas aller en boîte de nuit, ramener une fille pour coucher avec elle et lui dire bye-bye le lendemain. Je détesterais qu'une fille agisse ainsi envers moi, et je ne fais jamais ce que je ne voudrais pas qu'on me fasse. » « Ne fais jamais ce que tu ne voudrais pas que l'on te fasse » est bien un principe éthique. Kant[1] en énonce un autre : « En toute chose nous devons nous considérer nous-mêmes et considérer l'autre comme une fin et jamais comme un moyen. » L'éthique n'est pas naturelle et spontanée pour les humains. C'est pour cela qu'existent des lois. Elles ont été formulées pour servir de filet à des éthiques personnelles insuffisamment solides. Des juristes ont travaillé depuis des siècles, et des sages continuent à y réfléchir, par exemple dans les comités d'éthique. Les lois de l'État sur la sexualité sont là pour rappeler que ma liberté s'arrête où commence celle de l'autre. Elles protègent par exemple les mineurs, elles incluent la fidélité dans le mariage. Elles protègent les mineures enceintes qui doivent elles-mêmes choisir de poursuivre leur grossesse ou réaliser une IVG sans que les parents puissent les forcer dans un sens ou dans l'autre.

D'autres questions sont aussi sujets de réflexions éthiques. Faut-il faire l'amour rapidement quand on rencontre quelqu'un ou bien attendre ? Un peu ? beaucoup ? Des études[2] montrent que les couples qui ont pris le temps de connaître une certaine intimité émotionnelle avant de faire l'amour sont plus stables, plus durables, et aussi plus satisfaits sexuellement.

D'autres aspects de l'éthique sont importants : Jusqu'où dois-je dire oui à l'autre ? Doit-on dire oui à tout par amour ? Je dois aussi me respecter, comment ? Certaines personnes estiment que l'amour, c'est faire passer l'autre avant soi. D'autres qu'il faut se respecter avant tout, et qu'importe si l'autre n'est pas satisfait.

On perçoit ici les exagérations possibles dans les deux sens : l'égoïste se fait toujours passer avant l'autre sous prétexte de son bon plaisir et de son épanouissement quand d'autres se sacrifient totalement pour la personne aimée. L'éthique

1. Kant, *Fondement de la métaphysique des mœurs, op. cit.*
2. L. Peplau et al., « Sexual intimacy in dating relationships », *Journal of Social Issues*, 33, 1977, pp. 86-109. Cité dans *L'Intelligence sexuelle, op. cit.*

consiste à observer les limites que l'on juge correctes pour l'un et pour l'autre des partenaires. Aurore avait toujours dit : « Si un jour, un homme me frappe, je le quitte. » Un jour, son ami l'a frappée. Elle ne l'a pas quitté, mais elle lui a dit : « Si tu recommences une seule fois, je pars. » Il n'a jamais plus recommencé. Avoir formulé à l'avance cette limite lui a permis de réagir sainement. Combien de femmes, n'ayant jamais pensé se trouver dans une telle situation, n'ont pas de structure intérieure sur laquelle s'appuyer pour réagir ?

Jordan s'aperçoit que sa femme le trompe. « Elle avait acheté beaucoup de lingerie très sexy et, visiblement, ce n'était pas pour moi… Quand je lui ai dit que je savais qu'elle me trompait, elle m'a souri. C'est ça qui m'a fait le plus mal. Elle a souri en me disant : “C'est vrai, et tu peux faire pareil si tu le souhaites. Nous nous entendons bien et, pour moi, ce n'est pas un problème…” Je suis tombé de haut. Ce n'est pas du tout ma conception du mariage. Si nous n'avions pas eu quatre enfants, j'aurais divorcé immédiatement. J'ai dû m'adapter à cette situation. » L'éthique de Lola n'est pas la même que celle de Jordan. Pour elle, s'entendre en couple est important, mais la fidélité sexuelle n'est pas une valeur.

Ce couple n'a pas échangé sur son éthique sexuelle avant le mariage. Ils se sont engagés l'un envers l'autre, sans être sur la même longueur d'onde. Cela se produit fréquemment car notre éthique personnelle nous semble naturellement bonne et évidente, qu'elle soit ou non énoncée. Nous avons donc l'impression que les autres partagent les mêmes valeurs, surtout quand il s'agit de quelqu'un que nous aimons**. Quand on souhaite former un couple, s'informer sur notre éthique sexuelle réciproque est essentiel**. Sinon, on peut tomber de haut. Jordan a fait une dépression qui a duré deux ans. Il s'est rendu compte que de petites remarques de Lola auraient dû l'alerter, lui signalant qu'elle ne pensait pas comme lui. Pour l'instant, il tente de s'accommoder de la situation. C'est vrai qu'ils s'entendent bien. Mais il n'est pas certain de pouvoir continuer à vivre ainsi.

S'informer sur l'éthique de l'autre n'est pas vouloir lui imposer la nôtre. C'est voir si nous partageons les mêmes valeurs, et si ce n'est pas exactement le cas, c'est l'occasion de les confronter pour nous inventer des valeurs communes qui peuvent évoluer avec le temps.

Nicole, 65 ans, avoue : « À 20 ans, j'aurais tué mon mari s'il m'avait trompée. À 30 ans, je l'aurais quitté. À 40 ans, je lui aurais pardonné. Et maintenant, je sais que je ressentirais de l'indulgence. Je suis capable de comprendre. » Son éthique n'a pas forcément changé, mais sa manière de l'envisager, si !

L'éthique concerne aussi les paroles. Que faut-il se dire ? Tout ? Presque tout ? Faut-il garder des choses pour soi ? Lesquelles et pour quelles raisons ? Si j'apprends que mon meilleur ami a une aventure extraconjugale, dois-je en informer sa compagne ? Le garder pour moi ?

L'éthique sexuelle concerne encore le travail. Tugdual est un violoniste célèbre. C'est aussi un excellent professeur, adoré par ses élèves. Il est très demandé pour des cours particuliers. Quand un homme passe des heures en tête à tête avec une jeune fille qui l'admire, quand il passe ses bras autour d'elle pour lui montrer la bonne position des doigts sur le violon, se crée une intimité artistique émotionnelle et physique... Tugdual en est à son troisième mariage, chaque fois avec une de ses élèves. Et il vit une liaison avec une autre, comme il en a déjà vécu. L'éthique de l'enseignement interdit pourtant à un professeur d'avoir des relations sexuelles avec ses élèves.

Il me semble que, dans un tel cas, deux problèmes coexistent. Tugdual est un adulte qui ne sait pas gérer ses pulsions ou son affectivité. Ses mariages successifs et sa situation actuelle ne le rendent pas heureux. De plus, il risque de perdre sa place si les parents de la jeune fille avec qui il a une liaison l'apprennent. De leur côté, les jeunes filles ne sont pas prévenues que ces situations sont à risque. Se sentir attirée par un professeur est une chose, vivre une liaison en est une autre. Elles auraient eu besoin d'apprendre que l'on peut choisir de ne pas répondre à une attirance.

Elles se trouvent seules face à un adulte pas suffisamment cadré et ne trouvant pas en elles-mêmes un cadre qui leur permettrait de gérer la situation…

Des histoires similaires se produisent dans le cadre des consultations (médicales, kinésithérapie, chirurgie…), ou dans le milieu professionnel. Quand une personne possède une autorité sur une autre, l'attirance peut se manifester et entraîner des comportements qui rendent parfois très malheureux.

Pour vous aider à formuler votre éthique personnelle, pensez à ce que vous avez envie de transmettre à vos enfants, qu'ils soient ou non déjà nés. Observez les lois et demandez-vous ce qui les sous-tend. Il peut s'agir de lois de la république ou même de lois religieuses. Ce qui est intéressant, ce n'est pas la loi par elle-même, mais la raison pour laquelle elle a été promulguée. Vous pouvez découvrir que vous êtes entièrement d'accord avec ce qui la sous-tend, même si vous seriez moins sévère (ou plus) sur son application. Il se peut aussi que vous ne soyez absolument pas d'accord… Soyez souple avec ce que vous pensez, sachant que cela peut évoluer. Il n'y a que les imbéciles qui ne changent pas d'avis !

L'expérience des autres peut être fort utile pour progresser. Si vos parents vous transmettent quelque chose de valable dans le domaine sexuel, vous allez vous l'approprier et l'affiner, puis aller plus loin. C'est un effet cliquet. On ne revient pas en arrière. Comme pour les inventions, une fois le principe de la roue découvert, ce progrès a servi à inventer de nouveaux objets. Après les charrettes, les vélos, les voitures, les valises à roulettes, les rollers… Dans le domaine de la sexualité, il serait idéal que l'expérience des uns serve (au moins un peu) aux autres. Mais, comme il s'agit d'un domaine intime, j'ai l'impression que chaque nouvelle génération a tendance à repartir de zéro, sans profiter de l'expérience des plus anciens. Et c'est dommage. Il suffirait de proposer des pistes de réflexion aux plus jeunes pour les encourager à fonder leur éthique personnelle.

Gérer ma sexualité grâce à mon cerveau sexuel cognitif

Actif, notre cerveau sexuel cognitif joue un rôle de décideur. C'est le P-DG de votre cerveau. Il n'est pas pour autant tout-puissant, bien sûr. Comme un P-DG ne peut attendre que tout ce qu'il souhaite se réalise. S'il doit prendre en compte tous les participants de son entreprise, il doit aussi toujours tourner sa vision vers un but, vers l'avenir. Il sait ce qu'il veut et il met en œuvre les moyens pour y parvenir.

Dans notre sexualité, nous sommes en grande partie ce que nous avons choisi d'être, et nous pouvons agir pour devenir ce que nous souhaitons être.

Pour y parvenir, notre cerveau sexuel cognitif est tout d'abord un observateur. Il prend en compte nos pulsions et émotions. Ensuite, il cherche à les comprendre. Pourtant, comprendre ne suffit pas toujours pour changer ou pour choisir sa vie. Il faut encore que notre cerveau cognitif accepte de décider, de se choisir des buts et de mettre son énergie à avancer dans cette direction.

Accepter ses pulsions et émotions sexuelles

Il est important de reconnaître en soi les pulsions et émotions sexuelles. De les regarder en face et de les accepter, de les considérer comme des faits, sans chercher à les refouler. Comparons au poids. Si je suis trop grosse, je peux me dire : « Mais non, je suis très bien comme ça. » Je nie le problème. Ou encore éviter d'y penser. Je peux aussi me faire du mal et me dire : « Tu es nulle, tu n'as aucune volonté, tu es minable, tu devrais avoir honte de te montrer… », ou encore « Personne ne peut aimer quelqu'un d'aussi horrible que moi ». Je peux aussi penser : « Je suis en surpoids, c'est sûr, mais je suis quelqu'un de valable. Je suis jolie même avec mes kilos en trop. Et il va falloir que je trouve des solutions pour mincir au moins un peu… »

Concernant la sexualité, ce n'est pas non plus la peine de s'autoflageller, de se mettre la tête sous l'eau tout seul, de se faire honte, de se malmener, ou de nier un problème. C'est pourtant ce que fait souvent notre cerveau sexuel cognitif, et il le fait par habitude. Parce que, au lieu d'utiliser ses capacités de réflexion, il suit bêtement les apprentissages qu'il a reçus.

L'honnêteté est plus payante et plus saine. Constater un problème ou une difficulté ne signifie pas que l'on ne vaille rien ni que l'on soit indignes d'être aimés. La plupart des pulsions ou émotions ne sont pas des problèmes, sauf si on les considère comme tels. Certaines personnes hétérosexuelles, par exemple, peuvent avoir des pulsions homosexuelles à un moment de leur vie. Cela n'a rien que de très banal. Pourtant, cela peut enfler en une honte abominable, au lieu de garder la place d'un fantasme. L'inverse existe aussi : des personnes homosexuelles qui se culpabilisent par rapport à leur partenaire d'avoir des fantasmes hétérosexuels. C'est pourtant tout aussi banal !

Gérer mon cerveau sexuel pulsionnel

Vous avez observé vos pulsions, vous les acceptez, mais il reste une question : comment les gérer ? Accepter quelque chose n'est pas forcément s'en trouver satisfait. Que faire pour augmenter votre degré de satisfaction à partir de ce que vous êtes ?

La nature de mes pulsions ne me convient pas

Norman aime porter une jupe pour se masturber. Cela l'excite. Il se trouve ridicule. Peut-être que ça l'est, mais quel est le problème ? Personne ne le voit, il ne fait aucun mal, ce n'est pas dangereux pour sa santé. Pourquoi culpabiliser ? Il peut décider d'accepter et de se moquer gentiment de lui-même. Il sait que cela s'enracine dans son histoire sexuelle. Il a peut-être vu un jour une femme sexy avec une jupe et cette image s'est imprimée en lui.

Il peut décider de garder cette pulsion qui lui donne du plaisir, comme quelque chose de précieux, comme un jeu d'adulte. Il peut aussi décider d'agir pour s'en libérer. Dans ce cas précis, comme Norman se sent très gêné, il décide de consulter. Il voit un psychologue à qui il décrit sa pratique, et c'est difficile car il a honte. Le psychologue lui explique que plus on a honte, plus on essaye de s'empêcher de le faire, et plus on en a envie. Exactement comme dans le cas d'un régime, la restriction donne envie de craquer !

Le fait d'en avoir parlé rend déjà cette pulsion moins forte pour Norman. Ces pensées qui tournaient en boucle dans sa tête sortent enfin de lui sous forme de paroles, ce qui en limite l'impact. La pression baisse aussitôt d'un cran. Par la suite, son psychologue lui demande de ne pratiquer la masturbation avec jupe que le mercredi ou le vendredi, jamais les autres jours. Pourquoi ? Parce qu'un interdit total renforce la pulsion. Ce qui est interdit devient excitant ! Le mardi, Norman a envie d'une séance de masturbation avec sa jupe. Mais il suit les consignes et se dit qu'il peut bien attendre le mercredi. Le mercredi, il a beaucoup de travail, rentre fatigué et n'y pense plus. Le jeudi non plus. Et le vendredi, il s'offre une séance. Après quelques semaines, il a quasiment cessé de se masturber avec cette jupe…

La pulsion à laquelle il est difficile de résister n'a pas une force constante. Elle monte et passe. C'est ce que savent ceux qui arrêtent de fumer. Si vous attendez quelques minutes quand l'envie de fumer est très forte, cette envie passe. Pour les pulsions sexuelles, c'est la même chose.

J'utilise avec succès l'EMDR pour travailler sur les pulsions gênantes (voir partie I, « Les traumatismes qui affectent la pulsion sexuelle »). Cette thérapie permet de dénouer des boucles d'émotions ou de pulsions. Après un traumatisme, des images, des flashes, des angoisses vous reviennent tout à coup, sans que vous le souhaitiez. Vous êtes envahi par des émotions négatives très perturbantes. L'EMDR utilise une méthode d'attention double : pendant que vous êtes centré sur l'événement traumatisant, votre attention est aussi prise par des mouvements oculaires (ou des sons ou des tapotements). Cela permet de modifier la boucle qui était figée et d'ouvrir sur les ressources de votre cerveau.

Je fais un parallèle avec les pulsions sexuelles. Certaines pulsions arrivent de manière intrusive, vous gênent, vous angoissent et vous n'arrivez pas à les contrôler ou vous en libérer. L'origine est le plus souvent un événement (connu ou oublié) qui a mis en place cette boucle. Votre cerveau, ne sachant pas comment la digérer, lui a laissé son autonomie. Il suffit d'une pensée, d'un petit événement pour l'activer. Et votre pulsion survient.

Avec l'EMDR centrée sur cette pulsion, et par le principe de la double attention, vous ouvrez la boucle sur le reste de votre cerveau qui la « digère ». Elle se trouve ensuite intégrée à votre fonctionnement sans plus vous gêner.

Notez que certaines personnes peuvent regretter par la suite de perdre cette source de pulsion. Avant de travailler, il est bon de se demander quels avantages on peut y trouver et à quel point elle est gênante.

Je sais par expérience que l'hypnose aussi peut obtenir de bons résultats sur ces pulsions gênantes, même si elle me semble agir moins rapidement.

L'environnement joue également un rôle pour façonner nos pulsions. Il est donc possible de se servir du monde extérieur pour nous aider à changer. J'ai déjà parlé de Luc qui, violé à 8 ans, n'avait vécu que des relations homosexuelles. Il voulait se marier et avoir des enfants. Il a pour cela choisi d'agir : quand il a décidé de changer de vie, il a coupé les ponts avec « le milieu homosexuel ». « J'ai évité les personnes homosexuelles que je connaissais, dit-il, car ça finissait par être un vrai ghetto. En quelques semaines, je me suis senti devenir plus viril. J'ai cessé de parler de moi au féminin ("je suis belle aujourd'hui..."), et j'ai recherché la compagnie d'amis hétéros qu'heureusement je n'avais jamais laissés tomber. Ils ne savaient d'ailleurs pas que j'avais une sorte de double vie. Petit à petit, j'ai changé. Je n'ai jamais cherché à me forcer à sortir avec une fille. Il y en a une qui m'a plu, avec qui je suis devenu ami. Elle est plutôt bien en chair avec une grosse poitrine, ce qui me plaît beaucoup et elle est très rigolote. On s'amuse bien tous les deux et je la désire. » En parallèle, Luc a travaillé en sexothérapie sur le viol qu'il avait vécu. Si l'orientation sexuelle de Luc a évolué, c'est probablement que sans le traumatisme de son viol il n'aurait pas expérimenté de pratiques homosexuelles. Je ne prétends pas décrire un quelconque « traitement de l'homosexualité », mais aider une personne qui souffre à trouver sa voie.

Dorian est pédophile. Il sort de prison sans aucun suivi psychologique. Comme il veut mener une vie normale, il consulte, pendant deux ans, un psychanalyste formidable. Il évolue, sort avec une jeune fille de 19 ans. « C'est de la pédophilie déguisée ! » me dit-il, car il a 32 ans. Si Dorian formule cette pensée, c'est qu'il ne se sent pas tiré d'affaire. Il décide de se « rééduquer » comme il me l'explique. « Je me suis astreint à me rééduquer par la pornographie. Je me suis dit qu'il fallait que je trouve excitantes des images de femmes adultes. Et ça a fonctionné. » Par la suite, son amie déménage et ils se séparent. Il sort avec une femme de 27 ans avec qui il a des relations sexuelles difficiles au début. Il n'a pas d'érection, car pas suffisamment d'excitation. Cela s'arrange progressivement, avec l'aide de sa « rééducation par le X » qu'il continue.

Il consulte en sexologie car il ne parvient pas à éjaculer. Là encore, il suffit d'un peu de temps, quelques mois, pour que son corps accepte de jouir en faisant l'amour avec une femme adulte.

Ces exemples me semblent particulièrement intéressants. Consulter un spécialiste est une chose, mais faire appel à votre cerveau sexuel cognitif, à votre intelligence sexuelle, vous permet parfois de trouver en vous des réponses, ou des débuts de réponse. Décider de prendre de la distance avec le milieu homosexuel, décider de se rééduquer par le X, sont des solutions personnelles à une difficulté. Elles ne pourraient pas convenir à n'importe qui car elles pourraient être perçues comme impossibles à mettre en œuvre, agressives, idiotes, inadaptées…

Votre esprit sait mieux que n'importe qui ce qui peut l'aider. Encore faut-il penser qu'il existe des solutions et se faire confiance ou se faire aider pour les trouver.

L'intensité de mes pulsions me déborde

Olivier ressent le besoin de faire l'amour tous les jours (voir partie I, « L'effet du stress sur notre cerveau pulsionnel »). Il s'agit bien d'un besoin et non d'une envie. Car s'il n'a pas de relations sexuelles, il se sent très anxieux. Sa femme accepte donc ces rapports quotidiens, mais c'est trop pour elle : faire l'amour devient une corvée plus qu'un plaisir. Olivier s'est déjà efforcé de faire l'amour un jour sur deux. Cela convenait nettement mieux à son épouse, mais pas à lui. Sa tension nerveuse augmentait au point de le perturber dans la vie de tous les jours et dans son sommeil. Il est donc gêné par ce besoin sexuel. Que faire ?

Tout d'abord, ne pas se croire anormal quand on ne l'est pas. On peut se sentir « pas comme les autres » pour diverses raisons sexuelles. Mais si cela ne vous gêne pas par rapport à vous-même, il n'y a aucune raison de vouloir changer. Bien des hommes font l'amour tous les jours ou même plusieurs fois par jour sans s'estimer en déséquilibre pour autant.

La pulsion jugée exagérée peut l'être uniquement parce qu'elle dérange notre partenaire. Dans ce cas, la difficulté se situe au sein de la relation, pas dans la pulsion. Si la femme d'Olivier était partante pour un rapport sexuel quotidien, peut-être l'équilibre fonctionnerait-il ? Ici, ce n'est pas le cas. Olivier a eu une amie auparavant qui acceptait avec plaisir de faire l'amour quotidiennement. Mais Olivier ne se sentait pas épanoui pour autant. « C'est comme si mon envie était tyrannique. Je ne me sens pas libre par rapport à ça. Je me sens esclave de ma sexualité. » Tout se passe comme si le cerveau sexuel pulsionnel d'Olivier prenait la commande, et cela ne lui plaît pas. Il souhaite que son cerveau sexuel cognitif décide. Faire l'amour tous les jours, oui, mais si je le décide, et non parce que je ne peux faire autrement.

La première attitude, celle d'accepter ses pulsions, ne fonctionne donc pas pour Olivier.

Une autre attitude consiste à chercher un autre moyen de combler la pulsion. Olivier a tenté la masturbation un jour sur deux en alternance avec un rapport sexuel. Pour sa femme, c'était plus agréable. Pendant une semaine, cela lui a aussi convenu, mais, par la suite, il a estimé que la masturbation ne comblait pas son besoin sexuel. Pour d'autres, cette stratégie fonctionne très bien. Elle n'est pourtant pas toujours simple à mettre en œuvre, même si certains hommes se culpabilisent de pratiquer souvent l'autoérotisme alors qu'ils sont en couple.

Dans le même état d'esprit, certains couples composent avec ce besoin en pratiquant le « quick sexe » un jour sur deux : une relation sexuelle de quelques minutes seulement ou encore des caresses manuelles de la partenaire jusqu'à l'orgasme, et cela en alternance avec un rapport sexuel plus complet.

Pour qu'une de ces méthodes fonctionne, il faut accepter le besoin comme quelque chose de naturel et non comme quelque chose contre quoi il faudrait lutter. La question est alors : « Comment s'organiser avec ce besoin sexuel ? » Les solutions nécessitent aussi d'être acceptées sereinement soit par l'homme, soit par la partenaire.

Si la pulsion semble vraiment débordante et ne trouve pas de solutions, un rendez-vous médical peut se révéler utile. Notre intelligence nous sert aussi à trouver des remèdes à une maladie. Certains médicaments, certaines anomalies où la testostérone se trouve très élevée, peuvent stimuler la pulsion sexuelle de manière anormale. Faire un bilan est parfaitement justifié. Cependant, ce type d'anomalies est rare.

Un de mes patients qui se trouvait submergé par ses pulsions est actuellement sous traitement anti-androgène afin d'abaisser son taux de testostérone. Il prend quotidiennement de l'Androcur. Avant ce traitement, il se retournait sur toutes les femmes qu'il croisait dans la rue. Sa femme lui disait : « Tu me fais honte. » Et une fois, il a même soulevé les jupes d'une femme dans les transports en commun ! Depuis qu'il prend son traitement, il se sent apaisé, en harmonie personnelle et dans son couple.

Quand la pulsion se trouve exagérée sans raison apparente, la question de fond est la suivante : à quoi me sert ma pulsion, quel rôle tient-elle dans mon économie psychique intérieure ?

Je fais peut-être l'amour pour me détendre ou me calmer. Olivier dit qu'il se sent stressé, anxieux quand il ne fait pas l'amour assez souvent. D'autres peuvent se sentir tristes, mal dormir… Il existe pourtant d'autres réponses que la sexualité pour dénouer le stress. Certains n'ont jamais exploré toutes les possibilités de répondre à leur besoin. Le sport, la relaxation, la méditation, une activité créatrice… et bien d'autres pistes existent encore.

Le rôle tenu par la pulsion est souvent plus complexe. Elle peut tendre à combler des besoins affectifs.

Je peux aussi faire l'amour parce que je me sens mal-aimé. Faire l'amour me donne alors le sentiment d'être aimé. Et si me sens seul, la sexualité me permet de me sentir accompagné. Je me sens vieillir ? L'amour me rajeunit. Je me sens faible et méprisé ? La sexualité me donne l'occasion de dominer l'autre.

Quand la pulsion prend une place qui ne lui revient normalement pas, elle ne tient pas ses promesses. Faire l'amour peut aider à vous sentir aimé, mais si vous croyez, tout au fond de vous, que vous n'en êtes pas digne, elle ne pourra panser cette blessure. Elle la calmera pendant quelques instants et vous retrouverez votre douleur très rapidement. Elle ne vous rajeunira pas non plus, elle ne vous rendra pas plus fort, même si elle peut en donner la brève illusion.

C'est pourquoi il importe de chercher, derrière cette pulsion, quel est votre besoin inassouvi. Il s'agit d'un travail de thérapie : chercher ce besoin et travailler à le combler autrement que par le sexe. Apprendre à vous aimer, à vous imposer un peu plus, à accepter le temps qui passe…

Mes pulsions sont trop faibles

L'excès de pulsion n'est pas la difficulté pulsionnelle la plus répandue en consultation de sexologie. Un plus grand nombre de personnes consultent pour des pulsions sexuelles trop faibles, voire inexistantes.

La première mesure à prendre avec intelligence est de faire un bilan médical. Existe-t-il un problème avec les hormones, notamment la prolactine ou la testostérone ? Est-ce que je suis un traitement nocif pour ma pulsion sexuelle ? Est-ce que je souffre d'une pathologie qui m'atteint ?

Les sexologues estiment a priori qu'en dehors de ces contextes médicaux, la pulsion, même si elle ne se manifeste pas, se trouve cachée derrière quelque chose qui l'empêche de s'exprimer.

Un simple réflexe peut amoindrir profondément la pulsion sexuelle : il consiste à détourner systématiquement ses pensées lorsqu'une idée sexuelle naît dans votre cerveau. Quand on vous a appris, consciemment ou non, que penser au sexe était mal (ou sale, ou minable, ou ridicule…), vous pouvez l'éviter par simple habitude. Si c'est le cas, vous le saurez en vous observant. Pour contacter à nouveau votre pulsion, il suffit de vous autoriser à laisser vagabonder vos pensées. Solution simple dans l'esprit, mais des années d'habitudes ne se transforment pas instantanément. Aussi peut-on apprendre petit à petit, non seulement à ne pas bloquer son imaginaire sexuel, mais à le développer volontairement. Il s'agit de cultiver les pensées sexuelles érotiques, de les explorer. Imaginez que votre pulsion est une graine. Si vous ne l'avez jamais arrosée, elle s'accroche, mais elle survit difficilement. Le jour où vous décidez de lui mettre un peu d'engrais, de l'arroser, de lui apporter des soins, elle ne va pas former un arbre du jour au lendemain. Aussi faut-il de la patience pour qu'elle fleurisse.

La pulsion peut encore se trouver amoindrie par une difficulté de la vie. Vous avez une maladie grave, vous vous trouvez au chômage ou vous apprenez que votre enfant consomme de l'héroïne, que votre fille ne pourra jamais avoir d'enfants… Un souci qui vous mine consume votre énergie vitale et peut la détourner de votre pulsion sexuelle. C'est un phénomène fréquent. Il est utile de le connaître afin de ne pas ajouter à un moment difficile à vivre des interrogations superflues sur votre sexualité. Cela peut durer des mois et il n'y a pas lieu de s'inquiéter sur le plan de votre fonctionnement sexuel. Notez qu'une difficulté qui paraît bénigne à l'un peut miner quelqu'un d'autre.

La pulsion peut aussi se cacher derrière une forte émotion qui l'empêche de se manifester. Chez Nadine, c'est la peur de ses propres pulsions. Quand, en consultation, je lui dis un jour : « Derrière ce que vous me décrivez, je perçois une femme très voluptueuse qui aime beaucoup l'amour. » Elle me répond : « Oui, je sais, et ça me fait peur. J'ai déjà fait l'amour avec mon mari en me lâchant et je ne me reconnais pas. Je me fais peur… » Nadine ressent très rarement un élan sexuel. Sa peur l'empêche de se manifester.

D'autres éprouvent une gêne, une honte, une colère… Reconnaître cette émotion paralysante pour votre élan sexuel permet ensuite de la faire changer.

Travailler sur cette pulsion affaiblie est un chemin qui se fait en psychothérapie ou en sexothérapie. Il touche souvent des domaines beaucoup plus larges que la sexualité elle-même, les relations avec les parents, avec les autres, l'histoire personnelle de notre enfance, nos premières expériences sexuelles, notre image de nous-mêmes, les événements traumatisants que nous avons pu vivre…

Une question à se poser pour éclaircir ce chemin est encore celle du bénéfice secondaire : quels bénéfices, quels avantages j'obtiens avec cet élan sexuel très faible ? Quels avantages j'y trouve ? La réponse est à rechercher, même si vous trouvez que les désavantages sont incommensurablement plus importants.

Nos pulsions sont différentes

Deux personnes en couple ne peuvent connaître simultanément les mêmes pulsions sexuelles. Quand les différences sont peu importantes, elles ne sont pas gênantes, et peuvent même faire souffler un vent nouveau sur votre fonctionnement sexuel commun. En revanche, des différences importantes, dans la nature ou l'intensité des pulsions, peuvent constituer des nids de discorde.

L'exemple le plus banal est celui des couples où l'un des deux partenaires éprouve plus d'élan sexuel que l'autre. Reprenons le cas d'Olivier qui ressent le besoin de faire l'amour tous les jours, alors que son épouse n'a pas envie d'un tel rythme. Ils ont cherché ensemble des solutions. Pour cela, il faut accepter ce que chacun est et s'accepter soi-même. Se poser la question : « Comment faire ensemble avec ce que nous sommes ? »

Et il faut oser dire ce dont j'ai envie sans chercher à faire plaisir à l'autre : « Moi, mon rythme idéal serait une fois par mois. » « Moi, mon rythme idéal serait trois fois par jour. » Ces deux exemples correspondent à des personnes réelles (mais pas en couple ensemble heureusement !). Je pense qu'il faut assumer, même si chacun accepte de s'adapter. Et il est tout aussi important d'assumer les pulsions de l'autre.

Je connais un homme qui a des rapports sexuels avec sa femme une fois par trimestre, parce qu'elle ne veut pas plus.

Et elle lui dit : « Tu es un obsédé sexuel, tu ne penses qu'à ça… » C'est d'ailleurs la raison pour laquelle il est venu consulter : « Je pense très souvent au sexe, pensez-vous que je sois un obsédé ? » Que son épouse ait envie de faire l'amour une fois par trimestre, c'est possible et c'est son droit, mais qu'elle accuse son mari d'être anormal, ce n'est pas respectueux. On peut s'étonner qu'un homme ne comprenne pas que sa femme se défend en l'attaquant, qu'il ne se rende pas compte qu'il est normal qu'il pense beaucoup au sexe à cause de sa frustration.

Cependant la difficulté de la sexualité de couple, c'est que vous êtes l'un face à l'autre, et personne n'est là pour entendre ce qui se passe entre vous. S'agissant d'un domaine intime, vous ne pouvez guère vous confier à votre entourage. Il arrive donc souvent que l'on soit manipulé par l'opinion de l'autre. Quand on se sent mal et que l'on ne sait plus où se trouve le bon sens, consulter une personne extérieure peut se révéler rassurant.

Une méthode que j'utilise dans ces cas de différence de désir sexuel, c'est de proposer au couple de choisir chacun sa semaine. La première semaine, la femme décide quels jours ils feront l'amour, et la semaine suivante c'est au tour de l'homme. Cet exercice est souvent particulièrement intéressant. Celui qui ressent moins d'élan se sent enfin tranquille, sans pression de la part de l'autre pendant toute une semaine. Et il est plus facile de ne pas faire pression sur l'autre quand on sait que la semaine suivante, on fera l'amour quand on en aura envie. Cette stratégie implique évidemment l'accord des deux partenaires. Certains l'adoptent à long terme ou l'adaptent à leur manière. En s'acceptant mutuellement on peut mettre au jour des difficultés personnelles qui sont peut-être à explorer médicalement et à traiter.

La différence entre les pulsions peut tenir de leur nature. Igor, un jeune homme brun, très mince, aime se travestir. C'est pour lui indispensable. « Ma copine l'acceptait au début, mais avec beaucoup de réticences. Puis, elle a fini par en avoir assez.

Nous nous sommes séparés. C'est dommage car, en dehors de ça, on s'entendait très bien. Je veux maintenant trouver une amie qui m'acceptera comme je suis. » Igor est donc célibataire en recherche de l'âme sœur. Elle ne sera pas facile à trouver. Certaines manières de fonctionner sexuellement sur le plan pulsionnel sont l'apanage des hommes et très peu des femmes. Concernant le sadomasochisme par exemple, on compte moins d'une femme pour dix hommes qui apprécie cette pratique. Quand un homme recherche une partenaire compatible, il peut se trouver face à une impossibilité. Alors il peut composer en proposant sous forme de jeu le scénario excitant. La difficulté, comme pour Igor, c'est que la partenaire peut l'accepter pour faire plaisir, mais si cela devient central dans la sexualité du couple, elle a tendance à fuir. D'autres composent en allant voir une prostituée mettant en scène leur fantasme et scindent en deux parties leur vie sexuelle : l'une en couple classique et l'autre pour vivre cette pulsion. D'autres encore font un travail sur ces pulsions pour chercher à dénouer leur tyrannie quand elle existe. Ce qui est difficile à vivre, c'est la pulsion irrépressible, et non le plaisir occasionnel offert par une mise en scène particulière.

Pour s'épanouir à deux avec des pulsions différentes, se connaître soi-même, s'accepter, connaître l'autre et l'accepter est un minimum. La question piège en cas de différend serait : « Qui a tort, qui a raison ? » Il n'existe pas de réponse utile. **Un couple n'est pas un tribunal qui doit décider qui est dans son bon droit.** A-t-on tort de vouloir faire l'amour plusieurs fois par jour ? D'aimer l'excitation provoquée par le cuir ? La question est plutôt : comment vivre au mieux ensemble avec ce que nous sommes ? Former un couple harmonieux sexuellement est un travail d'équipe, pas un affrontement.

Gérer mes pulsions au cours de la relation sexuelle

La pulsion sexuelle est désir, élan, attirance vers l'autre, excitation. Elle est donc présente dans la rencontre, et aussi au cœur de la relation sexuelle. Et là encore elle a besoin d'être accompagnée. Nous devons simplement apprendre à vivre avec elle.

L'érection par exemple ne se décrète pas. Elle est une pulsion du corps et pas un acte volontaire. Les jeunes garçons sont souvent très gênés par des érections intempestives à la piscine. Ils voient des jeunes et jolies jeunes filles en tenue très légère, et leur corps réagit. Certains évitent la piscine tellement ils se sentent mal à l'aise. D'autres estiment que tous les hommes sont passés par là, et qu'il doit bien y avoir une solution. Ils s'entraînent à contrôler leur érection. Pour cela, ils essaient souvent de penser à quelque chose de non érotique, voire d'anti-érotique. Au début, c'est un effort, puis cela devient naturel. C'est un apprentissage que tous les garçons ont à faire.

Cet apprentissage présente un autre intérêt que celui de simplifier les sorties à la piscine. Il apprend que l'on peut agir sur son érection. Si on peut l'atténuer volontairement, on peut aussi la stimuler. C'est ce qu'ils peuvent expérimenter lors de la masturbation.

Ainsi, quand tout se passe bien, un homme connaît sa pulsion. Il sait qu'elle est au fond de lui et qu'il peut l'appeler ou la renvoyer d'où elle vient si elle se manifeste intempestivement. Cela va à l'encontre de l'idée qu'une fille en minijupe est provocante. Si un homme peut contrôler son érection à la piscine, il le peut bien sûr dans la rue devant une jeune femme court-vêtue. Cacher le corps des femmes ou les voiler revient à affirmer que les hommes ne sont pas capables de contrôler leurs pulsions. Pourquoi ne le seraient-ils pas quand d'autres le sont ? Pourquoi les abaisser à les considérer ainsi ? Pour qu'il en soit autrement, il faut que leur éducation sexuelle et affective soit à la hauteur. Celle des hommes devrait faire partie de l'éducation tout court.

Dans le domaine de l'excitation sexuelle, les hommes rencontrent un autre challenge, celui de l'orgasme et de l'éjaculation. Naturellement rapides chez l'humain, notre société estime qu'ils doivent être contrôlés. Un homme « normal » doit savoir gérer son éjaculation. Or, la pulsion sexuelle le pousse à éjaculer vite. Ici encore, un homme doit se servir de son cerveau sexuel cognitif pour observer, comprendre et agir s'il veut faire évoluer sa pulsion sexuelle vers un art de la sexualité. Certains hommes trouvent rapidement et facilement comment ralentir la montée du plaisir. D'autres ont besoin de temps. D'autres encore sont démunis, souvent parce qu'ils ne savent pas qu'il est possible d'agir, parce qu'ils n'osent se servir de leur substance grise pour observer leur fonctionnement sexuel de l'intérieur. Et ils deviennent « éjaculateurs précoces ». Les hommes qui savent gérer leur pulsion d'excitation et sa montée ont appris comment respirer, comment bouger, comment pénétrer, comment penser… Tout un travail cognitif se met en place pour canaliser l'excitation.

Jérôme : « Pour ralentir mon éjaculation, je sais que je dois me détendre, respirer lentement, et visualiser que ma respiration attire le sperme vers le haut. En pleine action, ce n'est pas toujours facile de se détendre, mais quand j'y parviens, c'est efficace. J'ai trouvé ça tout seul en cherchant comment m'améliorer. » Croire que l'on peut changer, chercher, expérimenter en tâtonnant, et laisser cet apprentissage faire partie de soi, c'est le travail que Jérôme a fait faire à son cerveau sexuel cognitif.

Si, au contraire, mon excitation reste basse, c'est que ma pulsion n'est pas alimentée. Et je peux en chercher la raison. Au lieu de la laisser autonome et faible, je peux chercher comment la nourrir pendant l'amour. Est-ce que des pensées parasites me traversent, annihilant mon excitation ? Dans ce cas, il me suffit de les éviter ou de tourner mes pensées vers d'autres horizons. Est-ce que je ressens une peur ? Si oui, il faudra travailler à la faire diminuer, à l'apprivoiser pour libérer ma pulsion.

Ilian, lui, a des pannes d'érection. « Je sais très bien que c'est dû à la peur. Quand tout à coup une pensée me traverse, je perds mon érection. Parce que je pense “pourvu qu'elle tienne". Dès que cette pensée passe, je débande. Je vois ma peur passer et faire des dégâts. » La peur casse la pulsion en arrivant au premier plan.

Est-ce que, tout simplement, la pulsion manque d'aliment ? Justine sait qu'elle a besoin de fantasmer pendant l'amour pour atteindre l'orgasme. « Je ne suis jamais parvenue à avoir un orgasme mécanique. Si je n'ai pas de pensées érotiques quand je fais l'amour, je suis excitée, mais ça ne monte pas très haut. Je dois me faire un film, soit en utilisant ce que nous sommes en train de faire, soit en imaginant tout autre chose… »

Jasmine a eu du mal à trouver « la recette de l'orgasme » comme elle l'appelle : « Je dois garder les jambes serrées l'une contre l'autre et onduler du bassin. Si j'ai les jambes écartées ou que je reste immobile, je ressens du plaisir pendant l'amour, mais mon orgasme ne se déclenchera pas. Il m'a fallu plusieurs années avant de me connaître ainsi… »

Nous avons tous des pulsions qui fonctionnent différemment, sans doute à cause de notre génétique associée à notre histoire. Notre substance grise nous permet de nous adapter à ce que nous sommes pour en tirer le meilleur parti.

Ces explications peuvent paraître banales à ceux qui fonctionnent bien sexuellement tant leurs pulsions sont naturellement intégrées. Mais pour ceux qui ne savent pas vivre en harmonie avec elles, ce sont des horizons qui s'ouvrent.

Gérer mon cerveau sexuel affectif

On pourrait penser que, parfois, l'émotion passant au premier plan, le cerveau cognitif se trouve débranché. Si par exemple j'ai peur, ce n'est pas une émotion réfléchie, mais plutôt instinctive. Mon cerveau cognitif semble hors jeu. Pourtant, il n'en est rien. Vous êtes à deux mètres d'un lion. Avez-vous peur ? Oui, si vous êtes dans la jungle ; non, si vous êtes dans un zoo et l'animal derrière ses barreaux. Votre cerveau cognitif évalue et module vos émotions pour les adapter à la situation, même si vous n'en avez pas conscience. Autrement dit, dès que vous éprouvez une émotion, vos cognitions s'enclenchent. Et c'est indispensable. L'émotion brute n'existe pas. Notre cerveau cognitif est toujours présent au cœur de nos émotions. Des méta-analyses [1] ont montré que, quelle que soit l'émotion ressentie, agréable ou non, d'origine interne ou externe, une structure du lobe frontal était systématiquement activée. Une émotion existe toujours dans un cadre cognitif déterminé. Voici un exemple plus sexuel : si je suis une femme et qu'un homme m'agresse sexuellement, m'attache, je vais me sentir terrorisée ; si mon partenaire m'attache pour jouer, je peux peut-être m'amuser.

Au-delà de nos émotions déjà filtrées par le contexte et par nos pensées se forment nos sentiments. Nos sentiments sont ce que nous faisons de nos émotions. L'émotion est le matériel brut transformé et interprété par notre cerveau cognitif. Aussi nos sentiments sont-ils une construction de notre esprit à partir de différents matériaux.

Dans l'exemple raconté plus haut, Hervé décide de tomber amoureux de Tiphanie. Et cela fonctionne. Cet exemple va à l'encontre de tout ce que nous croyons habituellement. Comment a-t-il pu s'y prendre ? Même si la pulsion sexuelle était absente, tout comme l'amour sentimental, Hervé éprouvait une sympathie pour Tiphanie. Il a détecté chez elle des éléments l'incitant à penser qu'ils iraient bien ensemble. Ce n'est pas la seule chose que l'on attende d'un couple, mais c'est une prise en compte par l'intelligence de signaux particulièrement importants. À partir de là, Hervé a décidé de cultiver en pensée ce qu'il aimait chez Tiphanie.

Un petit détour pour parler d'une femme qui m'a beaucoup appris. « Parfois, je croise un homme très laid dans le train. Et je me demande comment une femme peut avoir envie de lui. Et je cherche. En cherchant, je trouve toujours. Il a de très belles mains, un beau sourire, une nuque émouvante, des yeux

1. Sylvie Berthoz, de l'Inserm, « Les émotions au cœur du cerveau », *Cerveau et Psycho*, sept.-oct. 2009.

magnifiques, un goût exquis pour les couleurs... Et je me dis que celle qui l'aime voit sans doute cela, ou autre chose ! » Chaque humain peut toucher notre cœur, ou notre centre pulsionnel. Cette capacité à voir chez l'autre ce qui nous émeut est magnifique. C'est à mon avis celle qui permet d'apprécier amicalement même ceux qui a priori ne nous plaisent guère. C'est la capacité d'ouvrir les yeux, le cœur et, pourquoi pas, nos pulsions. Cette femme ne cherche pas l'aventure, elle est simplement curieuse et intéressée par les autres.

Je me souviens du témoignage d'un couple indien qui disait : « Chez nous, ce sont nos parents qui choisissent notre conjoint. C'est comme si on nous apportait une marmite d'eau froide, et nous devons apprendre à réchauffer l'eau. Et ça marche. Nous allumons un feu et nous apportons du bois. Chez vous, quand vous vous mariez, l'eau est bouillante et vous croyez qu'elle va le rester toujours. Vous oubliez d'alimenter le feu. Alors il s'éteint, l'eau refroidit et vous êtes tout étonnés. C'est pour ça que chez nous, il y a peu de divorces, alors que chez vous, il y en a beaucoup. » Loin de moi l'idée de faire l'apologie des mariages arrangés ! Toutefois, dans ce témoignage, se trouve une vérité. Hervé n'est pas parti d'une eau froide, mais d'une eau légèrement tiède qu'il sentait pouvoir exhaler tout son parfum une fois bien réchauffée.

Quand on a la chance de trouver une marmite d'eau bouillante sur son chemin, de tomber amoureux, on peut apprendre à garder cette eau bien chaude, même si elle ne restera peut-être pas éternellement bouillante. C'est en cela que notre intelligence peut servir nos sentiments.

Alors, comment manœuvrer pour que nos sentiments prennent le juste chemin ?

Choisir mes pensées et agir en conséquence

Nos sentiments, s'ils peuvent être influencés par nos décisions, ne peuvent se décréter instantanément. Si vous décidez d'être triste, cela ne se fait pas en une seconde. Il vous faut penser à des événements qui vous attristent. Si vous décidez d'aimer plus, ce n'est pas en quelques secondes que vous allez y parvenir. Vous êtes comme un bateau sur l'eau. Il ne change pas de cap immédiatement. Vous poussez la barre et progressivement le navire change de cap. Une histoire drôle, racontée dans un livre que j'ai écrit [1], illustre comment c'est efficace en amour et comment vouloir aller trop vite ne sert à rien :

Michel invite Thierry, un copain de travail, à passer chez lui le soir pour boire un verre.

Lorsqu'ils rentrent à la maison, Michel embrasse sa femme, lui dit : « Comme tu es belle aujourd'hui, et comme tu m'as manqué au travail. »

Puis, il présente Thierry et les deux hommes s'installent pour prendre l'apéritif pendant que madame prépare le dîner. Lors de la discussion, Thierry s'étonne de voir son ami extrêmement attentionné envers sa femme. Il la complimente sans cesse, lui fait des bisous, comme s'ils étaient de jeunes mariés, alors qu'ils sont en couple depuis quinze ans. Michel explique discrètement : « J'ai commencé à agir comme ça il y a six mois. À ce moment-là, plus rien n'allait entre nous. Et dès que j'ai montré à ma femme qu'elle était au centre de mes préoccupations, ma vie de couple est devenue merveilleuse... Tu devrais essayer ça, toi aussi, avec Hélène. »

Le soir même, Thierry rentre chez lui. Il embrasse sa femme tendrement en lui disant : « Je t'aime, tu es très belle tu sais... » Et sa femme fond en larmes !

Thierry ne comprend pas et il lui demande ce qui ne va pas. Hélène répond : « C'est le pire jour de ma vie. Ce matin, Maxime est tombé de vélo et s'est blessé, ensuite le lave-linge a débordé et tout le sous-sol est inondé. Et maintenant tu rentres à la maison complètement ivre ! »

Espérons que Thierry ne s'est pas découragé et qu'il a continué à agir comme son ami Michel, en y mettant un peu plus de subtilité.

---

1. *Psy, Sex and Fun*, aux Éditions Tornade (2007), ou la sexualité expliquée par les blagues...

Comme l'affirme Lucy Vincent[1], « l'amour que nous ressentons pour notre partenaire dépend beaucoup plus de ce qui se passe dans notre tête que de son comportement à elle ou à lui. On en déduit donc que nous conservons le pouvoir de changer les choses, puisque c'est sur nous-mêmes qu'il faut travailler ». Et elle ajoute que « même quand on n'a aucun pouvoir mental particulier, on peut réussir à manipuler par la pensée l'intensité de son émotion, telle qu'on la ressent et telle qu'on la mesure grâce aux images de l'activité du cerveau ». Agir sur nos propres émotions n'est donc pas une simple vue de l'esprit, mais quelque chose de scientifiquement objectif.

Savez-vous que nous vivons beaucoup plus de pensées négatives que positives ? Environ trois à cinq fois plus. C'est logique puisque nous avons tendance à ruminer ce qui ne va pas et à accepter naturellement ce qui va bien sans plus y penser. Si nous n'y prenons garde, nous alimentons notre pôle négatif intérieur. Résultat ? Nous râlons. Pour changer la donne, il faut le vouloir. Capter le positif, le ratifier en soi, y penser volontairement, l'examiner, l'apprécier, le goûter et mieux encore, lui donner l'occasion de se reproduire.

Les thérapies cognitives sont expertes en ce domaine. Elles ont permis d'étudier nos cognitions, nos pensées. Les psychiatres et les psychologues formés à ces méthodes vous demandent souvent de noter tout ce que vous vous dites dans votre tête sur tel ou tel propos.

Si vous êtes énervé contre votre partenaire et que vous pensez : « Qu'elle est bête, mais qu'elle est bête. Et en plus, elle est moche aujourd'hui. Elle est mal coiffée, elle a pris des kilos... », en cherchant bien, plein d'énergie négative due à votre énervement, vous allez facilement lui trouver des tas de défauts et en faire la revue. Vos sentiments à son égard vont baisser d'un cran. Il peut arriver à tout le monde d'être énervé ! Mais si vous allez souvent dans ce type de cognitions, par énervement, ressentiment, tristesse, colère... vous allez détruire progressivement ce qui fait la beauté de votre relation.

1. Auteur de *Petits arrangements avec l'amour*, Odile Jacob, 2007.

Tout le monde ne rumine pas ainsi. Vous pouvez avoir un réflexe d'antidote. Vous pensez : « Qu'elle est bête… » Et aussitôt, vous vous dites : « On dirait une petite fille, c'est touchant quand même. C'en est presque drôle… » Ou bien : « Oui, elle est un peu bête parfois, mais c'est parce qu'elle est trop gentille… » Vous observez bien la différence On peut se laisser plonger dans les cognitions négatives, ou rebondir plus ou moins rapidement par l'humour, en sortant du négatif ou bien en stimulant les cognitions positives. Même si tous ces fonctionnements sont souvent spontanés, nous pouvons apprendre à les orienter. Pour ce faire, le premier pas est de repérer nos fonctionnements potentiellement toxiques. Ou bien de décider, sans s'occuper du négatif, de stimuler le positif.

Exprimer ses pensées positives

C'est ce que fait Thierry dans l'histoire drôle. Il ne cherche pas à contrer des pensées toxiques, il décide de cultiver le positif. C'est parfois aussi efficace et souvent plus agréable. Sachant que vos pensées positives sont en minorité, si vous leur donnez plus de place, naturellement, votre axe négatif intérieur va s'amoindrir. C'est presque une loi mathématique ! Thierry décide de faire des compliments à sa femme. C'est très simple et souvent magique. Je me souviens d'un patient introverti et déprimé à qui j'avais prescrit de faire un compliment par jour à sa femme. J'ajoute dans ce cas : « Un compliment que vous pensez vraiment, et ça peut être une toute petite chose. Si elle a fait à manger, vous pouvez dire que c'est délicieux. Que cette couleur de pull va vraiment bien avec ses yeux… » Il a suivi ce conseil et, trois semaines plus tard, il m'a expliqué : « C'est incroyable, ça va beaucoup mieux entre nous, et ce qui m'étonne, c'est que je me sens beaucoup plus amoureux. » Faire des compliments ne fait pas seulement plaisir à l'autre, cela vous oblige à chercher que dire comme compliment, à l'exprimer, donc à l'ancrer en vous. Cela tourne votre esprit vers ce qui est beau. Je vous encourage vivement à cette pratique, non seulement pour votre partenaire, mais pour vous-même (faites-vous à vous-même des compliments justifiés), pour vos enfants, vos collègues de travail, vos parents… en un mot pour tous ceux avec qui vous avez envie d'avoir de belles relations. Surtout ne soyez jamais hypocrite. Prenez le temps de voir ce que vous aimez chez l'autre avant de le signaler.

Exprimer ses émotions positives ne consiste pas seulement à parler, mais aussi à les signifier corporellement. Exprimer votre joie, le plaisir, par votre mimique, votre sourire, votre posture dans l'espace, vos intonations permet de l'enraciner plus profondément. Les personnes à qui l'on demande d'exagérer cette expression rapportent ensuite ressentir des émotions plus positives. On peut aller encore plus loin : même si vous ne ressentez aucune émotion positive, si vous faites « comme si », si vous souriez, prenez l'air enjoué, vous allez ressentir de la joie. Et en plus, si vous êtes volontairement souriant et d'apparence joyeuse, vous allez déclencher des interactions très positives avec votre environnement qui vont accentuer le versant positif.

Un autre élément permet encore de stimuler votre cerveau sexuel émotionnel dans le bon sens. Il s'agit de repérer vos sentiments agréables et de les savourer au moment où ils apparaissent. C'est une capacité à profiter de l'instant présent, très étudiée dans le bouddhisme[1] ou la méditation de pleine conscience.

« Le plus beau cadeau de ma vie »

Un jour, Anne-Laure a reçu, me dit-elle, le plus beau cadeau de sa vie. Son copain lui avait écrit une lettre à laquelle il avait mis ce titre : « Tout ce que j'aime chez toi ». Et il y en avait plusieurs pages. « J'aime tes fossettes quand tu souris. J'aime ton petit duvet doré sur les bras. J'aime tes yeux un tout petit peu bridés. J'aime le son de ton rire. J'aime te voir rire pour des choses qui

1. À lire : *Où tu vas tu es. Apprendre à méditer pour se libérer du stress et des tensions profondes*, John Kabat-Zinn, J'ai lu, 2005 ; *La Plénitude de l'instant*, Thich Nhât-Hanh, *op. cit.*

ne sont même pas drôles, ça montre que tu es de bonne humeur. J'aime toucher tes cheveux quand ils sont mouillés. J'aime voir que tu es généreuse avec les autres. J'aime quand tu mets du vernis rouge sombre sur tes orteils. J'aime respirer ton odeur dans ton cou. J'aime ton grain de beauté sur la nuque... »

Cette idée m'a tellement emballée que je l'ai adoptée. Je demande souvent à mes patients d'écrire une telle lettre pour la personne qu'ils aiment... ou qu'ils n'aiment pas suffisamment. Quand vous la recevez, votre cœur s'ouvre, comme celui qui l'écrit a ouvert son cœur. Le cerveau sexuel émotionnel stimule son potentiel positif.

Laisser passer le négatif

Nous avons tendance à agir sur le champ de nos pensées comme sur un jardin. Si vous voulez cultiver les bonnes plantes, vous devez mettre du désherbant ou arracher les mauvaises herbes qui les étouffent. Il existe d'autres manières de cultiver la terre que l'on qualifie de raisonnées. Et s'il n'existait pas de mauvaises herbes ? Si l'équilibre entre les diverses plantes et la faune pouvait être encouragé ?

C'est aussi vrai pour les émotions négatives. Même quand elles ne sont pas agréables ou se révèlent envahissantes, elles tiennent une place utile, exprimant quelque chose d'important.

Une méthode consiste à accepter l'émotion négative, à la regarder et à la laisser passer. Je me souviens d'une patiente qui avait rompu avec son ami parce qu'elle s'était aperçue qu'il menait de front deux histoires. Leur relation était récente, de quelques semaines. Elle m'a expliqué : « Ce qui m'a beaucoup aidée, c'est de me dire : je suis mal, et je sais que ça va s'arrêter. Patience... » En quelques jours, c'était terminé. Le fait d'accepter la peine, de ne pas ruminer, mais de se projeter au-delà, d'imaginer un avenir sans cette peine accélère sa digestion. Il en est de même pour la colère. Si vous pensez « elle va passer », elle passe plus vite que si vous ruminez. Observer son émotion permet de se décentrer et de la laisser s'asphyxier d'elle-même puisqu'elle n'est plus alimentée.

Décoder le sentiment négatif

Imaginons que vous reconnaissez votre sentiment négatif, vous l'acceptez et vous décidez de le laisser passer. Bravo. Il reste encore un travail à faire, comprendre ce sentiment. Il provient rarement de ce que vous imaginez à première vue. Votre conjoint vous met en colère ? C'est souvent une goutte d'eau qui fait déborder le vase, comme le dit la sagesse populaire. Ce qui vous gêne, ce n'est pas la goutte d'eau, c'est tout ce que contient le vase ! Si vous ne considérez que la dernière goutte, votre vision est faussée.

Une autre piste pour décoder ce sentiment négatif, c'est de chercher quand vous avez déjà ressenti une telle colère. Peut-être dans votre enfance, votre adolescence, lors d'une autre relation ? Votre colère actuelle est souvent l'écho d'une ancienne colère qui avait installé en vous une fragilité. Quand un événement touche à cette fragilité, votre colère est réactivée. Si vous le décodez, vous faites un pas de côté par rapport à votre sentiment négatif, prenant ainsi une distance bénéfique.

Un dernier décodage est la réponse à une question : quel est mon besoin non satisfait ? Si vous savez y répondre, vous accédez aux raisons profondes de votre sentiment négatif.

Aussi, pour résumer, faut-il se méfier d'attribuer un sentiment négatif à ce qui est sous votre nez. Ses racines sont souvent très profondes. Quand vous écoutez une musique triste, si vous pleurez, c'est peut-être que vous avez de la peine, pas seulement à cause de la musique ?

Agir sur vos émotions négatives

On peut parallèlement être actif vis-à-vis de ses émotions négatives.

Nous avons une idée préconçue de ce qui est bon et de ce qui ne l'est pas, et nous portons des œillères. Les pensées toxiques, négatives, existent et l'on ne peut les nier. Il ne faut certes pas les alimenter, mais se comporter comme si elles n'existaient pas serait une erreur. Pour qu'elles ne nous perturbent pas, nous pouvons décider de les prendre en compte, de nous apercevoir qu'elles ne proviennent jamais d'une situation, mais de l'interprétation que nous en faisons. Ramón pense que Lucile ne veut pas faire l'amour à quatre pattes parce qu'elle le considère comme un pervers qui veut juste « mater ses fesses ». Il est en colère contre elle, car il se sent méprisé. En réalité, Lucile est complexée parce qu'elle trouve ses fesses trop grosses et comprend très bien le désir de Ramón et elle le trouve parfaitement naturel. Pour laisser passer sa colère, Ramón pourrait chercher d'autres explications au comportement de Lucile en faisant appel à son imagination. Lucile peut se trouver trop grosse. Elle peut être complexée par des vergetures ou des boutons à cet endroit, ou encore par une pilosité qu'elle n'aime pas. Elle peut ressentir une douleur pendant le va-et-vient dans cette posture. Elle peut avoir été complexée parce que quelqu'un lui a fait une réflexion sur ses grosses fesses. Elle peut ne pas aimer tourner le dos à son partenaire, souhaitant le regarder dans les yeux quand elle fait l'amour. Elle peut avoir des hémorroïdes et imaginer que cela peut le dégoûter. Elle peut avoir peur d'avoir des gaz dans cette posture. Elle peut détester que, dans cette posture, il dise des mots plus crus. Elle peut ne pas aimer son dos parce qu'elle a quelques boutons, ou un grain de beauté qu'elle juge laid... (à vous de continuer cette liste pour vous entraîner !)

Quand vous mettez une de vos émotions sur la sellette et cherchez à interpréter différemment la situation, vous vous apercevez que vos émotions sont souvent dues à des œillères ! Les interprétant autrement, vous aboutissez à un ressenti émotionnel très différent.

Pour continuer avec Ramón, après ce travail de décentration, il semble évident qu'il faut parler pour échanger. Si Ramón demande à sa partenaire ce qu'elle n'aime pas dans la posture en levrette, il aura peut-être une réponse qui éclaircira la situation. S'il lui dit qu'il se sent rejeté quand elle dit non, elle pourra lui exprimer qu'elle est en fait complexée. Quand il réalisera qu'il interprétait de manière erronée le comportement de Lucile, cela bloquera certainement ses ruminations.

Toutefois, exprimer ses émotions négatives est difficile car nous ne savons pas toujours bien le faire, sans blesser l'autre. Ramón peut avoir peur d'exprimer sa colère et d'agresser Lucile. Il n'ose pas dire, au premier degré : « Tu m'énerves, tu me considères comme un pervers... » et il a raison. Mais comme il s'empêche de laisser sortir sa colère, il rumine. Exprimer ses émotions négatives de manière calme et non agressive pour l'autre est une habileté à développer. Dans cet exemple, Ramón pourrait dire : « Je me sens rejeté quand tu refuses de faire l'amour en levrette. J'ai l'impression que tu ne m'aimes pas... » Ainsi, réagir sous l'emprise de la colère est plutôt néfaste, alors que réfléchir à la manière de communiquer permet de le faire d'une manière respectueuse.

Exprimer à l'autre ses émotions négatives est doublement bénéfique. Cela permet d'abord d'en diminuer l'impact. Dire : « Je me sens abandonné quand tu ne m'informes pas que tu vas rentrer très tard... » permet de se sentir moins abandonné ! Exprimer : « Je me sens en colère quand... » fait diminuer l'intensité de la colère. Et c'est prouvé scientifiquement [1] : le fait de nommer une émotion diminue l'activité de l'amygdale cérébrale, zone du cerveau suscitant l'anxiété.

Mieux encore, s'exprimer de cette manière augmente l'intimité, et resserre les liens. Car l'émotion ainsi dite suscite une émotion miroir chez l'autre, donc une empathie qui facilite la communication. Les personnes qui se confient leurs émotions sont nettement plus appréciées que celles qui les gardent pour elles.

Un élément encore : dissimuler ses émotions négatives, de peur de faire de la peine par exemple, ou par honte de les ressentir, augmente ces émotions négatives. Pis, des études ont

1. Matthew Lieberman, cité par Moïra Mikolajczak dans « Mieux vivre ses émotions », *Cerveau et Psycho*, sept.-oct. 2009.

montré que les personnes qui cachent leurs émotions négatives vivent moins d'émotions positives que les autres. Et elles en subissent les conséquences, souffrant plus souvent de troubles du sommeil, de maladie coronariennes…

Si l'on peut agir sur nos émotions par nos pensées, l'action, elle aussi, agit sur nos émotions. Parler pour révéler vos cognitions positives, c'est déjà agir. Vous pouvez faire un pas de plus et… chercher ce qui les stimule.

Agir pour créer des émotions et des pulsions

À partir de ce que nous ressentons dans notre sexualité, nous possédons une marge de manœuvre. Nous pouvons décider d'être à la barre de notre navire intérieur et impulser une direction qui nous convient.

Comme nous l'avons vu, nous pouvons assécher des pulsions ou des émotions qui ne nous plaisent pas, et en cultiver d'autres que nous recherchons. Nous pouvons aussi créer à partir de rien, ou plutôt de presque rien. Désirer créer une émotion ou une pulsion, c'est déjà objectiver qu'elle existe, au moins dans notre imagination ou dans notre projection de nous-mêmes dans le futur. Là encore il importe de posséder une conviction, celle de connaître le chemin susceptible de nous rendre heureux.

Exprimer les émotions que nous désirons

Exprimer ce que nous désirons donne une réalité plus concrète à nos désirs. Si les femmes apprécient que leur partenaire leur dise qu'il les aime, c'est qu'elles savent qu'en le disant, cela devient d'autant plus vrai. Je l'ai constaté assez souvent. J'avais conseillé à Laurent, un homme de 38 ans souffrant d'éjaculation précoce, de dire des mots d'amour à son épouse pendant leurs relations sexuelles ; et cela, dans le but de le faire pencher plutôt vers la tendresse que vers l'accentuation de la pulsion. C'est une méthode qui permet souvent de retarder la survenue de l'éjaculation. Il devait préparer à l'avance ce qu'il voulait dire, de manière à se sentir prêt à un moment où il vivait plutôt sa pulsion à cent pour cent. Il a suivi ce conseil et, lors de la consultation suivante, quelques semaines plus tard, il me dit : « Cela m'aide beaucoup et, ce qui est étonnant, c'est que je sens beaucoup plus d'intimité avec ma femme… » Dire des mots d'amour encourage les émotions à aller dans ce sens et ancre l'amour.

Exprimer, ce n'est pas uniquement parler à voix haute. Pour obtenir le même résultat, on peut très bien choisir de dire ces mots dans sa tête aux moments où on le souhaite. D'autres écrivent des mots d'amour. Je pense en particulier aux poètes qui ont écrit tant de textes sur l'amour, Aragon, Eluard, Ronsard… Leurs poèmes n'étaient sans doute pas seulement une façon de dire à l'autre qu'ils l'aimaient, mais aussi d'alimenter leur flamme.

La psychologie cognitive a beaucoup étudié l'influence de nos pensées sur nos actions et, inversement, celle de nos actions sur nos pensées.

Ce que l'on sait aujourd'hui, c'est que nous avons tendance à mettre nos pensées en accord avec nos actes, afin de ne pas ressentir d'inconfort psychologique[1]. C'est un phénomène connu comme un levier très puissant pour faire changer quelqu'un d'opinion. Voici un exemple : alors que vous êtes pour la peine de mort, on vous demande de faire un exercice qui consiste à rédiger un argumentaire contre la peine de mort et à le lire en public. Une fois tout cela réalisé, votre opinion sur la peine de mort a varié. Elle n'a pas forcément totalement changé, mais vous êtes beaucoup plus nuancé. On peut même, avec des exercices répétés, faire changer diamétralement d'opinion. Dans le domaine de la sexualité, nous ne souhaitons généralement pas changer totalement notre manière d'être,

1. C'est la théorie de la dissonance cognitive proposée par Léon Festinger en 1957 qui a depuis été vérifiée, testée avec succès, en particulier par un autre psychologue américain, Arthur Cohen.

mais la guider vers plus d'harmonie. C'est encore plus facile de renforcer des pulsions, des émotions ou des sentiments, que de lutter contre eux pour les faire s'inverser.

À mon sens, si nous décidons nous-mêmes de choisir ce que nous avons envie de penser, nous pouvons alors nous auto-influencer dans la direction que nous choisissons. Laurent, en prononçant des mots d'amour (non contraires à son opinion de départ !), ancre son amour. Aragon, en écrivant ses poèmes à Elsa, enracine son amour pour elle. Michel, en montrant à sa femme par des actes qu'elle compte beaucoup pour lui, se sent l'aimer plus.

Isadora, en fantasmant plus souvent volontairement, se sent devenir une femme plus désirante et désirable. Ainsi, contrairement à ce que l'on imagine souvent, le volontarisme a une certaine efficacité sur le plan sexuel.

Aussi, parler, écrire, agir dans le sens que vous désirez crée un courant naturel qui vous entraîne.

D'autres outils sont disponibles pour agir sur vos émotions.

Le pouvoir de la musique

La musique a le pouvoir de modeler nos émotions. Vous écoutez une musique triste, vous avez envie de pleurer, une musique entraînante, vous vous sentez plein d'énergie, une chanson d'amour et vous vous sentez immédiatement plus amoureux. Il ne s'agit pas seulement d'une impression, mais d'un effet démontré sur notre corps. Des tensions musicales peuvent provoquer une accélération du rythme cardiaque, quand un extrait de musique douce entraîne un apaisement [1]. Lors des réactions émotionnelles de joie, de tristesse, ou de peur par exemple, le corps réagit par une augmentation mesurable de la sudation.

La musique active les zones cérébrales des émotions, ce qui montre qu'elle ne fait pas que « faire remonter des émotions »,

1. Sandrine Veillard, du laboratoire de neuropsychologie de la musique et de la cognition auditive, « Émotions musicales », *Cerveau et Psycho*, n° 6.

elle les provoque. La musique peut donc être utilisée comme moyen de choisir les émotions que vous avez envie de ressentir. C'est ce que pratiquent beaucoup de personnes qui, le matin, écoutent une musique entraînante pour se réveiller, d'autres des chants grégoriens pour se relaxer… Observons encore les militaires avec leurs marches guerrières ou les manifestations religieuses avec leurs chants. C'est une pratique très notable dans le cinéma pour bien vous faire comprendre l'ambiance d'un passage de film, angoissant, sentimental ou d'action pure.

Écouter de la musique pour améliorer sa vie sexuelle, c'est aussi possible.

Pendant l'amour, choisir des sons érotiques permet d'activer votre excitation, et de synchroniser vos émotions. Vous passer en boucle des musiques plus sentimentales cultive vos sentiments amoureux. La musique est donc un puissant levier pour vous aider à choisir vos émotions. Térésa aime écouter Gainsbourg, « Je t'aime moi non plus », qui lui semble le summum de l'érotisme en faisant l'amour. Et son partenaire ne dit pas non.

Pour aller dans le même sens, le cinéma, soit la musique associée aux images et aux paroles, représente aussi un excellent activateur d'émotions et de pulsions. C'est pourquoi il est souhaitable de choisir les films qui activeront ce qui vous semble le plus bénéfique pour vous.

Le pouvoir des souvenirs

Pour savoir comment se porte un couple, les psychologues ont une méthode très simple. Il suffit de leur demander : « Racontez-moi votre première rencontre… » (voir aussi partie II, « Le marathon du cerveau sexuel émotionnel »). Même quand ce couple est en période de crise, si leur regard s'illumine, si leur manière de raconter montre un plaisir, ils ont en eux un potentiel à réactiver. Les souvenirs sont source d'émotions, messages du corps et du cœur. « Tu te souviens quand nous avons fait l'amour dans ce petit bois, comme … peur de se faire surprendre ? » Cette simple phrase peut stimuler l'excitation et la complicité à la fois. « Tu te souviens comme j'étais timide ? » ; « Tu te souviens la première fois où l'on a fait l'amour, comme on était maladroits ? »…

Se remémorer soi-même ses bons souvenirs sexuels, pulsionnels, amoureux, stimule les circuits neurologiques correspondants. Partager ces souvenirs permet en plus de synchroniser nos émotions, de partager émotionnellement notre histoire. C'est pourquoi les albums de photos sont si précieux. Ils sont un support de la relation toujours présent dans une armoire, un tiroir, ou un ordinateur, disponibles pour réactiver les émotions et pulsions positives.

Alors, pensez à cultiver vos souvenirs précieux.

Les souvenirs sont aussi des guides. Si vous savez que vous avez apprécié de faire l'amour dans ce petit bois, si vous vous le rappelez, vous pouvez délibérément recréer les conditions de cette atmosphère. Ce souvenir est un message qui vous dit : « Voilà ce qui te rend heureux » ou « Voilà ce qui t'excite » ou « Voilà ce qui te rend amoureux ». Ayant conscience de ce message, vous possédez une meilleure connaissance de vous-même et les outils pour aller dans le sens le plus agréable. Vous pouvez réactiver vos émotions agréables. Alors, si vous savez prendre en compte vos souvenirs positifs, vous savez barrer votre navire dans la bonne direction.

Nous sommes comme des électrons dans un champ magnétique. Le pôle positif de nos plus beaux souvenirs nous attire et le pôle négatif de nos expériences douloureuses nous repousse. À nous de percevoir le champ, d'écouter sa musique pour suivre les indications de cette boussole.

Cela peut sembler simplissime. Ça l'est pourtant moins qu'il n'y paraît. C'est un travail que de choisir de se pencher sur ces souvenirs positifs, de les cultiver, de chercher à les reproduire, et s'en créer de nouveaux. Les personnes les plus heureuses dans la vie sont celles qui s'entraînent depuis toujours à savoir agir de cette manière.

Le pouvoir de la lecture

La lecture est reconnue pour agir sur nos pulsions et émotions. C'est évident, puisqu'il peut vous arriver de rire aux éclats en lisant une blague, de pleurer à chaudes larmes en lisant un passage de roman, ou de vous sentir angoissé en vous plongeant dans un thriller.

Dans le domaine de la sexualité, deux manières d'utiliser la lecture peuvent venir à votre secours. La première est de profiter du pouvoir de modulation émotionnel de la lecture. Lire des nouvelles érotiques stimule les pulsions sexuelles, en particulier le désir. C'est un point qui a été étudié par Alexandra Hubin[1] dans des études sur ce que l'on appelle la « bibliothérapie » pour améliorer les troubles du désir féminin. Et c'est efficace. La lecture de textes érotiques déclenche un éveil du désir sexuel chez 73,5 % des femmes de l'étude. Il semblerait que ces lectures aillent plus loin. Elles stimuleraient l'imaginaire érotique, lui ouvrant des portes, et lui apportant de l'énergie. Une jeune femme m'a déjà rapporté qu'alors qu'elle relisait pour la énième fois *La Bicyclette bleue* de Régine Deforges, son mari lui a fait remarquer : « Chaque fois que tu relis ce livre, tu as beaucoup plus souvent envie de faire l'amour… » Elle n'en avait jamais pris conscience et, pourtant, elle s'est rendu compte que c'était vrai. Aussi alimentait-elle son désir de cette manière. C'est une piste très intéressante pour moduler notre désir, à condition de trouver des textes qui nous émeuvent. À partir du moment où vous prenez conscience d'un tel effet, vous pouvez utiliser cette connaissance de vous-même pour décider ou non d'avoir plus de désir.

La lecture peut bien sûr aussi agir sur les sentiments. Si vous choisissez des lectures sentimentales, ou des poèmes

1. Alexandra Hubin et Pascal de Sutter, « L'utilisation de textes érotiques spécifiques pour l'éveil du désir sexuel féminin », résultat de recherche présenté au congrès de l'AIHUS 2007.

d'amour, vous explorez ce monde des sentiments, vous vibrez au rythme du scénario et vous faites travailler les circuits de neurones impliqués dans ce fonctionnement.

Certains affirment que « notre corps est fait de ce que nous mangeons », on pourrait dire en parallèle que notre esprit est fait de ce que nous choisissons de lui donner comme nourriture. Et là, nous possédons un vrai pouvoir.

L'effet des mouvements

Pour moduler vos émotions, vous pouvez jouer sur les mouvements de votre corps. Voici un exemple pour montrer combien cette relation est forte. Faites quelques petits pas en rasant un mur, le dos voûté et le regard balayant le sol… comme si vous aviez honte de vous et désiriez passer inaperçu. Faites une pause. Puis faites quelques grands pas, le dos bien droit, le regard conquérant, allant vers la ligne d'horizon. Observez à quel point votre ressenti intérieur change.

Nous avons pourtant tendance à affirmer : « S'il marche voûté, c'est qu'il n'a pas confiance en lui. » Ou au contraire : « Sa démarche montre à quel point il est sûr de lui. » C'est une observation si juste que nous occultons le fait inverse : les mouvements sont à l'origine d'émotions intérieures. Il en est de même pour la sexualité.

Les sexologues savent que les mouvements rapides de va-et-vient pendant l'amour contribuent à faire monter l'excitation jusqu'à l'orgasme. Il est tout aussi vrai que si vous éprouvez une forte excitation, vous allez spontanément pratiquer ce type de mouvements. Les mouvements lents de va-et-vient sont créateurs d'empathie et de tendresse. Et si vous vous sentez tendre, vous aurez tendance à faire l'amour plus doucement. En choisissant volontairement vos mouvements plutôt qu'en les laissant se faire au gré de vos humeurs, vous pouvez moduler vos émotions. Ainsi, décider de commencer toujours un rapport sexuel par des mouvements lents de va-et-vient contribue à cultiver la tendresse dans un couple.

Vous pouvez aussi appliquer cela aux caresses : les caresses plus rapides avec une pression plus appuyée sont reliées à l'excitation alors que les caresses douces et lentes le sont à la tendresse.

Le cerveau sexuel affectif au service de la volupté

Quand notre cerveau sexuel cognitif se met au service de notre bonheur et de nos plaisirs, il permet de cultiver plus d'harmonie encore et d'accéder à la volupté. Autant nous ressentons que nos pulsions peuvent parfois nous abaisser, autant notre cerveau sexuel cognitif peut nous élever. Il le peut d'autant plus qu'il travaille à intégrer la force de nos pulsions et de nos émotions pour les canaliser dans une direction qu'il choisit. Il ne s'agit jamais de les nier, mais de les accepter, de les chérir comme des matériaux précieux. Et même nos difficultés peuvent être transcendées. Je connais des hommes et des femmes qui, à partir d'une difficulté sexuelle, ont avancé plus loin que ceux qui n'avaient jamais rencontré d'écueils dans leur sexualité. Briac, qui souffrait de son éjaculation très rapide, a entraîné sa compagne à faire des stages de Tao, de relaxation, de massage de couple. Ils ont découvert une dimension de sensualité beaucoup plus tendre dans leur sexualité… même si, pour Briac, la rapidité de l'éjaculation restait encore un point faible, élément qui le conduisait à consulter.

Le désir basé sur les idées qui transportent

Le désir sexuel peut venir de nos pulsions sexuelles, de nos émotions sexuelles, et aussi de nos pensées. Les trois éléments sont liés. Des pensées très intellectuelles peuvent donner envie de faire l'amour, parce qu'elles déclenchent des pulsions ou émotions. Et il ne s'agit pas toujours de pensées tournées vers l'amour ou la sexualité. Voici l'exemple d'un de mes patients, Killian, âgé de 31 ans : « J'aime ma femme, mais j'éprouve très peu de désir sexuel. Quand j'étais plus jeune, j'aurais pu sauter sur tout ce qui bougeait, mais maintenant, ce n'est plus le cas. Ce qui me donne le plus envie de faire l'amour, c'est d'avoir avec elle une grande discussion sur l'avenir de la planète. Des idées beaucoup plus élevées que notre petit quotidien me transportent... Et là, oui, j'éprouve du désir. » Le problème, c'est que, me dit Killian, « ma femme n'est pas une intellectuelle et que, souvent, ces discussions la gonflent... ». Les idées sont elles aussi un carburant du désir, surtout quand elles sont sources d'élargissement de l'esprit, d'une ouverture à d'autres horizons. Les idées peuvent nous transporter aussi bien que les transports amoureux. C'est la facette spirituelle de la sexualité. Dans le Tantra ou le Tao, le sexe n'est pas seulement une manière de trouver du plaisir, ni même de se rapprocher de l'autre. C'est aussi une manière de s'unir au Cosmos, d'aller vers la divinité qui est en nous, de chercher l'immortalité... C'est pourquoi les idées élevées peuvent nourrir notre sexualité.

Un grand projet qui vous transporte, notamment quand il est créatif ou porteur d'espoir, peut stimuler votre sexualité, surtout quand échangez avec l'autre : elle milite pour une cause dans laquelle elle s'investit profondément, il a un grand projet d'entreprise, elle compose une symphonie, il écrit un livre, elle fonde une association, il fait de la recherche...

Toutes ces situations sont propices à l'énergie sexuelle, non seulement pour la personne transportée par son projet, mais pour l'autre à qui elle en parle. Je me souviens d'une jeune femme qui disait, après avoir entendu un homme passionnant en conférence : « Tu crois qu'il prendrait une maîtresse ? » C'était un simple clin d'œil, et pourtant significatif. « Moi, c'est l'intelligence qui me donne envie », ajouta-t-elle. Un homme pas très beau, pas spécialement attirant, mais passionné par son sujet, engagé, peut attirer plus de désir qu'un bel homme vide. Et c'est exactement la même chose pour une femme, bien sûr.

Alors, ne négligeons pas l'importance de l'intelligence, de l'engagement, de la spiritualité dans la sexualité...

Le cerveau sexuel affectif créateur d'un art sexuel

Les animaux connaissent le coït et sans doute le plaisir sexuel. Toutefois, les humains sont uniques dans leur aptitude à élever la sexualité au rang d'un art. C'est le même phénomène que pour l'alimentation. Manger est un acte de base et nous sommes capables d'en faire un art culinaire.

Notre cerveau nous permet d'inventer, d'innover, et aussi de profiter des inventions, innovations, découvertes réalisées par d'autres. Nous savons inventer et transmettre, ainsi que recevoir des autres. Depuis Ovide, avec *L'Art d'aimer*, en passant par les *Kâma Sûtra* de Vatsyayana, le Tao chinois [1], la pratique du Tantra [2], l'humanité a cherché à développer son plaisir sexuel. Et cela continue avec des livres beaucoup plus récents, comme *La Sexualité des gens heureux* [3], ou *Pour être de meilleurs amants* [4], le fameux *Traité des caresses* [5] de Gérard Leleu.

Les personnes à la recherche du bonheur sexuel racontent leur quête : Daniel Odier, auteur de *Tantra* [6], ou Édouard Servan-Schreiber, auteur avec Madeleine Chapsal de *Conversations impudiques* [7], ou même Orroz qui raconte son expérience d'« addict sexuel » sorti de son ornière pour vivre enfin une relation amoureuse pleine [8]. Ces quêtes sont aussi écrites pour faire profiter les lecteurs de l'expérience des auteurs. Ainsi, vous avez plus de chances d'avancer vers l'épanouissement sexuel en vous informant plutôt que de chercher seul à

1. *Le Tao de l'art d'aimer*, Jolan Chang, Pocket, 2005 ; *Le Tao de l'amour retrouvé*, Mantak Chia, Guy Trédaniel, 1998.
2. *Manuel de sexualité tantrique*, Sunyata Saraswati et Bodhi Avinasha, Jouvence, 2003 ; *L'Art de l'extase sexuelle. La voie de la sexualité sacrée et du Tantra pour les couples occidentaux*, Margo Anand Naslednikov, Guy Trédaniel, 2007.
3. De Pascal de Sutter, Les Arènes, 2009.
4. De François Parpaix, Pocket, 2006.
5. J'ai lu, 2003.
6. Pocket, 2002.
7. Le Livre de poche, 2004.
8. *Les Dangers du sexe sur Internet* aux Éditions Le Manuscrit, 2007.

partir de vos ressources personnelles le chemin qui vous convient.

Pour mieux vivre sa sexualité, il faut avoir l'humilité de reconnaître ses limites et aller chercher ailleurs ce que l'on ne trouverait pas en soi. La difficulté est de s'approprier un savoir étranger. L'expérience des uns ne sert pas aux autres, dit-on. C'est faux, puisque nous nous servons tous les jours de l'expérience des autres, nous avons appris à écrire, à faire du vélo ou à nager, à conduire une voiture grâce à des personnes qui ont inventé ces savoirs. Nous avons accepté de les apprendre. **Nous pouvons donc apprendre aussi l'amour**. Cependant, cette assertion que l'expérience des autres ne sert pas est tout aussi vraie qu'elle est fausse. L'expérience des autres, vous pouvez la comprendre, mais vous ne la vivez pas. Ni votre corps ni votre cœur n'ont vécu l'expérience des autres de l'intérieur. Si un sportif vous explique sa compétition de ski, si vous la voyez à la télé, vous avez une idée des mouvements qu'il faut faire, vous imaginez qu'il se sent stressé avant le départ. Mais vous ne le vivez pas. Votre corps ne saura pas skier pour autant, et vous ne saurez pas non plus gérer un stress avant la compétition. Néanmoins, regarder des sportifs de haut niveau pratiquer vous imprègne, et vous apprenez à éviter des erreurs, à comprendre certains mécanismes en œuvre. Votre cerveau cognitif peut analyser ce qu'il voit, mais vos émotions restent à distance.

La sexualité représente un domaine encore bien plus complexe. Parce qu'elle met en jeu nos pulsions et émotions, zones d'intimité maximales. Et si lire pour s'informer est utile, lire est rarement suffisant. Personne n'apprend à faire du vélo, à nager ou à conduire une voiture dans un livre. C'est d'ailleurs une blague classique : « Où as-tu appris à conduire ? Par correspondance ? » On comprend que vous conduisez très mal ! En ce qui concerne la sexualité, apprendre dans les livres n'est donc pas suffisant. Cela peut nous ouvrir des portes, des horizons, mais jamais remplacer l'expérience vécue. Nous apprenons l'amour en le vivant.

Actuellement, nous classons dans les dysfonctions sexuelles l'éjaculation prématurée. Cette classification est un effet de notre cerveau sexuel cognitif qui applique ici un jugement et incite à la performance. En réalité, un homme qui éjacule rapidement ne souffre pas d'une dysfonction. Son désir et son excitation fonctionnent, son érection est correcte, son éjaculation est efficace et il ressent du plaisir. Le problème, c'est l'idée que nous nous faisons de la relation sexuelle : elle doit durer un certain temps. C'est un jugement, une opinion qui n'a pas toujours été ce qu'elle est aujourd'hui. Dans certaines sociétés, aujourd'hui encore, un homme est fier de montrer qu'il éjacule vite. Cela démontre sa virilité. D'autre part, contrôler son éjaculation n'est pas naturel, ni spontané. Pour la plupart des hommes, cela s'apprend. Nous considérons tous actuellement qu'un apprentissage sexuel du contrôle de l'éjaculation doit se faire naturellement. Pourtant, c'est un effet de la civilisation. Ce n'est nullement naturel, comme savoir lire n'est pas naturel. Toutefois, si vous êtes analphabète, vous ne semblez pas « normal » aujourd'hui. La différence, c'est qu'il existe des écoles pour apprendre à lire, pas pour apprendre la sexualité. Nous nous trouvons donc devant une difficulté. Nous sommes censés fonctionner d'une certaine manière, mais personne ne nous dit comment y parvenir. D'où la nécessité de chercher par soi-même…

La sexualité féminine est elle aussi concernée, par exemple en ce qui concerne l'orgasme. Une femme doit aujourd'hui avoir des orgasmes pour être normale. Il fut un temps où une femme « bien » ne devait pas avoir de plaisir au lit et encore moins d'orgasme[1]. Pourtant, personne ne lui explique comment faire et le « savoir orgasmer » n'est pas entièrement inné, ni souvent pour elle, et jamais pour son partenaire !

Notre environnement crée donc des normes, et nous avons besoin d'outils pour parvenir à entrer dans ces normes, sachant qu'il est impossible d'y parvenir parfaitement.

1. « Orgasme féminin, de l'interdiction à l'obligation » fut d'ailleurs le titre d'une intervention présentée à un congrès de sexologie.

L'art sexuel a besoin d'outils, et notre cerveau sexuel cognitif les invente. Tout d'abord les médicaments, réponses simples à des problèmes souvent compliqués : le Viagra®, Levitra® ou Cialis®, sont des médicaments qui améliorent l'érection, comme l'Edex® ou le Caverject® qui eux se présentent sous forme injectable, ou encore Muse®, un médicament qui s'introduit directement dans l'urètre. Un nouveau médicament, le Priligy® (dapoxétine) peut retarder l'éjaculation, tout comme les préservatifs Endurance (Manix) ou Performa (Durex) qui contiennent une substance anesthésiante pour le gland. Pour améliorer le désir féminin, deux spécialités différentes existent déjà, la flibansérine qui sera sans doute commercialisée sous le nom d'Ectris®, et l'Intrinsa®, réservé aux femmes ménopausées.

À côté des médicaments, nous disposons aussi de dispositifs pour améliorer l'érection, les anneaux péniens ou les vacuums encore appelés « pompes à érection ». Et puis, les implants péniens sont maintenant au point, réservés aux hommes ayant testé les autres méthodes sans succès.

Outre ces traitements très médicaux, nous connaissons mieux le fonctionnement de notre sexualité, et nous pouvons procéder à des bilans de santé pour comprendre ce qui ne va pas et le traiter : une hormone trop élevée ou trop basse, ou bien une anomalie, une maladie révélée par un bilan de santé… Nous connaissons aussi les effets indésirables de divers médicaments sur notre sexualité.

Et puis, les sexothérapies ont beaucoup progressé, permettant de régler des problèmes ou d'accéder aux apprentissages nécessaires et aux habiletés pour bien fonctionner, qu'il s'agisse d'une éjaculation trop rapide, d'une absence d'orgasme, d'une éjaculation difficile ou d'un blocage psychologique.

En ce qui concerne plus précisément l'art sexuel, je suis toujours étonnée d'observer que des pratiques très simples ne sont souvent pas connues dans les couples, qui entendent pourtant parler de sex-toys ou d'échangisme.

Deux exemples : la caresse intérieure qui consiste à faire l'amour sans mouvements de va-et-vient, en contractant tour à tour le périnée masculin puis le périnée féminin, est une pratique à la fois tendre et sexuelle. Rares sont pourtant les couples qui la connaissent. Idem pour les « mille coups amoureux » du *Kâma Sûtra* qui conseille tout simplement de varier le rythme des mouvements de va-et-vient : sept mouvements rapides et superficiels pour un mouvement lent et profond. À partir de là, tout est possible comme variations.

L'art est multiple. C'est à chaque couple de s'inventer son propre art sexuel, loin des injonctions de la société. Dans l'art, il existe des courants, impressionnisme, fauvisme, cubisme, art abstrait ou pointillisme… Nous avons chacun nos goûts. Pour la sexualité, chacun, selon son tempérament, explore ce monde. C'est ce que je vous encourage à faire, en intégrant vos pulsions et émotions.

Conclusion

Je souhaite qu'à la fin de ce livre vous vous connaissiez mieux, ayant ouvert vos yeux sur des fonctionnements personnels que vous ne compreniez pas ou que vous ne perceviez pas auparavant. Je souhaite que vous soyez en paix et en amitié avec vous-même pour mobiliser votre énergie vers votre équilibre personnel et en couple.

Pour moi, bien vivre avec nos trois cerveaux sexuels, c'est décider d'en devenir acteur et de ne pas les subir.

Notre sexualité n'a pas comme seul moteur notre inconscient, comme on l'interprète parfois et trop souvent d'après Freud. Nos trois cerveaux sexuels sont parfaitement conscients, à condition que nous décidions de centrer nos pensées à ce niveau. Nous sommes conscients de nos pulsions, de nos désirs, de nos attirances, de nos plaisirs, de nos émotions ou de nos peines. Si nous réfléchissons, nous pouvons chercher, trouver et comprendre les moteurs de nos pulsions, émotions et comportements. Nous pouvons aussi décider de nos buts et trouver les moyens pour y parvenir. Nous ne sommes donc ni aveugles ni paralysés vis-à-vis de notre sexualité. Et nous n'en sommes pas esclaves. Bien sûr, il restera toujours cette mystérieuse boîte noire, autrement dit une zone de nous à laquelle nous n'avons pas accès. Mais autour d'elle, le champ des possibles est immense.

Notre liberté sexuelle, c'est de choisir ce qui fait notre bonheur et de nous donner les moyens d'y parvenir. La vie nous fait des cadeaux, ceux des impulsions sexuelles, du besoin de procréer, du besoin d'aimer et d'être aimé. À nous d'en faire ce que nous choisissons. Vous pouvez penser qu'adulte, les dés sont déjà jetés. C'est faux. Nous sommes des êtres en perpétuel devenir, nous changeons en permanence. Ce qui ne change pas, affirment les bouddhistes, c'est le changement. La direction des changements, nous en décidons. C'est le lieu même de notre liberté sexuelle.

Se connaître demande du temps. Nos trois cerveaux sexuels fonctionnent en parallèle, s'influençant l'un l'autre. Vous êtes un chef d'orchestre dont le rôle est de les harmoniser pour profiter des bonheurs de l'amour. Et l'on ne naît pas chef d'orchestre, on le devient. **Il faut du temps pour apprendre à aimer**. Vous pouvez évoluer, choisir de vivre encore mieux avec vos trois cerveaux à condition de respecter votre rythme.

Introduisez la perspective. Le cerveau sexuel pulsionnel fonctionne dans l'instantané. Il vit au présent. Il produit donc des envies sur l'instant. Il peut parfois trépigner comme un enfant. Autant il est important d'apprécier le plaisir qu'il vous procure, autant il est essentiel de le mettre aussi en perspective.

Le cerveau sexuel affectif, lui, prend son temps. Il a envie de s'ancrer dans le futur à partir du passé, de former un environnement dans lequel il s'épanouira. Il n'est pas ennemi de nos pulsions, mais elles ne lui suffisent pas.

Le cerveau sexuel cognitif, intelligent, fait le lien. Nous avons envie d'être heureux ici et maintenant et cela ne peut se réaliser qu'en incluant nos pulsions. Nous avons aussi envie de connaître le plaisir et le bonheur conjugués au futur. C'est le but vers lequel nous tendons grâce à notre intelligence sexuelle.

Si vous mettez de l'harmonie dans vos trois cerveaux, vous vous connaissez mieux. Vous pouvez **aller vers l'autre avec**

plus de transparence, moins de peurs. Encouragez la personne qui est dans votre vie à faire de même, à lire ce livre, à réfléchir, à mieux se comprendre et à en parler avec vous. Prenez soin de ne pourtant jamais être intrusif envers l'autre. Vous pouvez partager plus tout en gardant chacun votre jardin secret.

Le cerveau sexuel spirituel. Vos rêves sexuels et amoureux peuvent vous emporter très haut. Ils sont l'autre dimension de notre sexualité, celle de l'élévation, que j'appellerai **le cerveau sexuel spirituel**. Le Tantra, le Tao et d'autres philosophies ont inclus la sexualité dans la recherche de l'éveil spirituel, de l'union au Cosmos, de la rencontre divine avec l'autre.

N'ayez pas peur de faire de la sexualité l'une des composantes majeures de votre épanouissement à deux. Nous avons soif de perfection, d'amour total, de plaisir qui soit une jouissance de vibrations profondes dans notre être entier. C'est en cheminant vers cet idéal que vous rencontrerez votre bonheur sexuel, contribuant largement au bonheur de votre vie entière.

Bibliographie

« Aimer à la folie », un article de Luc Mallet, *Cerveau et Psycho,* n° 2, 2003.

De l'amour plein la tête ou la biologie de l'amour, Marc Schwob, Hachette, 1984.

Human Sexuality Meeting Your Basic Needs, Miracle T., Miracle A., Baumeister R., Prentice Hall, 2002.

Comment devient-on amoureux ?, Lucy Vincent, Odile Jacob, 2006.

Le Rapport Hite sur les hommes, Shere Hite, Robert Laffont, 1983.

Le Nouveau Rapport Hite sur les femmes, Shere Hite, Robert Laffont, 2002.

Biologie des passions, Jean-Didier Vincent, Odile Jacob, 2009.

Tristesse, peur, colère : agir sur ses émotions, Stéphanie Hahusseau, Odile Jacob, 2006.

L'Intelligence érotique, Esther Perel, Robert Laffont, 2007.

Le Cœur des autres, biologie de la compassion, Jean-Didier Vincent, J'ai lu, 2005.

La Sexualité des gens heureux, Pascal de Sutter, Les Arènes, 2009.

L'Écologie de l'amour, Gérard Leleu, Flammarion, 2001.

L'Intelligence sexuelle, Sheree Conrad et Michael Milburn, Payot, 2008.

Protoféminité et développement sexuel, Claude Crépault, Presses de l'université du Québec, 2000.

Remerciements

Je suis très reconnaissante à Nicole Lattès, mon éditrice, d'avoir cru en ce projet et à Nathalie Le Breton de l'avoir soutenu.

Je dois beaucoup à Pascal de Sutter, Philippe Presles, Annie Coville et Alain Mansard qui ont accepté de le relire et de le critiquer pour l'améliorer. Merci aussi à Marie et Pierre Varrod, et à Laurent Bègue.

Je remercie le Pr Jean-Pierre Relier pour son humanité qui m'a beaucoup touchée.

J'ai beaucoup d'affection pour les confrères qui m'ont tant apporté au fil des années, Pierre Costa, Marc Ganem, Francis Collier, Pierre Desvaux, Sylvain Mimoun, Jean-Roger Dintrans, Frédérique Hédon, Yves Ferroul, Marie-Hélène Colson, Nadine Grafeille, Michel Lombard, Michèle Saal, Ghislaine Paris, Ghislaine Prado, Michel Fèbvre, François Parpaix, Arnaud Sevène, Mireille Bonierbale, Eric Tanneau, André Corman, Gérard Leleu, et aussi Gérald Pagès, Jean-Louis Monestès, Christophe André, David Servan-Schreiber, Jean Sandretto, Jacques Roques, Catherine Clément… et j'en oublie certainement.

Un grand merci au Pr Bernard Debré, mon chef de service à l'hôpital, qui me donne la possibilité de suivre des patients qui m'apprennent à chaque consultation quelque chose de nouveau.

J'ai une pensée pour Annie, Marie-Blanche, Terry, Odile, Dorinda, Nathalie, Jean-Jacques et bien sûr pour mes parents qui m'ont vraiment soutenue dans des moments difficiles.

Des auteurs ou personnalités m'ont aussi inspirée, parfois pour des idées capitales, parfois pour des points plus précis : Éric-Emmanuel Schmitt, Anna Gavalda, André Comte-Sponville,

Erich Fromm, Gérard Tixier, Tim Guénard, Amélie Nothomb, Catherine Blanc, Anne Steiger, Pascal de Sutter, Claude Crépault, le magazine *Psychologie*, et bien sûr, la remarquable revue *Cerveau et Psycho*…

Je suis très reconnaissante à tous ceux qui m'ont permis de parler au plus grand nombre dans les médias, Michel Cymes et Marina Carrère-d'Encausse pour « Le Magazine de la santé », Yves Calvi, pour « C dans l'air », Dominique Clément et Karine Lemarchand pour « Les Maternelles », Mac Lesguy et Ludovic Place pour « E=M6 » et « Sexualité si on en parlait », Charlotte Savreux pour l'émission « Bien-être » de Direct 8, Sophie Davant, Didier Régnier et William Leymergie pour « C'est au programme ». Et pour la radio, Philippe Bouvard pour « Les Grosses Têtes », Claire Hédon pour « Priorité santé » sur RFI, Emilie Mazoyer pour « Les Filles du Mouv' », Isabelle Quenin pour « Ma nuit au poste », Brigitte Lahaie sur RMC info, Faustine Bollaert pour Europe 1… et tous ceux qui m'ont fait confiance à un moment ou à un autre.

Table

II. LE CERVEAU SEXUEL ÉMOTIONNEL

III. LE CERVEAU SEXUEL COGNITIF

Cet ouvrage a été composé et imprimé
en mars 2010 par

CPI
FIRMIN-DIDOT

27650 Mesnil-sur-l'Estrée
N° d'impression : 98252
N° d'édition : 50380/01
Dépôt légal : mars 2010

Imprimé en France

EXERCICE

A - INVENTAIRE DES ÉMOTIONS

B - LEURS ATTRIBUER LE BON CERVEAU

C - LES DECORTIQUÉS

P 299

RESSASSER LES ELEMENTS POSITIFS

EMDR p 332

THÉRAPIE proposé par Servan

Pour le moi VS le professionnel

P-355 = COOL